高等院校学前教育专业系列教材

家庭教育学

JIATINGJIAOYUXUE

◎主　编　李　燕　吴维屏
◎副主编　夏燕勤　赵　燕

浙江教育出版社

目 录

前 言

多年来,我们一直从事儿童发展与家庭教育方面的研究和教学工作。在实际工作中我们发现,国内有多种版本的《家庭教育学》教材,但关注个体发展,阐述家庭关系和父母教养方式对个体发展的影响的书籍并不多见,由此萌发了从家庭关系和父母教养方式对个体发展的影响出发编写教材的想法。

在家庭中,父母扮演了重要角色。父母不同的行为特征和教养方式对孩子身心发展的各方面有直接或间接的影响;不同的亲子关系模式影响父母的教养效能,影响孩子的情绪健康,也影响父母和孩子的生活质量。编写本书的主要目的在于,阐述父母的行为模式、教养方式、亲子互动模式以及亲子关系如何影响孩子身心发展、影响父母的教养效能等问题。本书的学术价值在于探讨和解释家庭教养方式对个体发展的影响及影响机制问题;实践价值则在于提高父母对孩子发展和自身成长的认识,提高教养效能,帮助儿童教育工作者、社区工作者深入理解家庭教育,为其开展相关工作服务。

本书主要包括以下几部分内容:

第一部分,讨论家庭教育的基本概念和基本理论问题,阐述家庭教育的发展过程和发展趋势,综述家庭教育的理论基础,介绍旨在提高教养效能的各种父母训练模式。

第二部分,探讨不同家庭发展周期的亲子关系和家庭教育问题。不同的家庭发展周期,家庭的发展任务、孩子的年龄特征和可能出现的问题、父母的教养行为特征、亲子关系特征以及父母自身的发展特点等都不同。这部分内容,以家庭发展周期为主线分五章阐述:准父母阶段、家有学前儿童阶段、家有小学生儿童阶段、家有青春期子女阶段以及孩子离家后的空巢期阶段。

第三部分,探讨家庭教育领域中的常见问题以及处理方法,讨论如何规范、管理孩子的行为,如何培养孩子的责任心、工作价值感以及对金钱的正确观念,如何应对孩子的消极情绪,如何帮助孩子应付紧张与压力等。此外,本部分还讨论特殊家庭和特殊儿童的家庭教育问题及其应对,分析这些家庭中父母和孩子的适应与发展问题,探讨如何帮助特殊儿童更好地适应生活并获得成长。

第四部分,以父母的发展为中心讨论父母的成长与适应问题。本部分讨论为人父母者的发展规律,探讨父母的角色特征和成长过程及特点,阐述父母必须的知识准备,分析亲子互动的机制和建立有效家庭互动的原理,提供旨在提高父母教养效能和沟通能力的自我训练模式。

第五部分,阐述学校、社区对家庭教育的指导和干预,探讨家庭教育的指导模式及家庭、学校、社区互动中父母、教师和家教指导者各自的角色特征和彼此的角色期望,分析不同家庭教育指导模式及其特点和效果,为家庭教育指导工作特供支持。

本书由李燕、吴维屏任主编,夏燕勤、赵燕任副主编,共同负责全书的设计、统稿工作。各章内容编写具体分工如下:李燕(第一章、第三章);吴维屏、崔丽莹(第二章、第十五章);黄蔷薇、杨继芬(第四章);高紫薇、陆文婧(第五章);陈斌斌、王莉(第六章);黄蔷薇、赵永霞(第七章);陆文婧、王莉(第八章);贺婷婷、阎婧(第九章);李燕、周红霞(第十章);杨继芬、王雅文(第十一章);张筱叶、高紫薇(第十二章);易棠(第十三章);李燕、易棠(第十四章)。

在本书的策划与编写过程中,华东师范大学心理学系的缪小春教授、上海师范大学的曹子芳教授等自始至终给予我们极大的鼓励与支持,体现了他们对学科发展与教材建设的关切之情。浙江教育出版社的领导和编辑为本书的出版付出了辛勤的劳动。本书得到教育部人文社会科学研究项目(项目批准号 09YJA880088)和上海市重点学科“发展与教育心理学”建设项目(项目编号 S0304),和上海市浦江人才计划“互联网社群技术与学前儿童家庭早期教育的实证研究”项目的支持。在此,我们一并表示衷心的感谢。除了本书后所列出的参考文献外,我们在本书的设计和编写过程中还参考了大量有价值的国内外研究报告,限于篇幅,没有一一列出,在此谨向提供这些研究报告的研究者表示敬意和感谢。对书中的疏漏与不当之处，恳请同行与读者不吝指正。本书是上海师范大学儿童发展与家庭研究中心的研究成果之一，可供高等师范院校心理学系、教育系的本科生作教材使用，也可供其他儿童教育工作者、社区工作者从事教学、科研和实践工作时参考。同时，本书也献给所有的父母。“没有完美的父母，只有真实的父母”，养育孩子的过程充满欣喜与挑战，让我们共同努力。

李 燕

2011 年 7 月于上海师范大学田家炳书院

第一章 绪 论

第一节 什么是家庭

一、家庭的本质

家庭是基本的社会单位，也是每个人出生后接触的第一个重要社会环境，是个体安身立命的基本场所。

家庭是两个或两个以上具有血缘、婚姻或收养关系的人组合成的团体。家庭成员生活在一起，有共同的承诺与约定，共享情感与经济生活，并生养、教育孩子，相互扶持，休戚与共。家庭可说是目前人类社会组织中最为普遍的体制，是人类关系最亲密的团体，也是最能满足个人身心需求的团体。

1. 家庭是由两个或两个以上的人组合成的团体

如果一个人终身没有婚嫁，没有伴侣，也没有孩子，独自一个人生活，那么，这个人就没有家庭，早年父母的家庭是他曾有过的家庭。

2. 家庭是在血缘、婚姻或收养关系基础上形成的

父母或祖父母与孩子、兄弟姐妹之间都有血缘关系，是家庭成员的主要组合。经由婚姻关系，男女组合成家庭，或者由婚姻关系而与对方的亲属形成姻亲关系，并共同生活在一起组建成家庭，也是家庭成员的组合形式。除此之外，也可以经由收养方式形成亲属关系，法律认可的养子女具有与亲生子女同等的法律地位。

3. 家庭成员间有心理与情感上的隶属感

家庭成员共同生活，朝夕相处，由此形成心理上的相互隶属感，愿意遵守相互的约定，认定对方的角色与身份，并能在情感与生活细节上分享经验，共同承担家庭成员的喜怒哀乐，在经济上也能遵循共同的分配和使用原则。

4. 生养与教育孩子是家庭生活中的重要工作

人类具有延续生命的本能需求。原始社会人类家庭制度形成的主要目的除了表达情爱、满足性爱的需求,主要是生儿育女,延续家族生命。在现代社会,父母努力工作的动力之一,通常也是为使孩子有更好的生存条件。现代社会父母的另一个重要工作,就是教育孩子,使之社会化,长大后能对家庭和社会有所贡献,个人有所成就。

5. 家庭是最能满足个人身心需要的团体

每个人都有基本的生理需求,如饮食、睡眠、性爱等,也有尊重、归属、爱、自我实现等心理需要。家庭对个人身心需要的满足具有多元性与广泛性。

二、家庭功能的演变

在母系社会,人类的家庭是母系家庭(matrilineal family),家庭以母亲为主体,姓氏、财产均由母亲一方传递给下一代。而在更早的家庭中,只有母亲与孩子,父亲可能不确定,或只负责提供食物,或只负责防止野兽侵害,而不参与孩子的教养。随着人类社会的进步,男女双方开始共同组建家庭,一起承担教养孩子的责任,并逐步转变为父系家庭(patrilineal family)的社会。在中国,周朝开始推行宗法制度,确立嫡长子地位,并以此分封土地后,父系社会得以完全确立。但是不论在母系社会还是父系社会,教养孩子的责任大都由母亲承担。

西方学者对家庭的起源及家庭的功能有四种解释模式:

(1) 宗教观点:《圣经》上记载,最早的家庭是由亚当、夏娃与他们的孩子组成的,不过也由于亚当与夏娃偷食禁果,背负了原罪,需要上帝的救赎。

(2) 进化理论:许多社会科学家认为现代的家庭是由原始的家庭逐步演变、进化而来的,其经历的时间与人类发展的时间相当。

(3) 人类学理论:人类学学者根据化石及其他人类遗迹,认为人类家庭大约起源于100万—10万年前。由于人类的产道很窄,为了便于生产,婴儿的头骨与大脑需要在婴儿出生时处于一种未发育完全的状态,也因此,婴儿出生后需要较长时间受到保护,形成人类儿童期比其他动物要长许多的现象。基于保护婴儿成长的需要,家庭慢慢形成。

(4) 功能性论点:社会学学者认为,家庭是人类普遍性与共通性的社会现象。人类家庭有性爱、生育、教育与经济四大基本功能需求。家庭规范了性活动，规定并实现了生育后代、教育与协助儿童社会化及进行合理家庭分工、满足家庭成员身心需要的任务。

家庭最原始的目的是生育后代，繁衍种族。由于人类在幼小阶段十分脆弱，需要成人的哺育、关照才能长大，家庭对人类而言，其重要性就如鸟巢对于小鸟，生命在此孕育、出生和长大。

家庭功能会随社会的变迁而改变。家庭除生育功能外，还应具有下列基本功能。

（1）情爱的功能。人是有感情的动物，需要别人的爱与情谊，也需要关爱他人。家庭成员共同生活在一起，可以满足人类爱与被爱的需要。

（2）性的功能。性是人类的本能。性冲动的发泄或满足是人类重要的行为之一。除了生育与情爱功能外，家庭也提供了一个可以合法从事性爱活动、满足性需要的场所。

（3）经济的功能。家庭为了成员的生存与生活，必须经由经济活动以获得食物、金钱或服务。家庭就是一个生产与维持生命的基本单位，没有经济来源，家庭可能无以为继。

（4）保护的功能。在蛮荒时期，人类不易生存，家庭形成的目的之一就是相互合作，抵御外来侵害。在现代社会，家庭除了保护生命财产，还承担着保护成员免受心灵污染的责任。

（5）教育的功能。家庭是最基本的教育组织，个人人格特质、价值观念与生活习惯大都在家庭中习得，父母是孩子的主要教育者和学习对象，家庭是儿童社会化（socialization）最重要、最基本的学习场所。

（6）休闲娱乐的功能。家庭是成员从事经济活动之余的休闲与娱乐场所。家庭成员可以通过共同从事一些休闲活动，相互愉悦，共享天伦。

不过，并非每个家庭都能发挥上述功能，失常的家庭常使家庭功能不良，进而伤害家庭成员。有学者研究发现，功能正常的家庭具有下列特征：①家庭成员相互珍惜、疼爱；②有良好的沟通；③有共同的承诺；④花时间相聚在一起；⑤有共享的宗教与价值观；⑥积极地面对家庭的压力与危机。不具备这些特征的家庭，家庭的功能可能无法充分发挥，甚至会危害家庭成员的正常成长与发展。

华尔希（Walseh，1993）提出，健康且功能健全的家庭具有以下主要特征：

（1）家庭成员间相互关怀、支持，休戚与共，相互承诺。

(2) 尊重家庭每个成员,不论老少,其个别差异都受到尊重,并能增进每个成员的幸福与发展。

(3) 配偶间相互尊重、支持,并拥有均等的权利与责任。

(4) 在孩子的教养、保护、社会化以及对其他家庭成员的影响中,能发挥领导与权威的教育功能。

(5) 家庭组织稳定,成员间的互动具有明确、一致与可预测等特质。

(6) 家庭能顺应因家庭外在需求变化所导致的改变,能有效地面对压力与问题,处理人生各周期中的各种挑战与转变。

(7) 家庭成员间彼此的承诺和相互的期待明确,所以能坦诚地沟通、愉快地互动,并且有情绪表达及同理反应(empathic responsiveness)的空间。

(8) 家庭能有效地解决问题,避免或积极应对冲突。

(9) 家庭成员能共享一套信念与信仰,因而相互信任、亲密相处、彼此相融;家庭成员有共享的良好的伦理价值观,并能关怀人类的幸福或社区的利益。

(10) 有基本的经济稳定性,亲属之间有心理上的相互支持,并有健康的家庭人际关系网络,以及社区及较大社会体系的支持系统。

华尔希认为,这些特征可以说环环相扣,相互影响,某一项特征欠缺就会影响整体家庭功能的发挥,因而这些特征可以当做检测家庭功能的指标。

在现代社会,由于大多数家庭成员都非常忙碌,日常生活各项活动往往在家庭之外进行,如孩子的教育与养育可以委托医院、托儿所、幼儿园和学校,休闲娱乐也常常在家庭之外进行,因而现代家庭的功能日益萎缩,生养孩子与性爱满足成为现代家庭的两项主要功能。

三、现代社会中家庭的特点

20 世纪末以来,巨大的社会变迁改变了传统的家庭组成及家庭结构,除独生子女家庭数量剧增外,现代家庭还表现出以下特点。

(1) 单身成人数目增加。在美国,1991 年只有 61% 的成人结婚,低于 1971 年的 72%。英国国家统计局的统计数据显示,处于育龄年龄(18 至 49 岁)的英国单身妇女人数在过去 30 年里增长了一倍,达到 34% 左右,而已婚的育龄妇女人数则为历史最低,仅为 50%。中国也有类似情况。人口统计数据表明,1982年我国的单身户为1745752户,1990年前后,仅北京就有单身户20万户,而且这个数字还在增加。有专家指出,中国第三次单身潮正在来临。

(2)晚婚晚育倾向。许多年轻人为追求专业和职业发展而推迟结婚。生育的年龄也相应较晚,很多人是中年得子,所以他们对孩子的教养态度与以往有了较大不同;而且,有越来越多的青年人选择不要孩子(所谓"丁克家庭")。

(3)孩子代管现象增加。现代社会职业妇女的地位日渐提高,社会抚养、教育孩子的场所也逐渐增多,女性比以往更追求自我成长和自我实现。很多父母忙于工作,无法顾全孩子的保育与教养,只好请人代为照顾,或送寄宿制托儿所、幼儿园和学校,进而造成亲子关系疏远、父母的教养功能下降,影响孩子的健康发展和家庭生活质量。

(4)离婚率提高。过去30年里,离婚率逐渐上升。在美国,有40%至50%的新婚夫妇最后会以离婚收场,每年受父母离婚影响的儿童会增加100万人。在我国,离婚人数也在迅速增加。据民政部门统计,1980年全国离婚对数为34.1万对,1990年为80万对,2000年为121万对,2003年为133.1万对,2005年为161.3万对。

(5)单亲家庭数目增多。由于未婚生子情况大量出现,以及离婚率上升,目前约有20%—25%的美国儿童生活在单亲家庭里,其中的90%是与母亲一起生活的。在中国,据不完全统计,目前单亲家庭数也有800万之多。

(6)再婚增加。由于有较多的已婚夫妇离婚,因此也有较多的成人再婚,形成重组家庭。这种家庭除了亲生父亲或母亲和继父或继母,常会有来自两个家庭的多个小孩,组成一个新的家庭系统。据统计,约有25%的美国儿童会有一段时间在继父母的家庭里度过。

(7)核心家庭增加。核心家庭由父母和未结婚的孩子组成。现代青年男女倾向于组织小家庭,生活无拘无束,较少受父母、亲友等的影响,所以核心家庭成为现代社会典型的家庭形态。

(8)家庭关系淡漠。现代家庭生活并不因家庭结构变小而显得情意绵绵,现代经济的发展和社会生活的冲击,使很多家庭关系变得淡漠。

第二节　个人发展与家庭发展的历程

一、个人发展的历程

人生是不断发展的历程。每个人自出生开始就朝向人生的终点前进。人自出生开始，就无法逃避生、老、病、死等问题。不过个体的发展受到遗传、环境、学习等因素的交互影响，进而形成不同的发展特征。同时，在个体连续发展的过程中，由于发展速率与特征不同，会形成人生发展的阶段性特征。从整个发展过程来看，人的一生大致可以分为八个主要阶段。

（1）婴儿期：从出生至3岁。此时个体几乎完全依赖父母的哺育与照料维持生命。

（2）学前期：约3岁至6岁，亦即学龄前。此时期儿童慢慢成长，逐渐可以独立地料理自己的生活，但仍受父母的供养；进入幼儿园接受家庭外的影响和教育。

（3）学龄初期：6岁至12岁。儿童逐渐走出家庭，建立自己的同伴关系，并进入学校接受正式的学校教育。

（4）青少年期：大约为12岁至18岁。个体性器官逐渐发育并成熟，开始具有生育下一代的能力。

（5）成人初期：大约为18岁至35岁。此时个体开始寻觅异性、选择结婚对象，并且结婚、生养孩子，同时也进入工作状态，独立谋生。

（6）中年期：大约为35岁至60岁。此时个人的婚姻、家庭以及工作大致呈稳定的发展状态，孩子也逐渐长大成人，甚至自立门户。

（7）老年期：大约在60岁以后，也可称为成人后期。个体逐渐年老体衰，退休并面对鳏寡生活。

（8）老年后期：大约在75岁或80岁以后。此时人生临近终点，最终离开人间。

人生的发展历程可以用图 1－1 表示。

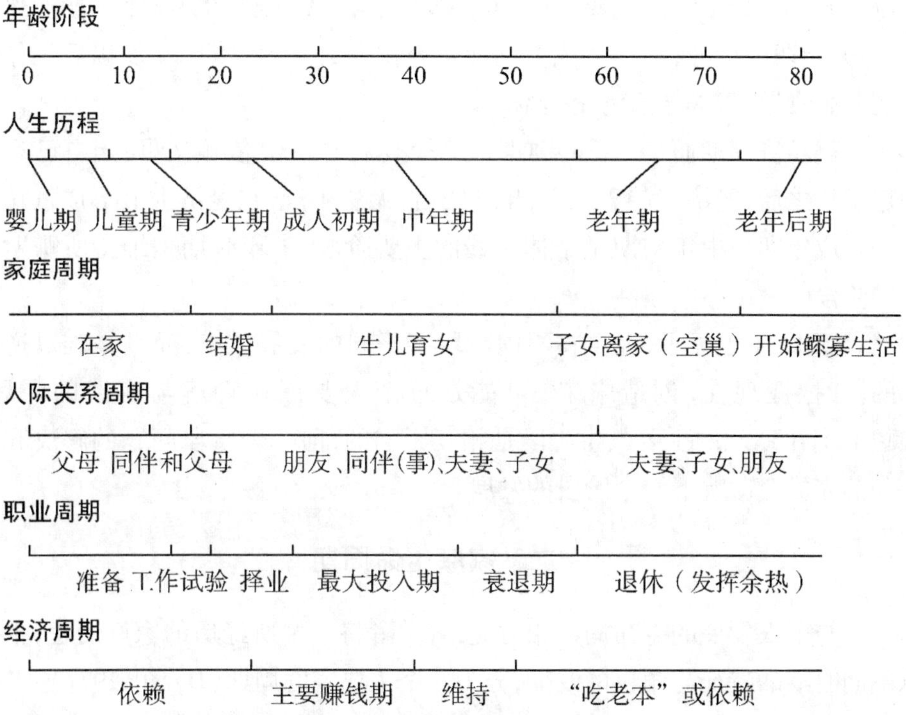

图 1－1　个人发展的生命周期①

图 1－1 概括了人生的发展历程以及家庭、人际关系、职业及经济周期。

以家庭周期为例，儿童时期属于“在家”阶段，事事依赖父母的照料；青少年期可能因为求学或打工，开始离家并独立居住；在 20 多岁时结婚，并开始进入养育孩子期至中年期；50 多岁时孩子长大成人、离家，在心理学与社会学上通称为“空巢期”（empty-nest stage），这时，孩子如鸟儿羽翼已丰，离巢而去；60 岁以后，配偶一方可能离世，开始鳏寡生活。

就人际关系周期而言，在婴幼儿时期，父母及兄弟姐妹关系最为重要，他们是塑造个体人格的重要人物；在青少年时期，由于开始寻求独立，因此同伴的作用与影响力最大；20 岁以后，朋友、同事最为重要，结婚以后夫妻关系最为密切，孩子出生后亲子关系成为最重要的影响因子；60 岁以后，与老伴、孩子、朋友关系较密切，但一般而言，老人的人际关系是比较简单的。

① 施欣欣等著：亲职教育 ABC，中国纺织出版社，1998 年。

在个人的职业周期上,儿童期与青少年期属于工作准备阶段;青少年期以后开始进行工作试验或试探;20 多岁以后,多数人开始为未来的职业作打算,开始职业生涯;40 岁左右是职业生涯投入最大的时期;50 岁以后工作效能开始衰退;59 岁开始准备退休。

就经济周期而言,青少年期以前,个体在经济上依赖父母;当自己有固定工作之后,经济就趋于独立;年老之后,无法生产,在经济上又形成依赖状况。成年期与中年初期是个体赚钱的主要阶段,中年时期是维持所赚财富的阶段。

图 1 - 1 也显示,人生在不同阶段有不同的发展重点,而且是难以逆转的。"把握现在,创造未来"可能是每个人要深切理解与实践的课题。图 1 - 1中所示的主要人生阶段是相互影响的,前一个阶段问题的解决和任务的完成会影响下一个阶段的发展。

二、家庭生命周期

与个人发展的生命周期相对应,有学者将人生所经历的家庭历程,根据不同时期的特征与角色的改变,分为八个主要家庭周期(Duvall,1977)。

(1) 新婚配偶期。新婚配偶期是指两个来自不同家庭,本来毫无关系的异性成人,因婚姻关系而结合,形成新的家庭,同时各自与自己生长的家庭分离的时期。此时期通常还没有孩子,时间大约持续 2 至 3 年。

(2) 幼儿教养期。此时期开始于孩子的诞生。家庭新添了成员,改变了家庭成员初始的互动方式,夫妻双方开始面对孩子的教养问题。夫妇双方必须牺牲一些个人的享受与时间,承担起父亲或母亲的责任。此时期大约维持至孩子 3 岁左右。

(3) 有学龄前儿童期。当孩子的年龄在 3 岁至 6、7 岁时,教育的重要性开始增加。拥有学龄前孩子的时期,亲子关系会进一步发展,夫妻关系也要适当调整。此时期大约持续 3 年。

(4) 有学龄儿童期。此时期孩子开始进入正规学校就读,大约持续 7 年,直到孩子进入青春期。在此期间,孩子开始学习自己料理自己的生活,一天中多数时间会待在学校,父母需要帮助孩子学习功课,协助他们解决学习、生活上的困难。此时期亲子关系比较稳定,孩子仍依赖于父母,需要父母的照顾。

(5) 有青少年孩子期。青少年期个体身心开始发生剧变。家庭在此时期,可能会有亲子冲突产生,因为孩子开始追求独立,并寻求与同伴的友谊。此时如果亲子关系不协调,有可能改变家庭的整体气氛。此时期大约经历7年时间。

(6) 家庭如发射中心期。当孩子长大成人,家庭就像发射中心(launching center):孩子羽翼已丰,振翅高飞,家庭只是发射基地而已。此时期开始于孩子的离家独立(求学或工作),大约11年的时间。

(7) 中年父母期。此时期非常长,约为11年以上。在此期间,由于孩子均已振翅高飞,家中只剩中年父母,形成"空巢"现象。此时期父母的体力、职业、人际各方面也开始衰退,到了退休时又进入另一个时期。

(8) 老年家庭成员期。此时期从退休开始至配偶双亡为止,视老年人寿命长短而定,通常有10至15年时间。此时,个体日渐衰老,经济上形成依赖状况,甚至需要他人的密切照料与扶持。

家庭生命周期的八个阶段划分,只是一个家庭生命周期的典型形态,每个人有不同的人生际遇与不同的家庭人际关系,所以并不能涵盖所有的人群,如结婚无孩子与离婚的家庭就可能经历不同的发展周期。

个体在经历各个家庭生命周期的过程中,不同时期需要解决的问题和完成的课题各不相同,只有解决好上一时期的问题,才能在下一阶段顺利发展。例如,在进入新婚配偶期之前,个体要做好与原生家庭分离的情绪上和经济上的准备,并做以下工作:确认自我与成长家庭的不同;与同伴建立亲密关系;在工作中建立自我,以便能为未来的婚姻与家庭生活作准备。在第一阶段即新婚配偶期,个体要全心全意投入新组成的家庭中,建立婚姻中的亲密关系,同时协调双方与各自的家人及朋友的关系。

进入第二阶段即幼儿教养期,在心理上要接纳家庭新增的成员,同时做好以下工作:调整婚姻关系,以便腾出心理空间容纳孩子;承担父母的角色;重新安排家庭成员的关系。

在有学龄前儿童及学龄儿童的第三、第四阶段,要适应孩子的日渐独立,引导孩子适应家庭生活与人际关系,帮助孩子适应、探索外面的世界。

在第五阶段即有青少年子女期,要增加家庭的弹性,鼓励孩子独立,同时做好以下工作:转换亲子关系,容许子女进出家庭体系;重新关注个人的中年婚姻生活与生涯发展问题;开始增加对老一辈(自己父母)的关心。

在第六阶段即家庭如发射中心期,在心理上要接纳家庭的较大改变,同时面对以下问题:重新调适与配偶的婚姻关系;与成年子女及其儿女发展新的关系;适应孩子的姻亲关系;面对及处理身体的病弱与长辈的逝去等问题。

在中年父母期即第七阶段,要继续上一阶段的发展任务,并增进与配偶的关系,共同面对空巢的孤寂。同时,还要努力与儿孙保持良好关系。

到了老年家庭成员期即第八阶段,则要接纳不同代际角色的转变,并作下列努力:面对身体的衰弱要能维持与配偶的亲密关系及相互兴趣,并探索新的家庭与社会角色;支持已进入中年的孩子;发挥人生的经验与智慧;应对配偶、亲戚、兄弟姊妹及同辈朋友的去世,同时要为结束人生做准备。此时也可回顾与统整自己的一生。

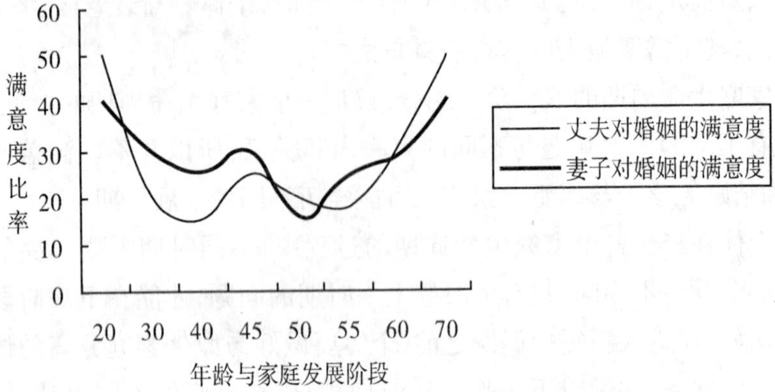

图 1-2 婚姻与家庭生活满意度及家庭发展的关系①

此外,值得注意的是,个人的家庭生命周期与婚姻满意度密切关联,主要原因在于养育孩子的过程中需要付出时间和精力。同时,不同年龄阶段的儿童,其心理发展特征、亲子关系特点及发展任务都不同,这些因素既影响父母对孩子的满意度,也会影响夫妻关系,进而影响婚姻满意度。因此,婚姻的满意度在个人家庭生命周期中也会有起伏现象,这也是家庭教育中要协助父母进行生活调适的重要课题。图 1-2 是家庭生命周期中的夫妻双方对婚姻和为人父母的满意度的变化示意图。图中可见,在新婚或刚有孩子时,个体对婚姻和为人父母的满意度最高,随后开始下降。丈夫(或父

① 修改自 Schiamberg, L. B. Child and Adolescent Development. New York: Macmillan, 1988.

亲)的满意度在第四阶段及空巢期最低,而妻子(或母亲)的满意度则在孩子长大成人时最低,但在随后稍有提高。当然,图 1-2 并不能涵盖所有的婚姻,特殊家庭(如离婚)可能并不适用。

第三节 什么是家庭教育学

一、父母的教育责任

家庭教育是指在家庭生活中,由家庭中年长者(主要是父母)对孩子及其他年幼者实施的教育和影响。教育孩子是父母应尽的责任。家庭教育的核心,就是满足儿童的发展需要。

父母是儿童的第一任老师,对孩子的发展负有重要责任。为促进儿童的健康发展,父母必须首先满足儿童成长的需要,这是父母教养职责中的核心内容。

1. 提供感情的联结

在婴幼儿阶段,孩子会与其主要照顾者形成一种特殊的感情联系,一般称之为依恋关系。在婴儿与母亲建立起的依恋关系基础上,婴儿逐渐形成一种与他人互动的"内部工作模式"(internal working model)。这是一种认知的、情感性的结构模式,是在儿童发展早期与父母的互动过程中发展起来的对他人和自我的一种心理表征。这种内部工作模式是个体未来人际关系的基础,不论友情、爱情、亲情、夫妻关系还是家庭关系,都受到它的影响。依恋关系建立的对象,通常是与儿童接触最频繁的父母,父母对孩子反应的敏感度会影响到依恋关系的形成。这种早期的以及延续到以后的感情联系,将对个体的发展产生决定性影响。

亲密的亲子关系及感情联系也能给儿童提供爱与价值感。儿童需要父母的爱。儿童只有感受到被爱与被接纳,才有安全感与价值感。父母对孩子示爱时,除了使孩子获得被爱的满足之外,也使孩子了解了爱他的人所赞许或否定的行为,从而学到是非观念。

2. 提供安全感

情绪的联结不仅影响孩子以后的人际关系,也会影响孩子在面临新的压力情境时的反应,积极的感情联系具有降低焦虑的效果。孩子把父母或其依附的对象当做一个安全的堡垒,才能勇敢地向外探索,在新环境中尝试新的适应方法;在遇到挫折、压力时,才能回到堡垒中寻求安慰,并从中获得力量以及面对困难、应对挑战的勇气。所以,亲子关系不仅影响孩子的人际适应,也影响孩子向外探索、认识世界的行为模式。

儿童的安全感主要来自发展早期对母亲的信任。婴儿饿了、尿布湿了、感到孤独或身体不适时,会以哭的方式寻求帮助,而母亲每每在此时出现,解除他们的不快,满足他们的需要,缓解他们的紧张。于是,婴儿逐渐产生了这样的感觉:妈妈是可以信赖的。婴儿对母亲的信任在儿童以后的发展中逐步稳固并逐渐向三个方向迁移,进而形成三种与信任有关的心理品质:对他人的信任——信任父亲、其他家人、亲戚、同伴等,并积极主动地发展与他人积极的情感关系,积极主动地适应社会生活;对周围世界的信任(即积极的生活态度)——世界是可以预期、探索、控制的;对自己的信任——我有能力影响这个世界,我可以自我信赖。

一个没有安全感的人是无法信任别人的,因此无法和他人建立友谊,社会化的过程也会受到阻碍,还可能造成疑心病,或成为刚愎自用且充满自我怀疑的人。这样的人不敢自由自在地探索周围的环境,怯于学习新的事物,因此情绪和智能发展也会受到不良影响。

那么如何帮助儿童建立安全感呢?

首先,父母对孩子的需要保持敏感性,能同步化地满足孩子的需要。

其次,要有安定的家庭关系,有可以遵循的行事准则:让孩子生长在熟悉的环境里,而不是时常搬家或更换保姆;在家里、幼儿园和学校里也有固定的常规。这样,儿童得以在稳定、熟悉的环境中成长,对即将发生的事情有把握、能控制,这有助于孩子安全感的建立。

此外,常规对孩子也是非常重要的,它就像是一栋房子的墙壁,给生活一个界限及范围。儿童知道什么是可以期待的或是被允许的,这样,他才会觉得舒适自在。常规使儿童感到周围环境是可以预测的,是可控的。所以常规是儿童对周围环境的安全感的来源,常规的建立可以给儿童提供自由成长的秩序感。

3. 提供鼓励与支持以发展儿童追求成功的信心

有研究者通过动物实验发现,如果关在笼中的猴子无论使用何种方法都无法逃避外界随机施加的电击,数天以后,这只猴子就变得麻木不仁,采取听天由命的态度,对外界施加的身体惩罚或威胁毫无反应。儿童如果自幼就被认定是一无是处的人,只有惩罚而没有鼓励,则这样的儿童会认定自己没有能力,认为自己无论怎样努力都不会成功,进而失去追求良好学业或成就事业的动机。反之,若父母能经常发现儿童哪怕是最细微的成就并给予鼓励,儿童对自己的信心就会增强,对挫折的耐受力和解决问题的能力也会提高。

在教养儿童的过程中,鼓励是非常重要的,缺乏鼓励是造成儿童行为偏差的基本原因之一。每一个孩子都需要经常地得到鼓励,就如同种子需要水一样,没有鼓励,孩子就无法健康成长及发展,也无法获得归属感和积极感。鼓励是一个持续的过程,它强调给予孩子一种自我尊重及获得成功的感觉。

鼓励注重对孩子内在能力的认可和欣赏,鼓励使孩子感受到自己的能力,相信自己的力量,建立起对自己的信心,成为一个自信的人。

4. 提供认同的楷模——提供行为及态度的榜样

孩子善于模仿,而其模仿的对象往往是与其关系亲密的人,如父母。当然,随着年龄的增长,他接触到的师长、朋友、邻人,也都可能成为模仿的对象。儿童模仿的对象一般是他所尊敬的、与其有亲密关系的人,所以,父母若与孩子有良好的关系,将有更多的机会成为孩子认同、模仿的对象。尤其是在学前阶段,男孩的模仿对象一般是父亲,而女孩的模仿对象一般是母亲。孩子在模仿同性父母的过程中,形成了自己的性别角色,初步完成了性别角色认同的过程。孩子在学习、模仿时,并不只是学一些外在的姿势、动作,他们同时也会观察父母对社会事件的反应方式和对压力事件的应对方式。父母遇事退缩或是破坏性地发脾气,孩子也可能采取类似的应对模式。父母的人际关系也是孩子学习的内容,所以父母之间的关系、相处方式,常常可以在下一代的夫妻关系或与异性的关系中再现。

5. 提供生活经验和成长的经验

现代儿童发展理论认为,儿童是成长中的个体,后天的学习和经验是影响其发展的重要因素。从出生起,儿童必须有切合其能力的学习机会以学习新的经验,接受适宜的刺激,以保证正常的智能、语言、人际关系技巧、情绪情感、表达能力和人格的形成与发展。儿童的学习除了要注意切合年龄及能力之外，也要注意多样性，父母要为儿童提供认知、语言、社会化及情绪发展所必需的新经验。

父母是孩子生活经验的主要提供者，尤其是在孩子幼小阶段，父母几乎决定了孩子生活经验的全部内容，而生活经验对孩子的发展具有多方面的影响。以智能发展来说，在孩子年幼时，父母提供较多可供孩子探索的刺激、花较多时间陪伴孩子玩，孩子较年长时，带孩子接触图书馆等，都是帮助孩子智能发展的有效做法；同时，在接触这些外在环境时，给予适时的引导、鼓励，也可以增强孩子学习的动机。

除了智能发展之外，生活经验对个体的社会情绪发展也有影响。孩子有接触伙伴的机会，才可以学习如何与家人以外的人相处，如果父母过度地限制或保护孩子，孩子的社会情绪发展就会受到限制。

此外，孩子也需要有成功和失败的经验。成功的经验可培养孩子的自尊及自信，而失败的经验可养成孩子的耐心与责任感，两者交互并进，才能使孩子的人格健康发展。孩子自己无法控制成功和失败的经验，父母适时的安排与辅导是必要的。

6. 提供一个沟通网络

父母要为孩子提供充分、自由、清楚地沟通的机会，让孩子在沟通中将自己的想法、期望表达出来，并从家人的反应中学会如何调整自己的想法、期望，进而逐渐确立适当的行为模式，内化社会规范。同时，在沟通的过程中，双方的语气、表情、姿势等也在传递信息，孩子在这些经验中，可以学习到如何运用各种方式作清晰的沟通，同时积累、整理自己的思路，反省自己，把握自己的经历。

二、家庭教育学的含义与任务

父母与孩子有最亲密的情感关系。父母与孩子不仅有血缘关系，而且双方长时间生活在一起，共同形成家庭社会体系，存在心理共享与强烈的依恋关系。因此，父母是否称职，是否能恰如其分地扮演好父母的角色，关系到孩子一生的成长与发展。

研究家庭教育学，能帮助我们理解父母对孩子发展的影响机制，进而引导或协助父母掌握儿童身心发展规律，满足儿童身心发展需要，恪尽父母职责，形成有效的教养行为。

1. 引导父母掌握儿童身心发展规律

人是复杂的，童年期长，可塑性强，在不同的成长阶段有不同的身心发展特征与规律。家庭教育学能引导父母掌握孩子的身心发展规律，因势利导，促进孩子健康成长。

2. 导正父母不当的教养方式

有些父母由于对儿童身心发展规律所知有限，对孩子要求过高，如要求学龄前孩子握笔写字，造成孩子厌学，或惯用惩罚方式管教孩子，使孩子畏缩胆怯，或忙于自己的事业，疏于照顾孩子，使孩子沦为电视儿童，这些都不利于孩子健康成长。家庭教育学能提醒父母不当教养方式的后果，进而导之以正，使孩子获益。

3. 引导父母学习有效的亲子沟通方法

父母与孩子长期共同生活，亲子之间形成有效沟通，才能共享人生，并有效地教养孩子，家庭也才有欢笑与喜悦。如果亲子间沟通不良，就可能引起"亲子战争"，不仅使家庭气氛紧张，降低父母的教养效能，也不利于孩子人格的健康发展。帮助父母学习有效的亲子沟通技巧是家庭教育学研究的主要课题之一。

4. 协助父母引导孩子养成良好行为规范

行为主义心理学认为，个体行为的形成是无数次强化作用的结果。父母是孩子行为规范形成的最重要、最直接的强化者。家庭教育学帮助父母了解行为塑造的规律，从而适时、适量地强化孩子的行为，进而引导孩子养成良好的行为规范。

5. 协助父母教导孩子提高成就动机、发展潜能

望子成龙、望女成凤是父母共同的心愿，但有些孩子成就高，有些则不然，除某些关键因素外，父母的教养方式也是一个重要的影响因素。在孩子成长过程中，父母如何与孩子一起学习与成长，并帮助孩子克服学习上的困难与障碍，也是家庭教育学的重要课题。例如，孩子在准备高考时，来自父母的鼓励、关心与支持，就可能成为孩子的巨大动力。除此之外，父母也可以通过学习，更了解自己的孩子，进而对孩子因材施教，使他们的潜能得以充分发展，成为对社会有用的人。

6. 帮助特殊儿童的父母克服教养困难

家庭教育学的另一个目的是帮助特殊儿童（如智障、听障儿童等）的父

母诊断与鉴别孩子的状况,从而使他们获得适当的关照或诊疗。

三、学习家庭教育学的重要性

教养孩子是大多数成年人的必修课。据统计,在美国,90% 以上的人一辈子会生育一个以上的孩子。为人父母会让人感到满足与充实。养儿育女其乐无穷,这些满足与乐趣可能也是父母教养孩子过程中最大的支持力量。

但是,如果父母教养不当,使孩子不能得到正常的发展,造成亲子关系紧张,就可能断送孩子(可能还有父母自己)的幸福。因此,社会各界呼吁重视家庭教育,因为孩子的心理品质、人格发展形成于家庭,受父母的影响至深,所以政府相关单位与学校、民间社团或社会服务组织应积极推广家庭教育,帮助父母认识孩子在不同发展阶段的需要,掌握教养孩子的正确方法。

美国著名家庭教育专家、积极推进"有效父母训练"的邓克米尔等人(Dinkmerer et al. ,1987)也指出,孩子的成长与发展是对父母的巨大挑战,父母的任务不是掌控孩子,也不是事事为孩子代劳,而是要教导孩子为自己负责任。他们认为有效能父母的标准是:

(1) 对孩子设限(sets limit),容许孩子自我抉择。

(2) 以孩子的责任及问题解决为焦点。

(3) 关注孩子进步与改善的情形。

(4) 尊重与接纳孩子。

(5) 不无故批评与责骂孩子。

(6) 容许孩子有个人问题存在。

(7) 容许孩子适当地为自己作决定。

(8) 让孩子有机会承受自己行为的后果。

邓克米尔等人认为,成为有效能的父母需要学习,也要接受训练,正如与儿童医疗、教育、社会服务有关的人员需要接受一定的专业教育或训练一样。没有接受相关训练的父母,可能会在孩子的教育中有所疏漏,甚至会抵消其他儿童教育相关专业人员的努力。在社会变迁加快、价值日趋多元化、儿童的权益日益受到肯定与保护的今天,父母如果没有掌握相关知识和技能,随着社会变迁而进步,也随着孩子的成长而成长,可能会成为无效能的、失败的父母。

在不同的成长阶段,儿童有不同的身心发展需要:在婴幼儿与学龄阶段，最需要生理上的关照及获得基本心理需要的满足；青少年期以后，最需要父母协助其独立、自主，在教育上获得成功与成就，并逐渐成熟且独立、健康地发展。用何种方式、在何种时机、以何种态度满足孩子这些身心发展上的需要，则有赖于父母不断地尝试与学习。家庭教育学的目的，就是要为父母提供学习这些知识和技能的机会，缩短父母摸索的时间，减少父母误用或滥用父母权利的行为，避免消极的亲子互动，以促进父母和孩子共同成长与发展。

第二章　家庭教育的历史与现状

随着家庭的产生、变迁和发展，家庭教育也处于不断的变革之中。可以说，在社会发展的每个阶段，家庭教育都呈现出了不同的特点。通过回顾家庭教育的历史，探究家庭教育的演变过程，可以发现促进和制约家庭教育发展的重要因素，并从中找到发展的一般规律；分析家庭教育的现状，找到存在的问题，并借鉴古今中外家庭教育先进的理念和方法，对改善我国的家庭教育状况大有裨益。

第一节　家庭教育的历史发展

家庭并不是伴随原始人群同时出现的，家庭教育也不是最原始的教育形式。在原始社会早期，没有真正意义上的婚姻和家庭，人们以群居生活为主，集体采集和打猎，共同生产和生活；新生一代归整个群体公有，部落中的儿童一般由老人负责看管和照顾。因而，人类社会最原始的教育形式是公共教育，或者说是社会教育。

一、西方家庭教育的发展

恩格斯曾把人类社会的发展划分为三个时代——蒙昧时代、野蛮时代和文明时代，与此相适应的婚姻形式分别是群婚制、对偶婚制和一夫一妻制。家庭是人类社会发展到一定阶段的产物，最初的家庭教育出现在一夫一妻制的个体家庭形成之后。此时，新生一代开始由过去的为公共大家庭所有转变为个体家庭私有，儿童的抚养任务也不再由整个部落或氏族成员共同承担，而是转交给孩子的生身父母单独进行，家庭教育真正成为一种私人教育。

（一）奴隶主的家庭教育

文明时代以一夫一妻制个体家庭的出现为重要标志。随着私有制的发展,贫富日益分化,社会逐步出现两个对立的阶级:奴隶主阶级和奴隶阶级。由于家庭分属不同阶级,因此家庭教育也开始具有鲜明的阶级性。

奴隶没有人身自由,也没有接受文化教育的权利和机会。在古代印度,奴隶读书识字被视为违反神意,严重者会被处以死刑。古罗马奴隶社会中,奴隶受到残酷的剥削,承受着繁重的体力劳动,他们的子女只能在跟随父母的劳动中学习简单的生产技能。

奴隶主作为统治阶级,掌握着国家政权的同时,也掌握着文化教育大权。在西方奴隶制国家,奴隶主都非常重视家庭教育,但不同国家的家庭教育有着不同的培养目标,教育内容和方法各具特色。以当时最强大的斯巴达和雅典为例。斯巴达是一个少数奴隶主贵族专制的国家,奴隶由于不堪忍受残酷剥削,经常起来反抗,因此斯巴达总处于军事戒备状态,所以斯巴达人特别强调军事体育教育。儿童一出生,先要由长老进行检查,体弱者均被丢弃。体检合格的儿童,首先交由父母抚养教育,但必须接受国家的监督。家长一般非常强调儿童的保健和身体锻炼。7 岁后,男童被送到国家公共教育场所,接受各种军事体育训练,女童则继续留在家中,接受体格训练,以便成为强健的母亲,将来生育强健的儿童。雅典是一个科学、艺术和商业都很发达的奴隶制国家,教育也相当发达,不同类别的教育共同构成一个完整的教育体系,家庭教育作为基础很受重视。雅典的家庭教育的目的是培养具有一定知识和教养的商人、政治家,因此注重智育、德育、美育,使儿童从小就全面和谐地发展。7 岁以前的男孩在家庭接受教育和训练,内容包括讲神话故事、唱歌、玩球以及培养礼貌行为习惯,女孩则主要学习家事、乐器和手工。

(二) 封建社会的骑士教育

在封建社会,家庭教育仍然占有重要地位。西欧封建教育一般以文艺复兴运动为分界线,之前以骑士教育为代表,之后为文艺复兴时代的教育。

骑士教育产生于中世纪早期,盛行于 12 世纪,是欧洲世俗封建主的主要教育形式,主要通过家庭教育来实施。骑士教育一般分三个阶段:第一阶段为 0 到 7 岁,幼儿由母亲在家中进行身体养护和宗教道德教育,培养宗教信仰及顺从等品质。第二阶段为 7 岁到 14 岁,儿童被送到比自己父亲高一级的领主家当侍童,接受封建礼仪教育和骑士技能训练,学习上流社会的各种礼节和骑马、投矛、击剑、打猎等技艺。第三阶段为 14 岁到 21 岁,青少年充当主人的侍从,为主人整理衣物、照看马匹,陪同打猎和出征。三阶段的教育全部结束后,儿童便成为一名真正的骑士。学者们一般认为,骑士教育实质上是一种特殊形式的家庭教育。

封建领主的女孩主要在贵族官邸中接受家庭教育,由家庭教师负责教授编织、礼仪、音乐、舞蹈或文化知识,培养淑女和贤妻良母。

(三) 文艺复兴时期的家庭教育

从14世纪到15世纪的欧洲文艺复兴时期,一些经济发达的地区出现了资本主义的萌芽。新兴的资产阶级非常重视儿童的早期教育,有的大商人为防止家族衰败而亲自撰写家政论,提出一些将后代培养成商人所需要的家庭教育内容和措施。此时,家庭教育的方式主要以口授经验和家政为主。

这一时期,欧洲的人文主义思想者撰写了许多关于家庭教育的著作,系统探究早期家庭教育问题。《儿童教育论》(1450)、《幼儿教育论》(1529)、《基督教女子教育论》(1523)等相继出版,提倡父母以人道主义的态度和教育方法对待儿童。

在教育史上,夸美纽斯第一次把早期家庭教育正式列入到教育体制之中。1632年,他出版了《大教学论》一书,提出了一整套学制。首先,他认为人出生之后应该有24年的学习时间。其次,他把这段时间按照年龄分为四个阶段:婴儿期、儿童期、少年期和青年期,并提出与这四个阶段相应的四种学校:母育学校、国语学校、拉丁学校和大学。其中,母育学校以0到6岁的婴幼儿为对象,由母亲进行家庭教育。1633年,夸美纽斯又出版了《母育学校指南》一书,后更名为《幼儿学校》,专门阐述学龄前儿童的家庭教育问题。他认为,家庭教育的主要任务是通过感官训练,让儿童了解自然和社会生活,奠定儿童体力、智力和道德的初步基础。

(四) 资本主义时期的家庭教育

工业革命之后,机器生产代替了手工劳作,经济活动逐渐从家庭转移到工厂。随着经济的发展,处于上升时期的资产阶级为了培养自己产业的继承人,特别重视子女的家庭教育。由于当时学校教育带有浓重的中世纪教育色彩,富有的资产阶级宁可将教师请到家里,也不送孩子进学校。因此,在西欧,资产阶级家庭聘请家庭教师是非常普遍的现象。著名教育家洛克和卢梭都曾担任过资产阶级家庭子弟的家庭教师。他们的著作《教育漫话》和《爱弥儿》都是以富家子弟为对象,以家庭教师进行家庭教育的形式来论述家庭教育问题的著作。

资产阶级家庭的家庭教育对儿童身体保健、道德品质等方面都比较重视，但更强调对儿童进行知识教育。洛克主张开设阅读、书写、图画、速记、外语、作文、算术、天文、几何、历史、法律、修辞、音乐、击剑、园艺、雕刻、商业计算、出国旅行等几十门课程，既包括书本知识，也包括实际技能训练，同时注重改进家教方法，讲求“学以致用”。

现代资本主义社会的家庭教育与过去相比有了较大变化。一方面，物质生活水平大大提高，儿童的生活环境取得了很大改善，可以拥有和使用更多的教育资源；同时，科学技术的发展、教育研究的深入，使得家庭教育逐渐走向科学化、正规化。另一方面，随着社会开放程度增加，个人的独立倾向愈发强烈，家庭内部成员之间的依赖性逐渐减少，家庭观念日益淡漠，甚至出现了家庭的解体，使得一部分青少年缺少必要的家庭教育。

二、中国家庭教育的历史发展

中国的家庭教育有着悠久的历史，家庭教育思想源远流长。有文献记载，在殷周时期统治者就已经开始实施胎儿教育，西汉刘向编的《列女传·母仪》篇的《周室三母》就记载了周文王之母太任进行胎教的情形。回顾历史，可以将我国的家庭教育发展史划分为三个时期：古代、近代和现代。

(一) 中国古代的家庭教育

1. 奴隶社会的家庭教育

奴隶社会时期，奴隶主阶级对家庭教育相当重视。早在夏、商、周时期，帝王家庭就设专人负责太子、世子的保育和教育工作。史料记载，太子、世子尚在襁褓之时，就在家里设保傅之官“三公”及其副职“三少”，负责培养太子、世子将来在政治生活和社会生活中所需的品德、知识和才干。“三公”为太师、太傅、太保；“三少”为少师、少傅、少保。这些人实际上就是奴隶主贵族的家庭教师。他们有不同的分工：保，负责身体保育方面；傅，负责道德培养方面；师，负责知识和经验的教导方面。

一般的奴隶主贵族家庭也非常重视家庭教育，并根据儿童的年龄选择和安排不同的家庭教育内容。例如，6 岁学数数，9 岁学礼仪，10 岁以后，有的外出入学，有的继续在家中延请家庭教师，学习礼、乐、射、御、书、数等所谓“六艺”，与学校教育内容一致。

奴隶社会的自由民阶层家庭也很重视子女的家庭教育。不同职业的家庭对子女进行家庭教育的内容不同,都是结合自己的职业进行教育,传授的知识技能都是父兄的职业经验。家庭教育的过程,就是家庭生活和职业活动相结合的过程。

我国春秋战国时期的《管子》一书详细记载了我国奴隶社会自由民阶层家庭生活和家庭教育的状况。当时的自由民阶层包括四种人:士、农、工、商,即读书人、农民、手工业者和商人。为便于统治,统治者要求他们按不同职业聚居一地:读书人在乡校附近,农民在田野附近,手工业者在官府驻地,商人在集市附近。他们对子女的教育大多靠潜移默化和耳濡目染。读书人子弟长大以后仍旧做读书人,农民子弟成人后一般还是从事农业活动,手工业者和商人子弟也大多从事父辈的职业。

2. 封建社会的家庭教育

中国的封建社会是典型的家族社会,家庭中通常以父系家长为领导,一般的家庭规模都很大,几代人共同居住在一起,"五代同堂"屡见不鲜。落后的生产方式使得男童更受偏爱,也享有更多、更好的教育机会。家长普遍重视儿童的早期教育,并且把教子看做是父亲的重要职责。《三字经》中有一句脍炙人口的话:"养不教,父之过。"北齐颜之推在《颜氏家训》中也说:"父当以教为事。"

在中国的封建社会,家庭教育已经相当发达,儿童入学前在家庭中接受教育,之后进入私塾或书馆。但在当时,许多私塾或书馆是由家族开办的,实际上也是一种扩大的家庭教育。从教育内容上来说,范围相当广泛,包括生活常规、道德伦理、识字读书、生产技能等,其中特别侧重于家业(家传的学术)、家传(家传的职业、技艺)、家学(家传的学问),以及伦理道德规范,如孔子家族的经学、司马迁家族的史学等,而医学、建筑等实用技艺更是祖传秘技,不外授他人。

但是,受当时政治、经济、文化的影响和制约,家庭教育带有浓厚的封建色彩。比如:强调"三纲五常",培养"忠君"的"顺民";提倡孝道教育,要求子女绝对服从家长的意志,家长对子女有权任意处置和体罚,信奉"棍棒底下出孝子"、"不打不成材";此外,鼓吹男尊女卑,对男女儿童实施不同教育,10岁后,男孩通常被送去拜师学艺,女孩则继续在家中学习家务、礼节和规矩。

总之,中国古代的家庭教育内容丰富、广泛,包括生活习惯的培养,如坐、立、行、跪、拜、起居、洗漱、饮食等;包括道德品质的培养,如仁、义、礼、智、信等;包括文化知识、社会生活知识、生产劳动技能等的传授和训练。同时,形成了初步的终身教育体系,规定子女在不同年龄阶段接受不同的教育,如《礼记·内则》中就提供了对不同阶段的儿童实施不同教育的计划:"六年,教之数与方名","九年,教之数日","二十而冠,始学礼"。

(二) 中国近代的家庭教育

中国近代主要指从1840年到1919年这段历史时期。此时,西方的家庭教育思想开始传入中国并初步传播开来,影响了一批思想开放的人,科学的知识开始出现在家庭教育内容中;中国古代的教育思想在继承与演变的过程中,表现出中西家庭教育思想融合的态势。

我国近代著名爱国将领朱庆澜十分重视早期家庭教育的重要作用,并亲笔撰写了《家庭教育》一书,把刚出生的孩子比作雪白的丝,把6岁前的家庭教育比作第一道染缸。他批评中国的旧式家长忽视儿童早期的道德教育,溺爱和娇宠幼子,待到坏习惯已养成时才灌输伦理道德观念,为时已晚。曾国藩也十分注重家庭教育,在《曾文公文集》中有大量宝贵的家庭教育经验。

梁启超不仅是近代著名资产阶级改良家、学者,同时还是一位杰出的教育家,尤其在家庭教育方面堪称成功者。梁启超一生虽历经沧桑坎坷,但爱国之心始终不变。他对子女的影响和教育贯穿着一个中心,就是对祖国的无限热爱。在家里,他经常向子女们讲祖国历史上的民族英雄和爱国者的故事;孩子们长大离家后,他仍以书信形式继续进行爱国主义教育,鼓励孩子们努力学习,掌握专业知识,将来报效祖国。他要求孩子们从小艰苦朴素,在艰苦的环境中锻炼自己,养成好学慎思的习惯。他很尊重孩子们的个性和志趣,根据每个孩子的特点因材施教,并以平等商量的方法确定每个孩子的发展方向。

(三) 中国现代的家庭教育

中国现代主要指从1919年到1949年这段历史时期。随着社会的变革——由近代社会进入现代社会,传统学制的嬗变——由私塾改为学校,留学新格局的出现——留美热潮兴起,使中国学子有机会接触到世界最前沿的技术和学科,中国学者开始摆脱旧思维的束缚,抛却古代与近代学者一直沿用的经验式描述，吸收科学理念以及儿童心理学的最新研究成果，为家庭教育提供科学指导，同时也给中国的家庭教育思想输入了新的内容和活力，促使家庭教育开始走向科学化。

陈鹤琴(1892—1982)，浙江上虞人，中国现代儿童心理学家，毕生从事儿童心理学和儿童教育的研究，是中国儿童心理学的开拓者。陈鹤琴以中国儿童为研究对象取得了丰富的第一手资料，采用一般研究和个案研究相结合的方式，探讨了3岁前儿童的心理发展，著作《儿童心理之研究》(1925年)是其研究的结晶。陈鹤琴对儿子陈一鸣出生以后808天的追踪研究，除了采用当时摄影法之外，同时"实地考察，实地试验"，并作了系统的观察记录。书中论及了儿童心理发展的各个方面的问题，包括：儿童发展的一般顺序；儿童身体的发展，主要指感觉器官的发展，包含听力、视力和触觉等方面；儿童动作的发展及动作的模仿与拟制；影响儿童心理发展的活动——游戏，与儿童心理发展直接相关的器具——玩具；儿童心理的几种主要表现形式——好问心、惧怕、哭；儿童的学习、言语、美感、绘画、思想的心理特征，不同性别的儿童的心理差异，特殊儿童的心理缺陷及矫治等内容。

陈鹤琴十分重视儿童期在人的一生中的意义。他认为，儿童期是发展能力的时期，人生的一切活动都要在这一时期开始发展，同时，儿童期也是接受文化的时期。此外在家庭方面，儿童也有重要作用，如巩固家庭的团结力，增进家庭的幸福，发展和培养家庭成员间的同情心和牺牲精神等。

陈鹤琴撰写的《家庭教育》(1925)一书，根据儿童的心理特点，提出了101条教育原则，帮助家长和教师正确施教。在这本书中，陈鹤琴阐明了他的儿童教育思想。他认为，儿童生来具有感觉、联念和动作三种基本能力，"学习就是先感觉外界的刺激，后把所感觉的事物与所有的感觉联合起来，再发生相当的动作去反应外界的刺激"。也就是说，学习是反应和刺激的联合。由此，他提出了相应的学习原则，包括刺激的原则、联念的原则和动作的原则。

(1) 刺激的原则：刺激必须选择得适当，要实地施教。

(2) 联念的原则：能使孩子快乐的刺激容易印刻在孩子的脑海中，刺激发生的时间愈长、次数愈多，联念也愈坚固。

(3) 小孩子开始学习的时候，做父母的要格外留心以免错误，不要有例外，小孩子学习事物要自己学习的。

这些观点对当时的家庭教育有着重要的指导意义。

新中国成立后，由于不同时期的国家政策、经济水平、家庭结构等因素不同，我国儿童的家庭教育呈现出不同特点。20世纪50年代到70年代，我国家庭通常是多子女，家庭教育的内容以文明礼貌、艰苦朴素为主；到了八九十年代，发生了许多变化，多数家庭是独生子女，创造教育与情感教育成了家庭教育的重要内容。同样，在我国不同区域，由于开放程度、生活水平不同，家庭教育也表现出不同的特点。一般来说，经济发达地区，许多家长重视对孩子的教育投资，让孩子较早接触到英语、钢琴等；而经济相对落后的农村等地区，家长更关注让孩子吃得好、穿得好，而教育投入较少。

三、中国家庭教育的传统

正如前文所回顾的，家庭教育在中国有悠久的历史。最早的古籍之一《尚书》中就载有4000多年前古代帝王教育子弟的文章。自魏晋南北朝起直到民国初年，几乎历朝历代都有家规、家训、家诫的书，据《中国丛书综录》记载就多达117种，这从一个侧面说明我国历来都十分重视家庭教育，这与中国传统社会是以自然经济为主的农业社会有关。以农业为中心的经济生活和社会生活，势必以家族为主要运作单位，家庭是人们安身立业之本。人们依赖家庭也为家庭而活，形成了凡事以家为重的“家本位”思想。父辈对子辈的品行、才学、前途格外重视，社会也普遍认为训教子女是父母义不容辞的责任，因而从个人到社会都十分重视家庭教育。

（一）中国传统的家庭教育思想

我们选取两个角度予以说明。

1. 孔子、孟子的家庭教育思想

孔子和孟子都重视人伦教育，即亲人相处之道的教育，提出“父义、母慈、兄友、弟恭、子孝”，还重视由己身而群体、而全人类的修己善群的道理。如《大学》中说，以正心诚意为根本，强调个人先修身，再齐家，家齐而后国治，国治然后才能天下太平。在修身方面注重“己所不欲，勿施于人”。这种立身、处事、待人、接物的道理就是传统儒家教育子女的方针。

2. 历代家训所传达的家庭教育观念

在儒家教育思想的基础上，历代家训、家规、家诫之类的论著对家庭教育有更为明确具体的阐述。

有人对最能体现中国家庭教育思想的家训进行研究，总结出其核心思想是“五观”：严教观、磨炼观、惩戒观、尊卑观和决定观。严教观强调以礼规范人的行为，教育方法首在戒除不良习气，避免人品败坏。磨炼观主张磨炼孩子，“苦其心志，劳其筋骨”，避免成为纨绔子弟。惩戒观是说对违规行为用打骂方式加以严惩，当然不要滥行，要注重耳提面命，严加督管。尊卑观强调注重建立父母尊长的威严，要求不苟言笑、身正令从、师道尊严。“决定观”注重幼小时期的管教，认为“童蒙之时决定一生”。

中国传统的家庭教育思想在今天仍可以为我们所用的主要是重视伦理道德的教育，强调教子做人，这是当今国际教育界所强调的，然而又是当今家庭教育所欠缺的。当然，教子做人不是全部，还应该教子做事，要让孩子学会生存的基本知识和能力。中国传统的家庭教育思想忽视教育孩子对自然和科学的探索，对教子做人的强调远超过教子做事。另外，在传统的中国家庭教育中，家庭本位，家长本位，父权主宰一切，子女的独立人格和自主权利几乎被完全忽略，这也是与当今家庭教育理念格格不入的。

(二) 中国传统的家庭教育方法

从已有文献资料分析，可总结出以下几种中国传统的家庭教育形式：①

(1) 从生活礼节入手进行人伦教育，如“黎明即起，洒扫庭除”，“与朋友交，言而有信”。认为礼节的养成就是修身的开始。

(2) 父母以身作则。认为父母尊长作为教育者，必须先修己正身，为子女做道德的楷模，所谓“身教重于言教，教在不言之中”。

(3) 教育从幼小时开始。《增广贤文》中有“训子须从胎教始”，《颜氏家训》也强调“教子当及婴稚”。认为若在子女幼小时忽略教诲，一旦“骄慢已习”、“习惯成自然”，便悔之晚矣。

(4) 环境熏陶。众多家规都要求为子女提供良好的教育环境。《孟母三迁》的故事历代都被推崇，原因在《颜氏家训》中论述得很清楚：“人在年少，神情未定所以款狎，熏渍陶染，言笑举动，无心于学，潜移默化，自然似之。”指出人在年少时思想未定型，易受周围环境影响，虽然不是有意去学，但耳濡目染、潜移默化，便自然会与周围人的言谈举止一样。

---

① 赵琴主编：学校教育与家庭、社会教育，广东高等教育出版社，2000 年：第 146—148 页。

第二节　家庭教育的现状

一、西方家庭教育的现状

（一）西方国家的育儿观

在欧美一些国家中流传着一首很有哲理的《育儿歌》：

挑剔中成长的孩子学会苛刻；
敌意中成长的孩子学会争斗；
讥笑中成长的孩子学会羞怯；
羞辱中成长的孩子学会自疚；
宽容中成长的孩子学会忍让；
鼓励中成长的孩子学会自信；
称赞中成长的孩子学会欣赏；
公平中成长的孩子学会正直；
支持中成长的孩子学会信任；
赞成中成长的孩子学会自爱；
友爱中成长的孩子能感受到关怀。

西方国家育儿的着眼点是培养孩子成为具有适应各种环境和独立生存能力的社会人。基于这种观念，西方国家的很多家庭都十分重视孩子从小的自身锻炼，普遍认为孩子的成长必须靠自身的力量。

独立能力来自从小的锻炼。所谓锻炼是多方面的，如劳动锻炼、坚强意志锻炼、忍耐力和吃苦精神的锻炼等。

由于育儿观、育儿方法着眼于培养孩子独立生存的能力，西方国家的儿童从小就表现出以下几个方面：具有很强的自理能力；具有适应市场经济的头脑；具有适应社会环境的能力。

（二）西方国家家庭教育的方式方法

西方国家的家长从锻炼孩子的独立生活能力出发，对孩子的教育采取放手但不放任的原则。

所谓放手，即从孩子出生起，父母就设法给他们创造自我锻炼的机会和条件。普遍的做法是根据孩子的年龄让孩子做自我服务性劳动。例如，一个美国家庭中有三个孩子，他们在家中各有各的角色：10岁的男孩周末负责帮父亲割草、浇花、打扫庭院；12岁的女孩能根据不同的食品配方烘烤出各种美味的点心；8岁的小女孩会编织五颜六色的茶杯垫，等等。

所谓不放任，一般反映在三个方面：

(1) 宁苦不娇。欧美国家的很多儿童少年从小就要从事送报、打工等劳动，这本身就是一种吃苦精神的磨炼。

(2) 富而不奢。西方国家的家庭平均收入比中国家庭要高很多，但家长绝不把零用钱作为奖励孩子的手段，目的是教育孩子懂得，他们努力学习完全是为了自己将来成为有用之才。对孩子的零用钱，美国家长甚至有些"苛刻"，有调查发现，美国54%的青少年学生没有零用钱，而且年龄越大越不可能拿到零用钱。

(3) 严教不袒。西方家长对孩子的缺点、错误绝不听之任之，更不袒护，而是设法教孩子自己知错改错。

《家庭教育在美国》一书通过一些具体事例介绍了美国的开放式家庭教育。美国家长不强迫孩子遵从自己的想法和意志，而是主张尊重孩子自己的意愿，给孩子提供开放的环境，"让幼苗得到必需的沃土、阳光、水分，能把先天的基因充分地发挥出来"。比如，当孩子在客人面前大哭大闹时，父母并不强行制止，在他们看来，孩子的哭和闹是有理由的，哭闹也是孩子的权利，不要过多干涉。当孩子发现哭闹并不能带来好处时，他们自然会停止使用这种方式。

很多美国家长能以宽容的心态去营造一个有利于培养孩子创造力的环境和氛围，他们尊重孩子的兴趣和选择，保护孩子的人格，把孩子看做独立个体，鼓励他们独立思考，允许有不同意见，支持孩子的好奇心和探索精神。美国家庭教育注重的是把孩子培养成现实生活中的获胜者。

二、中国家庭教育现状

近些年来，我国的家庭教育有了很大的发展，取得的进步是世界公认的。重视家庭教育，这是当代千百万家长对中国教育实践的一大贡献，这对中国人口素质的提高起了积极的推进作用。一方面，人们更加关注儿童的早期家庭教育，并逐渐意识到家庭教育的重要作用；另一方面，家长们迫切要求提高自身素质，掌握科学的家庭教育方法，以便给孩子提供更好的教育，各种形式的家长学校纷纷建立。

现代家庭教育的优势是很明显的：

(1) 教育意识增强，许多家庭把子女的教育摆在优先发展的地位，使家庭教育在理念上有了保障；

(2) 家庭成员文化素质的提高，使家庭教育的质量也不断提高；

(3) 孩子少，家长有较充裕的时间和精力来教育孩子；

(4) 比较优裕的家庭经济条件，使得家庭教育有了物质保障。

家庭教育往往会影响人的一生，为此，全国人大代表夏秀蓉建议要为家庭教育立法。夏秀蓉认为，家庭教育不仅是基础教育，而且是主导的教育，是任何学校教育和社会教育都代替不了的。家庭教育比学校教育更能塑造孩子的个性、人格、文化品位和价值观念。家庭教育的规范化、法制化，能起到提升和导向作用，保障科学的家庭教育能够全面、稳定、持续进行。

目前中国家庭教育存在的主要问题表现在以下几个方面。

(一) 教育方式欠科学，“重教不会教”现象突出

很多家长重养轻教，重物质轻精神。2001 年，北京市妇女联合会、北京市家庭教育研究会以及零点市场调查与分析公司共同对北京市儿童(0—14岁)的家庭教育现状进行了调查。

在定量调查中，所有家长对于家庭教育在孩子成长过程中的重要性都给予了肯定，其中 89% 的受访家长认为“家庭教育在孩子的成长过程中是非常重要的”。不同家庭背景的受访家长对于家庭教育的重要性认识没有明显差异，表明目前家长对家庭教育重要性的认识有较高的趋同性。随着物质生活水平的提高，很多家长将大量财力和精力放在教育孩子上，但教育效果不尽理想，一个重要原因是家长的科学家教知识比较欠缺，实践中往往凭个人直觉，凭零星获得的家教知识和传统的育儿经验进行教育。

调查发现，在存在不良家庭教育方式的家庭中，家长可分成以下几类：

(1) 过分保护型。这部分家长占 30% 左右。过分保护就是父母什么都代劳，帮孩子解决一切问题，其实质就是溺爱。这使孩子失去了正常的、积极的、自由发展的个性，培养出的孩子懦弱、无能、依赖性强。这种个性心理特征熄灭了孩子的创造欲望，孩子处处需要别人的指点与帮助，没有开拓精神，智力发展受到限制。

（2）过分干涉型。这类家长也占30%左右。如果说过分保护是包办代替的话，那么过分干涉就是限制孩子的言行，画框框，定调调，要求孩子按父母的认识和意愿去活动，不能违背父母的指令，使孩子缺乏批判思维能力，做事没主见，人云亦云，不敢超越父母的认识，很少有发散性思维，思想被禁锢，没有灵气。

（3）严厉惩罚型。这类家长占7%—10%。这种教育方式目前不是很普遍，但确实存在。对孩子严格要求是应该的，但严厉惩罚可能会物极必反。严厉惩罚型一般又分以下几种类型：家长教育孩子态度生硬，对子女缺乏感情，言语粗鲁，方法简单；强迫子女接受自己的看法与认识，但孩子口服心不服，嘴上接受，心里不接受；常挖苦、责备甚至打骂孩子，损伤孩子的自尊心。

（二）隔代教育较多，父亲参与不够

上述调查还显示，父亲在家庭教育中的地位远远不及母亲。

在家庭教育观念上，调查结果显示：接受调查的所有家长都已认识到家庭教育对孩子成长的重要性，但是在家庭教育中唱主角的还是母亲；在家庭教育重要性调查中，调查针对监护人中对孩子更加了解的一方进行，结果母亲占受访者的70.2%，父亲只占受访者的20%，这表明目前在家庭教育中母亲扮演着主要的教育角色。专家认为，在家庭教育中，父亲的作用是不能代替的，父亲对孩子的性别意识、性格形成、智慧培养、能力形成等方面影响很大。

（三）家庭教育目标缺乏理性

家庭教育目标的确立，很大程度上取决于家长意志，受家长思想觉悟、文化素质、职业经历、兴趣爱好等影响。确立家庭教育目标时，许多家长总是从自身出发，以自己的经验和爱好作为依据，而很少考虑孩子的实际能力及社会需求、现实可能性等，所以往往出现目标定位过高现象，望子成龙、望女成凤成为家长的普遍心态，结果弄巧成拙，适得其反。

现代家庭特别是城市家庭，父母并不缺乏教育子女的责任感，更多的困惑是不知该如何教育孩子。不少家长由于缺乏教育知识和方法，受某种片面观念支配，在家庭教育方面表现出的盲目性十分明显，如盲目投资、盲目施教、盲目要求、盲目攀比、盲目放弃教育等。不少家长由于对子女期望过高，在教育子女的过程中力图寻求一条快速有效的教育捷径，希望有一个现

成的、理想的、能“包治百病”的教育方法套在孩子身上。家庭教育的盲目性往往导致事与愿违的结果，不仅使家庭白白花费精力与财力，更使很多家长失去教育好孩子的信心。

（四）家庭教育内容欠合理

教育目标决定教育内容，缺乏理性的教育目标必然导致教育内容的不合理。目前许多家长对家庭教育的认识存在很大的片面性，把家庭教育狭隘地理解为仅仅是智育，这使得家庭教育的功能大大缩小，尤其表现在家庭教育中德育职能的逐渐弱化，逐渐被智育和其他一些功利性较强的教育职能所代替，出现家庭道德教育空白的现象，导致孩子人格的缺失。

（五）家庭教育学校化倾向日益严重

学校教育、社会教育和家庭教育三者各有自己的职能，但近些年，家庭教育却出现了“异化”，主要表现为家庭教育学校化。许多家长由于过度关注孩子的学业，整天围着孩子的学习转，自觉不自觉地放弃了家庭教育固有的职能，使家庭成了学校教育的“承包机构”。

（1）重视孩子的身体素质，忽视心理素质。不少家长关注的焦点仅限于孩子的衣食住行，忽视孩子的精神需求，导致孩子容易出现心理问题。

（2）重智力开发，轻非智力因素培养。家长重视孩子生理保健较多，关注心理健康保护较少；重视孩子动作技能和智力开发较多，而关注情绪、情感、社会性发展和人格的早期形成较少。

（3）重知识灌输，轻品德培养。有的家长片面认为“学前教育就是早学知识，即认字、背唐诗、学加减”，事实上，在孩子还没有数理概念和理解能力的情况下，硬要他们去背、去记，会使孩子留下“学习是一种痛苦”的体验，受到情绪上的抵制。

（4）重专长训练，轻平衡发展 。针对家长争先恐后送孩子参加培训班的现象，专家指出，幼儿阶段重在全面发展，对幼儿兴趣的培养不能过早定向、盲目跟风，过多地偏重一个方面，必然影响其他潜能的发现和发展。

第三节 家庭教育的发展趋势

不管世界如何变化，家庭不会消亡。只要有家庭存在，就有家庭关系存在,也就必然有家庭教育存在。专家们预测,21世纪的家庭结构将更为简单,家庭规模进一步变小,家庭人际关系趋于平等,家庭生活水平不断改善,家庭同外界的联系越来越多。

一、身处新的时代,树立家庭教育的新观念

中国社会长期以来推崇"家本位"、"家长本位",这是从封建家长制沿袭而来的。家长是"一家之主,尊中至极",不仅统摄全家的财政大权,而且对家庭其他成员拥有支配、处置权。"君为臣纲,父为子纲,夫为妻纲","纲"就是拥有支配权的意思。这种传统的思想观念至今仍在许多人的头脑里残存,与之相应,许多人认为孩子是家庭的私有财产,是家长个人的附属品。在这种"家长本位"观念支配下,有的家长将自己的意志强加在孩子的身上,要求孩子沿着成人预先设计好的成长轨道一步步前进,而不顾孩子的意愿。因此,有专家分析说,成人围着孩子转的"小太阳"现象只是独生子女教育中的表面现象,并不表明中国家长倾向"儿童本位",恰恰相反,"大太阳"现象(即"成人本位")才是中国独生子女家庭教育的基本特点。

随着知识经济时代的到来,家长对孩子的期望和要求也越来越高,同时家长们也日益认识到孩子的教育不再仅仅是学校和社会的事情,家庭教育对儿童成长的作用愈益重要,因此,家长们有必要树立起家庭教育的新观念,以更好地承担家庭教育重担。

(一)家长应树立的最基本的儿童观

1. 儿童是人,应该平等地对待他,并教会他平等待人

平等是现代文明的核心。在封建社会,人与人之间的关系是贵贱有序。现代社会为每个公民提供了平等的教育和发展机会。我国宪法保护每个公民的权利,不管你是官员还是平民百姓,是富人还是穷人,是健全人还是残疾人,是男人还是女人……这种平等是权利的平等,是机会的平等。

根据平等的观念,在现代家庭中,父母与子女的关系虽然是长辈与晚辈的关系,但在人格上却又是平等的。他们之间虽然大多数时候因为孩子年龄小、阅历浅、经验不够丰富,是一种教育者与被教育者的关系,但有的时候,父母也需要向孩子请教。只有这样,在现代家庭里才能建立起平等的、相互尊重的亲子关系。

在平等观念下,孩子受到父母的平等对待,同时他也逐渐学会平等对待

他人,不以强凌弱,不以势压人。只有这样,孩子在伙伴交往中,才能获得真正的友谊和朋友,才能成为一个合格的社会人。

2. 儿童是成长中的人,应根据儿童不同发展时期的特点科学地教育

这里强调两个方面:一是儿童在发展的过程之中,他的未定型性决定了他是在发展着的,是可塑性很强的,不能对他过早下定论;二是儿童在成长,教育者不能拔苗助长,顺应每个发展时期的特点,有针对性地进行教育才是科学的、明智的。

3. 儿童终究要成为独立生活的人,应按照"独立生活"的目标去培养

孩子既是家庭的成员,也是社会的成员,他们最终将走上社会,接受社会的检验,需要在社会的大潮中生存发展。所以家庭教育不但要为孩子的儿童期负责,更重要的是要为孩子的一生负责,要把孩子培养成具有自理、自立能力,吃苦耐劳、抗挫折精神,创新意识和创造能力的能独立生活而且能高质量生活的人。

(二) 家长应树立新的人才观

1. 成才有多种途径,不是只有一条路

传统观念中的成才路径是小学—中学—大学—研究生。上海市教科所曾经作过调查,市区 77.99% 的家长希望孩子达到大专及大专以上学历,18.84% 的家长认为能读到什么程度就什么程度。对孩子的职业,市区 91.84% 的家长希望子女从事脑力劳动,只有 5.14% 的家长认为可以从事体力劳动;郊区这两个比例则分别是 83.2% 和 11.9%。

从全国来看,能升入大学的孩子仅占同龄人 20% 左右,上海地区因为教育相对发达,这一比例要高一些,但家长仍不满意。很多家长的关注点从孩子能不能上大学转向能不能上名牌大学。

家长要转变传统的人才观,从实际出发寻找孩子成才的途径。人本主义心理学的创始人马斯洛曾经说过:一个一流的厨师要胜过一个三流的科学家。浅显的话语说明了深刻的道理:每个人的潜能都很大,自我实现的目标因人而异。

2. 人各有异,不是千人一面

许多家长不顾孩子的资质、兴趣,或一律向琴棋书画,或一窝风向英语、电脑、足球看齐,既耽误时间,又浪费金钱,更可怕的是会使孩子产生厌烦和逆反心理。其实,成才要不拘一格,要根据每个孩子的特性、素质和其他条

件而定。好孩子的标准包括成绩好、智商高、认知发展水平高，还应包括道德认识和道德行为水准高、具有同理心和爱心、情感健全发展、身体健康……

3. 百年树人，不是一朝成才

很多家长急功近利，过早地让孩子接受教育，识字、背古诗、做算术，违背儿童的成长规律，甚至使其产生厌学情绪，影响孩子今后的正常学习。有专家分析，儿童学习慵懒症很大程度上与早期教育不当有关。

因此，扎扎实实打好全面发展的基础，才是成才的关键。早期教育不应局限在学文化、学知识，更重要的是基础能力的培养，包括操作能力、观察能力、记忆能力、判断推理能力、想象力、创造力及社会交往能力等，核心是培养好奇心和探索能力。

二、家庭教育的发展趋势

(一) 从家庭教育的含义看，从单一的教育发展到双向互动的教育

过去所说的家庭教育，一般是指在家庭范围内，父母及长辈对孩子的教育。随着社会的发展，家庭教育的内涵应扩大为指在家庭范围内，对家庭所有成员进行的教育，包括父母与子女、祖父母与孙辈、夫妻之间、兄弟姐妹之间的相互教育与影响。当然，还应包括孩子对父母及长辈的教育，因为在家庭教育过程中，家长在影响子女，子女也在影响家长；家长的教育观念、教养态度和教育行为影响着儿童身体、心理的发展，儿童对事物的认识、对事物的态度和行为，包括对家长教育行为的反应也影响着家长。

家长与子女是一种相互教育、相互学习、取长补短的关系。

(二) 从家庭教育的内容看，从片面教育走向全面教育

家庭教育除了教给孩子知识外，还应该发展孩子的能力(如创造力)，激发孩子的积极情感，养成孩子良好的道德品质，赋予孩子健康的体魄，是一种全面的教育。

传统的衡量孩子智力发展的智商概念已经远远不能适应现代社会对儿童进行全面评判的需要，人们进一步提出了多元智能、情感能力、德商以及创造力等概念来评量儿童的发展。

智商理论也受到了巨大的挑战。一方面，智商测定的往往是现成的知识，对于那些未学过这些知识的人必定不公平；另一方面，加德纳多元智能

理论的提出也是对智商理论的一大挑战,认为智商测试的范围仅限于语言、数学、逻辑分析的智能,人类的智能远远不止这些,还有人际关系沟通技能、自我关系技能、空间感觉技能、身体协调技能、联想技能等。多元智能理论的提出为因材施教提供了理论依据,也为确定教育的培养目标打开了新的思路。

情绪能力由美国哈佛大学心理系教授丹尼尔·戈尔曼在1995年出版的《情感智力》一书中首先提出,指人们对情绪的控制能力。情绪能力包括主动性、同理心、心理调适能力、适应性、协调性、应变能力等。情绪能力的作用包括:激励自己、克服冲动、延迟满足、调适情绪、避免因过度沮丧影响自身能力发挥、设身处地为他人着想、对未来充满希望等。

戈尔曼认为,人的成功,智商只占20%,"其他因素"占到了80%。"其他因素"包括情绪能力。智力是天生的,而情感因素可由后天加以培养。所以,家庭教育中,引导家长培养孩子的情感智力是十分重要的。

道德商数简称德商。哈佛大学教授罗伯特·科尔斯根据自己及他人的育儿经验,出版了《儿童的道德商数》一书。在他看来,德商不是靠背诵条规得来的,要靠学习和生活逐渐培养。儿童从出生以后就开始建构自己的道德商数,通过对成人的观察、模仿和学习来培养自己的道德能力。上小学前后,儿童开始建立自己的一套价值观,学会在不同情况下如何待人处世。

科尔斯认为,德商就是善良,是尽到责任和义务的善良。德商高的孩子性情善良,富于同情心,责任感强,善于自我错位体验;而德商低的孩子性情残忍,责任心不强,不习惯于自我换位情感体验而经常陷于情感恶性循环之中。

美国教育学博士米歇尔·博芭在《如何培养孩子的德商》一书中提出,要教会孩子正确行事的七大美德:同情、良心、自控、尊重、善良、宽容和公正。这可以给家庭教育教什么以很大的启示。

目前,心理学界较为一致的看法是把创造力定义为:根据一定的目的和任务,运用一切已知信息,开展能动思维活动,产生出某种新颖、独特、有社会或个人价值的产品的智力品质。

家庭是培养孩子创造力的摇篮。针对我国当前家庭教育中的问题,在培养孩子创造力方面,特别要注意:

(1) 固执也许是孩子创造力强的表现,千万不要扼杀。心理学家托兰斯曾运用84种个性特征区分富有创造性的人和缺乏创造性的人，结论是：富有创造性的人具备许多讨人喜欢的个性品质，但同时也有不讨人喜欢的个性特征，如挑剔、执拗、骄傲、不易满足等。然而，在产生或者坚持各种新的想法时，这些不讨人喜欢的个性特征却有其积极的价值。要培养孩子具有创新精神，家长就要允许孩子有一点固执的自由，鼓励孩子坚持自己的想法，不要因为自己的平庸扼杀了孩子的创造性。

（2）给孩子宽松的环境，允许孩子争辩。德国心理学家安格利卡·法斯博士证实：两代人之间的争辩，对于下一代来说是走上成人之路的第一步。能够与父母进行真正意义上的争辩的孩子往往比较自信、独立、有创造力。在争辩中，孩子学会了判别是非，语言能力也得到了加强。不会争辩的孩子，从小就学会了听别人的话，把评判事物的标准掌握在他人的手里，而把自己的个性和创造力给压抑了。

（3）一味要求孩子循规蹈矩，也许会扼杀孩子奇异的想象力和宝贵的创造力。目前社会上帮助孩子发展想象力的培训班生源不足，甚至有家长让孩子进了班以后，因不满教师教育孩子不要循规蹈矩而退出。这反映了家长的观念——希望孩子规规矩矩，不要“出格”。殊不知，想象力是创造力的基础，一切创造均源于丰富的想象。

（三）从家庭教育的形式看，从封闭走向开放

1．家庭教育封闭的主要表现

（1）家庭对同龄人的封闭：独门独户，家庭不对同龄的其他孩子开放。

（2）家庭对社会的封闭：家长忙于工作，很少带孩子出门，即便出门也是旅游参观，很少真正体验社会生活。

（3）家长对孩子的封闭：亲子之间沟通很少，关注的多为生活和学习。

（4）家庭生活对孩子的封闭：一切活动由家长包办，孩子无事可干，也无权参与。

2．家庭教育正逐渐走向开放

表现为空间上的开放和时间上的开放。

（1）空间开放又可分为对内开放和对外开放。对内开放：让孩子实实在在地参与家庭的生活和决策，知道柴米贵，知道父母恩；与孩子进行真正的心灵沟通。对外开放：对同龄人开放，几个孩子一起学习、游戏，体验交往；对社会开放，多接触社会，参与真实的活动。

（2）时间上的开放主要指家庭教育的可持续发展和终身化。

1990 年联合国开发计划署在《关于人的发展报告》中对人的发展作了新的解释，提出“人的可持续发展是指人的协调发展，是既能满足当时的需要，又能保证其身心和谐、均衡、持久的发展力不受损害的发展”。

现代家庭教育必须实行可持续发展的教育，要“教孩子一时一事，想孩子一生一世”。家庭教育应该是一种终身教育，不仅是对孩子儿童期的教育，它应贯穿孩子的一生；另一方面，家庭教育也是家长“活到老，学到老”的过程，家长与孩子同行，与孩子一起成长。

（四）从家庭教育的方法看，从经验性走向科学化

随着社会的发展、时代的进步，家长的文化程度不断提高。因此，家庭教育的方法也在从代代相传的经验性教育不断向科学化发展。为教育子女成才，培养出高素质子女，不少家长开始注意阅读家庭教育方面的书籍，开始研究教育学、心理学等方面的家庭教育知识；运用适合孩子成长规律的、科学的家庭教育方法和手段使家庭教育活动更有效，做到优生、优育、优教；对孩子的教育由过去的打骂型、唠叨型、溺爱型、放任型向引导型、陶冶型、明理型、民主型发展。

（五）从家庭教育的功能发挥看，从单一作用走向立体整合

家庭教育系统作为教育的子系统，正日益从封闭的、单一的功能发挥走向与学校教育、社会教育紧密结合，形成一体化的教育。三大教育的关系是：家庭教育是基础，学校教育为主导，社会教育是依托，彼此既独立又相互联系，从而构成一个完整、统一的现代教育体系。随着我国经济社会的发展与进步，随着素质教育的全面推进，家庭教育、学校教育、社会教育相互沟通、紧密结合、协调一致，组成一个整体，形成一股合力，共同培养现代社会所需要的高素质的人才，是教育现代化的必然趋势。

第三章 家庭教育的理论基础

理论是思考与行为的根基。家庭教育深受各种理论思潮的影响。本章分两节,先介绍家庭教育的相关理论基础,如心理学基础、社会学基础、人类学基础、心理咨询基础等,再阐述目前对家庭教育影响较大的几种主要的理论和实践模式:沟通分析法、父母效能训练、行为改变技术、有效父母系统训练等。

第一节 对家庭教育有影响的主要理论流派

家庭教育学的重要任务之一是帮助为人父母者成功地扮演父母角色,做称职的父母。从这个意义上说,家庭教育学的对象是父母,因此,家庭教育学从父母的角度来看,就是学习成为有效能父母的学科,父母是学习的主体,目标在于促进孩子更好地适应、成长与发展。为正确发挥家庭教育功能,父母必须接受教育或训练,应用各种策略与技巧,使父母和孩子都获益。相关的教育学、心理学理论或实践模式为家庭教育提供了理论依据,使父母在自我成长和训练中更有所依循。

一、心理学理论基础

心理学是研究个体心智历程与行为的科学,目的在于描述、解释、预测与控制共同的行为,进而使人类充分自我了解、自我成长与自我发展。家庭教育的重点是父母的成长与子女的健康发展,心理学能帮助父母理解自己的教养行为与儿童发展的关系。

以下介绍与家庭教育密切相关的几个心理学理论流派。

(一) 精神分析论

精神分析论是由弗洛伊德提出的理论,重视早期生活经验对现在生活的影响,重视人的内在动机、欲望、冲突等潜意识历程对人格发展的影响。

该理论认为,人格由本我、自我与超我构成。本我中有生本能与死本能,人类同时具有生存、养育下一代、求生的本能,但也有破坏、攻击、毁灭的本能。自我是人格中的理性成分,能控制意识,调和本我与超我的冲突。超我则是人格的理想、理性与道德成分。自我和超我是在儿童生活中逐渐形成的,父母对自我和超我的发展影响深远。

(二) 行为学派

行为学派重视对人类行为的实证性探究。行为主义学派认为人的行为是条件作用的结果,所有的行为都由学习而来,都是环境作用的结果,好的与坏的行为的学习过程基本相同。塑造儿童就是要塑造他们的行为,同时要控制环境。

行为学派注重对行为学习过程的分析,其理论在教育上的应用很广。在心理治疗、心理咨询、心理辅导上也广泛运用行为技术与策略来改变不良行为,如代币制、系统脱敏法、角色扮演法、行为契约法、社会技巧训练、厌恶治疗法等,这些方法也适用于家庭教育领域。

(三) 人本主义学派

人本主义心理学关注人的价值,认为人有向上、向善发展的可能,人人都可以维持与扩展人生,使自我充分发展;每个人都有其价值与尊严;自我概念是个体人格的核心,每个人都有自己独特、主观的世界,可以积极健康地实现自我;人是善良、可信赖的,并具有建设性发展与成长的可能。

同理心(移情)、积极关注、一致性与真诚、尊重、接纳等都是有效的人本主义的助人策略。人本主义心理学家认为,当个体处于被接纳、关怀、爱与尊重的环境中,个体就有积极发展的可能。该理论也适用于父母对孩子的教养。

二、社会学理论基础

社会学是探讨集体行为、社会结构及功能的科学。由于家庭是群体组合,因此,家庭的形成、改变、发展与功能也一直是社会学家关注的焦点。由于学者立论的不同,形成了不同的理论体系,对社会组织、体制与现象有不同的分析角度。以下介绍几种主要的社会学流派的理论。

(一) 功能学派

功能学派认为,社会由具有各种功能且相互作用的单位组成,不同社会现象或体系均有其特定功能,家庭也不例外。不同的社会单位对社会都有贡献。社会的运作具有整合与均衡的倾向,社会单位或整体社会的运作失调只是暂时性的,各个社会单位本身具有自动调整、顺应与改变的功能。

(二)冲突学派

冲突学派认为,社会体系内的冲突无法避免,社会团体成员间常涉及利益矛盾,资源与权力分配不均,因此常常导致冲突。社会各团体都会产生冲突,家庭也无法避免,亲子冲突、夫妻冲突都可能发生。不过依照冲突理论,冲突是具有社会功能的,有了冲突,才可能使社会成员重新思考个人的角色,并且重新分配资源或权力。冲突又可分团体内冲突与团体外冲突,两者相互牵引,通常团体外冲突有助于提高团体的凝聚力,减少团体内冲突。家庭成员关系和谐、密切互动、沟通良好、权力矛盾少,则冲突会减少。

(三)社会交换理论

社会交换理论认为,人处于社会情境中(包括家庭在内),人与人的互动就是一种计算得失的理性行为,物质的交换是常见的交换现象,亲情、声望、协助、帮助、抚慰等也是一种交换。人是利己、自我中心、为个人着想的生物体。利他或互利多是基于个人是否获得利益的考虑。社会之所以有互动产生,就是因为个体经由交换而获得满足与利益。交换的利益可以是有形的,也可以是无形的,如尊重、快乐或幸福等。

社会交换理论认为,人之所以结婚,父母之所以照顾与教育孩子,都是为了满足本能的需要,他们会因孩子的成长、发展与成就,而获得喜悦与快乐,并受到他人的赞美,得到肯定与支持,因而获得个人利益。而孩子之所以听从父母、表现出各种顺应行为,是为了求得父母更多的给予,以满足个人的需要。当人际交换不是完全的均衡和充分的满足时,竞争与冲突自然会发生。

(四)符号互动论

符号互动论关注社会互动中,个体对社会情境的解释、定义与反应的过程。符号包含语言、非语言、图形、文字等。通过符号,个体可以展现其思想、观念、态度与价值,同时也通过解释与分析符号了解他人。通过符号互动,社会群体中的个人可以与他人交流、沟通彼此的观点。亲子沟通也可以看做是主观解释、分析他人符号,进而相互交流的过程。不同的家庭与亲子关系可能有不同的符号互动类型。

(五) 社会进化论

社会进化论援引达尔文生物进化论的论点,说明社会改变的特征,社会的变迁、进步、发展都是进化而来,社会进化是人类社会适应环境的结果。该理论认为,家庭结构与生活模式也是社会进化的结果。当社会价值、科学技术、生活模式、身心需求改变时,家庭也可进化到不同的状况与类型。

社会学也关注社会互动、社会组织的发展历程。社会组织通常具有规范、地位、角色、权威等四个特质,家庭也包含了这四个特征。另外,社会学也探讨文化与社会化过程。文化就是人类在社会情境中所学习的一切,是各种知识、信仰、观念、语言、宗教等的总和,家庭的观念、行为模式会受到文化的影响。

三、人类学理论基础

人类学是研究人类发展的科学,它关注人类的起源、存在、改变以及现代人类的演化过程。人类学主要可以分为生理或体质人类学、文化人类学。前者以古往今来的人类体质演变过程为研究重点,其研究与考古学密切关联;后者以人类社会文化发展为研究重点,其研究内容自然会涉及人类的家庭制度与教养行为的演变。

人类学家发现,婚姻是人类社会普遍的、共同的现象,婚姻就是社会对男女在性与经济上结合的认可。典型的婚姻制度有四种:多妻制、多夫制、一夫一妻制和群体婚姻。家庭主要有核心家庭、扩展家庭与单亲家庭等类型。婚姻与家庭同是人类进化的重要部分,也是个体生活与生命延续的组合。

文化人类学认为,人类文化的发展与差异受环境与时间的影响,不同的理论取向对文化与人类的关系有不同的解释。

(一) 早期进化论

早期进化论认为,多数社会经历了相同的阶段,最后达成最终的目的。文化的改变会形成文化的一部分,文化由简单进化到复杂、由野蛮进化到文明。人类文化是进化的结果。就家庭而言,其进化过程大致经历了六个阶段。

(1) 杂居游牧生活:此时没有性禁忌,也没有真正的家庭结构。

(2) 兄妹通婚期:此时由一群兄弟与一群姐妹通婚。

(3) 群体婚姻:此时是群体式婚姻状况,但兄弟姐妹已不再容许结婚。

(4) 松散配偶期:男女配偶虽有关系,但一方可能与他人住在一起。

(5) 父系(丈夫支配)家庭期:家庭由男人支配,他可能有不止一个女人。

(6) 一夫一妻制时期:进入文明社会,夫妻双方有相同地位。

(二) 历史特异论

历史特异论不认为,人类文化是进化而来的,不同文化有着巨大的差异性与复杂性,各个文化有其历史特殊差异存在,文化的共通法则仍未成熟,所以各个文化都值得去研究。

(三) 扩散论

扩散论认为,高度文明的文化如果被接触、被了解就会扩散开来。一个文化可以借助于另一个文化而发展,较少变化或创新的文化可以经由学习其他文化的精华而得以发展一个新文化,从而扩散至全世界,所以某一区域内的文化有可能成为文化中心。文化扩散主义关心因文化扩散而形成的文化变异与发展,以及因文化扩散而形成的特质被接受、拒绝或修正的状况。父母教养行为也是文化现象之一,也可以由高度文明的社会传播至另外的社会。

(四) 功能论

功能论认为,所有文化都在满足特定社会中的个别需求,文化具有满足团体成员基本的和衍生性的需求的功能,如满足个体营养的、生产的、养育的、安全的、成长的基本需求。社会成员为了满足营养的与食物的需求,可能会衍生合作生产的次级需求。而为满足生产与养育子女的基本需求,衍生了婚姻与家庭共同生活的次级需求。所以探究家庭的功能是研究家庭组织的重点。

(五) 心理取向论

心理取向论认为,文化与心理现象密切相关,不同人格特质会形成不同文化,由性别差异所形成的人格特质在不同文化中有不同的类型。每一个文化都有其基本的人格,每种典型的人格都是由文化经验产生的。子女教养方式是形成人格特质的最重要力量。

(六) 后期进化论

后期进化论又被称为新进化论,除了仍肯定文化是进化的观点外,又融入了历史特异论观点，认为文化的演化有其“基本法则”。工艺与科学技术是文化的能源，因为科学技术的发展使得文化扩展与改变，然而在文化发展中，仍有文化的差异存在，所以文化的进化有“特殊进化”与“一般进化”两种类型。

总之，人类文化学的理论认为，家庭教育或子女教养是一种社会文化现象，其理念、方法、技术是可以学习与传播的，它们也是文化的基本要素。

四、生态学理论基础

生态学感兴趣的是生物个体之间的关系，以及生物个体与环境的关系，如个体因环境而发生的改变、复杂环境中个体的适应与发展等问题。生态学家关心人与环境的交流与转变，并对六个主要课题感兴趣。

（一）交流

生态学认为人与环境是相互交换的过程，交换一段时间后，各自就会有所改变。人的需求、个性特征的改变与环境的变化都是人与环境交换的结果，而非单纯的人格或环境的作用。

（二）生活压力

人在环境中会有各种压力。压力有正向的，也有负向的。当环境的要求、经历与事件被当成是具有挑战性的、并能给个人带来成就与尊严时，它对个人就有积极的影响；反之，如给人带来伤害、失落与冲突，环境就会对个体产生不良影响。

（三）应对方式

应对就是个人对内在压力的调适方法。应对的目的在于问题的解决和对消极情绪的处理。当应对方式有效时，压力减轻；反之，则破坏个体的社会功能。

（四）住所

住所指一个人或家庭生活的地方。住所有物理和社会情境两种特质，物理特质包含住处、建筑、都市或乡村等，社会情境特质则包括家庭、宗教、工作与生活等。

（五）安顿

安顿指个人在环境中的适应状况，也显示个人在社区所占有的位置。

良好的安顿表示个人拥有良好的教育、经济资源和机会。

(六) 关联

生态学也关注个人与他人,如亲戚、朋友、邻居、同事,甚至宠物的关系。

根据生态学的观点,家庭就是一个生态环境,家庭又与外在的生态环境相关联。家庭的生态体系可区分为四类:

(1) 微系统:个人在家庭或团体中每天接触的环境。

(2) 小系统:个体、环境与群体在个人小环境中的互动。

(3) 中系统:代表社会正式与非正式的结构对个人产生的影响与限制。

(4) 大系统:指文化、社会力量,以及一切价值、态度与信仰所形成的体系,对微系统、小系统与中系统都会造成影响。

生态系统论的观点认为,个人与家庭及环境是不可分离的,系统是一个整体,牵一发而动全身,单一因素的改变会影响整体系统的改变。个人与家庭所形成的体系对个人的发展影响巨大,所以健康的家庭生态环境的建立与维护是必要的。

五、辅导与咨询理论基础

辅导与咨询是助人的专业活动。辅导与咨询关心如何有效地帮助别人。从辅导与咨询的观点来看,家庭教育也是助人活动之一。不同的辅导与咨询理论形成不同的咨询技巧。精神分析法重视个体过去生活经验的诊断、鉴定与调整;个体心理学重视人生未来的目标与家族亲人关系;人本主义取向的咨询理论注重助人关系的建立与有效人格特质的发挥;行为取向法则利用各种强化原理,改善个人的行为;认知治疗法则注重不良认知的修正。

在咨询与辅导领域,有众多学者关心家庭治疗(family therapy)的课题。所谓家庭治疗,就是以系统性的观点协助家庭成员解决问题、成长与适应的助人过程。家庭治疗的目的在于通过处理家庭问题,使个人与家庭均能获益。例如,有些问题儿童可能是因为家庭中的沟通障碍所造成的,经由家庭治疗,家庭成员可以同时检视沟通障碍,并代之以更有效的沟通方法,从而促进孩子的成长。家庭治疗领域有五个对家庭教育具有重要意义的概念。

(一) 各要素相互依存

家庭治疗将家庭视为一个系统,是整体性的组合,各个要素之间彼此依存，家庭成员之间相互关联、互相影响。所以，家庭治疗最关心的是家庭作为一个整体，其成员间的互动模式及其对家庭成员的影响。

（二）循环因果关系与相等结果

家庭系统论认为，家庭问题的产生并非是直线型的，而是多重原因的循环因果或互为因果作用所造成的，家庭成员的行为就是一个互动圈。因此，家庭治疗随时可以针对某些焦点切入，而不需要去探讨其成因，家庭现时的夫妻关系或亲子关系就可以立即作为治疗或干预的重点。

（三）均衡与改变

家庭本身具有维持内在功能的机制，可以自然地调节家庭互动类型，以达成均衡状态，但这种均衡会因家庭所处的不同阶段、所要面对的不同挑战与情境而被打破。当家庭功能健全时，家庭治疗与辅导者就要协助家庭去动员家庭资源，建立适宜的行为类型，并对适应性行为加以巩固。

（四）系统、次级系统与三角形

家庭系统理论认为，家庭复杂系统中又包含了一些次级系统，家庭治疗与辅导者需要兼顾家庭的大系统，也要顾及次级系统，如亲子次级系统、兄弟姊妹次级系统或祖父母次级系统。家庭三角形是指在家庭两人间的次级系统中加进了第三者，使得人际关系受到影响。第三者可能是外遇，可能是酒精，也可能是朋友或电脑、赌博等。常见的家庭三角形是：丈夫嗜酒、只顾工作或有第三者；妻子则是过度关照孩子或家庭，而使夫妻次级系统的关系受到阻碍。家庭治疗需要检测家庭中不健康的三角形，并协助加以解决。

（五）界限、规则与类型

家庭中的次级系统也会因心理界限而阻隔家庭互动。要跨越这些心理界限需要有一定的规则或行为类型。一般而言，家庭系统中存在很多无形的疆界，规范了成员相互间的接触，并保护家庭内部的独立状态。界限有利有弊，当父母一味保护孩子，不让他们独立，则会形成混乱的界限，妨害儿童健康发展；反之，界限过度僵硬将不利于次级系统间的亲密接触，进而产生“疏离”。因此，如果亲子间缺少情绪接触，又没有充分独立，子女难免会产生孤独感。

家庭治疗也借助于其他咨询与辅导的理论与技术协助家庭及其成员的成长与健康，因此，家庭治疗相关的概念及策略都可以用于家庭教育上。

第二节　亲子关系的训练模式

近年来对父母的教养行为的训练受到广泛重视,很多学者开始着手建构各种训练方案,以使父母接受训练并获得成长,使孩子受益。下面介绍几种广受重视的家庭教育训练模式:沟通分析法、父母效能训练、行为改变技术、有效父母系统训练,以及其他重要的父母教育与训练模式。

一、沟通分析法

沟通分析法(Transactional Analysis,简称 TA),也称交流分析法。这是一种发展较早、影响较大的心理咨询与治疗方法。沟通分析法分析人际互动与交流的各种类型、模式与结构,利用教导式或教诲式的方法协助当事人或被帮助者了解自己在人际沟通中存在的问题,并检视自己的过去与所作的决定、自我状态、人生脚本、心理游戏等,再重新调整自己的人际沟通方式、重新作决定或改写人生脚本,以更健康的方式与他人交流、互动,进而产生最佳的适应与成长。

(一) 沟通分析法的基本概念

沟通分析法由美国学者柏恩创立,他在 20 世纪 60 年代出版了畅销书《人类的游戏》(也译作《人们玩的游戏》)。哈里斯第一个将该理论应用于临床实践和对各种社会问题的分析,并出版了《我行—你也行》一书。两本书分别利用简明、易懂的语句与概念介绍人类沟通的方式,使得沟通分析法的理论在心理治疗及大众心理学上占有一席之地。

沟通分析法认为,人可以自己作决定、思考自我、表达自己的情感,也可以改变自己的命运,重新过自己想过的生活,选择自己的命运,计划自己的人生。

沟通分析理论认为,父母是个人情感与经验的主要影响力量,儿童期的情感与经验都会被个人记录下来进而影响自身的发展。人格的发展与家庭环境及父母的需求有关,个人的适应不良或情绪上的困扰,大都是早期不当选择的结果,而这些选择通常是在满足个人需求与迎合父母需求之间妥协的结果。个体的不良适应的另一个主要原因,是过度内化父母的指令:由于父母的指令对个人具有强迫性作用,使个人的发展受到限制,无法自我创造有意义的人生。

沟通分析法对人的行为与问题有下列假定:

(1)自我状态是人格的核心,对个人的行为具有指导作用。

(2)自我状态形成于早年,受到父母、兄弟姐妹等重要人物的影响。

(3)个人在成长过程中会自撰人生脚本,然后依此脚本行动,但个人的人生脚本常常是僵硬的,因而可能限制自己的发展。

(4)通过对自我状态、人生脚本以及其他沟通类型的分析与检验,可以重新面对自己,改变自己。

(5)健康或正常发展取决于父母健康的教养行为,也需要个人自己的努力来统整自我的需求。

(二)沟通分析法的人格理论

人格就是个人应付外在事物的行为反应类型的总和。沟通分析理论认为人格结构有四个主要成分,这些人格要素就是影响个人适应的力量,要拥有健康、正常的生活,就必须检查这些要素是否有适当发展。以下分别阐述这四种人生状态。

1. 自我状态

沟通分析法认为每个人的心理与行为方式是由自我状态主导的。自我状态由三个部分组成:父母自我状态(Parent Ego State,简称P)、成人自我状态(Adult Ego State,简称A)以及儿童自我状态(Child Ego State,简称C)。下面我们来分析这三种人生状态,括号里的内容反映一位30岁妇女的三种人生状态。

父母自我状态是个人早年内化父母的思想观念、价值观、行为、语言等形成的,充满"应该"、"必须"、"需要"等指令,通常是在5岁前毫无思索与判断的情况下汇集父母的一切言行所形成的人格状态。("父母有权告诫孩子要懂规矩。")

成人自我状态是一种更理性、现实与合乎逻辑的自我状态,是个人在对环境进行理性评估并协调自己的父母自我状态与儿童自我状态过程中逐渐成熟起来的自我状态。成人自我状态的典型活动特征是,理性地搜集资料、评估现实、估计可能性、调整自己以适应环境,也会作合理思考,并理性地判断父母自我状态与儿童自我状态是否合宜,以便使自己更好地适应生活。

(“我们来谈谈我最近遇到的问题。”)

儿童自我状态是个人自发性、喜悦、自在、不受限制或具反叛性的自我状态,一般而言,儿童自我状态属于个人较不成熟的自我。(“我哪是一个律师,我简直就是一个3岁的孩子!”)

沟通分析法的重点在于对P—A—C类型作各种分析。任何一个人都会存有不同程度的P、A或C成分,不正常与适应不良的人是因为P—A—C结构不同,以及三个自我状态之间相互纠缠与过度僵化所造成的。

2. 人生定位

沟通分析法认为每个人从小就根据对自我的知觉作各种决定,形成对自己和他人的认识和反映类型,这就是人生定位(life position)。依照柏恩的论点,人生地位共有四种类型。

(1) 我行—你也行(I'm OK—You're OK)。处于这种人生地位的人相信自己也相信他人,拥有一种积极健康的人生地位,有如“英雄所见略同”的心理,能积极地面对自己及他人。

(2) 我行—你不行(I'm OK—You're not OK)。这是一种认为自己好而别人不好,不信任他人的反应类型。属于此类人生地位的人会以挫折和愤怒的态度去面对世界,成为自大自负、自以为是的人。

(3) 我不行—你行(I'm not OK—You're OK)。这种类型的人会自我贬抑,觉得自己没有价值,会渴求他人的怜爱。这种人生地位可能起因于儿童时期的需求无法获得满足,并将过错归咎于自己,觉得人生不快乐。他们通常是自卑、低自尊的人。

(4) 我不行—你不行(I'm not OK—You're not OK)。这种人的世界观是悲观、无助的,他们觉得自己及他人,甚至整个世界都是无意义且乏味,常有退缩、退化、自责的反应。

3. 心理游戏

沟通分析法认为在人际交流中,人常会玩心理游戏,以便从人际交流中得到好处,或掩盖自己不行的动机,或为自己不好的行为找借口。越是适应不良的人,玩游戏的策略越多。不过有些人不是有意识的,而是下意识中受制于儿童与父母状态的支配所形成的对外界的不适宜反应。个人常玩的游戏类型有沮丧、愤怒、挫折、嫉妒、自夸,甚至正义感或荣耀的反应。人与人间所玩的游戏就是心理自我防卫,也是心理不安或不满的替代作用。这种游戏我们也可以从 3 岁的孩子身上看到:“我家有比这更好玩的玩具电动车”,以减弱自己没有某种玩具而产生的不快;受到妈妈批评后,踢小猫出气等。

4. 脚本与抚慰

沟通分析法认为,个人每天所作的大大小小的决定就是人生脚本,脚本是人生地位、心理游戏、幻想与各种决定的组合。个人在成长过程中接受了来自父母的各种指令,儿童期依父母的指令所作的决定累积成为个人的生活脚本。因此,生活脚本的形成主要来自于父母,所以父母的教养态度,如宽容与否、能否满足子女的身心需求等,都会影响子女脚本的形成,同时父母本身的脚本也会对子女有影响,如果父母的生活脚本是正向、积极、鼓励与支持的,就有助于子女形成正向积极的人生脚本;反之,如不当要求、虐待、负向、贬抑的居多,将会变成有害的指令,不利于孩子的成长与发展。

抚慰是沟通分析法的另一个重要概念。抚慰是人类的基本心理需求之一,是个人渴求他人认可与肯定的心理反应。一个人最先是接受父母所给予的生理抚慰,如安抚、身体接触、拥抱、安慰等,继而转向渴求在人际互动中获得抚慰。“我喜欢你”、“我爱你”、“我以你为荣”都属于正向积极的抚慰;“我恨你”、“我讨厌你”、“我不喜欢你”则是负向的抚慰。正向积极的抚慰能满足孩子的心理需要,促使他们发展积极的人生态度。

(三) 沟通分析法在亲子关系中的应用

沟通分析法认为每个人都需要觉得自己不错。儿童好的与不好的行为都取决于别人如何对待他们,因为儿童会根据别人对他们的反应而决定如何表现,或对他人采取何种互动方式。各种自我状态、人生地位、脚本形成、心理游戏与抚慰等都与重要他人,如父母、老师、同伴如何与他们互动有关。因此,父母应该掌握相互作用的原理与沟通分析法的知识与技巧,改善亲子沟通方式,促进子女的健康成长与发展。以下是沟通分析法对家庭教育的启示。

1. 沟通分析法的原理对父母的启示

父母熟悉沟通分析法的相关原理,除了家长自身可以获得成长之外,还可以学习到有效的沟通方法,与孩子作适当的沟通,以改善亲子关系,避免孩子受到伤害。父母可以在家庭教育中采用的 TA 原理有:

(1) 三种自我状态。父母若能以成人的自我状态与孩子互动,将有利于孩子的健康发展和自我成长。父母应反思自己在人际沟通中的基本自我状态,多以爱、宽容、理智、逻辑、温和等成人态度与子女沟通,使他们能形成较为健康的成人状态,避免自我状态的僵化。

(2) 四种人生定位。"我行—你也行"是一种健康的人生态度,具有这种人生态度的父母会经常向孩子展示"我很快乐,你也快乐"、"我是好父母,你是好宝贝"、"我很爱家庭,你也爱家庭"等较积极的亲子沟通方式,并自觉避免消极人生态度的传递"我生了你,真是作孽呀"(我不好—你也不好)、"我讨厌你,你真是辜负了我的希望"(我好—你不好)、"我实在不是好妈妈,你应该给别人养"(我不好—你好)等消极的沟通方式。

(3) 玩游戏、脚本与抚慰。沟通分析法认为,一个人玩心理游戏、自撰消极的人生脚本和接受不良的抚慰都会妨害人格的健全发展。所以在家庭教育中,父母应尽量避免消极的人生脚本,避免过度责罚孩子、虐待孩子等行为。

2. 改善教养行为

依照沟通分析法的论点,个人的适应与否与父母的教养行为密切关联,为了避免儿童内化父母的不良脚本,父母应改善教养行为。为了帮助孩子把握适宜的人生状态,建立积极的人生态度,并从正当的渠道获得满足以促进成长,父母应真诚对待孩子;不对孩子过度期望;不将孩子当做自己不能满足的欲望的补偿工具;表达爱,使孩子感受来自父母的真情;关心与接纳孩子;表现正向、积极的抚慰方式,分享孩子的喜怒哀乐;表现适宜的肢体沟通,如微笑、拥抱、专注、倾听等,这些都能让孩子感受到来自于父母的积极抚慰。

3. 在改善亲子关系中的应用

沟通分析法认为个体的人格形成于幼年时期,受到父母的影响极大,所以如果父母以健康的态度面对孩子,就可以协助儿童扩展生活经验。沟通分析法认为成人应具备下列特质与态度以协助儿童成长:

(1) 高度觉察力:成人应能高度觉察儿童不同阶段的身心需求。

(2) 接纳:儿童需要成人的接纳与无条件的关注。

(3) 诚实:诚实是上策,成人不能对孩子说谎。

(4) 坦白:成人在教育上不要传达矛盾、混淆的信息给孩子,要对他们自己不能处理的事情给予明确指导。

(5) 一致:教育或教养方式要前后一致,言行统一。

(6) 有希望:对孩子应有所期待,相信他们会表现得更好。

(7) 强化:对孩子表现良好的行为要鼓励他们重复表现。

(8) 有传统:不可忽视传统的价值,应协助儿童发现、发展传统美德。

(9) 以身作则:行动甚于言谈,如要孩子用功读书,父母自己也不能花太多的时间看电视等。

(10) 幽默:与孩子的关系要轻松自在,不要过于严肃刻板。

(11) 期盼:与有希望相似,但期待要切合实际。

(12) 常相伴随:在儿童有需要时,成人应及时出现,给予帮助。

二、父母效能训练

父母效能训练(Parent Effectiveness Training,简称 PET)是在美国风行一时的提高父母教养能力与促进亲子关系的教育或训练模式,是由高登设计、倡导的。父母效能训练的主要目的在于教导父母学习一套照料、教养、沟通、辅导与解决问题及冲突等教养技巧。

(一) 父母效能训练的基本理念

父母效能训练主要是借助人本主义心理学的助人理论与技巧,训练父母成为子女的咨询员或辅导员。因此,父母效能训练的核心部分是与罗杰斯所创的非指导性咨询、来访者中心治疗或个人中心治疗相关的原理与技巧。

人本主义的助人观点认为,人类是善良的,每个人都有他的价值与尊严,每个人都能创造自我、改变自我概念、增进自我,使个人朝向上、向善的方向成长与发展。当个人处于有爱、被尊重、真诚、接纳的环境时,自然有成长的动力。父母效能训练就是在此基础上形成的一套训练父母成为能协助孩子积极成长的人本主义倾向的咨询师、辅导员的训练方案。

(二) 父母效能训练在家庭教育领域的应用

1. 父母亲的角色

父母效能训练模式对父母亲角色的看法是:父母是孩子的咨询师、辅导员,因此,父母在亲子关系中应该是下列的角色。

(1) 父母是咨询师。当子女有问题时,父母就是孩子最好的咨询师,孩子就是来访者。因此,积极地倾听孩子的问题、倾听孩子的抱怨,能协助孩子成长。

（2）父母应避免将孩子的问题揽为己有。没有受过父母效能训练的父母最常见的情形就是将孩子的问题揽为己有，代为解决问题，这些都不利于孩子的自我成长。作为咨询师，他们关心孩子的问题，但会将解决问题的责任留给孩子自己。否则，孩子会依赖父母和其他人，逃避自己人生发展中的各种问题，进而限制孩子的成长空间。

（3）父母不应逃避亲子冲突。高登认为亲子冲突是不可避免的，不需要掩盖与逃避，重要的是亲子之间要能沟通与妥协，使双方都能满意，达到“没有输家”的结果。

2. 父母效能训练的重点

父母效能训练注重对父母三种沟通技能的训练。

（1）积极倾听。积极倾听是罗杰斯最重视的咨询技巧。在父母效能训练中，必须训练父母的倾听技巧：能接纳孩子；能从孩子观点看问题；能尊重孩子的自主性；能让孩子承担问题责任；给孩子提供探索问题的机会；对孩子关怀且不批判。

在实际运用积极倾听技巧时，父母可以反映、反馈孩子的情感，父母要把自己当做一面镜子，将子女的思想、情感与行为反映给他们，使他们本身能经由此种映象，发现自己的矛盾和不一致，明晰理想与现实的差距，认清自己歪曲的、矛盾的自我概念，进而获得心理上的成长与发展。传统亲子关系中惯用的训诫、斥责与怒骂，只会使孩子的问题恶化、自我防卫加强，不利于孩子的进步。

（2）使用“我—信息”。高登认为，只使用积极倾听的技巧还无法有效地影响孩子的行为，所以要在积极倾听的基础上，使用以“我”为主的信息与孩子交流。例如，孩子惹父母生气时，父母就可以使用以“我”开头的信息与孩子沟通以传达父母的不高兴：“我对你行动如此缓慢很不高兴，因为我们和别人有约，迟到是不礼貌的事。”“我—信息”的要点是：说出父母自己的感受；说出为何有此感受；说出为何对孩子的某些行为不高兴。使用“我—信息”有下列优点：能传达父母的需求；能展现对孩子的同理心；使孩子知道自己行为适当与否；能正直、真诚、诚实地反映父母的内在感受，孩子也能以此方式与父母沟通；不会伤害亲子情感或造成冲突。

（3）积极沟通。父母效能训练以有效的亲子沟通为训练重点，其他个人中心倾向的沟通技巧也都可以加以应用。史密斯(Smith,1986)建议父母在沟通上可运用下列技巧:①接纳:让子女自由表达思想观念与情感;②专注:能专心致志地聆听子女的心声;③使用沉默技巧:适当沉默,不必多话;④求共识:不必受限于小问题;⑤排除障碍:避免分心、做白日梦,并把不必要的东西排除;⑥避免矛盾:清楚地表达思想观念,不要混淆;⑦有耐心:不急躁,有耐心作沟通。

三、行为改变技术(行为矫正)

行为改变技术(behavior modification,简称 BM)又称行为矫正,是利用行为主义学派的原理、原则来改变、修正、调整或消除个人某些不良行为,以建立积极的或被社会接受的行为的心理学方法。

行为改变技术相信人的各种行为都经由学习而来,个体或有机体(organism,简称 O)面对内外刺激(stimulus,简称 S)产生反应(response,简称 R),就是学习的三个基本要素。经由学习的历程,使 S—O—R 产生联结或消除的过程,是行为改变技术分析的重点。

在家庭教育中,父母经常面临的困扰是孩子的危险行为和一些不良(不符合各种规范)生活习惯,如将手指伸进插座的小孔里等。所以,父母应学习一些改造孩子行为的技术,用科学、人性化的方法矫正孩子的不良行为,促进孩子健康成长。

(一) 行为改变技术的基本概念

以行为学派大师斯金纳为代表的学者,摒弃精神分析学派的内省、重视潜意识、探讨过去成长经验等方法,同时也不重视人本主义心理学者所强调的那些看不见的特质,如同理心、温暖与尊重等,认为心理学家应该对外显的行为作客观、严谨、逻辑的验证与分析。行为改变技术就是在此基础上形成的。

行为改变技术的原理,主要是根据行为主义学派的相关研究,用以说明、预测行为的养成和改变,并矫正或控制行为。

(二) 行为改变技术在家庭教育中的应用

行为改变技术的策略很多,在家庭教育中可以当做父母管教孩子与改变孩子不当行为的依据。以下是在家庭教育中可资参考、运用的策略。

1. 积极强化(positive reinforcement)

积极强化法利用正向的强化物强化当事人的行为,促使期望的好的行为在未来会再出现,乃至成为一种生活习惯。父母都期望孩子听话、守规矩、用功、有礼貌、尊敬师长、热忱待人、有良好生活习惯等。当孩子有良好表现时,父母就可施以强化,鼓励他们继续保持这些行为。

积极强化的重点在于强化物的性质与给予的时机。根据强化物的性质,可将强化物分为物质强化与社会强化两种,物质强化物如糖果、食物、玩具等,社会强化物则有赞美、微笑、拥抱、鼓掌等。根据强化物的层次,可将强化物分为满足生理需要的初级强化物(如糖果与食物),满足社会性需要的次级强化物(如赞美、微笑等)。积极强化给予的方式,一般而言遵循以下原则:强化物越多越有效;强化物立即出现最有效;强化物越切合行为者的需要,其效果越好;物质强化与社会性强化交互使用效果较好;间歇强化比连续强化效果好。

2. 负强化与惩罚(negative reinforcement & punishment)

负强化又称为消极强化,是将嫌恶的、令人不愉快的刺激加以消除,以期待行为者表现良好的一种行为改变技术。

惩罚,也可称为厌恶疗法,是直接将嫌恶的刺激加在行为者身上的方法,体罚、责骂等都是常见的惩罚方式。由于惩罚会带来不愉快,欠缺人际情感,在行为改变技术上被认为效果最差,不过惩罚对抑制不当行为会有短暂的效果,如学生上课讲话被罚站,此时学生讲话的行为会暂时受到抑制。不过惩罚无法消除不良行为,当施行惩罚的人不在场时,不良行为可能会再度发生。所以在施行惩罚时应注意:

(1) 惩罚只适用于要立即制止的危险或侵犯他人的行为,如打架、骂人、在马路上玩耍等行为。

(2) 实施惩罚要让行为者知道被惩罚的原因。

(3) 避免因个别的行为而惩罚全部,如一个人打破碗全家受到惩罚,或因一个学生打破窗户而惩罚全班。

(4) 多利用非语言方式惩罚,如瞪眼睛、皱眉头。

(5) 不能因单一行为而否定全部人格,如“你居然打你的表弟,你这孩子简直太差劲了”。

(6) 避免体罚,因为体罚容易伤害孩子的身心健康。

(7) 惩罚非必要不轻易使用,否则孩子就“皮了”:惩罚的强度要不断升格才能达到最初的效果,且容易导致自尊心受损。

(8) 惩罚要尽量私下进行,公开惩罚容易招致相反的效果。

3. 隔离法(time-out)

隔离法是在短暂的时间内让行为者与环境隔开的行为改变技术。在某些时候积极强化或消极强化,甚至惩罚都无法让儿童的行为改善,就有必要让儿童免除环境中不良刺激的影响,以使他们的行为变好或受到抑制。这时就可使用隔离法。隔离法的场地一般选用较小的房间,让儿童作短暂停留。在隔离的环境中,儿童可能会因失去逞强、吸引他人注意、与同伴结盟等的动机,从而改变行为。隔离法会给行为者带来心理压力,所以也不要轻易使用。在隔离的房间内,如果有具有助人专业背景的人对行为者进行咨询辅导,效果会较好。同时,隔离的时间也应尽可能短,如父母将爱哭闹的孩子隔离在房间内,只要孩子 5 分钟不再哭闹,就应取消隔离。

隔离地点可以选择一个安全而枯燥的地方。“隔离椅”相对 2—4 岁的孩子最合适;5—12 岁的孩子则应在一个隔离的房间中。有效的暂时隔离地点应有以下特征:孩子觉得单调、无聊;没有人,与其他家人隔离开(为安全起见,应将年幼儿童置于视线之内);没有玩具、游戏、电视、音响、书、宠物以及其他好玩的物品;安全、光线充足、不会使孩子恐惧;10 秒钟内很容易到达(以使隔离及时发生)。

4. 代币制(token economy)

代币制是应用极为广泛的行为改变策略。代币制是一套行为交换的制度,父母或教师可利用积点、积分、贴纸或其他象征性的东西作为强化物,如果儿童表现适宜的行为时就给予代币,代币累积到一定数量,儿童就可获得一些礼物、用品、服务或特权。代币制也可以用来当做惩罚的替代方式,当行为者违反规定或行为表现不佳时,就取消代币,甚至要倒扣代币,这将会使行为者的不良行为受到抑制。所以,代币法被认为是一种有效的社会控制策略。

不过代币制对低龄儿童(尤其是学龄前儿童)可能不适宜,因为低龄儿童追求即时的满足,而且难以理解和预期代币的价值。对略为年长的儿童,代币制可能是一种有效的行为训练技术。代币制使用中家长应注意下列原则:

(1) 应以公平、即时、一致的方式提供代币。

（2）确信代币对儿童有价值，有吸引力。

（3）提供代币时应伴随社会性强化。

（4）培养儿童不依赖代币也能表现积极的行为。

（5）时常检讨代币制的效果与缺点。

5. 社会技巧训练（social skills training）

社会技巧训练就是教导行为者表现适宜的社会行为，协助他们学习有效地与他人沟通、交往、建立良好关系，做一个受欢迎的人。社会交往的技巧包含与人建立关系、处理情感、抑制攻击、处理压力等相关技巧，与同伴及与成人相处的技巧，自我适应的相关技巧等。与同伴相处的技巧包括聆听、问候他人、扩展对话、赞美别人等；与成人相处的技巧有符合成人期望、引起成人注意、工作表现良好等；自我适应的技巧有自制、组织与处理情绪等。社会技巧训练的步骤有以下几个环节：

（1）行为教导：直接教导行为者应表现的适宜的社会行为。

（2）示范：利用真人、录影带、图片等示范恰当的行为。

（3）行为演练：在实验室或真实人际情境中学习与试验新的行为。

（4）矫正反馈：对演练的行为表现适当的反馈与修正，直到养成新的行为为止。

（5）积极强化：对各种适宜的行为给予赞赏与奖励。

（6）家庭作业：布置作业由行为者自行演练或自己作行为记录。

通过这些步骤，父母可改正自身及孩子的不良或不适应的社会行为，代之以良好的行为。

其他行为策略与技术，如行为契约法、角色扮演法、脑轰法等，也都可用于家庭教育的实践中。

四、有效教养的系统训练

有效教养的系统训练（Systematic Training for Effective Parenting，简称STEP）是由邓克米尔等人（Dinkmeser et al.，1989）所创的一套循序渐进地提高父母教养能力的训练模式。这套模式自20世纪80年代开始推广，至今仍颇受欢迎。

有效教养的系统训练以阿德勒学派（Alderian Approach）或人本主义心理学相关理论为基础，注重行为的目的性、社会兴趣、社会情境、家庭关系、主动沟通和逻辑结果的主动性。这套父母教养能力训练方案除了书籍、手册之外,还有录音带等相关视听器材,供父母学习教养技巧。

（一）有效教养系统训练的基本概念

阿德勒所倡导的人本主义心理学是有效教养的系统训练的理论基础。阿德勒学派认为,人格是经由个人自我引导的努力所形成的,人类所有的行为都是目标导向或未来导向的,所有的人都有自己的人生或生活目标。人类本身有克服自卑,追求成就与卓越的倾向。同时,人是社会性的,需要在社会情境中与他人互动。个体对他人的关怀就是社会兴趣,社会兴趣甚至可当做人格适应与否的指标。儿童时期的家庭经验,包括手足情感、自卑感、家庭氛围、亲子关系等都与个人适应密切相关。所以当个人适应不良或有困扰需改善时,必须重新审视他的过去经验及家庭人际关系,目标在于重新导向人生、克服自卑感、发展积极的社会兴趣、形成较健康的生活。阿德勒学派的咨询辅导目标就是进行再教育,使人重新过上健康与适应的生活。

阿德勒学派认为,既然每个人的行为与活动都有目标存在,儿童的不良行为也有它的目标,所以在家庭教育中要帮助父母了解儿童不良行为的目标所在,并应用各种策略帮助儿童表现更有责任感的行为。

有效教养系统训练的核心论点主要有两点。

1. 不良行为目标的形成与消除

个体心理学认为,所有的行为都有目标,所以“不良行为”也有其“错误的目标”。错误目标的主要根源可能在于儿童希望获得“归属感”。当儿童的归属感不能得到满足时,就会形成错误的目标,如希望获得别人的注意、得到权力、进行报复或者其他不良目的。

该理论认为,不论成人还是儿童都有自我的资源去面对挑战。父母的职责是要提供挑战,使孩子获得经验,并发展自我的资源。父母要鼓励孩子成为“自我导向”的人,这样,孩子成人后才能更好地适应社会生活。父母需要传递给孩子的信息是,他们是这个社会中有用的一员,所以,父母要从孩子出生就开始尊重他们,让他们觉得自己是重要的人。同时家庭应该是民主的,容许所有成员表达自我,每个人在家中有平等的权利。父母应该给孩子提供承担家庭责任、社会责任的机会,尤其是自我负责的机会,这样,儿童才能产生“归属感”,感到自己对家庭及社会的价值和贡献。赢得注意、满足归属感是儿童的心理需要,如果这种需要不能得到满足,他们可能以攻击等

“不良行为”去引起父母的注意，如此就会形成恶劣的亲子关系，并会使儿童产生不良的适应。所以改变儿童不良行为的关键在于亲子关系，尤其是儿童被父母的接纳程度。

2. “自然结果”与“逻辑结果”

父母对子女不良行为的改善可以采取“自然结果”与“逻辑结果”两种方式。“自然结果”是要儿童面对自己不良行为的后果，如儿童不穿外套，感冒了自己要受苦。如果父母“不理会”儿童的这种不良行为，让儿童因自己的不良行为结果受苦，他就会得到教训。

当“自然结果”对儿童有危险（如孩子跑到大街上）时，父母可以使用“逻辑结果”去处理孩子的不良行为：让孩子接受不良行为的逻辑性后果，如孩子跑到大街上，就立即带他回家并告知整个下午都不能出去玩了。父母只要温和地坚持立场，不要与儿童争执（不要向儿童显示你有能力逼他吃饭），自然地让儿童体会到其逻辑后果。在处理儿童类似的不良行为时，父母不能有愤怒、惩罚性的态度，也不要批评儿童，以便他们有机会对自己的行为承担责任。

（二）有效教养系统训练在家庭教育中的应用

邓克米尔等人认为，有效教养系统训练就是要以系统化的方法预防与矫正不良行为。邓克米尔等人认为有效的父母有下列特征：

（1）设定限制：规范儿童的行为；

（2）容许选择：让孩子有自由与自主选择的机会；

（3）以孩子的责任与问题解决为焦点：不把孩子的行为与对孩子的整体评价纠缠在一起，只以问题为核心；

（4）注意孩子的进步与改善情况：积极鼓励孩子不断向善、自我改进；

（5）尊重与接纳孩子：看重孩子的价值与尊严；

（6）不要谴责与批评孩子：不作无谓的斥责或怒骂；

（7）容许儿童有自己的问题：儿童可以在解决自己的问题中获得成长；

（8）容许儿童自己作决定：使孩子有成长的机会，并看重自我；

（9）能让儿童经验到自己所作决定的后果：使儿童学会为自己的行为承担责任。

这些特征也是有效教养系统训练的主要目标，在对父母的教育训练中，该理论注重以下几个方面。

1. 建立积极的亲子关系

建立有效、积极的亲子关系有四个主要条件。

(1) 相互尊重(mutual respect)。缺乏相互尊重会导致很多人际关系问题。父母最常抱怨孩子不尊重他们,但是,孩子的尊重也是学来的,父母自己没有尊重孩子,常对孩子唠叨、打骂、贬损,孩子自然就不会尊重父母。亲子间要相互尊重,父母首先要尊重孩子,而尊重的开始,就是减少对孩子的批评,并在友善的环境中与孩子对话。

(2) 有欢乐时光(taking time for fun)。为了建立良好、积极的亲子关系,父母与子女每天都应该有一段共享的欢乐时光,在此段时间内双方都不会强迫对方或向对方提出要求。这段时间可以是上床睡觉前,也可以是晚餐时。父母也可以轮流单独与孩子共享欢乐时光。

(3) 鼓励(encouragement)。父母要信任孩子。为了让孩子觉得自己是一个重要的人,父母要经常鼓励孩子。鼓励可以让孩子减少错误,帮助他们发现自己的优点与特长。

(4) 传达爱(communicating love)。儿童的安全感来自于爱人与被爱。父母应随时将爱传达给孩子,说出对他们的爱并配合抚摸、拥抱、亲吻等非语言动作。爱需要在相互尊重的情况下展现,同时爱也是发展责任感与独立性所必需的。

2. 检查孩子的不良行为目标

要改善孩子的不良行为,必须先检查孩子不良行为的目标所在。儿童的不良行为目标主要在于获得注意、争取权力、进行报复与表现自己的不适应。因此从这四个角度入手,就可以发现孩子不良行为的原动力所在。可以从四个方面与孩子交流,检查他们的不良行为目标。

(1) 获得注意。你想要我更多地关注你?你想要我特别为你做一些事?你想要和别人不同?

(2) 争取权力。你想要做主?你想要让我知道,我不能对你怎么样?你想坚持做你要做的事?

(3) 进行报复。你想让我难过?你想要责罚我?你想让我知道你恨我?

(4) 表现不适应。你要独自一个人,因为你无法把事情做好?你要独自一个人,因为你不想出人头地?你只想要独自一个人,你要我不再要求你做事?

不过孩子一般不会直接回答问题,有时会更抗拒,因此需要旁敲侧击,以深入了解不良行为的目标所在。一般情况下,孩子觉得懊恼,可能是因为想获得注意;觉得受"威胁",可能就是要争取权力;觉得受"伤害",就会想要报复;觉得"无力感",就会表现不适应。有时,"不良行为"忽停忽现,可能是想吸引父母的注意力;漠视权威可能是想得到权力;出现暴力、敌意可能是想报复;拒绝合作可能是适应不良。

(三) 协助孩子改变错误的目标

当察觉儿童不良行为的目标以后,就要协助他们将错误的目标加以改正。首先要让孩子知道他们对他人或家庭是有贡献的,再鼓励他们自己作决定、增进信任感,然后教导他们以责任、自主、正义、公平等作为他们的行为目标。激励儿童表现积极的目标要把握下列原则:关注孩子的努力与进步;倾听他们的意见;注意他们的优点与成长;发现不良情境中的积极因素;尊重儿童是一个独特的人,并避免兄弟姐妹或同学朋友间的比较。

(四) 有效的亲子沟通

有效教养系统训练的另一重点是有效地与孩子沟通。邓克米尔和马凯等人认为,父母可能会在亲子沟通中表现一些不当的角色行为,要进行有效的亲子沟通,先要放弃这些角色:

(1) 司令员:常对孩子下命令、要求与威胁;

(2) 道德家:经常像一个道德评论家,告诉孩子不能这样、不能那样,不能做这、不能做那;

(3) 万事通:表现得无所不知、无所不能;

(4) 法官:常没有经过审判就给孩子定罪,父母永远是对的,孩子永远是错的;

(5) 批评家:经常嘲讽、批评或评价孩子;

(6) 心理学家:不断地诊断、分析与质疑孩子;

(7) 抚慰者:经常像安慰小孩一样安慰已逐渐长大的孩子。

与此对应,父母与孩子有效沟通需把握下列各项原则:

(1) 成为有效的倾听者:接纳、尊重与专心地倾听;

(2) 反映式倾听:能澄清与反映孩子的情感,注意他的情感与想法并给予反馈;

(3) 兼顾语言与非语言沟通:除语言沟通外,也要注意非语言线索;

(4) 探讨问题可能的处理方式:尽可能不要忠告与规劝,多让孩子自己去探索问题的处理方式;

(5) 表达自己对孩子的看法与感情:像高登建议的一样,使用“我—信息”,让孩子知道父母尊重他们。

总之,有效教养系统训练是一套协助父母提高教育效能的方案,在美国有200万以上的父母因此受益。有效教养系统训练也常利用团体辅导的方式(通常十几人为一个小组)进行相关的学习活动与演练。相关实验研究表明,这种模式是有效的(Berge, 1995)。

前面讨论的四种主要的教养训练模式虽各不相同,但基本上都以训练亲子沟通与互动、建立良好的亲子关系与帮助孩子养成良好行为为核心。除此之外,还有其他一些模式值得注意:人文策略的教养训练模式,其教养训练的重点是提高父母的亲子沟通能力,以提高孩子的自尊心,促进孩子的发展;认知治疗模式,其教养训练的重点是改善父母错误的思想与假设,进而使父母理性地控制自己的教养行为与情绪反应,以解决问题为中心应对教养问题。

第四章　家庭教育的起点:初为父母

第一节　准父母阶段

一、为父母角色作准备

……当我忐忑不安地接过检验单,看到妊娠试验一栏中印着"尿HCG:阳性"的蓝色印章时,心里百感交集,惊讶、不安、窃喜……涌上心头。"恭喜你了!"医生微笑地望着我,我从千丝万缕的思绪中惊醒过来——这是上天赐给我的小天使。一出医院,我直奔书店,一会儿就捧了一大摞育儿方面的书籍,准备好好研读一番,志在孕育一个健康聪明的宝宝。晚上我打电话把这个好消息告诉了外出公干的老公,他停顿了几秒后,惊呼:"我要当爸爸啦!"

——一位准妈妈的自述

从确认怀孕的那刻起,准父母们便开始为迎接新生命作着各种各样的准备:从阅读育儿书籍到进行各项孕期检查,从购买婴儿用品到布置婴儿房,从注重饮食营养到改变不良生活方式……在大约280天的妊娠期中,准父母们在对新生命的降临充满了期许的同时,也会问自己:"我会是个好妈妈(好爸爸)吗!""我可以应付这个小家伙吗?""我的孩子会健康吗?""我还可以指望谁来帮助我呢?"……

整个280天,既是胎儿孕育的过程,也是准父母的心理建设过程,他们会不安、焦虑、困扰,也会感到害怕。所以,必须在生理、心理、经济及日后的角色职责安排方面,作好充分的准备,从而使双方以成熟、理性的心态迎接宝宝的诞生,并顺利接受自己的新角色,完成角色的转换。或许对准父母们而言,所作的准备总是远远不够,但重要的是,他们已经在作准备了。

(一) 成为父母的原因

也许“喜欢孩子”是成人选择要孩子的最普遍理由,其他理由还包括“生命的延续”、“传宗接代”、“取悦他人”、“从孩子的成就中获得荣耀”、“培养家庭劳动力”等。一般来说,成为父母的原因可以概括为以下几类。

1. 实现社会期待

在当今社会,“生儿育女”是一对夫妇实现社会期待、获得社会认同的重要方式之一。例如,常常有人说“女人只有在做了母亲之后,才能成为一个完整的女人”。

2. 巩固婚姻关系

孩子的降临能使原本毫无血缘关系的夫妻双方体验到彼此间的“融合”。他们不但共同孕育了一个生命,还要一同抚养、教育他,从此他们的生活轨迹将“密不可分”。所以,相当一部分人认为“孩子是婚姻的纽带”。

3. 获得繁衍感

孩子是夫妻双方基因的共同载体。这一生命的延续使父母体会到生命的传承,感受到前所未有的使命感和责任感,也因此,他们的人生目标更为清晰。

4. 满足经济需要

在自然经济环境中,“养儿防老”是社会主流价值取向。“生儿育女”是个体在丧失劳动力之后依然有所依靠的主要方式。目前,在社会保障体制尚未健全的地区,这一观点依然受到普遍认可。

(二) 准父母的期望

1. 性别期望

准父母对婴儿的性别会有一定的期望。其实,通过自然过程(非辅助性的生育技术)产下的男婴和女婴,其数量是大致相等的。在我国,“重男轻女”、“母凭子贵”的观念并不鲜见,因而为了防止人口性别比例失衡,相关法律规定,除非医学上确有需要(如医学研究和治疗),禁止任何人利用B超等超声设备和其他方法检验胎儿性别。从事母婴保健工作的人员如果被有关部门发现非法进行胎儿性别鉴定,将予以行政处分,情节严重的还会被取消执业资格。

在欧美国家,大多数父母至少想要一个男孩和一个女孩,且偏爱“先男后女”的出生顺序。另外,一项欧美地区的调查表明,大多数大学生表示了对“头胎为男”的偏爱。有研究表明,假如婴儿的性别符合父母的期望,那么在孩子出生后,亲子间亲密关系的形成会更加顺利。不过,大多数有性别偏好的父母依然会接受和关爱经自然过程产下的孩子,而不管其性别是否吻合自己的期望。

2. 成长期望

如同上文所提到的,“自我生命的延续”是一些成人选择养育孩子的理由。这样的准父母在怀孕期就热衷于计划、安排、设计孩子未来的成长道路——从性格、喜好到外表,从择校、择偶到职业生涯规划,对于“孩子将成为怎样的人”,他们有一幅清晰的蓝图,所以在抚养孩子的过程中,他们往往会根据这些想法来实施相应的策略。

值得注意的是,对于期盼完美的父母而言,那些意识到自己从未使父母满意的孩子会变得沮丧,并最终停止努力。而过度保护的父母总认为自己的孩子没有能力,进而可能会降低孩子的自尊和自信水平,还会在无意中挫伤孩子的成就感。正如皮亚杰所指出的,建立起对孩子的现实性期望,父母们要记住,孩子所知觉到的世界不同于父母所知觉到的世界。

3. 对自身角色的期望

在宝宝出生前,或者更早,准父母们就会勾勒自己的父母角色,并且很可能在宝宝出生后实践对自身角色的期望。

有研究者曾对216名研修心理学课程的大学生进行了关于自身父母角色期望的问卷调查。这些受访者均未婚,也无子女。结果表明,这些年轻人能够对“将来子女的行为和自己作为父母的行为”进行“完善的形象建构”。尽管这些形象未必准确,但受访者对于自己将来如何养育子女的种种设想是清晰而明确的。

在现实生活中,一些常见的父母角色期望包括:“好父母从不对他们的孩子生气”,“好父母总是对他们的孩子怀着无条件的爱”,“我们必须比我们的父母更称职”,“我们的孩子应该是听话而乖巧的”,“我的小宝宝将永远是我的小宝宝”……而爱伦·加林斯基则把这些期望视为父母对于自身角色的“非现实性期望”(unrealistic expectations)。他认为,每一个不合理的信念都会增加父母的愧疚、失望和受挫感,从而破坏亲子关系。不过父母抱有这样的期望也属人之常情,毕竟没有几个父母在孩子出生之前就接受过系统的父母培训,或是拥有大量的育儿经验。

几乎所有父母都有这样的经历：对孩子唠叨或是发牢骚；忙于解决子女间的争执；不断地清洗孩子弄脏的东西。尽管这些事件中的任何一件都显得微不足道，然而，一天，几天，甚至更长时间所积累起来的影响，对每位父母而言，都是不容忽视的应激源。

的确，抚养孩子是一项巨大的工程，在教养过程中难免会遇到这样或那样的问题。假如你觉得自己必须一直做个完美的父母，全心全意地爱着孩子，那么你将使这项工作变得复杂，因为从来都没有完美的父母，只有真实的父母。

（三）准父母的准备

我觉得生孩子和经济因素有很大的关系。生宝宝恐怕是世界上最花钱的事情之一了。如今大家都只生一个宝宝，无论如何都想做到万无一失。我们从孕前就开始做检查，费用就是从那时开始算起的。我们还属于很中规中矩的，不敢挑贵的、高级的，但真的怀孕了，要花钱的地方很多，没有一定的经济准备是不行的。

——一位准妈妈的自述

"升级"为父母是人生的重大变化，也会给夫妻生活及彼此关系带来显著影响。对年轻父母而言，这将是一段漫长的学习历程。迎接一个新生命的诞生原本是件可喜的事情，但如果准父母在心理、体力及经济方面未能调整配合，那么他们也可能会由于这个小家伙而心力交瘁，甚至失去为人父母的喜悦与信心。所以，准父母需要在以下几个方面做好准备：

（1）重新安排居住环境，以适合孩子的生活与发展；

（2）评估家庭经济状况，维持收支平衡；

（3）调整夫妻双方的角色；

（4）调整性生活，使双方均满意；

（5）坦诚沟通对孩子的教育观念；

（6）重建与亲戚的关系；

（7）了解利用相关社会资源的信息，如保姆、医疗机构、托儿机构等。

之所以一再强调这些准备工作，是由于准妈妈和准爸爸将面临许许多多的挑战和压力。

1. 准妈妈的压力

社会文化对女性的"母亲"角色有着许多根深蒂固的期待，这些期待往往通过漫长的社会化过程而成为女性自身的信念,如"女人天生就懂得如何成为母亲"。但现实是,孕妇可能会怀疑自己是否能够扮演好母亲的角色,是否可以照顾好宝宝。准妈妈们常常会为这样的焦虑:"我会是个好妈妈吗?""我真的能够照顾好宝宝吗?""我要怎么照顾宝宝?"这些关于角色胜任力的焦虑极易引起孕妇的情绪困扰。

此外,孕妇的躯体不适,对经济状况、自身外表以及与伴侣关系的忧虑,同样会引发心理压力。这些忧虑包括:担心胎儿的健康状况;担心自己身材走样令丈夫嫌弃;担心分娩的痛苦;担心胎儿的性别不是自己和家人所期望的;担心孕期检查做得不全面或是次数过多;担心媒体和书籍中所说的一些负面情况会在自己身上出现;担心产后没有人照顾自己和孩子;担心因为分娩而导致工作受到严重影响。

随着妊娠期的持续,一些女性还会因为自身灵活性和独立性的丧失而感到不安。在各种压力的作用下,一些孕妇会出现产前抑郁症。这是近年来逐渐引起各方关注的一种孕期心理疾病。一些专家指出,产前抑郁症的危害性远远大于产后抑郁症,严重的话,孕妇甚至会做出伤害自己的行为,如自残、自杀等,危及胎儿的性命。

怀孕会引起女性身心诸多方面的不适应,对此,家人(尤其是丈夫)应给予足够的理解和关怀,家人(尤其是丈夫)的嘘寒问暖是缓解所有不适最好的良药。

2. 准爸爸的不安

由于孕妇较容易受到伤害,又考虑到她们为人类的繁衍作出了巨大贡献,所以相比父亲,她们几乎占据了所有的关注。那么准爸爸们究竟在经历着怎样的考验呢?

夏皮洛对227位准爸爸和初为人父者进行了访谈调查。他们的年龄跨度为18岁到60岁,具有不同的生活背景。夏皮洛从中观察到了一个"文化双重盲点",即人们鼓励男性在怀孕和分娩期全情投入,但同时又告知他们"你是局外人"。于是为了避免配偶的不安,准爸爸们不得不扛起所有的消极情绪,如害怕、愤怒、伤心等。换句话说,目前的状况是,怀孕的整个过程都要照顾到准妈妈的需求,而准爸爸的种种体验既没有相应的支持系统,也没有获得文化的认可和支持。

在夏皮洛的研究中,一些男人表示,在妻子分娩时会产生害怕、恶心的感觉,也会对今后的经济压力和家庭事务感到不安和焦虑。有的男人说,他们害怕在分娩时失去配偶或孩子。有的害怕婴儿的出生会使自己受到妻子情感上的冷落。当然也有些男人想知道他们是否是孩子的父亲。甚至还有一些准爸爸报告了类似于怀孕的躯体及心理变化,即假孕症候群(couvade syndrome)。

遗憾的是,大多数准爸爸为了不让妻子担心,认为自己不能将这些担忧告诉她们。当妻子在情绪、陪伴和性关系上均无法给予支持或满足时,这些准爸爸的焦虑强度便会增加。事实上向妻子袒露焦虑会使双方的关系更为密切,并由此获益。

不过总的来说,怀孕会令大多数伴侣更加亲密,而男性也往往会逐渐变得更具保护性和关爱感。

(四)对准父母的支持

> 预产期是2007年4月10日,现在都4月9日了,宝宝还是老老实实地呆在我的肚子里,没有半点儿出来的动静。之前还一直担心自己会早产,现在却又开始为过期妊娠而担心了。再加上丈夫出差还没有回来,心里不免增添了几分紧张和不安,还好有妈妈陪着我。
>
> ——一位准妈妈的自述

对准父母而言,最大的挑战大概就是必须经历角色转变的过程。研究发现,假如准父母没有在其家庭和朋友的关系网络中获得支持,那么他们的适应过程会更艰难。一些有关准妈妈心理健康状况的研究也表明,对孕妇的情感性支持和实际帮助很可能会产生积极的结果,社会支持的存在也会减少产后抑郁症的发生率。

在美国,核心家庭是主要的家庭结构,它限制了孕期其他大家庭成员的介入,所以准父母的家庭支持主要来自夫妻双方的彼此依靠。因此,来自社区的支持尤为重要。准妈妈往往会获得社区的信息支持。这类支持形式包括:分娩前的培训、医务人员的建议或访谈、如何应对向父母角色转变的相关培训。通常,从怀孕的第七个月开始,准父母会参加为期六周的分娩预备班(也称"产前训练班"),他们从中会获得关于怀孕和分娩的解剖学和生理学知识,同时他们的问题和担忧也会得到呈现并获得支持。准爸爸在培训班的主要任务是学习如何在伴侣分娩时予以监督和指导。当然,通过与其他准爸爸之间的交流,他们也会获得一些情感支持和实际帮助。

相对于美国式的核心家庭，亚洲文化模式中的家庭支持系统有所不同，因为准父母通常可以依靠来自大家庭的支持而度过产后的一段适应期。家庭成员会从分娩之前就开始照顾准妈妈的饮食起居，之后不仅会帮助新妈妈照顾婴儿，还会继续照顾她们的生活起居，或是给予她们某些社会性奖赏，提供育儿经验，等等。比如在我国，产妇在分娩后要"坐月子"，除了给孩子喂奶之外，几乎不必做任何事情。根据各地不同的风俗习惯，"坐月子"的时间长短不一，少则十来天，多则四十天左右，还有人"坐双满月"，而且期间对新妈妈的饮食、梳洗等生活细节还有些特别的规定。

许多研究证实，在适应新角色的最初几个月里，准父母和初为父母者都可能需要来自他人的支持，包括家庭、社区、朋友等。此外，在网络发达的信息时代，准父母同样可以在各类官方或非官方的育儿网站上获得相应的资源和支持。

对新爸爸妈妈的支持和祝福，在美国传统的宝宝秀（Baby Shower）中得到了充分体现。

【专栏 4.1】 宝宝秀

宝宝秀是为即将生产的妈妈举办的一次"送礼聚会"，这是美国的一项传统，一般在预产期前 4 到 8 周举办。它一方面向准妈妈表示祝贺，另一方面也对准父母在经济上给予支持。

赠送育儿必需品是聚会的核心内容。为了客人买礼物方便，在组织聚会时，主人会事先通知客人送礼的"主题"。例如，指定不同客人买适合婴儿在不同季节使用的物品，叫做"季节送礼会"（Seasonal Shower）；如果要求所有客人都送一包尿片，就叫做"尿片送礼会"。主题完全根据需要设计，没有特别的限制。当孩子出生后，新爸爸妈妈要为每一个送礼的客人寄送"致谢卡"，收件地址可以在宝宝秀的时候就请客人写在信封上。

游戏是宝宝秀上不可缺少的活动。例如，客人们带来自己孩子的照片，放在一起，猜猜谁是谁；或者大家围着准妈妈转圈，猜猜肚子有多少英寸；或者请准妈妈的妈妈、姑姑或姨妈来"爆料"准妈妈小时候的趣事；或者猜测孩子的性别、体重、身高、生日等。游戏的主题一般和孩子有关，可以多种多样。

交流经验也是宝宝秀上的重要活动，可以请每个人介绍育儿经验，并且写下来。产后往往需要朋友们帮助轮流送饭，也可以借此机会，请客人们写上自己合适的时间。

传统上，宝宝秀只为第一个孩子举办，也只限女士参加。但现在倾向于为每一个孩子举办，男士们也参加。除产前的宝宝秀外，有的妈妈也愿意在孩子出生后举行聚会，除了可以让朋友们看到自己的孩子外，也能令客人所赠送的礼物更适合孩子的需要。

二、妊娠期

……我选择了一项孕期课程，从最初的营养课、胎教课，到现在每周三次孕妇体操，我的孕期忙碌而充实。参加孕期课程让我结识了一些准妈妈朋友，我们在一起交流怀孕的感受和心得，还常常约在一起喝下午茶、聊天。有相同经历的朋友陪伴，我的孕期生活变得丰富多彩。

——一位准妈妈的自述

在280天的妊娠期中，准父母需要面对各类问题及选择，从应付日常的妊娠反应，到胎教、分娩预备班，直到选择何种分娩方式。每对准父母都希望自己的宝宝健康聪明，为此，他们会动用自己所有的资源，深思熟虑后给未来的宝宝作出最适宜的选择。在这个过程中，他们也在心理上逐渐融入“父母”这一新的身份。

（一）怀孕期的躯体不适

随着胎儿的发育，孕妇体内的器官逐渐变得拥挤，从而可能引发肠胃不适，膀胱容量逐渐受限，去卫生间的频率更高了。并且，由于胎儿的发育改变了孕妇的重心，所以准妈妈经常需要调整姿势，这也是疲惫感的一个潜在来源。此外，疲惫还来自于胎儿所附加的体重以及孕妇自身的睡眠困难。

在怀孕初期，大约有四分之三的孕妇都有反胃和呕吐的体验，也就是通常所说的“妊娠反应”，许多孕妇的妊娠反应在早晨时会比较剧烈，所以在英语中称为“morning sickness”。但事实上，这种反应随时都有可能发生，这是由于高水平的雌性激素所造成的。也有研究认为，妊娠反应是怀孕过程的一个积极信号，因为相关研究显示，有妊娠反应的孕妇，其流产率相对较低。到了怀孕后期，孕妇的乳房开始肿胀，这是为母乳的分泌作准备，同时，乳房也会变得敏感。当然，这些躯体不适都可能与孕妇的消极情绪相关。其他可能出现的不适还包括腿抽筋、后背酸痛、心率加快、呼吸短促、便秘、多梦等。

即便存在以上种种变化和担忧，许多女性依然觉得她们从未像怀孕时那样幸福。一位母亲提及怀孕的经历时这样说："这是妙不可言的体验，是我生命中最幸福的时刻。一个生命在我体内孕育，难以置信！早晨的感觉会比较糟糕，即将分娩时也觉得很难受。我还变得很胖，但丈夫总是对我说，他很爱我，我是如此美丽……"

(二) 确保胎儿的健康

在大多数准父母看来，280 天的妊娠期是为宝宝一生的健康打基础，所以科学营养的饮食、必要的医疗检查、避免有害物质的措施等，都是必不可少的。

1. 保持健康饮食

以往，人们仅仅关注怀孕期间的营养摄取，其实，孕前的健康饮食也不容忽视，假如等到怀孕后才进行营养方面的补充，那么准妈妈自身可能要付出更多的代价，胎儿的发育也会因此受到某些消极影响。通常，孕前需要补充的营养物质包括含有铁、钙、碘、锌、叶酸等的食物。以叶酸为例，它是胎儿生长发育中不可缺少的营养素。若不注意孕前和孕期的叶酸摄取，则可能会影响胎儿大脑和神经的发育，严重的话，甚至会导致脊柱裂或无脑畸形儿。研究发现，女性孕前一两个月内，每天补充 400 微克叶酸，可使胎儿发生唇裂的概率降低 25%—50%，并且还能避免 35.5% 的先天性心脏病患儿的出生。含有叶酸的水果包括樱桃、桃子、李子、杏、杨梅、石榴、葡萄、橘子、猕猴桃、草莓等，这些美味的水果既可以提供充足的叶酸，又可以增进食欲。另外，孕前还需要避免过量食用辛辣和高糖的食物。

女性孕期饮食健康至关重要，因为母亲营养不良与低体重儿的出生率之间存在正相关。低体重儿往往是由于母体营养不足造成的，这些营养元素包括维生素 A、叶酸、铁、镁、钙、锌。此外，鉴于孕期女性的饮食习惯，对其保持健康饮食的建议通常会包括：要求她们必须食用某些特定的食物和饮料，同时限制或避免食用某些食物和饮料，如烟草、酒精和利尿剂，因为这些物质会降低营养吸收。

2. 孕期检查

可以通过血液、心电图、尿液的检测来判断准妈妈的健康状况。而对于胎儿的健康检查,往往采用 B 超检测。B 超是一种无损伤无痛苦的检测方法,可呈现出人体实质脏器的疾患,同样也可以清楚地显示出胎儿的情况。在怀孕早期,宫外孕或者流产经过 B 超的辅助检查均能较早予以确诊。因为流产或宫外孕往往会引起大出血,若没有及时诊断很可能会危及孕妇的生命。

正常情况下,在孕期进行 3 次 B 超检查就足够了。通常可以选择在怀孕的 20—24 周进行第一次 B 超检查。因为在 20 周前胎儿的心脏还很小,通过 B 超辨别心脏畸形的难度较高。在筛查时要求筛查两个部位:①心脏是否有严重的畸形问题,如单心室、大血管移位等;②脑神经的发育状况、大脑和脊髓是否出现问题,如无脑儿、脊柱裂等。第二次 B 超检查可以选择在 30—32 周时进行,主要监测、评估胎儿的发育情况,一些在胎儿发育中期没有筛查清楚的问题,可以在此次进行复查,以排除畸形的可能性,并确定胎儿位置。最后一次 B 超检查一般会在 36—38 周时进行,也就是即将分娩的时候,目的是确定胎位、羊水及胎盘位置与功能,等等。

除了孕期检查以外,特别需要说明的是,孕前体检也非常重要。那些对生育较有计划性的夫妇会在孕前进行体检,从而排除某些遗传疾病的可能性,并对某些生理问题采取必要的干预。

3. 避免有害物质

危害孕期女性的健康,并影响胎儿健康发育的最常见物质是尼古丁。研究证实,孕妇吸烟会对胎儿的产前和产后发育造成不利影响,而且会增加胎儿死亡的危险性,提高低体重儿的出生率以及婴儿死亡的可能性。另外,儿童和青少年的认知缺陷和行为问题均可追溯到他们出生前与尼古丁的接触。

咖啡因在孕期的使用同样应该进行控制。一些研究表明,相比那些在孕期不接触咖啡因的孕妇,摄入咖啡因的孕妇早产可能性较高。此外,毒品也会导致出生缺陷、胎儿死亡、低体重儿的出生以及婴儿死亡。

防辐射也是孕妇需要注意的问题。穿上防辐射外套能在很大程度上避免准妈妈直接接触辐射。复印机、传真机、手机都是辐射源,在职的准妈妈最好尽量少用这些东西,多请同事帮忙。

此外,假如孕妇是过敏体质,则需要及早找出致敏物质,尤其要避免接触引发过敏的食物。必要时,可以到医院进行一系列相关检测,找出致敏物质。家人和朋友要帮助孕妇避免接触到致敏物质。抗生素等药物的服用一定要遵从产科医生的嘱咐,切不可“自作主张”。

(三) 关于胎教

正常孕妇在保证充足的营养和适当休息的条件下,从胎龄满 6 个月后开始,每天可对胎儿实施定时的声、光、触摸等刺激,从而使胎儿的听觉、视觉和触觉神经通路所产生的神经冲动在大脑细胞间传递,其途经的细胞便会伸展出更多的树突,建立起更多的负责信息传递的“突触”。而这些突触是丰富大脑网络的必要条件,它们使大脑中与感觉、运动、思维、记忆等密切相关的神经网络更丰富,有利于个体早期的智力开发。从这个角度来说,胎教是产前对胎儿大脑生长发育的一种来自环境的积极干预。

目前胎教的方法很多,包括音乐胎教、抚摸胎教、语言胎教等等。音乐胎教是指在胎儿满 6 个月后,给宝宝听音乐,因为这时,胎儿内耳的耳蜗神经细胞已经发育完善且听力已接近成人。应选择以最响成分为中、低频(500—1500 赫兹)的声波为主,给人以轻柔、舒缓之感的音乐。另外,由于男性的声音以中低频为主,所以从胎儿听觉器官生长发育的角度来讲,准爸爸的声音更容易传到子宫内被宝宝听到。

胎教的本质是为胎儿营造健康的生长环境,而母体是胎儿赖以生存的环境,因此母亲的身心状态对胎儿的生长发育至关重要。所以也有专家认为,音乐胎教的主要功能是为准妈妈营造良好的心境,进而为胎儿带来积极的影响。

此外,妊娠期间,准父母温柔的话语和抚摸,可以刺激胎儿的感官发育,也能够增强胎儿的舒适感和安全感,使他们有“被爱”的感觉。同时,在这样的过程中,准父母对彼此关系的满意度会上升,也更容易在心理上进入父母角色。

以上所说的胎教基本上还只是狭义的胎教。事实上,胎教内容十分宽泛,从准备怀孕就已经开始了,比如选择最佳的生育年龄、选择怀孕的季节,等等。

三、分娩前的准备

分娩前的准备涉及方方面面。除了生理和心理,还涉及分娩方式的选择、医疗机构、经济、工作、必备用品等方面。

以分娩预备班为例,既是学习必要的产前产后知识,也是准父母调适身心的机会。分娩预备班的一项关键内容,就是教导孕妇如何在分娩时通过放松身体来保存体力、减少疲劳和疼痛。孕妇所习得的多种不同的肌肉放松训练和呼吸技巧,可应用于分娩的不同阶段。因为在分娩过程中孕妇需要依靠肌肉的力量将胎儿挤压出体外,所以肌肉训练对于孕妇而言极为重要。假如没有这些准备和训练,分娩时(最长可能会持续 20 个小时或更久)肌肉可能会因紧张过度而受损。

当然,以上的肌肉训练主要适用于自然分娩的产妇,一些准父母往往会基于某些特殊的原因,或是分娩时所遇到的某些不利条件,而选择剖腹产(也称"剖宫产")。医务人员对于自然分娩和剖宫产的态度一般是这样的:提倡准妈妈在各方面条件均良好的情况下,争取阴道顺产分娩;但假如妊娠期出现特殊情况,或是因为胎儿自身的原因而无法顺产,那么准妈妈应接受产科医生的建议,选择剖宫产分娩。

无论准妈妈最后采取的分娩方式是怎样的,分娩预备班的训练对她们都是有益的,她们不仅在放松身体、呼吸技巧等方面得到训练,更了解了整个分娩过程,使她们对分娩中可能发生的事件有预期,进而减少了因分娩过程的不确定性而产生的紧张和焦虑。同时,预备班的其他成员,也是新妈妈们的支持者。

另外,越来越多的准父母都会在产前制订全面的家庭经济计划。例如,计划和准备孕期和孕后的各种开销,包括医疗、保健、饮食、育儿用品等。值得一提的是,现在大多数准妈妈会坚持工作。充实的工作既可以减少孕妇的部分焦虑,又可以缓解家庭的经济压力,还能为产后重返职场创造有利条件。有研究表明,在职的准妈妈顺产分娩的可能性更高。当然,准妈妈在孕期的最初三个月内要特别注意劳逸结合,从第七个月开始就要安排好工作交接,准备安心休假待产。

四、亲子关系的过渡——准父母的调试

当二人世界即将迈入三人世界,当亲子关系开始赋予家庭新的内涵,满心欢喜的准父母们将经历围绕亲子关系的调试期。虽然近年来国内也开始关注亲子关系,但在如何改善或增进这一关系的问题上并没有十分有效的措施。事实上,对这一关系的关注可能还局限于理论层面,而尚未在家庭教

养行为的干预环节上形成一套切实可行的方法。

表4－1中列举了若干有助于促进亲子关系的策略。此外，也有一些特殊的干预措施能帮助准父母度过这段调试期。在一项计划中，组织者为首次生育的父母们安排了每周1次为期6个月的聚会，并让他们在聚会中讨论各自的家庭期望以及宝宝出世后给他们的关系所带来的种种变化。在计划结束的18个月后，研究者发现，相比那些没有参与该计划的父亲，参与该计划的父亲更专注于孩子抚养。可能正因为有了父亲的协助，参与该计划的母亲也更能维持其在产前的舒适感并很好地适应了母亲角色。产后3年，所有参与者的婚姻依然完满，并且如同他们在做父母之前一样快乐。相反，未受干预的夫妇中，有15%已经离婚（Cowan & Cowan，1997，2000）。

对于那些因贫困或婴儿残疾而导致冲突的高危夫妇而言，这类干预更为重要。在国外的另一项计划中，组织者安排一个受过培训的干预者去拜访某个家庭，目的是强化家庭的社会支持和亲子关系。结果，在干预计划实施5年之后，这一家庭的亲子交流增多了。此外，该项干预计划还有助于儿童的认知和社会性发展（Meiseld，Dichtelmiller & Liaw，1993）。

假如夫妻能够互相体谅并支持对方的需求，那么由婴儿出生所引发的压力仍是可控的。不过有的孩子会很依赖他们的父母，所以这些父母的大部分精力和时间可能都会投入于照顾孩子。但是，父母们不应该因此就放弃享受生活的其他方面，实际上他们依然能够像从前一样生活。

表4－1　亲子关系的过渡与父母角色的调节

策略	描述
建立一项分担家庭事务的计划	尽可能讨论家庭责任的分工。分配某人做某项家务时，应关注其是否具备应对这一任务所需的时间和技能，而非按性别分配
孩子一出世就开始共同照顾孩子	婴儿早期，父母应花费同样的时间照顾孩子，母亲不应以自己的标准影响父亲。相反，父母应通过讨论教养的观念和关注点来共同发挥“儿童教养专家”的作用
讨论双方在某些决定或责任中的矛盾之处	应在沟通中正视矛盾。明确你的需要和感受，并将其告知你的伴侣。倾听并努力理解伴侣的观点，乐于商讨及妥协

续表

策略	描述
形成工作与养育之间的平衡	初为人父人母者应有所取舍地评估自己用于工作的时间,倘若时间过长,就要试着减少一些
加强工作单位和公共政策对父母育儿的支持力度	初为人父人母者所面临的一些困难也来自工作单位和社会政策的支持不足。工作单位应通过一些对员工有益的措施来鼓励他们进行合作性工作并适应家庭角色,如有偿假期、弹性工作时间、高质量的工作环境、儿童照看区等。与立法者及其他民众交流如何为孩子和家庭改善政策,包括用以支持亲子关系过渡的有偿且有保障的假期

第二节　初为父母阶段儿童的教养

凌晨1:56,微弱的哭声传到我的耳边,刹那间我被幸福包围了。我做妈妈了！女儿才刚刚出生,但她已经是我们在这个世界上最宝贵的人。

——一位新妈妈的自述

一、新父母身份的转变

在成功地结束怀孕期并生出健康的宝宝之后,婴儿进入到家庭生活中来。夫妻在向父母身份转变时的满意度与以下三种因素相关:①怀孕是否是有计划性的(父母的身份是由婴儿的出生而产生的);②父母从配偶或伴侣以及大家庭中所得到的支持水平;③可以得到的医疗护理(Clinton & Kelbe, 1993; Monahan, 2001)。

虽然有许多未婚父母,单身父母也在增加,但大多数父母能结婚,或能一起承担义务关系。不论结婚还是单身,在向父母身份转变的过程中,最重要的支持来自夫妻双方。此外,夫妻得到来自家庭和社区的帮助越多越好。

这种转变过程会破坏新父母之间的关系,原因之一是这种转变对丈夫和妻子家务分工的影响。母亲一般会增加家务劳动的时间而降低她们工作的时间;父亲通常会在工作中花更多的时间。很明显,伴随婴儿的出生,对家务劳动的分工和婴儿护理破坏了夫妻对理想婚姻的期望(特别是母亲们的期望)。这意味着,新父母在适应父母身份的最初几个月中可能需要从其他人那儿获得更多的支持,比如,他们会向自己的父母寻求育儿方面的建议和帮助。

二、初为父母阶段亲子关系的特点

依恋是婴儿与主要抚养者(通常是指母亲)之间的亲密关系,是婴儿寻求与她(通常是母亲)保持亲密的身体接触的行为倾向,是母婴之间的一种积极的、充满深情的情感联结,是儿童早期生活中最重要的社会关系,也是个体社会性发展的开端和组成部分。

0—3 个月时,依恋尚未建立,这期间婴儿会面露微笑,但没有社会性意义,婴儿还不能区分养育者和陌生人,任何人的亲近与爱抚都能使他们感到舒适和安全。3—7 个月时,婴儿逐渐能区分养育者和陌生人。6 个月时,婴儿会出现分离焦虑和怯生,害怕与养育者分离,当养育者离开时,会出现焦躁不安或哭闹,以获得养育者的注意。害怕陌生人,不让陌生人抱,单独与陌生人接触时,表现出不安和回避。7 个月—2 岁时,婴幼儿的依恋完全建立。儿童的依恋分为几种。安全型依恋的儿童,只要母亲在场,他就感到安全,能在陌生的环境中进行积极的探索和玩耍,对陌生人的反应也比较积极。反抗型依恋的儿童,在母亲离开时有阻抗行为,拒绝母亲的离开,但当母亲回来时,他对母亲的态度又是矛盾的,既寻求母亲的安抚,又拒绝母亲的接触。回避型依恋的儿童,对于母亲的离开和回来没有反应,没有与母亲建立特殊的情感联结。这三种依恋类型中,安全型依恋是积极健康的依恋。

亲子依恋是养育者与婴幼儿相互作用的产物,父母可以为婴幼儿营造一个积极和谐的环境。①父母不要长时间离开婴儿,要尽可能多地与婴儿保持肌肤接触,如拥抱、抚摸等,这有利于父母和婴幼儿情感的交流。②婴幼儿怯生,回避陌生人,其实是婴幼儿自我保护的方式,本身不是坏事情,父母可以多带他们外出,接触外面的世界,接受更多的刺激,减少他们对陌生人的不安和焦躁。③发挥亲子游戏的作用,鼓励婴幼儿的探索行为,形成安全的依恋关系。④夫妻之间温暖、和谐的家庭氛围也有助于婴幼儿安全型依恋的形成。

依恋是婴儿形成信任感的重要基石。在依恋形成过程中,不要忽视父亲的重要作用,父亲同样是婴幼儿依恋的对象,同时,也要考虑婴儿的气质,不是所有的孩子都喜欢与成人的身体接触。不喜欢抱的婴儿通常会寻求与母亲目光接触以使自己安心,他们和喜欢抱的婴儿一样都能形成良好的母子依恋关系。

三、教养行为和婴幼儿身体的发展

父母为婴幼儿提供营养、健康护理,并为他们的动作能力发展提供经验,以此来支持婴幼儿身体的发展。

(一) 婴幼儿的营养需要

营养对婴幼儿的发展非常重要。母乳喂养或人工喂养,何时断奶,何时给婴幼儿添加固体食物,以及选择的食物种类,都对儿童的健康发展有重要的影响。

1. 比较母乳喂养和人工喂养

虽然母乳喂养和人工喂养各有优点和缺点,但一般来说,母乳喂养比人工喂养的优点更多。①人奶的营养比配方奶好。人类的母乳通常是无菌的,并与人体体温一样;母乳中各种营养物质,如铁、维生素 C 和维生素 A 等的含量最为适中,而且它还含有帮助婴儿抵抗疾病的抗体。②母乳含有的特殊脂肪和糖比任何婴儿配方奶更易被吸收,所以母乳喂养的婴儿比人工喂养的婴儿更不容易过敏和生病,婴儿体重过重的发生率也较低,同时,母乳喂养降低了各种传染病的发生几率。当然,母乳喂养还有助于亲子关系的形成,有助于母亲对自己母职角色的认同,也有助于提高母亲对养育孩子的满意度和幸福感,同时它也是一种更为节省精力和时间的喂养方式。

由此,全世界的医生都建议母乳喂养,除非母亲有吸毒(包括酒精和烟草)、HIV 呈阳性、严重营养不良等不适于母乳喂养的问题。世界卫生组织(WHO)特别建议至少在婴儿最初的 4—6 个月完全采用母乳喂养,此后,可以适当添加其他的食物。

2. 断奶和固体食物的添加

断奶实现了流体食物向固体食物的转变。断奶的时间和断奶后固体食物的选择对婴儿的健康发展有极其重要的作用。建议母乳喂养至少持续 12 个月,在前 6 个月完全母乳喂养,6 个月后逐渐增加富含铁的物质(如鸡蛋)。在 12 个月前断奶的婴儿,可选择喂含铁的配方奶而不是牛奶。婴儿断奶后,最好为婴儿提供富含蛋白质和铁的食物来满足他们发展的需要,否则,营养元素的缺乏会导致婴幼儿营养不良。在欠发达国家或地区,世界卫生组织(WHO)建议母乳喂养延长至2岁或更大些。

欠发达国家或地区的婴儿营养不良的主要原因是过早地停止了母乳喂养。采用人工喂养,婴儿经常会食用被污染过的粉状代乳品。即使在发达国家,也有婴儿蛋白质严重不足。婴儿期的营养不良会对人的后期发展造成长期的影响。在肯尼亚、埃及、牙买加、印度尼西亚、巴巴多斯岛以及欧洲和北美进行的一项纵向研究表明,儿童在婴儿期遭受饥饿可能会伤害到儿童期和青春期学习能力(特别是他们的注意力)和语言能力的发展(Pollitt et al. ,1996)。

(二) 婴幼儿的健康护理

父母为婴儿提供健康护理对婴儿的健康发展是非常重要的。

(1) 父母可以带婴幼儿去医院做健康检查,让专业人员测评孩子的发展是否正常,并及时处理健康问题。父母为婴儿提供健康护理的最重要手段就是为婴儿进行传染病免疫接种。今天,死于流行病的儿童已经很少,在北美、西欧、日本或澳大利亚,死于传染病的婴儿从50年前的5%下降到现在的0.2%。

(2) 拥抱婴幼儿是件快乐的事。如何抱?一些年轻的父母抱婴儿时,喜欢大幅度地摇晃,以为这样宝宝会感到舒适并容易入睡,其实不然。父母可以轻轻拍婴儿的背部或臀部,让宝宝安静下来。鼓励母亲用左手抱婴幼儿,母亲的心跳可以让宝宝舒适安心,有助眠作用。新生儿身体不能直立,建议父母将宝宝搂抱在臂弯中或一手托着宝宝的头颈,一手托着他的背部和臀部之间,这样宝宝会感到舒适。5个月左右,婴儿的大肌肉得到发展,能够自己控制头颈部位,这时可以搂抱宝宝的腰,这样他们就可以自由地转动身体,观察周围的世界。

(3) 婴儿的乳牙护理也很重要,父母要注意婴儿的口腔护理,保护好婴儿的乳牙。婴儿一般会在出生后4—6个月长出第一颗乳牙,晚一些的要到10个月大时,个别的要1岁以后。婴儿长乳牙的过程不痛苦,但口腔的唾液量会增加,流口水、咬东西等行为会增多。乳牙与恒牙是有直接关系的,保护好乳牙是恒牙健康的先决条件。父母可用消毒棉花、温开水等轻轻擦拭婴儿的口腔;婴儿入睡前,不要给他们吃乳糖和砂糖类的饮料。

(4) 如何为婴幼儿洗澡也是新父母面对的问题之一。一般情况下,要将室内温度适当调高,水温在40℃左右。洗澡时要用大拇指和中指轻轻捏着宝宝的耳朵,防止进水。洗完后,擦干身体,将润肤油倒在手心里,抹开,为宝宝擦拭。新生儿皮肤娇嫩,褶皱部位容易出现炎症,特别是用“尿不湿”的婴儿,要及时为他们洗屁股。

(5) 父母一定要提高对婴幼儿营养和健康需要的敏感性。婴儿出生后前3年(特别是在第一年)的生长速度比往后的任何阶段都快,父母对婴儿的喂养和健康护理预示着婴幼儿今后的生长情况。

(三) 支持婴幼儿自我调节能力的发展

除了为婴幼儿提供营养和健康护理之外,父母对孩子发展自我调节能力的支持也非常重要。在前3个月,婴儿开始调节他们的睡眠周期和接受的刺激数量。3个月到9个月,他们会使用特定的动作以获得父母的注意,这时他们的自我调节集中在感官和动作活动。从9个月到18个月,婴儿自我调节的发展包括他们能够按照父母的要求做出一些动作,这时他们意识到了自己的社会性需要。

1. 自我调节与婴幼儿的睡眠模式

婴儿的自我调节主要依靠睡眠。父母应关心新生儿睡多长时间和什么时间睡觉。在刚出生的两周内,婴儿花很长时间睡觉(24小时内平均睡16—20个小时)。3或4个月时,婴儿晚上睡得比白天多。到6个月时,许多婴儿整夜睡觉,当然,在夜间醒来也是很正常的事。

2岁的时候,虽然婴儿已经建立了睡眠模式,但他们经常会拒绝上床或睡午觉。这种行为是他们自主性发展的结果,也可能是不愿与父母分开或害怕黑暗。父母亲切和理解的态度更容易安抚幼儿入睡。

一些睡前仪式可以帮助婴幼儿放松和安静下来并进入睡眠状态,这些仪式如洗澡、穿睡衣、讲故事、熄灯,可以帮助他们对即将入睡产生预期和积极的条件反射。同时,父母可以缩短幼儿白天睡觉的时间。如果幼儿白天睡眠长达6个小时,那么晚上睡觉就会有困难了。

2. 促进婴幼儿动作技能的发展

父母为婴儿提供促进他们大动作和精细动作发展的适宜环境也是非常重要的。大动作技能的发展包括躯干、手臂和腿的大肌肉发展。精细动作的发展需要手指和手的灵活使用。虽然婴儿通常会在相同的阶段发展相同的动作技能,但是动作技能完成的时间是有个体差异的。

(1) 父母要为孩子提供一个干净、安全的环境,在这个环境下孩子能自由地移动。例如,当婴儿开始能够翻身时(一般发生在出生后三四个月后),不要把他们放在没有栏杆的高处。当婴幼儿开始能自主移动身体(爬行、蠕动、行走)时,家庭要清理有危险的设施或物品以保证孩子的安全,例如清洁产品、有毒的植物、可能噎住婴幼儿的物体要收好,电源插座必须盖起来,关好低的壁橱以保证孩子的安全。

(2) 父母在保证婴幼儿安全的同时,应该提供安全、有趣的物体供他们操作。此外,父母需要注意婴幼儿提供的线索,这些线索表明他们已经具备了掌握一定技能的潜力。例如,准备发展大动作技能的一个例子就是婴幼儿想爬楼梯,对攀爬感兴趣;准备发展精细动作的一个例子就是婴幼儿在吃饭时试图抢勺子。事实上,早期精细动作发展的最好例子就是成功地抢夺。当婴幼儿试图爬楼梯或去抢夺喂饭的勺子时,表明他们动作技能准备就绪,父母可以帮助他们达到这些目的,以促进他们动作技能的发展。

值得一提的是,当爬楼梯吸引婴幼儿的兴趣时,父母仍然不能让他们单独爬楼梯。婴幼儿爬楼梯时,父母可以在他们的后面,既可以稳住他们,又可以鼓励他们。相似地,当婴幼儿试图自我喂食时,父母要宽容婴儿自我喂食所带来的混乱,同时,可以为婴幼儿提供切成小片的食物,这样婴幼儿可以更容易捡起它们。

四、教养行为和儿童认知发展

父母不仅在支持婴幼儿的身体发展方面占重要地位,而且在促进他们的认知发展方面也有很重要的作用。父母与婴幼儿的相互作用和交流,促进了他们的理性思考能力。再者,父母和婴幼儿的口头交流促进了他们语言的发展。

(一) 皮亚杰的观点

皮亚杰认为儿童在发展自己的认知能力时是个积极的参与者,婴幼儿完全依靠感知和动作技能来思考,皮亚杰用感知运动智慧(sensorimotor intelligence)来描述婴幼儿的智慧特征,将婴幼儿的感知运动阶段分为六个阶段(见表4-2),婴儿通过与环境中的客体的相互作用,刺激自身认知能力的发展。

婴幼儿对周围的环境总是充满好奇,看似不经意的看、听、咬、尝等行为,其实都是他们认知发展的暗示。父母可以为婴儿提供适宜的、可操作的物质环境刺激,提供多种玩具和可操作的客体,促进婴幼儿认知的进步。比如,在婴儿四周放他们喜欢的玩具有利于锻炼他们爬行的能力。当然,父母要留心环境和物体的安全性以保证孩子的安全。

表 4-2　皮亚杰的感知运动阶段

Ⅰ. 初级循环反应(Primary Circular Reactions)阶段

在最初的两个阶段,婴儿关注对他们自己身体的回应。

阶段一(出生到 1 个月):反射:吸吮,抓握,凝视和听。

阶段二(1—4 个月):第一个适应现象发生。例如:吮吸妈妈乳头的方式开始不同于吮吸奶瓶的奶头。

Ⅱ. 第二循环反应(Secondary Circular Reactions)

在接下来的两个阶段,婴儿开始了对人和物的回应。

阶段三(4—8 个月):持续做有趣的事——婴儿对人和物积极回应。

阶段四(8—12 个月):新的适应和预期——婴儿对人和物的回应变得更有准备和更有目的性。

Ⅲ. 第三循环反应(Tertiary Circular Reactions)

在最后的两个阶段,婴儿表现出初步的创造性和解决问题的意识和能力。

阶段五(12—18 个月):通过积极经验得到的新意义。在这个阶段,婴儿的反应被认为是"小科学家",反映出他们的经验能力和创造性。

阶段六(18—24 个月):通过智慧整合得到新意义。在这个阶段,婴儿在实现某一目标前会考虑自己的能力,而不仅仅采取尝试与错误的模式。

(二) 维果茨基的观点

维果茨基认为,儿童的智慧发展是他们积极探索环境的结果,他更加强调在这过程中父母或其他成人引导参与的重要性。维果茨基提出"最近发展区"的概念,它是儿童能独立完成任务的程度和在一个更有能力的个体(通常是父亲、母亲、年长的同胞或老师)的帮助下完成任务的程度间的差距。

维果茨基认为,当婴幼儿与环境相互作用时,父母应该积极参与或指导。例如,当孩子试图将一个物体放在容器里,父母可以站在适当的位置用语言加以指导,并演示这个过程来帮助孩子注意如何去实现目标。

无论皮亚杰还是维果茨基,都认为父母应该尊重孩子的天性,为他们提供一个安全、充满刺激的环境，并且支持他们对周围环境进行积极探索。

(三) 婴儿的知觉偏爱与积极亲子关系的建立

婴儿听、闻和触摸的能力在出生时都是非常敏感的，他们的视觉在50厘米左右是最清楚的，这恰好是父母怀抱中的婴儿和父母脸部的距离。随着知觉能力的发展，婴儿开始学会区分颜色、形状、气味、声音和触觉的不同。

婴儿有明显的知觉偏爱。如：婴儿对人脸有特殊的视觉偏爱。与注视其他客体相比，婴儿花更多的时间注视人脸，当然，父母也会花大量的时间看婴儿的脸(相互注视)。父母和婴儿间的相互注视是亲子相互作用过程中的重要方面，婴儿的微笑是父母感到幸福的源泉。事实证明，当父母或婴儿注视对方时，积极亲子互动可能增加。相反地，当父母或婴儿转过脸去时，他们之间的互动就减弱了。

(四) 亲子游戏的作用

亲子游戏是父母亲与孩子相互作用的一种方式。亲子游戏对父母—婴儿同步化互动(parent-infant synchrony)和婴儿认知发展有重要影响。父母—婴儿同步化互动的基础是父母和婴儿精确地理解对方表达的意思。大部分父母能准确地读懂婴儿的线索并作出相应的回应。若父母忽视了婴儿相互作用的愿望或父母过分刺激或阻止婴儿的行为，将阻碍父母—婴儿同步化互动。

在婴幼儿的日常生活中，亲子游戏有利于父母—婴儿同步化互动的形成，亲子游戏有时是由父母发起的，有时是由孩子发起的。在游戏中，父母需要准备理解和回应婴儿发出的信号。比如，当婴幼儿转过头时，意味着他们感到疲倦，需要休息。短暂的休息后，婴儿会带着微笑回来找父母，意思是他们想继续游戏。

亲子游戏给家庭生活带来了乐趣。父母可以在为婴幼儿洗澡、穿衣服等各种日常的护理活动中进行游戏。比如，在婴儿穿衣的过程中，当婴儿头从衣服里钻出来时玩躲猫猫的游戏，这让婴儿和父母都很开心，也增加了婴幼儿对未来事件的预知。由于这种预知，孩子能更好地控制自己的行为。

(五) 促进婴幼儿语言的发展

皮亚杰认为婴幼儿处于感知运动期，这个阶段是婴儿言语发生的准备阶段。在婴儿出生的前三个月中，发音是一种本能行为，天生的聋哑儿童也能发出声音。到4—8个月时，婴儿明显变得活跃起来，发音更频繁。9—12个月的时候，婴儿开始模仿发音，渐渐能够将一定的语音和某个具体事物联系起来，用一定的语音表示一定的意义。此时婴儿能够听懂成人的一些语言，并作出恰当的回应。只是婴儿回应的依据是语调和当时的情境（如说话人的动作表情等），而不是词的意义，婴儿还不能把词从语言复合情境中区分出来。到了1岁左右，幼儿能够理解几个词，但他们不能说出这些词。到了1岁半左右，幼儿理解言语的能力大大增强，表达能力也迅速发展，开始能主动说出一些词。幼儿最先开始说一些单词句，常常出现单音重叠，如：娃娃、车车、开开（白开水）等。还常常以词代句，如他们对着奶瓶说"要"，表示他们想要拿奶瓶。1岁半到2岁的时候，幼儿开始说一些简单的双词句，如：妈妈抱、拿糖糖等。

父母对婴幼儿语言发展的影响是不容置疑的。①父母可以将与婴儿的语言交流融入生活照料中。比如，在喂奶的时候和婴儿说话，讲"宝宝是不是饿啦，要吃奶了"，洗澡时讲"这是宝宝的手、腿、胳膊"。这不是对牛弹琴，婴儿喜欢养育者和他们说话，父母微笑的表情、欢快的语调让他们感到舒适和安全，并慢慢熟悉这样的交流模式，产生交流的欲望。在宝宝咿呀学语时，父母应给予积极的回应。例如，宝宝在玩玩具，父母就可以说："宝宝在和小花猫玩呀，它还在唱歌呢。"②当父母使用母语与婴幼儿说话时，婴幼儿能看见父母的口形，这有利于他们语言的发展。③父母可以唱歌、讲故事给宝宝听，宝宝的模仿能力强，经常会重复父母的话语。婴幼儿期是口语发展的关键期，婴幼儿语言的发展依赖于父母和环境的刺激和影响。

五、教养行为与儿童情感社会性的发展

婴幼儿期情感社会性的发展为孩子今后社会性的发展奠定良好的基础。父母与婴幼儿间积极的亲子关系、父母对养育婴幼儿的敏感性，都有利于孩子信任感和依恋的发展，有利于婴幼儿自主性探索行为的发展。

（一）教养方式与婴儿的信任感和依恋

教养婴儿最重要的目的之一就是培养他们的信任感。埃里克森认为亲子关系的质量影响着婴儿是否能形成信任感。婴儿形成信任感的过程取决于他们是否能从父母和其他照顾者那儿得到及时、敏感的回应。父母为婴儿提供及时、敏感的回应，婴儿就会积极主动地引起和接受父母的注意；当

婴儿要引起父母的注意时,他们要积极提供信号,如哭泣和笑,这样父母更能准确理解他们的需要。在这种交流中,父母让婴儿认识到他们的需要将会被满足,当父母对他们的交流愿望及时、敏感地回应时,婴儿的信任感就会形成。

婴儿信任感的发展与依恋感的发展是平行的。安全依恋型婴儿的父母是敏感的、包容的。从近期看,安全依恋型婴儿更容易进入游戏,并且他们有更多的交流方式,少啼哭,易安抚。从长远来看,安全依恋型婴儿开始学习走路时,有更多的探索性行为;当他们成为儿童时,他们的认知和社交技能更优秀。

(二) 父母的敏感性与婴幼儿情感的发展

安全依恋与父母敏感性回应的联系非常紧密,安全依恋的发展取决于亲子互动,而不仅仅是婴儿。在家庭生活环境中,当儿童周围的环境或父母的敏感性回应改变时,婴儿的依恋也随之改变。例如,在有些地区,婴儿不在家里睡觉,这样父母的敏感性回应被破坏了,婴儿的依恋也被破坏了。同时,即使婴儿与母亲的关系很亲密,但是婚姻冲突仍可能对儿童情感安全有很深的消极影响。由此可以看出,家庭环境和父母敏感性对安全依恋型婴儿的影响是非常重要的。

1. 关于父母敏感性回应的跨文化研究

父母对婴儿的敏感性回应是一个全球性现象,全世界范围内都可以看到亲子间的相互作用。在巴厘岛和一些非洲文化中,父母与他们的婴儿保持身体上的亲近,他们怀抱婴儿、敏感地回应并且在一起睡觉。在美国的家庭中,父母通常让婴儿睡在摇篮里或分房睡。研究表明,父母与婴儿保持身体接触、与婴儿一起睡觉和婴儿身体、社会情感的发展是正相关的。父母与婴儿在一起睡觉可以促进婴儿的生理性调节,并有利于父母与婴儿建立亲密的关系。

总之,父母应该让婴儿感到安全,不忽视婴儿的需求,并为婴儿提供及时的回应和护理。当婴儿的需求被满足时,他们的信任感就形成了。与父母的相互作用让婴儿获得了信任感和安全感,婴儿在与父母形成安全依恋的同时,也获得了探索世界的信心和勇气。

2. 敏感性回应与情感的发展

父母的敏感性回应还有利于父母与婴儿间的情感互动,有利于孩子情绪能力的发展。在游戏中，敏感的父母对孩子微笑，孩子也开心地笑，然后继续玩。婴幼儿会经常暂停游戏去寻找他们的照顾者，一旦看不到他们，婴幼儿就会沮丧、停止游戏，而且试图积极寻找照顾者的位置并获得照顾者的注意。

父母会影响孩子的情绪，婴幼儿会表现出父母的情绪状态。一方面，父母与婴儿相互作用时表现出微笑、欢欣和高兴，那么他们的孩子也更可能表现出类似的情绪。同时，这些婴幼儿也更可能亲切地回应环境中的父母和其他人。另一方面，若父母易怒、生气或对婴幼儿缺乏耐心，那么这些特点也会表现在孩子身上。所以，父母在面对婴幼儿时要调整好自己的情绪。

3. 教养方式与婴幼儿的自主性和探索性行为

父母的敏感性回应对婴幼儿的自主性和探索性行为也有重要的作用。埃里克森认为形成信任感的婴儿在学步时更自主，他们相信父母始终如一地关注他们。在埃里克森所说的自主感和羞愧感阶段，幼儿既想从父母那儿得到帮助来满足需要，又期望独立地完成任务。这时，幼儿的自主性动机表现在自己吃饭和穿衣服，而且能够进行排便训练。这些活动经常需要父母的帮助，但幼儿试图依靠自己的力量完成。埃里克森认为幼儿健康的自我训练为自我价值感和自主感奠定了基础，并且可以防止在心理社会性发展阶段的后期对他人形成非健康的依赖感。

同时，幼儿表现出更强的探索性行为，他们有操作各种客体的强烈动机，去看它们如何反应，怎么组合在一起，怎么反弹、滚动等。研究发现，当父母高度支持幼儿的探索性行为时，幼儿将变得更大胆并成为更有竞争力的个体。

幼儿经常高估自己的能力，要求尝试各种活动，不过在持续的挑战中，他们会变得更加自信。所以，允许幼儿花费更多的时间去尝试自主的活动（如自己吃东西和爬楼梯）是很重要的。

（三）母亲的情绪与婴儿的社会性参照

婴儿识别和解释他人情绪表情的能力在出生 7—10 个月后迅速发展。婴儿开始关注父母对不确定情境的情绪反应，并利用得到的信息调整自己的行为，这种现象被称为社会性参照（social referencing）。社会性参照的能力随婴儿年龄的增长逐渐增强，参照的对象也从父母发展到其他人身上。如在 1 岁左右，当婴儿面对一件陌生的玩具时，如果在一旁的陌生人微笑着，婴儿更可能去靠近玩具并拿玩具来玩；但是，如果陌生人面带惊恐的表情，那么，婴儿很可能不会靠近陌生玩具。1岁大的婴儿甚至会参考电视片段，对于引起电视中成人害怕情绪的物体或场面，消极地回避或反抗。对婴幼儿来说，人们说话的音调所包含的信息也不少于面部表情所传达的信息。所以，母亲的一些命令，可能没有被婴儿理解成命令（如“别碰它”），而是成了婴儿的情绪信息。李燕等（2007）的研究发现，2岁时，孩子在对某一新物体进行评价，或遇到某种新情境时，会表现出社会性朝向反应（转头看看自己的照顾者或同伴），这表明婴儿已经能将他人的情绪反应作为信息来评价自己判断的准确性了。社会性参照使婴儿能将自己与他人对事件的评估或情绪反应进行比较，帮助婴儿更好地理解他人的感受、想法。所以，母亲在应对某些情境或事物时的反应也会对孩子的情绪产生影响：母亲见了毛毛虫大呼小叫惊恐万分，孩子也会怕虫子。因此，母亲一方面要注意自己的情绪对孩子的影响，另一方面，也要向孩子命名、解释各种情绪，以提高孩子的情绪识别能力和情绪因果关系推理能力。

【专栏4.2】 按需喂养：有回应的养育方式

纵观古今中外，婴儿总会在哭泣时得到喂养。哭是内在的依恋行为，主要是请求父母的在场保护，引发父母的照顾行为。这些互动行为有利于建立和保持亲子依恋。婴儿的哭泣是先天的、内在的行为，父母喂养饥饿婴儿是自然恰当的。华生建议父母不要对哭泣的婴儿进行回应并按时间表喂养婴儿。虽然华生没有研究证据来支持这些建议，但他的观点被普遍接受了。

按时间表喂养儿童缺乏研究证据，相比之下，按需喂养有足够多的研究证据。支持按需喂养的主要证据来自安斯沃思的研究。

安斯沃思（1969）的研究证明了按需喂养在婴儿依恋中的重要性，他们将父母的敏感性回应与婴儿的依恋联系起来。研究中，婴儿被分成两组：①母亲将他们的哭泣看做信号并回应，喂养他们或者将他们抱起来安抚；②母亲对婴儿的哭泣不敏感。结果显示，敏感母亲的婴儿在12个月时都被认为是安全依恋的；与之相反，那些没有得到母亲回应的婴儿大部分被认为是反抗或回避依恋的。

安斯沃思的发现被后来的许多研究所证明。

第三节 年幼儿童的行为管理

一、睡眠管理

(一) 儿童的表现

一般来说,婴儿每天的睡眠时间为 16 个小时,其余时间中,有 2 个小时处于打盹状态,有 2 个小时在啼哭,还有 2 个小时处于一种“非活动的觉醒状态(alert inactivity)”——成人可利用这一时间与婴儿游戏或互动,剩下的 2 个小时让他们醒着并活动。当孩子 1 岁时,其每天的睡眠时间约为 12 个小时,且这一时间随着年龄的增长逐渐缩短,到 10 岁时稳定在 8 小时左右。

尽管新生儿会持续睡觉 16 个小时,但这一状态被分成 7 段或 8 段,中间会打盹,每隔 2 小时左右 1 次。孩子 7 个月大时,父母就可松口气了,因为大多数幼儿此时都能整夜安睡。有意思的是,新生儿在睡觉时大约有一半的时间都在做梦。不过 1 岁时,他们将会像其父母一样有 1/4 的睡眠时间在做梦。

需要注意的是,有 20% 到 30% 的幼儿存在睡眠问题,并且 1—5 岁的幼儿中约有 30% 的孩子会在晚上醒来或是要求被照顾,他们被称为“抵制睡眠的儿童”。通常成人会哄他们,或是轻轻拍打直至他们再次睡着。

(二) 父母的应对

单独睡觉是一种技能,有的孩子学得快,有的孩子学得慢。父母应当了解这一点,并且在处理这一问题上要与几种特殊情况相区别。例如,当孩子做了噩梦,或看了恐怖电影,又或是处于某个新环境时要求和父母同睡。

应当注意的是,大多数孩子的睡眠困难与其父母使他们入睡的方式有关。在美国,大多数父母认为抱着孩子在床上睡觉是不好的,因为相伴入睡容易使人联想到孩子与父母的分离焦虑以及孩子的睡眠管理问题,让孩子在自己房间的床上睡觉有助于他们习得许多事情,比如在父母睡觉时保持安静。

在一项有关儿童睡眠问题的研究中,研究者发现,为了使孩子感觉舒适,父母可以给予他们时间让他们哭个够。这样有助于孩子舒缓情绪,从而更快适应单独睡觉的环境。这一发现可以解决由于药物催眠或轻轻拍打直至入眠而引发的负面效果。因为拍打入睡或相伴入睡的孩子在睡眠时总离不开父母。

那么如何处理孩子夜间啼哭的问题呢？解决方法就是让他哭一段时间，否则直到 4 岁他们晚上还需要有人照顾：第一次父母可以在孩子哭 5 分钟后去看他们，第二次隔 10 分钟，第三次隔 15 分钟。并且父母去看孩子时，应当只呆 1 分钟，抚摸他们，简单地哄哄就离开。换言之，父母的处理越是简单，孩子受到的“强化”就越少，他们就越可能更多地依靠自己。

面对幼儿的哭闹，父母很难置之不理，但是父母不予理会，可能让孩子的哭闹在之后的某段时间内减少。不过，这种方法只有当家庭不会因此发生争执时才可以使用，并且它不适用于所有孩子。如果孩子在晚上受到惊吓，或因被分离的恐慌而哭泣，此时留下他们一个人哭就非明智之举。此外，父母也可以通过延长白天喂食的时间间隔令孩子整晚安睡，因为逐渐减少婴幼儿每天的用餐次数，会让他们学会在两次喂食的间隔期忍耐更久的时间。由于婴幼儿并不需要在晚间摄取食物，因此该时段的喂食应尽量少。

对那些与父母分床睡觉的孩子来说，如果有一个可预期的睡前祷告、某项安静的睡前活动、一个令他们感觉安全的东西（如绒毛玩具），那么他们会更乐于睡觉。不过，当孩子不累时，期待他们睡觉是不现实的。需要指出的是，尽管偶尔让孩子和父母睡在一起不会产生什么问题，但如果孩子一周内多次与父母同睡，那么过不了多久，孩子就会变得十分抵制单独睡觉。

对有睡眠恐惧问题的孩子，可以为他们在床边准备一样具有可控性的东西（如一盏灯），借此消除孩子的恐惧，也可以增加环境中的可控性，帮助孩子学会应对。成人还可以鼓励那些抱怨不能睡觉的孩子看书或听轻音乐，直到他们感觉到睡意，这种方法对许多婴幼儿都有效。

二、哭闹问题

（一）儿童的表现

胎儿离开母体后，除了清洁与清理呼吸道外，随之而来的还有第一次的分离以及由此产生的不舒适感。这些似乎会产生压力的事件很可能会影响婴儿的内部反应——最明显的表现就是哭。婴幼儿的啼哭是对疼痛和分离的一种反应，尽管情况并非总是如此，但他们的哭是某方面没有获得满足的信号，比如当婴儿累或饿时就会哭。孩子哭嚷或发出噪音的最初作用就是引发照顾者的某些行为，从而消除他们的不适。根据斯金纳的理论，“哭”可以被定义为一种对父母的负强化，因为它会引发照顾者行为的改变。

当幼儿啼哭时，照顾者通常会让他靠在自己肩上，和他说话并抚摸他，还会抱着他来回踱步。因而对于哭，父母起初并不了解究竟该如何使孩子舒适些。不过他们接下来的措施就更具明确性和目的性了，如检查尿布或提供食物，这些做法能有效地缓解孩子的不适。

（二）父母的应对

有些照顾者声称能区分不同类型的哭，诸如因饥饿而哭、因试图引起注意而哭、因病痛而哭，甚至还能分辨哭声所反映的不同程度的不适。父母应当对某些行为暗示有所了解，如眼皮打架（表示“我累了”）、吸手指（表示“我饿了”）等。在一项研究中，研究者借助哭声的音频特征来分析记录幼儿哭声的差异，结果发现，幼儿会因不同的需要而发出不同的哭声。不过当缺少情境因素时，一些经验丰富或颇具天赋的成人仍能准确辨别出孩子哭泣的原因及其程度，如生气、恐惧还是不适。

该研究还证实，当幼儿哭声的音调升高时，其对父母的需要也更迫切。如果某个孩子仅有稍许不适，比如有一点儿饿，那么他的哭声是有规律、有节奏的，且音调较低。而且父母也不会觉得这种哭声很烦人。可是当孩子感到很不舒服时，其哭声的音调会提高，节奏会加快，哭声也变得更短促，同时父母的焦虑水平会升高。

频繁、持续的哭声会令父母心烦意乱，此时他们可能会为此而争吵，甚至会将愤怒发泄在孩子身上。事实上，孩子在1岁前大多无法控制自己的啼哭，所以此时无论是指责还是忽略他们的反应均是徒劳的。心理学家通常会建议父母照顾啼哭的幼儿，使他们舒适。当孩子接近1岁，能控制自己的啼哭，并开始会说话时，父母应当根据自己的理解对孩子的啼哭采取相应措施，比如何时应让孩子更为舒适，何时应不予理会，直至父母完全相信自己的判断。

三、大小便训练

幼儿自主性发展方面的里程碑就是独立大小便。父母在幼儿准备好之前最好不要提早对他们进行大小便训练，也不要在他们准备好之后不进行训练。所以,成功进行大小便训练的关键之一就是对准备的评定。大小便训练的平均年龄是22个月。生理准备取决于膀胱和括约肌的成熟,当然每个幼儿的成熟时间不同,不排除个体差异。总之,父母等待孩子乐意接受大小便训练的时间越长,其成功的可能性也越大。

评定幼儿是否已经准备好进行接受大小便训练,有三种可供参考的指标:幼儿是否能保持很长一段时间的干燥(特别是在晚上),幼儿是否对潮湿的尿布不满意,幼儿是否对盥洗室的使用表现出兴趣。在父母确定幼儿心理和生理上都做好了大小便训练的准备后,才可以进行行为训练。大小便的训练包括使用温和的暗示、模仿、积极的指导,从而帮助幼儿独立进行大小便。

如果孩子能够自己穿衣、脱衣,能指出自己身上的不同器官,并具有高度灵活性,那么通常他们更乐意接受大小便训练。有的孩子在父母开始训练他们如厕之前就已经乐意接受训练了。此外,如果父母对孩子的能力有着更确切的估计,并且既了解怎样进行大小便训练又有耐心,就更可能成功。值得注意的是,在帮助幼儿进行大小便训练的过程中,父母应保持耐心,避免惩罚。面对潮湿的尿布,宽容地认为这是一个意外,而不是指责幼儿,不要给儿童太大的压力,增加他们的心理负担。在孩子自主管理身体功能的问题上,父母应尽可能少地干涉孩子,因为大部分孩子是在没有父母干涉或极少干涉的情况下习得大小便行为的。以下是大小便训练的方法,供参考。

(1) 让孩子承担大小便后的清洁工作。父母应教孩子一些诸如换裤子、换鞋子、清洁屁股的方法,使得他们能在自己能力范围内独自处理大小便问题,提高他们的自理能力。

(2) 提高卫生间的舒适感和安全感,从而增加孩子自主大小便的可能性。

(3) 对孩子适宜的大小便行为给予奖励,并且父母可以通过确定的方法来帮助孩子进行大小便训练,比如表扬、奖品等形式的正强化措施。

(4) 如果上述方法都无效,若有必要,可购置一件控制尿床的训练设备——一种孩子尿床时会发出声音以提醒孩子起床的小型设备。

四、发脾气

(一) 儿童的表现

儿子3岁时,有次他在卧室里扔东西并发脾气。具体细节已经忘了,但我还记得当时我坐在沙发上看报纸,还拒绝了儿子要去玩具店的要求。整件事情的经过让人挺沮丧的,他撕心裂肺地吼叫、哭闹,还去打着地板,这些声音充斥着整间屋子。不过我意识到,假如我对他的行为稍加关注,那么就很可能使他的这种行为在日后重复出现。于是我只朝他瞥了一眼便继续看报纸。幸运的是,之后我再也没有遭遇过这种场面了。

——一位母亲的自述

当一个备受冷落的孩子发脾气时,他们会在1分钟内失去控制,又哭又闹还扔东西。通常,被拒绝或感到厌烦的孩子较容易发脾气,此时他们的愤怒和挫败反应最终都表达为:立刻给我我想要的,否则我就让你们不得安宁。有趣的是,玩具店和生日聚会似乎是较能诱发儿童发脾气的场所;在玩具店或冰淇淋店附近孩子更容易失去理性。

(二) 父母的应对

大多数父母都认为,孩子发脾气是极其烦人的,尤其是当它发生在公共场合,这会令父母十分尴尬。正由于父母厌恶孩子发脾气,所以他们被孩子降伏并作出让步。当然,这是一种不合理的应对方式,因为孩子因此得到了想要的东西,而强化这一行为的结果,便是父母几乎确保了这一幕在今后的重演。事实上,许多父母已经发现,温和而坚定地将孩子带离发脾气的情境能减轻孩子的不适,并且同样能显示父母对该情况的控制。当然,回家后要安慰一下孩子,但避免重提发脾气这一幕,能起到既不鼓励孩子发脾气又使其感到舒服的效果。

父母应当鼓励孩子表达他们的不满或愤怒,而不是一味地控制他们的行为。明智的做法是,在孩子宣泄完情绪之后再予以安慰,并加以教育。倘若孩子的情绪宣泄无法控制时,可以让他们待在设置简单、与外界无联系的空房间内,等宣泄结束数分钟后再解除隔离。不过要注意观察,防止孩子发生自残、撞伤、触电、跳楼等意外情况。

在孩子发完脾气之后,要使其意识到自己是家庭的一员,大家都是平等的，从而避免助长孩子的“自我中心意识”和“养尊处优感”，也不能以迁就、宠爱代替教育。父母还要注重从小培养孩子的生活自理能力，让他们学会讲道理、理解他人，并令其感到父母永远爱着他们。即便在批评的时候，也要让孩子了解，这一切都出自对他的爱，这有助于避免或减少孩子的发脾气行为。

第五章　小不点“长大了”:学前儿童的家庭教育

第一节　学前期的亲子关系和家庭关系

一、学前期家庭的发展任务

幼儿学会了说话、走路后,他的活动能量会更强,活动范围会扩大。随着身心各方面的发展变化,他在家庭里的角色也会跟着改变。父母必须调整自己的角色,以利于孩子的成长。这个时期的家庭生活需要完成的发展任务包括:

(1) 适应新的家庭角色及职责。

(2) 学习为人父母的各种技能。

(3) 协调夫妇角色与父母角色。

(4) 对事业、前途等工作安排的重新适应。

(5) 适应因养育孩子而失去了自己的自由。

(6) 教导儿童新的技能,如培养孩子良好的饮食习惯、发展自我控制能力、建立自信、形成对双亲及周围环境的信任、鼓励其发展适当的生理和心智技巧,促进孩子的社会化发展。

(7) 建立新的家庭规则及标准。1—6 岁是一个人人格发展的重要阶段,刚脱离混沌未开、不解人事的婴儿期,开始学会走路、讲话、表达自己的意思、理解别人、认识父母和家庭以外的世界、向外探索及形成各种适应能力。为了使孩子的身心能顺利、健康地成长,为了能和子女建立良好的互动关系,父母必须熟悉且满足孩子在各年龄的成长需要并创造发展能力的环境。从完全依赖的婴儿阶段发展到有自己意见、会反抗、不服从的幼儿阶段,父母要开始放弃“被完全依赖”的心理,在安全的范围内,允许孩子逐渐发展出自主能力，形成活泼主动和积极进取的心理社会特质。这时，倘若父母仍坚持婴儿时期的教养方式，则势必因不能满足孩子的需要而阻碍其顺利发展。孩子也会因父母的不了解，失去对父母的信任感，造成日后亲子关系不良。因此这阶段的父母应多接触关于儿童身心发展、育儿技巧的书籍、讲演，参与并交流育儿经验，以熟悉各年龄儿童的发展及需要，了解孩子的行为、情绪及语言的意义，才可能运用最适当的方式教养出健康的子女，建立相互信赖的良好的亲子关系。

二、婚姻关系与子女关系的平衡

由于孩子的加入，很多父母一切以孩子为中心，疏忽了自己的一些需要。父母，尤其是母亲，几乎把自己的时间都用在孩子身上，精疲力竭，对夫妻的感情生活逐渐冷淡，婚姻品质日趋下降，可能造成彼此的不满。父亲转而追求事业的发展或有了外遇；母亲则把感情寄托在子女身上，造成过度溺爱而影响孩子的正常发展，甚至忽视、虐待孩子以报复配偶的冷淡，使孩子成为“替罪羊”。因此，夫妻之间除了忙于学习扮演好父母角色之外，仍要兼顾婚姻的稳定，不可忽视夫妻间的亲密性，每天一二十分钟的单独共处、临睡前的枕边细语、体贴关怀的情感交流，都有助于肯定彼此的感情，即使日日陷在繁琐的公事或家事之中，心里仍充满满足和爱。家庭幸福，父母也能将温暖的心带给孩子，温馨和乐的幸福家庭是儿童健康成长的最好条件。

这个阶段的孩子正处于学习建立人际关系的时期，除了与父母、兄弟姐妹建立互动关系之外，也要慢慢学习和家庭以外的其他成人和儿童相处，开始奠定成为社会人的基础。父母亲应该给予良好的示范，以身作则，譬如有效与人沟通，适当表达自己的情绪感受，了解别人的情绪及给予适当反应等。手足关系是协助孩子学习和同辈相处的基础，在这种关系中，孩子学习如何分摊责任、共享玩具，并从游戏中学习挫折、争执、竞争等经验。父母不必太过干涉孩子之间的互动行为，或限制他们的活动。孩子能够自己解决手足之间的相处问题，才能奠定独立自主的能力以应付同伴关系的各项困难。父母应尽量找机会和有子女的家庭接触，和别的父母交流经验，分享养儿育女之道，孩子也增加和同伴相处的机会，并观察别的家庭中的亲子互动，以审视自己的亲子关系。

三、三代同堂对亲子关系的影响

若是家中三代同堂,相对容易因管教问题而产生冲突,祖父母对孙辈的宠爱容易造成孩子恃宠而骄。在这样的家庭中,父母常发生管教困扰,若顺着祖父母,孩子可能成为家中的小霸王,为所欲为;若加以管教,则可能造成祖父母不满,甚至背上不孝忤逆的罪名,常令年轻的父母不知所措,左右为难。解决这一问题需要家庭成员之间坦诚的沟通。父母必须肯定祖父母在育儿方面的丰富经验,虚心求教,视祖父母为自己的咨询者,使他们感觉受到重视。对管教态度和方法上的不一致,父母应委婉地向祖父母指出孩子的不良表现以及改进的必要,并协调各自的责任,切忌以批评指责的方式处理,造成情绪反应,使两代的做法背道而驰,这样做,受害最大的还是无辜的孩子。为人祖父母者,也要学习不过分干涉孙辈的管教,站在辅助而非主导的立场。辛苦了一辈子,何苦再把孙辈的教养责任往身上揽!清闲享受含饴弄孙之乐的同时,让年轻一代也得到锻炼,岂不两全其美!

第二节 促进学前儿童生理的发展

一、学前儿童的身体成长任务和营养需要

我们把3—6岁称为儿童早期,处于这一年龄阶段的儿童是真正意义上的学龄前儿童。我们对儿童早期的讨论从这一阶段的生理发展开始——躯体的发展、动作机能的调节以及感知觉的完善。早期最显而易见的生理变化表现是儿童身高和体态的变化:他们从一个圆胖的学步者变成了一个较为瘦高的学前儿童。发生在学前儿童大脑和中枢神经系统中的变化不明显却十分重要。身体和大脑的发展为儿童提供了通过快乐健康的游戏掌握基本的探索世界的能力的基础。

(一) 学前儿童的体形变化和骨骼发育

体形上的变化在儿童早期逐渐变缓。据统计,儿童每年身高上平均增长5—7厘米,体重上增长2.27千克。男孩在体形上会比女孩大一些,更有肌肉,同时,"婴儿肥"逐渐消失。在5岁时,孩子过去头重脚轻、脚弯曲、大

肚子的体形已变成了直线型、平坦的肚子、长长的腿，身体比例已经与成年人的比例接近。这样的体形是动作协调的基础。

骨骼发育在整个儿童早期持续变化着。学前阶段后期儿童开始换乳牙，换牙的年龄有很大的差异，受到遗传因素的影响。在生理发展上女孩要比男孩早，她们换乳牙也相对男孩早。受环境影响，长时间的营养不良可能会延迟换牙的年龄。

（二）学前儿童的脑发展

在婴儿期和学前期，大脑的发展比身体任何部分都快。2 岁时，大脑已达到成人大脑重量的 75%；5 岁时，大脑已达到成人大脑重量的 90% 了。学前期大脑重量增加的部分原因是由于大脑多个专门区域之间的交流径不间断地繁殖。同时，由于正在进行的髓鞘形成，神经中枢的传输过程得以加速。最后，大脑的几个区域经受了大规模的扩充，尤其是那些关注控制和平衡身体、情感以及思考过程的区域。发生在学前期的大脑成长和发展的结果使年幼儿童对刺激的反应更快，并且对情感的控制更好。举例来说，与学步儿童相比，5 岁的儿童能更快地注意到另一个孩子在玩一个自己喜爱的玩具，但是通过发脾气来抗议的可能性较少，而是想出很多策略来得到心爱的玩具，例如宣布对玩具的所有权，拿出另一个玩具达成一笔交易，这是 2 岁的儿童从来不会做的。

小脑位于脑的后部和底部，平衡和控制人的身体运动。联系小脑和大脑皮层的纤维在出生后发展形成髓鞘，这个过程一直持续到 4 岁。这一变化无疑有助于提高动作控制，从而使儿童在学前期后期可以玩跳房子、荡秋千等游戏。

（三）学前儿童的动作发展

学前期，儿童的各种技能证明了他们对大小肌肉的控制能力和协调能力正在增长。大肌肉运动技能的发展既要求手臂或大腿的大肌肉的使用，又对总体体能和耐力有要求。跑步、跳跃、单脚跳、蛙跳、抛扔、抓取、爬上去、跳下来、翻滚以及平衡都是学前期大肌肉运动能力得以发展的例子。小肌肉运动技能发展包括协调手臂、手和手指等处的小肌肉。这些能力表现为学前儿童开始尝试书写、画画以及其他创造性活动，例如用剪刀剪出不同形状的东西和用黏土制作各种物件。

(四) 学前儿童发展的营养需要

为学前儿童提供充足的营养在促进他们生理发展的过程中起到了重要作用。对所有儿童来说,3—6 岁时每年身高和体重的增长都要远远低于出生后头两年。因此,学前儿童所需的热量要少于他们婴儿时期,但他们的饮食和营养仍然很重要。

学前儿童饮食中蛋白质、脂肪和碳水化合物的比例最好是 1:1:3(或者 1:1:4)。如果这个比例被破坏,即使高质量的食物也不能很好地被吸收。当然,孩子需要的不仅仅是蛋白质、脂肪和碳水化合物,矿物质、维生素以及各种微量元素也起着很重要的作用。孩子对无机盐更加需要,因为孩子身体的成长要求骨骼的发育。骨组织的主要成分是钙。许多东西里都有钙,最容易为孩子吸收的钙是乳酸食品,如凝乳、干酪及乳汁中的钙。维生素是孩子日常饮食中的必要成分。维生素有助于新陈代谢,能增强身体抵抗力。

如果家庭食物营养受到限制(如由于贫穷),年幼的孩子经常会营养不良。在工业化社会,学前阶段最普遍的饮食上的不足是缺铁型贫血,其中主要的特征之一是长期的疲劳与贫困。贫血往往由肉类、谷类、鸡蛋以及绿色蔬菜摄入不足造成,它在低收入家庭的发生率是其他家庭的三倍。

除了为年幼的孩子提供足够营养,似乎每个父母都喜欢给孩子吃糖、甜饮料、加糖的谷类食品和其他甜品。孩子们吃了这些食物可能会引起对食物营养的消化吸收变少,造成维生素的缺乏,并且容易得龋齿,而龋齿正是儿童早期最普遍的健康问题之一。

另外,年幼的儿童开始出现对食物的偏好,表现在他们拒绝吃某些食物。这向父母提出了挑战——要找到创造性的方法保证他们的孩子能吸收到足够的营养。

二、关注并促进学前儿童的生理运动、技能发展

(一) 促进儿童的食欲,保证营养摄入

虽然父母坚持为孩子准备有营养的食物,但是孩子始终对某些口味表现出无法忍受的态度,这两者之间的矛盾好像永远无法妥善解决。当父母因为孩子拒绝吃某种食物而变得一筹莫展的时候,或是当父母强迫孩子吃不喜欢的东西造成孩子哭闹的时候,三餐成了家庭生活的"苦难"。一种善解人意的解决方法是提供多种多样的食物来满足孩子的营养需求,同时允

许他们选择自己喜欢的食物。

父母会发现孩子经常在吃饭时"无从着手",吃得很慢,有时候甚至忘记咀嚼。对于在食物上无从下手的孩子,每次给他们少量的食物会较好。对本来就吃得慢的孩子不停唠叨,只会使问题更复杂。除了给吃得慢的孩子少量食物,父母还应该限制孩子在两餐之间摄入零食。否则,孩子不易产生饥饿感,也就不会在正餐时正常摄入食物。

食欲良好的孩子才会有良好的进食习惯。为了使孩子有旺盛的食欲,父母应该注意几个最基本的方面:首先,给孩子的食物要恰好同他在自愿情况下能够吃完的量相当。专家反对采取诱导、夸奖、吓唬、许诺以及转移注意力等辅助手段让孩子把东西吃完。其次,父母不应该当着孩子的面,谈论他"什么也不吃"、"吃得很少",这有时会起到心理暗示的反作用。父母的担心以及总是特别注意孩子吃了多少,对孩子的食欲有极其不良的影响。再者,父母要及时增添适合该年龄儿童所需的各种食品,培养孩子吃对他有益的食物的习惯,这一点必须坚持,但要讲究方式方法。有些父母过于迁就孩子,孩子一说"我不爱吃",就赶紧把食物换成他常吃的东西。这一点极容易导致孩子出现严重偏食。最后,要严格遵守饮食制度,使消化器官能劳逸结合。

(二) 促进脑发展

学前阶段的大脑发展使儿童更容易控制他们的情感,并且提出各种能使他们的需要得以满足且被社会接受的策略。然而,学前儿童发展这些能力需要接受父母和照顾者的指导。如果父母向孩子慢慢解释那些用来解决冲突的意见、情感表达、体验及控制,例如共享、交易或轮流等策略,学前儿童将会更容易地将这些技巧融会贯通于他们的行为当中。在接受父母指导的过程中,孩子也学会了解决问题的技巧。

(三) 促进大肌肉运动技能的发展

父母可以用许多方法来促进孩子的大肌肉运动技能的发展。第一,父母应该敏锐地注意到孩子跑、跳、扔、踢、滚东西、翻跟头等运动技能的发展。第二,父母需要保证孩子有足够的空间和适当的方式来练习这些技能。第三,父母必须采取必要的警惕使孩子远离危险的事物,但不是阻止孩子参与运动。因为年幼的孩子不是富有逻辑的思考者,他们预测危险的能力弱,所以对父母来说近距离监督孩子的活动是有必要的。最后,提供孩子与其他同伴玩耍的机会可以促进孩子大肌肉运动技能的发展、动作的社会协调性以及反应时间的提升。

(四) 促进小肌肉运动技能的发展

1. 自助技能的发展

如果小肌肉运动技能发展良好,儿童就逐渐能胜任穿衣和吃饭等活动。2 岁的孩子能够穿脱简单的衣服;3 岁时儿童能够非常娴熟地上厕所;4—5 岁时儿童能够在离开大人监督的情况下,自己穿衣和脱衣。在吃饭时,儿童能够很好地使用汤勺。宽大的带有拉链或大纽扣的衣服和儿童碗都可以帮助儿童掌握这些技能。

学前儿童对自己能够控制自己的身体感到很满意,并对自己的独立感到骄傲,他们的技能也使成人感到方便多了。父母对这些能力的发展要有耐心。能自己穿衣服的 3 岁孩子有时会内衣外穿,穿反裤子和鞋子。对于年幼儿童来说,也许最复杂的自助技能就是系鞋带,需要长时间的注意、一系列复杂的手部动作的记忆以及灵活的操作。系鞋带表明了认知与动作发展之间的紧密联系,这也可以解释画画和写字。

对年幼的孩子来说,培养他们照顾自己的责任心,让他们承担一点家庭责任是有帮助的,但是父母应该注意这些责任要与孩子的能力发展相互适应。父母也需要留心指导和支持他们的孩子在个人和家庭生活技能发展上的要求。向孩子示范如何刷牙、洗脸、梳头、系鞋带以及扣扣子是父母促进孩子自我照顾活动中的一些方法。

父母要指导孩子学习家庭生活技能,包括赋予他们责任,例如帮助父母一起整理自己的玩具、在用餐前摆放碗筷等。另外,喂养宠物也对孩子自助能力的发展有所助益。

2. 绘画技能的发展

绘画是学前儿童最常使用的精细动作技能。当给孩子蜡笔和纸时,甚至很小的儿童也能模仿着涂写。儿童表征世界能力的提高使得纸上的符号有了具体的意义。在儿童艺术表征能力的发展过程中,各类因素组成了精细动作的控制。这些因素包括认知的发展,儿童会有更宽广的视觉透视而不是聚焦于某个单一的物体。儿童所处的文化环境对艺术表达的强调也会影响绘画的进步。

在学前阶段,绘画能力的发展包括两个阶段:第一阶段是三岁到四五岁,这一时期的绘画是无描述性的或前描述性的,有人称它为象征期;第二阶段是四五岁到六七岁,这一时期的绘画是描述性的,有人称它为意象期前期。绘画对学前儿童的心理发展有很大的促进作用。

对学前儿童来说,粗的笔是最适合年幼儿童短而粗的手指的。父母可以为孩子提供有色蜡笔、铅笔、纸、颜料以及可塑黏土等工具,让孩子展示他们的艺术天赋。

第三节　促进学前儿童认知能力的发展

一、学前儿童的认知发展特点

对父母来说,学前儿童的认知发展经常使他们既欣喜又迷惑。所有的父母都对年幼孩子充满想象力的表现感到惊喜,如孩子想知道太阳在哪里、睡觉时对着无形的玩伴喋喋不休。另一方面,父母经常不明白年幼的孩子为什么无法理解隐语或是其他成人和年长儿童表达思维的方式。

(一) 皮亚杰的观点

根据皮亚杰的观点,婴儿和学前儿童在认知上存在的显著差异体现在使用符号的能力上,它包括单词、手势、图片或表征想法、事物或行为的动作。与动作技能的发展相似的是,使用符号的能力也是一个渐进的过程,并且是依赖人与人的交互作用以及环境中的物体而存在的。皮亚杰将2—7岁的认知发展界定为前运算思维阶段。由于前运算思维水平的局限,学前儿童的符号概念不可能像年长儿童或成人那样完整或合乎逻辑,这个特点被称为前概念性。

(二) 维果茨基的观点

以维果茨基为代表的社会文化理论强调认知发展的社会背景。该理论认为,儿童和社会环境共同形成一种具有文化适用性的认知。在儿童早期,语言飞速的发展拓宽了学龄前儿童与更有知识的个体进行社会对话的能力,这些更有知识的个体会鼓励、支持他们掌握社会文化中的重要内容。很快,孩子们开始以一种与别人说话的方式自言自语。这极大地提高了他们思维的复杂性和控制自己行为的能力。

二、理解学前儿童思维的局限性,促进学前儿童认知发展

(一) 理解学前儿童的自我中心

皮亚杰认为前运算阶段最严重的缺陷就是自我中心论——儿童无法把自己的观点与别人的观点区分开来。他认为当儿童描述世界时,他们倾向于描述自己的理解,他们认为其他人也是用相同的方法去观察、思考和感觉这个世界的。这就是学前儿童的自我中心。

学前儿童的自我为中心使他们不能与其他儿童分享玩具,因为他们不能从自己和他人两个角度来理解玩具的归属问题,而自我意识的发展又让他们意识到自己对玩具的占有。由于他们还没有形成思维的可逆性,不能意识到别人玩了玩具再还给他,玩具仍然是他的。所以,父母要对孩子的不分享行为给予充分的理解、宽容和耐心,尤其是对某些有特殊意义的物件(如孩子睡觉前抱着的玩具熊),应允许他们"独占"。随着他们认知能力的发展和社会交往技能的成熟,他们会逐渐体验到分享的乐趣,学会和朋友分享自己的玩具、自己的资源和自己的快乐。

学前儿童的自我中心还造成了他们思维的泛灵论。泛灵论是指赋予没有生命的物体以类似生命的特征,如思维、期望、感觉和意图。有的幼儿坚定地认为打雷是因为有人把雷声打开了。同样,3 岁的孩子会说因为太阳对云很生气,所以把云赶走了(云开日出)。根据皮亚杰的观点,这是因为年幼儿童以自我为中心,将人类的意图指派到物理事件上。这类奇妙的想法在学前儿童身上非常普遍。所以,童话是他们最喜欢的语言形式。

(二) 帮助学前儿童区分表象和现实

学前儿童在面对熟悉的情境和简单的问题时,会表现出非凡的推理能力。但是如果呈现给孩子具有双重特征的物体(现实的和表象的),他们就会非常困惑。如,当我们问孩子们看起来像蜡笔的蜡烛是不是蜡笔、涂抹得像鸡蛋的石头是不是蛋时,他们经常回答:"是的!"大约六七岁的儿童才能弄清楚这些问题。

学前儿童掌握表象和现实的区分,是与儿童的另一种能力——双重表征能力相联系的。双重表征能力是指一个物体不仅可以是一个事物(如一根蜡烛),同时它也可以代表另外一个事物(如蜡笔)。年幼儿童没有双重表征能力,所以,当他们戴上面具照镜子时,他们经常会局促不安,有时候还会

害怕。慢慢地,儿童会弄清楚表象和现实的联系,上学年龄的孩子就能理解他们在电视上看到的并不完全是现实。

三、父母对学前儿童语言发展的促进作用

在学前阶段,随着儿童掌握单词和句子的大量迸发,出现了一个语言的爆发期。毫无疑问,学前阶段是语言发展的一个重要时段。发生在学前期词汇量的急剧增长与对基本语法和社会适应性语言的充分理解相配合。幼儿学说话的积极性非常高,正值“爱问为什么”的年龄阶段。当然,同一年龄的儿童说话能力的发展水平是有很大差别的。

(一) 学前儿童语言理解上的局限

学前儿童的语言反映了他们对话题转换、保持以及社会适应性语言的理解,但是他们在理解别人话语方面还存在局限。

(1) 处于前运算思维水平的学前儿童无法理解可逆性的概念,年幼儿童是通过句子的语序来理解动作顺序的,所以当父母说:“吃饼干前,你要洗手。”在孩子看来,父母是在说先吃饼干再洗手。

(2) 学前儿童在语言理解上的另外一个局限是由于无法理解隐语——一个词或一个词组运用在不同环境中有着不同的含义。学前儿童无法领会隐语的含义,只会照字面上的意思来理解和使用。学前儿童不能理解同样的词放在不同环境中有着不同含义。例如,一个父亲带孩子到游泳池深水区一端,让孩子体验到“深”意味着没过头顶。一周后这个父亲又对孩子说,下雨后会有小水坑,穿了雨靴不要踩进深的水坑,可是孩子仍旧自由自在地踩进任何一个没有漫过他头顶的水坑。

(3) 学前儿童还缺乏理解复合句的能力。举例来说,一个年幼的孩子会对以下的要求感到困惑:“小明,把玩具整理好,去洗一下你的手,穿上你的夹克。”父母使用这样一个句子是希望孩子注意到几个不同的要求,这对以自我为中心的学前儿童来说是十分难理解的。

(二) 学前儿童书面语言的掌握

学前儿童由于掌握了较多的词汇和一般的语法结构,也由于语言的自我调节机能开始形成和发展,到了学前后期,就有可能初步掌握一些最简单的书面语言。

幼儿掌握书面语言的一个最大特点是:以词、语言本身作为综合分析的

对象。以汉语书面语言为例,幼儿要从句中分出字词,再将这些方块字与特定读音相联。反过来,要把方块字与特定读音相联,再把字词组成句子。这是一种复杂的能力,一般要到学前晚期才可能具备这种能力。

(三) 父母的言行对学前儿童语言发展的促进作用

学前阶段是语言发展的一个重要阶段,这一点是毫无疑问的。然而,个体的语言发展存在差异性,并且这些差异可以追溯到父母与孩子的交互作用。

(1) 学前儿童学会新词汇需要听。因此,父母不断让孩子参与到对话中来并且及时回应孩子的问题,以及进行其他口头交谈是非常有益的。当父母把新事物展现给孩子时,年幼儿童的语言发展(尤其是词汇扩充)将被进一步促进。例如,父母指着孩子在一定距离外可以看到的一些动物说:"看那头小鹿在草地上跑呢!"在短短的几分钟内,"鹿"和"草地"就进入了孩子的词汇库。

(2) 尽管学前阶段的语言发展非常显著,但是年幼儿童的发音还要在稍长一段时间之后才能够进一步完善。父母不要尝试去纠正孩子的发音,因为这样做事实上会妨碍他们的语言兴趣。父母应该对孩子的话语作出及时回应,而不是把注意力放在孩子的错误发音上。在父母回应孩子的错误发音的时候,以正确的发音重复字词是很重要的,要给孩子的发音做出正确的示范。

(3) 在语言理解方面,有以下几点需要注意。父母应该保证自己同孩子说话时口齿清楚,并且与孩子面对面,这样孩子有机会观察词语的形成,并能清楚地听到句子是如何构成的。使用简短具体的句子,一次表述一个要求或想法,并且给孩子思考的机会,将每个要求分割清楚。同孩子交谈时不要使用隐语。因为孩子常常依靠字面意思去理解。父母需要知道,即使孩子学会了一个词语的意思,但是他不可能理解这个词语在不同环境中的所有用途,因此,父母对待年幼的孩子应该非常有耐心,不要在他们没有听从指示的时候就假设他们有行为问题,可能是孩子没有完全理解词语在这个语境中的意思。需要提醒的是,同孩子交谈时应放慢语速,足够的停顿有助于父母同儿童对话。

四、亲子游戏在学前儿童认知发展中的作用

游戏对儿童认知发展的作用主要表现在,帮助儿童获得对物理世界的理解,促进儿童一般认知能力的发展,促进儿童解决问题能力的发展,促进儿童语言能力的发展等。而亲子游戏对儿童发展的影响是深远的。父母对游戏的参与、父母的行为特征都是影响孩子发展的重要因素。与积极、敏感、富有感情、有回应、常表扬孩子的父母一起玩时,孩子的语言更丰富,游戏行为更复杂,获得的信息更多,发展也更好。

(一)亲子游戏能促进学前儿童对物理世界的理解

玩弄物体,对物体进行探究,是最早出现的儿童与环境互动的方式。在对物体的操作过程中,学前儿童能够获得大量关于物理世界的信息:物体的物理特征,如大小、形状、软硬、表面质地、轻重、体积、密度和材料构成;物体的构成和组成部分;物体的功能、特性以及物体间的关系——既包括实际的,如远近、对应关系,也包括可能的关系,如叠垒、组合。吉布森(Gibson,1988)认为,儿童对物体的自主的探索、仔细的观察、有目的的操作,对获得物体的特性有重要作用,对物体的探索是儿童对物体进行分类的基础,也是学习事物间因果关系的基础。

亲子游戏为儿童了解物理世界提供了机会。有父母在场时,学前儿童更喜欢玩假装游戏,更倾向于探索物品所独有的特性,探索行为更恰当、更具常规性,游戏持续的时间也更长,而在单独游戏时,学前儿童会花更多时间在无所用心的活动和感知运动或功能性游戏上。

(二)亲子游戏有利于学前儿童一般认知能力的发展

一般认知能力,主要指儿童在认知发展性评价(如智力测验)中表现出的能力特征和发展水平。许多研究表明,儿童玩弄物体、进行探索过程中的行为特征与他们在智力测验中的表现有关,而且还可预测他们几年后在智力测验中的得分。另一方面,盛行于20世纪七八十年代的实验室游戏训练研究证明了游戏训练对儿童在标准智力测试上的得分有着积极的影响。研究还表明,游戏还能提高认知活动的效率。

游戏,尤其是象征性游戏,能让学前儿童在一种类似真实的生活情景中,以一种灵活的方式整合零散的经验。学前儿童在游戏中创造了一个想象的微观现实世界,它可以帮助自己理解和掌握新的经验。所以游戏有利

于学前儿童对世界的理解,有利于他们一般认知能力的发展。

学前儿童的认知发展水平与家长的语言刺激、表扬和积极的情感表达、积极的游戏参与等呈正相关,与母亲的限制性、主导行为呈负相关,原因可能在于后一类行为干扰了儿童自主性的发展。

(三)亲子游戏有利于学前儿童语言能力的发展

学前儿童经常使用不同的语言规则进行游戏。他们通过一连串重复的无意义的音节来表现声音,通过无意义的词语和笑话歪曲词义来表现语义。这种语言游戏有助于儿童完善新近获得的语言技巧,并且提高他们对语言规则的认识。

象征性游戏有利于学前儿童的语言发展,尤其是复杂句的发展。年长的学前儿童也在游戏中获得有价值的语言实践。儿童在游戏中所使用的语言是情境性的:通过明确而有意识地使用词汇和句法,在假扮游戏中表示人物、物体和立场的转换,并且在游戏中区分和表现主题。因此,游戏能增强儿童的表征能力,并且能帮助儿童学到更多的语言技巧。

大多数研究结果都显示,亲子游戏中父母语言的多个指标与学前儿童的语言发展呈正相关,这些指标是:父母给学前儿童语言刺激的总量,描述性、指示性语言的使用,与学前儿童的联合注意,对学前儿童发声或言语行为的回应、重复,对学前儿童语言的扩充和扩展,对学前儿童提出简单问句等,它们都有助于儿童语言的发展,而干扰儿童注意、主导性和消极控制则有碍于语言的发展。

第四节　促进学前儿童的社会性发展

一、学前儿童社会性发展的特点和问题

学前阶段,儿童学会了怎样进行社会交往,以及怎样与家庭以外的人尤其是与同龄儿童交往,学会了使自己去适应别人和在活动中与人合作。学前期常常被称为"前结伙期"(pregnant age),这一时期儿童与其他同伴的交往次数增加了,这加速了他们社会性的发展。

此阶段的儿童特点是比较好动、活泼,大部分时间用于说话、来回走动、

摆弄东西,计划做很多事情。他们的情绪不稳定,缺乏控制,表现外显且强烈,具有易变化、易受感染和易冲动的特点,容易发脾气,不易管教,不易相处,尤其在2岁半到3岁半以及5岁半到6岁半时。随着年龄的增长,对声音、陌生人、疼痛以及母子分离的害怕渐渐降低,对黑暗、动物、鬼怪等想象事物的恐惧开始增加。情绪的社会性也慢慢增强,自我中心减少,开始注意别人的反应,能够根据成人的道德标准对照自己的行为,从而产生积极或消极的情绪体验。

进入学前阶段的儿童初步产生了参加社会生活的愿望。同时,成人考虑到需要增强儿童的独立生活能力,也会对其提出比以前更高的要求,开始要求儿童从事一些力所能及的社会活动。但是,另一方面,我们也会看到学前儿童的能力是非常有限的,不能很好地掌握自己的行为,缺乏知识经验,不能有效地控制自己,使自己的行为适应较大的目标。因此,儿童渴望独立参加社会实践活动的新需求与从事独立活动的经验及能力水平之间产生了重大矛盾。而游戏活动就是解决这一矛盾的主要形式,我们将在后面具体谈到。

学前儿童通过积极的观察和发现获得的主动感,有助于他们了解自己能力的界限。个人能力的界限是指,一个人认识到什么是他们能做到的,什么是他们不能做到的。认识到自己的能力界限,对学前儿童的自我认同有积极影响,使儿童能够接受自己不完美的天性并感到坦然,这会让他们对自己的能力形成现实的看法,也会为自我认同感的形成作出贡献。此外,在学前期获得自我认同感会影响未来对经验的学习,并且会对自尊的发展有积极的影响。

二、关注并促进学前儿童的社会性发展

(一)建立健康安全的亲子关系,帮助儿童应对分离焦虑

(1)学前儿童对父母的依恋会在其社会情感的发展中产生重大的影响。纵向研究发现,那些有着安全依恋的学前儿童会表现出更成熟的行为、解决问题的更大热情,以及更强的适应性和更持久的坚持。这种类型的孩子在自我意识、社交能力、合作能力、社会接受度上水平都很高。相反,回避型依恋的学前儿童被看做是孤立的,而抗拒型依恋的学前儿童则被描述成具有破坏力和难以相处的。

（2）婴儿期的安全依恋被认为与学前阶段积极向上的发展相关。给予儿童回应和照顾的连贯性决定了安全依恋的婴儿是否能在学前阶段也有安全的依恋关系。父母对儿童有敏感的回应,有利于儿童发展出积极的社会情感。相反,在儿童发展的任何一个阶段中,父母长期不给予敏感的回应,会导致亲子关系的失调。

（3）在学前阶段,与依恋相关的因素包括积极的父母情绪、孩子带来的乐趣,以及一种轻松的家庭氛围。此外,安全依恋的学前儿童,其父母表现出更加温暖和容易接受的特征,对孩子的控制也更少。安全依恋的学前儿童会通过探索行为来证明自己在广泛的社会交往和认知技巧上的能力。

父母应该关心孩子的感受和需要,应该:坚持回应孩子的问题,和孩子一起说笑,同孩子一起玩,对他们表示关爱,并且为他们提供舒适的环境,这样做能维持孩子对父母的依恋。

与此同时,学前儿童因与其依恋对象(父母或其他养护者)的分离而出现极度的焦虑反应也是学前期一个亟待解决的问题。学前儿童的分离焦虑普遍存在于新入园儿童群体中。一项研究(崔松鹤,2001)发现,幼儿园中出现焦虑反应的孩子占了一半左右,入园一个月以后仍表现出焦虑反应的孩子占20%。如何应付幼儿的分离焦虑呢?

首先,我们要正确认识到分离焦虑产生的原因。分离焦虑的产生与学前儿童对母亲的依恋有关,并且伴随着对陌生环境的一种本能的不安全感和害怕感。对不同依恋类型的分离焦虑要采取不同的策略。比如,对安全型依恋的学前儿童要尽可能创设自由宽松的环境,让他们的注意力集中到幼儿园的新奇事物上,主动进行探索和适应,再加上教师情感上的关心,让他们有足够的安全感。焦虑程度较高、反应强度较大的抗拒型依恋的幼儿,需要教师投入相当大的关注和耐心,关键在于满足他们的情感需要,并努力寻求家长的积极配合,坚持将孩子送至幼儿园来。对回避型依恋的学前儿童要多鼓励,多进行情感交流。

（二）提高学前儿童认识自己的能力

尽管对父母来说,鼓励学前儿童自由探索很重要,这能促进他们好奇心和主动感的发展,但是监控孩子的活动以及建立合理的限制和行为规则是十分必要的。此外,还需要不时纠正儿童的危险行为,帮助他们理解哪种行为是安全的,是可以被接受的。父母对孩子的错误行为作出回应的方式也是非常重要的。因为事故是学前儿童冒险行为中很自然的一部分，父母应该理解，诸如打翻牛奶、意外打碎东西，或是其他事故都是学前儿童一天生活中难免的内容。

当然，父母应该让年幼的孩子对自我有更多的信任，而不是始终为他们做一些他们自己能做的事。另一方面，鼓励孩子完成一些力所能及、简单的家庭事务的时候，父母需要记住：①孩子需要花较长的时间去完成这些任务；②在孩子完成任务的过程中需要获得帮助；③对孩子不太完美的表现要有耐心。举例来说，玩耍以后要收拾玩具，不过学前儿童不可能高效快速地清理干净所有玩具。一个积极的方法就是帮助儿童共同完成，同时向儿童示范如何做某件特定的事情，并不断对孩子的表现加以赞许。父母的这些行为对年幼的孩子有强化和鼓励的作用，会激励他们去试着做好一件工作，并且让孩子对自己目前的能力水平得以体现感到自豪。

（三）通过游戏促进学前儿童社会性发展

学前儿童的动作和言语不断发展，活动范围不断扩大，独立性不断增长，渴望参加社会实践活动的需要跟从事这些活动的经验和能力水平之间产生了矛盾。这就决定了游戏是学前阶段的主导活动。

有的父母将儿童的游戏当做娱乐，认为孩子从中得不到任何教益。他们认为："只要孩子不哭，他们玩什么都行。"这些父母的想法是只要孩子不打搅他们，不提出一些问题来纠缠他们，使他们能够得到休息或干自己的事，孩子玩什么和怎么玩，他们根本不管。对孩子的游戏采取这样的态度是错误的。事实上，游戏对于孩子的成长具有非常重要的意义，游戏是促进儿童心理发展的一种最好的活动形式。在有正确指导的游戏活动中，学前儿童的心理过程和个性品质能够得到更快更好的发展。

事实上，儿童游戏的新内容应该由成人充实进来。父母可以通过让孩子了解周围现实情况，以孩子能接受的形式向其揭示成人世界的社会职能和社会关系，从而促进学前儿童的游戏发展。家庭生活、父母与孩子的关系以及父母对家庭责任的态度等，都是孩子仿效的榜样，都会在游戏中得到反映。

当然，父母干预孩子的游戏要慎重。当发现孩子的游戏会产生消极影响，或者当孩子已经没有新的玩法，多次重复相同的动作，并对这个游戏开始没有兴趣时，可以干预孩子的游戏。要引导孩子做富有创造性的游戏，最好同孩子一块玩。孩子很喜欢也很重视同父母一块玩。孩子可以当司机、妈妈或爸爸、乘客或检票员……不过,这种共同游戏的内容很难在事先规定好。几乎在任何一种游戏中,父母都可以因势利导,起到指导游戏、丰富游戏内容的作用。

第五节　发展学前儿童的自我意识

一、学前儿童自我意识的觉醒

2 岁左右时,儿童的心理活动还是零散的、片段的、无系统的,没有形成具有稳定倾向性的个性系统。而学前期,个性的心理结构成分,特别是自我意识和某些个性心理特征初步发展起来,有稳定倾向性的各种心理活动的独特结合已开始成形。在学前儿童个性形成的过程中,自我意识的发展起着重要的作用。自我意识,包括自我认识、自我体验、自我调节,是个性结构中的控制系统。

我国心理学工作者在有关学前儿童不同年龄阶段自我意识的发展的研究中发现:①学前儿童的自我意识水平随年龄增长而提高,各年龄间存在明显差异,5 岁是自我意识明显提高的转折点;②自我意识各因素的发展速度与程度不同,自我评价能力略高于自我情绪体验和自我控制能力,自我评价能力和自我情绪体验的发展速度比较平稳,自我控制能力的发展呈明显的转折点,5 岁左右时变化较大。

(一) 学前儿童自我评价的发展

学前儿童的自我评价处于早期发展阶段,不像年长的孩子和成年人那么稳定。早期,孩子对自己的评价是基于他人对自己的喜欢程度作出的。同时,他们的自我评价也与自己在试图完成某个任务时的完成情况相关联。然而,他们在区别评价自己在不同领域所拥有的能力这一点上存在困难,并且当他们被问及是否能很好地完成某些任务时通常会高估自己的能力。学前儿童对自己的能力估计过高反映了他们有高度的自尊,这一品质是与其所处年龄高度相关的,它能鼓励学前儿童在学习许多必须掌握的新技能的过程中坚持到底。

学前儿童对自己评价过高并不意味着他们没有意识到来自其他人的评

价。在学前阶段,儿童了解他人想法的意识在增长,并且开始用他人的标准评估自己的行为。尽管大多数年幼儿童拥有高自尊,但是在4岁前,一些儿童面对挑战时会放弃,这包括两种情况:任务无法完成或失败后没有受到鼓励。研究者向这些放弃的儿童询问原因时,他们经常报告说父母会生气、发怒或惩罚他们。2—3岁的儿童,当他们失败时会表现出失望和内疚。例如不会系鞋带,或是把果汁洒出来了,年龄稍微大一点的学前儿童一般会自己承认错误并试着作补救,而年幼的儿童经常表现出更多的内疚。

学前儿童自我评价的发展主要经历以下三个阶段,这也是学前儿童自我意识发展的表现:第一阶段,从轻信成人的评价到自己独立的评价,例如从“老师说我是好孩子”到“我听话所以我是好孩子”;第二阶段,从对外部行为的评价到对内心品质的评价,例如问幼儿“为什么说你自己是好孩子”,回答从“我不抢玩具”到“我会谦让,对小朋友友好”;第三阶段,从比较笼统的评价到比较细致的评价,例如从“我会唱歌”到“我会唱歌,也会跳舞,可就是画画不太好”。

(二) 学前儿童所处的社会心理发展阶段——主动感对内疚感

根据埃里克森的社会心理发展理论,学前阶段自我发展的重要方面是关于主动感的发展,它主要是由表现出独立性的技能来定义的。年幼的孩子会抓住每次能够证明“我能行”的机会。他们的主动感通过发现个人能力得到激发,这些个人能力是通过他们对环境所持的无穷好奇来体现的。当父母和其他照顾者鼓励孩子的好奇心并且允许他们表现活跃,支持他们敢于冒险的天性的时候,学前儿童更有可能发展主动感。相反,如果父母和照顾者因为学前儿童的健康和安全问题而禁止他们活动,或是向孩子强调应该对许多行为感到内疚等,则更易导致学前儿童形成内疚感。从本质上来说,学前儿童对被贴上“犯错误”和“行为不佳”等标签的行为会感到内疚。最后,与主动感的发展相关联的是孩子能够认识到他们个人能力的好处,而同内疚感的发展相关联的是孩子开始相信想要发现自然和社会环境的奥秘是错误的。

(三) 学前儿童自我控制和自我调节的发展

当儿童掌握各项活动时,要学会用负有责任感的方式来表现行为,并且发展一种积极的自我意象,他们的自我控制和调节能力在逐步增强。学前儿童的自我控制调节涉及以一种父母和照顾者能接受的方法来表现行为的能力。有研究者(Mauro & Harris,2000)通过分析父母的教养方式对孩子延迟满足能力的影响,研究了父母对年幼儿童自我控制和自我行为调整能力的影响。研究发现,受权威型方式教养的孩子比受宽容型方式教养的孩子延迟满足的能力更强。

自我控制来源于社会品质的内化及动作抑制。它出现在儿童出生后的第二年,是儿童对成人的要求作出反应,3—4 岁时儿童利用外部语言进行自动调节,6 岁时转换为内部语言的调节。自我控制依赖于社会互动与交流以及语言的发展。自我调节一般在出生后第三年出现,其特征为采用偶然性规则来引导行为而不顾及环境的压力,它会受到认知和社会背景等因素的影响。

(四) 学前儿童性别意识的发展

儿童在童年早期就开始获得关于性别的知识。尽管婴儿显示出一些能够区分女人和男人的信号,但这一能力不构成关于性别的认知。儿童性别概念的发展分以下几个阶段:第一阶段(2—3 岁),儿童形成性别认同,即识别自己和他人性别的能力;第二阶段(4—5 岁),性别稳定性阶段,儿童认识到随着年龄的增长,自己的性别是稳定不变的;第三阶段(6—7 岁),性别恒常性阶段,儿童已经认识到性别不会随外界条件的改变而改变。7 岁左右时,儿童获得了守恒能力后,就获得了性别恒常性。

二、父母对学前儿童自尊发展的促进作用

自尊是个体评价自己的价值而产生的情感体验,是自我发展的最重要的方面。自尊的水平取决于儿童在许多不同领域对自己能力的评估,以及这些评估整合成的一个总的自我评价。如果学前儿童的自尊水平不高,他们在经历失败后就会放弃或丧失信心,会推断自己不能胜任具有挑战性的工作。父母或其他成人需要通过调整对孩子能力的期望值,协助儿童解决困难,强调儿童工作或行为中的积极方面,指出儿童所付出的努力和取得的进步,来避免儿童自尊的降低。

(一) 父母的教养行为与儿童自尊的发展

研究表明,父母教养方式是家庭因素中对儿童自尊发展影响最大或最重要的因素,它不仅对自尊总体发展水平有显著影响,而且对自尊各个方面的发展也有显著影响。高自尊儿童的父母的抚养方式具有如下特点:①接

受、关心和参与。高自尊儿童的父母经常对孩子表达关心和爱,对孩子的活动有兴趣,认识孩子的朋友,关心孩子的问题(即使是不重要的问题)。②严格。高自尊儿童的父母认为,重要的是使孩子达到更高的要求,而不仅仅满足于使孩子高兴,并认为孩子在严格的训练下会更快乐。他们细心又一贯地建立行为规则,坚定而果断地使孩子明确了解哪些是可以做的,哪些是不可以做的。③使用非强制性纪律。高自尊儿童的父母相对较少使用体罚,他们对孩子的惩罚往往是取消某种特权,或让孩子孤立独处。④民主。高自尊儿童的父母允许孩子自己决定睡觉的时间,给予孩子表达自己观点,以及按自己的方式办事的权利,让孩子参与制订家庭计划。如果孩子对父母的观点提出异议,他们不会加以指责。

学前儿童通常高估自己的能力,当他们工作失败时或引起一起事故的时候,会感到失望和内疚,这为父母提供了努力的方向,即重视自己在促进学前儿童自我概念形成中的重要作用。尽管学前儿童对证明他们能做什么充满浓厚的兴趣,但是他们需要父母的支持和鼓励。学前儿童需要父母提供协助而不是接管任务,并且当儿童熟练掌握后,父母应逐步收回他们的帮助。

除了协助年幼的儿童达成目标,父母还必须在儿童完成任务的过程中始终鼓励他们。父母关注儿童完成任务的感受以及强调儿童在参与中取得进步,对孩子而言是很大的鼓励。最后,当父母向孩子传达明确的信息时,表现出对孩子的尊重,也会促进其自尊的形成和发展。在下表中列出了几条关于父母帮助孩子认识自我价值的建议,从而推动孩子自尊的形成和发展。

表 5-1　促进孩子自尊发展的方法

应该注意的方面	具体方法
1. 建立一种积极的关系,把对孩子的期望以明确的信息传达给孩子	a. 安排足够的可利用的时间 b. 不带主观判断地聆听 c. 表达一些你自己的想法和感受,因为相互分享可以帮助孩子觉得自己有价值

续表

应该注意的方面	具体方法
2. 成功的教养	a. 合理的期望 b. 当年幼的孩子想要尝试却不能单独做的时候提供帮助 c. 用鼓励的语言强调孩子在工作和行为中表现出的积极的一面 d. 在醒目处展示年幼孩子的艺术作品和成功的作品，使孩子产生自豪感
3. 鼓励自由的选择	a. 给孩子提供一种责任感 b. 通过给予孩子选择和易于管理的责任让他们控制自己的生活 c. 让孩子参与到何时、以怎样的顺序完成一项任务的选择中去
4. 对情绪的了解	a. 接受孩子强烈的感受 b. 提出建设性建议去处理它们 c. 在孩子产生消极情绪的时候，表示同情和支持
5. 避免伤害孩子的自尊	采用一种温和、理性的方法来教养孩子

（二）父母教养态度的作用

若期望儿童的自尊朝着完满的方向发展，重要他人（早期一般是父母）就要让儿童的机体评价过程起作用，不以其行为表现是否符合父母的期望、父母的价值标准来进行评判，无条件地给予关怀、喜爱和认可。罗杰斯(Rogers,1961)将重要他人的这种态度称为“无条件积极关注”。罗杰斯主张儿童需要从养育者那里获得无条件接受和积极关注。父母常常是有条件地表达他们的接受和喜爱。支持的父母传达的信息是：“我爱你，无论何事。”这并不意味着父母认可或宽恕品行不端。相反，他们在这孩子是谁(这个无论何事他们都爱的孩子)和这孩子做了什么(可接受或不可接受的行为)之间作出区分。

罗杰斯提倡温暖的、容许情绪表达的家庭环境，儿童在其中被鼓励自由地表达自己，不用害怕苛刻的评价或嘲笑、奚落。父母可以不同意孩子的观点，但无论如何他们应该认真地接纳和处理。当儿童感到被接受、被爱时，他们会认同、尊重和信任自己，甚至当他们“陷入困境时”。但是当儿童接受的主要信息是“坏男孩/坏女孩”这种否决的类型时，他们会逐渐怀疑自己的价值和能力。

父母的每个词汇、面部表情、姿态或行为都会带给孩子关于自我价值的信息。悲哀的是许多父母没有意识到这些作用于孩子身上的信息的影响,他们甚至经常没有意识到他们在发送什么信息。

同时,我们也不应该忽略父母的榜样行为在孩子自尊发展中的作用。有研究者对低自尊父母的描述是:低自尊父母的儿童"没有在能使他们感觉到自己身上有积极东西的环境中成长"。

三、父母对学前儿童性别意识的影响

母亲、父亲或者其他照看者是儿童生命中的重要他人,在他们的影响下,儿童形成了对成为女子和男子意味着什么的印象。在学前儿童知道自己是男孩或女孩的同时,他们也开始获得性别刻板印象(sex-role stereotype)。

因此,父母可能通过榜样塑造来影响儿童性别意识的发展。传统上,母亲和父亲在角色和地位上是不同的。父亲被看做更为强大,是独立于家庭的,母亲则被看做养育者与家庭的当家人。随着女性角色和地位的改变,女儿的性别态度和期望也有可能随之相应地改变。父母的榜样对儿童性别意识发展的影响至关重要。

与榜样塑造相比,影响更直接的形式可能发生在父母对女儿和儿子不同的教养方式和态度上。

(1) 通过直接教导或指导儿童在特定文化中的参与形式来实现。例如父亲教儿子如何扔球或者母亲教女儿如何帮婴儿换尿布。

(2) 通过父母施加于孩子身上的预期来实现。例如,父母可能传达这样的性别刻板印象:科学和数学对女孩来说是很难的、男孩不能哭。这些信息容易影响儿童的自我概念和动机。

(3) 通过父母提供机会或给予不同的强化来实现。允许儿童进入特定活动环境实践特定行为,如女性刻板玩具倾向于强调练习亲密行为(喂养洋娃娃),而男性刻板玩具强调工具性行为(搭积木或者体育比赛),性别区分的经验会逐渐影响儿童的知识、预期、偏爱和能力。

(4) 父母可能通过监控和管理儿童的行为来区别对待女儿和儿子。随着儿童的年龄和自主性的增长,父母越来越少对儿童施加直接控制,而将更多地通过监督孩子在家庭外的情况来施加影响。父母在监管男孩和女孩的程度或态度上可能会有不同。例如,受传统男女角色分工的影响,父母可能对女儿比儿子在行为习惯及修养上有更多的约束,而对儿子更多的是智力开发以及体能上的期待与诱导。

总之,父母会在孩子生活中,在不同的时间扮演看门人。在特定的活动环境里,父母总会提供一定的榜样、预期和情境约束,从而影响孩子的性别意识发展。

第六章 跨入学堂:小学生与他们的父母

第一节 小学儿童亲子关系的特征

儿童进入小学阶段后,家长既面临着孩子的逐渐成熟,又要帮助其应对学业任务。进入小学后,儿童开始接触更为广阔的世界。与以前相比,他们现在能在更大程度上决定自己的活动方式,选择自己的活动内容。小学阶段,孩子的身上会发生很多变化,这种变化包括生理的成熟、认知能力的发展以及学习方式的改变等。这些变化会引起父母与孩子们互动次数、互动方式及互动内容的改变。本节我们将着重讲述学龄期儿童的变化及其对亲子关系的独特影响,以及该阶段亲子关系的特征。

一、亲子互动模式和情感表露方式的变化

进入小学阶段后,亲子间的互动不再那么频繁。对于那些受教育程度相对较低的家长来说,亲子互动的时间相对更少。

同时,随着互动频率的减少,家长与儿童在互动中公开表露情感的机会也明显减少。一项分别让儿童和他们的父母报告家庭感情表露的研究发现,儿童报告父母很少接受他们的情感表露,小学高年级儿童的家长更是如此;而父母也报告,学龄儿童的情感表达逐渐下降。但是,父母同时也报告,他们在抚养中获得的快乐感、对儿童的积极态度和情感体验以及对儿童的尊重和偏爱并没有发生很大的变化。

学龄期父母和儿童互动中消极情绪的表露,如发泄脾气等也明显下降。这个趋势持续于整个学龄阶段。

小学阶段的亲子互动模式变得复杂起来:与学前儿童相比,小学儿童更可能会躲避父母,更可能在与父母的互动中表现得消极被动;他们与父母发生冲突的频率也会增加:孩子的表现与父母的期望不符,父母给孩子提供的

帮助不是孩子需要的,或者父母没有花足够的时间陪孩子等都可能诱发亲子冲突。

二、亲子关系特征

(一) 学龄期亲子关系的特点

亲子关系指的是儿童与父母之间的关系。虽然小学生的人际交往逐渐丰富起来,与同伴的交往也明显增多,但与父母仍保持着亲密的关系,父母和家庭仍是他们的"避风港"。家长待人处世的态度对孩子人际交往观的形成有着重要影响。

研究表明,小学儿童亲子关系的状态呈波浪式发展趋势。原因是:小学三年级前,由于儿童年龄小,有较强的依恋性、依赖性,父母对孩子关爱有加,亲子间的关系特别好。随着年龄的增大,到四年级时,儿童的独立性开始增强,反抗情绪也会增强,总希望能独立处理一些事情。而在父母眼里,孩子始终是不懂事的,需给他们掌舵,因此亲子关系的质量有下降趋势。到了五年级,亲子间关系又有所好转。因为孩子逐渐懂事,又面临升初中的考验,父母也非常关心孩子的学业。彼此间的关爱,密切的交往,会促进亲子关系向良好状态发展。六年级时,孩子将进入少年阶段。随着自我意识的发展,独立性的增强,青春期的来临,他们在心理上出现了"断乳"现象,表现为由对父母的依恋转向与父母疏远,由顺从转向倔强。不少父母在心理上缺乏准备,对相关知识缺乏了解,他们把子女远离父母并要求成为一个完全独立的自我误认为不仁、不义、不孝或"不听话",因此感到伤心,继而责怪孩子。这会造成子女的逆反情绪,反而扩大了亲子之间的矛盾。

总体上,女孩的亲子关系要好于男孩,这可能是因为女孩比男孩成熟要早些。

(二) 学龄期的父子关系和母子关系

小学儿童的母子关系与父子关系和学前阶段相似。母亲与儿童在一起的时间要比父亲多。但是,当父母两人都和儿童在一起时,由母亲和父亲发起的与儿童互动的频率是相同的;儿童对父亲和母亲发起互动的次数也没有差异。当然,在活动形式上,父亲和母亲与孩子的互动有差异:父亲与儿童有更多的户外游戏互动,而母亲与儿童的互动更多是照料和家庭事务以及学习问题。

与父子关系相比,积极和消极情感表达和互动冲突更容易在母子间发生。这也许与母子互动的时间多以及共享活动的多样性有关。研究表明,较之母女互动,母亲与儿子之间有更多的情感表达,尽管这些情绪表达既有积极的,也有消极的。在小学阶段,母亲会更关注孩子的学业成就和作业情况。如果母亲只将自己的注意力集中于孩子的成绩而非孩子的进步上,由此引发的互动冲突和消极情绪也会增加。

(三)学龄阶段父母和孩子的相互了解

父母和孩子之间的相互了解会对亲子关系产生影响。

孩子入学后,父母对孩子各方面发展和特点的了解越来越准确,对孩子在特定情境中可能采取的反应方式的预测能力也越来越强。与此同时,在小学阶段的后期,孩子对父母的理解能力也在快速发展。麦考比(Maccoby,2000)在一项研究中发现,10—11岁的儿童感知到的父母对他们的信念还不准确。对这些儿童进行两年的追踪后,研究者发现这些儿童在感知和判断父母对他们的看法上要准确得多了。

研究者认为,相互认识是童年中期阶段亲子关系质量好坏的重要决定因素之一。进入童年中期,共享的经历给父母与儿童提供了很多共享的互动规则。这些规则指导个体在互动中作出反应。特别是童年中后期,孩子的快速发展,促使父母与儿童对他们各自的信念与认识作出调整,以维持他们彼此的关系。

三、改善学龄阶段的亲子关系,促进孩子和父母自身的适应和发展

小学阶段的孩子,生活空间逐渐向外界扩展,人际关系也变得更复杂,父母不再是唯一影响孩子的人,老师、同学以及其他人都会对孩子产生影响。父母的教养态度也要有所改变。

在这一时期,父母应该重新安排家庭生活、调节亲子关系,以帮助孩子和自己完成这一阶段的发展任务。

(1) 尊重孩子和父母的隐私。父母要学习接纳孩子的独享空间,这是培养孩子独立自主能力的开始。父母也要让孩子学习尊重父母的隐私,让父母在忙于工作、家务之余,仍能享有自己的小天地,才不至于造成父母子女之间的过度依赖。

（2）保持财务平衡。孩子日渐长大,家庭所需的开支也会增加。父母应量力而行,尽力保持财务平衡。过多的教育投入会造成对孩子过高的期望,也加重家庭经济负担。

（3）同心协力完成家务事。为了培养孩子的责任感、对家庭事务的参与感,父母可以鼓励孩子分担家中的某些事情。大家分工合作、同心协力,不仅可以增加家庭凝聚力,还能体会到彼此的体谅、包容。

（4）父母应继续满足配偶的需要,营造积极愉快的家庭氛围。在整个家庭生活周期中,配偶关系在每个阶段都十分重要,唯有夫妻的感情稳定,相处融洽,才能给孩子一个安定温暖的家庭生活环境。

（5）有效运用家庭沟通。沟通是建立良好互动关系的有效途径,孩子在这个阶段开始丰富自己的人际关系以及社会生活经验,父母通过各种沟通方式了解孩子对外界的适应情形,并且营造坦诚开放的沟通气氛,让家人吐露心中的喜怒哀乐,达到彼此真正的了解。孩子也可以从与父母沟通的经历中学习与人沟通的技巧。

（6）保持与亲戚的关系。与亲戚相处,不仅可以让孩子增加许多人际经验,体验交往的乐趣,形成开放、自主的交往态度,还可以学习传统伦理观念,如父母如何对待长辈、亲人之间如何共处,提升对家族的认同感。

第二节 家庭教育与儿童的认知发展和学校适应性

学龄儿童的学习能力是惊人的。他们的计算能力往往要比成年人强。认知能力的转变在很大程度上提升了孩子解决问题的能力及获取信息的能力。对于父母来说,孩子认识能力的改变使亲子交流的内容、父母对孩子的控制策略、对孩子行为的反应方式、对孩子能力发展和自我控制的期望值等都要相应作出改变。接下来我们将探讨学龄儿童认知能力的发展和学习方式的特点,以及父母可以在哪些方面促进孩子的发展和学业适应。

一、学龄儿童的认知发展

（一）逻辑推理能力的发展：皮亚杰的观点

学龄儿童的思维处于具体运算阶段，存在以下特点：

（1）克服了学前阶段的自我中心。儿童开始能从多角度、多方面看待问题和解决问题，开始了解别人有不同于自己的观点和感受，这为他们理解他人和社会作好了充分的准备。

（2）可逆性。外在行为的内化，使儿童获得了可逆性，这些可逆的、有组织的运算使儿童能够克服前运算思维的限制，当物体发生变化后，他能在大脑中让物体回到原来的状态。

（3）守恒。因为获得了可逆性，儿童逐渐理解物体的量不会因为其形状或空间排列方式的变化而变化，儿童懂得条目的数量或长度与物体或条目的排列或外观无关。

（4）序列化和传递推理。儿童具有了按照诸如重量或大小等定量的维度排列客体的能力。

（5）类包含。儿童关于类包含的认识，涉及对范畴之间存在层级关系的逻辑原则的认识。他们能认识到，一些范畴是彼此嵌套的，同一客体可能属于多个范畴。所以，儿童开始具有命名并根据外观、大小或其他特征给一批物体进行分类的能力。

（二）父母对学龄儿童认知发展的影响

维果茨基认为，父母和儿童周围的其他成人对儿童的认知发展起着重要的作用。父母和其他成人对儿童的指导能促进儿童的学习。维果茨基指出，通过父母、教师和年长的、更有能力的个体的帮助，儿童常表现出更高水平的问题解决能力。伍德等（Wood，Bruner & Ross，1976）根据维果茨基的观点提出了支架（scaffolding）概念，以此来阐述父母使用的支持性的策略可以指导儿童发展。通过支架，父母和教师可以引导儿童更好地理解任务，并且协助儿童对任务形成自己的概念。成功的支架需要积极的交往和交流。

指导性参与的经典例子是父母帮助儿童学骑自行车。儿童在生理上成熟后能够通过不断的尝试学会独自骑自行车，不过在父母支架性的协助下他们会学得更快。这个过程的第一步是，父母依据儿童的年龄、兴趣以及生理发展，判定儿童是否为学骑自行车作好了准备。接着，父母向儿童解释如何在自行车上保持平衡。然后,父母在后面把住车,儿童骑在车上试着保持平衡,脚蹬着向前骑。在整个过程中,父母要和儿童一起讨论如何骑车,并表示相信儿童能够学会骑车。强调过程而不是结果,鼓励儿童的能力和努力,以及关注儿童的感受,这些是指导性参与非常强调的。

二、提高儿童的学校适应性

儿童在学校的时间与在家庭中一样多。学校教给儿童学业知识和关于文化准则、价值观的知识,为孩子提供学习文化技能的必要支持,提高其各方面的认知能力。学校经历也会影响儿童对自身学习能力的看法以及实际的成就和适应水平。

家庭经历与儿童成功地适应学校的要求相联系。与父母共同活动和游戏能提高孩子的学校适应性。而控制型的父母和抵制型的儿童的早期互动模式,则预示着较差的学校适应。父母的某些特点会促使孩子具有积极的学校适应性和较高的成就动机,这些特点包括:提供认知刺激的家庭环境,支持自主性发展而不是要求服从的价值观,强调与学习活动而不是学习结果相联系的目标。

父母的教养方式与孩子的学校适应性紧密相关。对儿童的失败进行惩罚、使用简单粗暴的教育方式、经常引发阻碍儿童自主性的亲子互动,在这种家庭氛围下成长的孩子,其学业成就明显较低。相比之下,那些强调鼓励、对儿童的努力予以支持和肯定、与孩子有明确的沟通、需要时为儿童提供以儿童为中心的学业辅导的权威型父母,其孩子的学业成就通常较高。较之独裁型的父母,权威型父母使儿童有更高的学业成绩和更低的行为问题。除了教养方式,父母间和亲子间的敌意等家庭环境,也与儿童的学业成就有关。

父母对儿童成就的期望也影响着孩子的学业成就。这种影响在开始上学时就出现了。在一项研究(Entwisle & Hayduk, 1982)中,研究者探讨了美国父母对儿童学校表现的期望,他们在儿童5—9岁期间每年作一次调查。结果表明,对来自中等社会经济地位家庭的儿童和蓝领家庭的儿童来说,父母的期望对儿童的成绩有明显的影响。儿童6岁之后,蓝领父母对儿童的影响似乎要比中产阶级父母的影响小得多。在欧裔美国中产阶级家庭中,父母的期望与孩子青少年前期的成就有关。父母的期望也会发生变化,这种变化往往发生在孩子入学的早期。孩子在学校的表现可能是影响父母对孩子学业期望值变化的一个因素。在另一个研究(Alexander & Entwisle, 1988)中,研究者发现,一年级儿童的学校表现会显著影响父母后来对儿童的期望。一般而言,父母对数学成绩的期望在孩子上学早期没有表现出性别差异,但是从二年级开始,父母对男孩的期望值比女孩高了。

跨文化研究发现,在不同的文化中,父母对孩子学业成就的期望是不同的。对美国、中国和日本低学业成就儿童的父母进行的研究发现,美国父母对孩子学业成就的期望比亚洲父母低,美国母亲更可能把成就看做是天生的,而亚洲母亲则强调努力学习才能获得较高的学业成就。相对于亚洲父母,出生在美国的父母更可能相信一般认知发展、动机和社会技能比学业成就更重要。

父母卷入学校和儿童学业任务,也与儿童学业成绩正相关。父母卷入的方式不同,包括对孩子学业成就的期望、言语的鼓励、直接对与学习相关的行为进行强化、一般的学业指导、支持,以及让孩子感受到父母对孩子学业状况的态度。中学阶段(通常是12岁以后)这种相关就不太显著了,可能的原因是父母卷入被看做是对孩子自主性的侵入。父母卷入儿童学习的形式大多是检查家庭作业。有研究发现,11—12岁的优等生(班级前30%)通常花非常多的时间在作业上,包括与父母一道完成学校任务。其他研究则发现了相反的结果,这也许是因为父母在卷入家庭作业时充当了警察的角色——在儿童不能独立完成作业的情况下督促孩子完成作业。但是,即便是在这种条件下,因父母的卷入——特别是父母接受如何更好地帮助儿童完成家庭作业的培训后——儿童的测验成绩也会提高。父母对作业重要性的态度,和父母对学业成绩的态度一样,存在着文化差异:中国和日本的父母对家庭作业的重视程度高于美国父母。

三、合理安排儿童的课外活动和学习

随着生活水平的提高,在大多数发达地区的城市中,父母往往会让儿童花很多时间参与有组织的兴趣小组、技能班等活动,扩大儿童的知识面,提高其某方面的技能。尽管参与有组织的活动可以使儿童受益,但是父母不应该过多地占用儿童的时间。由于儿童的时间被非常紧凑地分配到各类活动中,学龄儿童很少有时间参与非组织性的活动或者家庭活动。埃尔金德(Elkind,2003)在一篇文章中谈到,社会应该关注儿童生活被排得满满的状况,并强调儿童需要一种平衡的童年,即他们上学、做作业和在放学后参与其他童年游戏。① 为了描述在完全组织好了的生活中儿童所面临的困难,埃尔金德讲述了一个个案。一个叫凯文的 9 岁小男孩,容易焦虑,有睡眠障碍,并且一直抱怨自己很累。当问及凯文的日程安排时,研究者发现,他母亲让他参加了许多课外活动。除了学校的课之外,凯文还要每周参加两次钢琴课,三种集体性的体育活动、教堂活动和童子军活动。研究者分别和凯文及其母亲谈话,发现凯文的情绪低落,过着不开心的童年,他抱怨自己不能够和社区中的朋友一道玩。

埃尔金德认为凯文并不是特例,在发达地区,这种现象越来越普遍。过多占用孩子的时间不仅是一种普遍现象,而且已成为很多家长的生活方式。越来越多的研究者开始关注这个问题,并且呼吁父母应该避免"超级教养陷阱",不应该占用孩子过多的时间。但是,这些父母似乎认为,如果孩子不参与各种活动,进而不能在某些领域表现突出,他们就没有尽到做父母的职责。时间被过多占用的儿童失去了童年的乐趣;失去了以自然的和创造性的方式去玩的时间;失去了参与家庭交流的时间;失去了追求自我认识的时间。

一些非组织化的游戏允许儿童以自然的和创造性的方式去玩,让儿童发展自己的兴趣,自由地表现个性,并学习组织管理自己的时间。此外,儿童还需要参与家庭交流。他们会受益于与父母、家人在一起的时间——一起放松、谈话、阅读、玩游戏和休闲。不幸的是,让孩子参加各种活动的家庭,很少有时间有这类家庭经历。为了获得自我成长,儿童还需要时间去阅读、写作、创造、想象、研究及追求特殊的兴趣。

值得一提的是,课外课程本身没有问题。参与这类活动的儿童会有很大的收获。已有研究表明,参与体育活动与高自信、高学业成就、高学校归属感、较少的行为问题等呈正相关。尽管参与家庭外的有组织性的活动对儿童有潜在的好处,父母还是需要避免"多多益善"的陷阱。孩子应该有更多的时间参与非组织性的游戏和有意义的家庭交往,应该有更多的时间去

① Elkind, D. The Overbooked Child: Are We Pushing Our Kids too Hard? Psychology Today, 2003(36): 64-70.

放松、休闲。

总而言之,父母应该合理地选择活动,不要占用过多时间。要综合考虑投入的时间与活动的竞争性以及所参与的成人和儿童的特点,评价儿童对活动的兴趣以及活动与儿童发展水平间的契合。当儿童选择自己的活动时,父母应该给予鼓励和指导。

第三节 教养方式对儿童社会行为的影响

儿童社会行为是儿童在一定的社会条件下(包括社会关系和社会环境),逐渐形成符合社会规范,并能够正确处理人际关系,妥善自治,从而客观地适应社会生活的心理发展过程的行为。儿童的社会行为是在社会系统中通过自己的活动得以实现和掌握的。在社会系统中,家庭成为儿童社会化的第一场所,也是一个无可比拟的第一社会环境,家庭为儿童提供了第一次人际交往、第一项社会规范、第一个社会角色。同时,父母行为为儿童独立参加社会生活提供了第一次定位,培养了儿童与家庭其他成员互动的最初能力。这种能力为儿童今后在社会上与同伴、同事、朋友、上下级人物、配偶和自己的孩子等形成正常关系提供了心理准备。

一、教养方式与儿童的同伴关系

同伴关系主要是指同龄人间或心理发展水平相当的个体间在交往过程中建立和发展起来的一种人际关系。由于同伴之间的交往更加平等、更加自由,儿童愿意对同伴表露自己的新想法,愿意在同伴中尝试自己的新行为。特别是不同年龄、不同道德发展水平的同伴交往,对儿童社会性能力的获得更有帮助。一些研究表明,社会活动能力强、善于合作的儿童更易于建立和维持与同伴的良好关系,较少体验到诸如孤独、不满意等社会情绪问题。父母的教养方式及其行为在儿童社会性发展的过程中更是具有不可替代的作用。父母对儿童社会性行为和社会交往的影响,对儿童今后人际关系等各方面的发展有着深远的影响。

(一) 教养方式与儿童人际关系

热情、敏感和权威的家长培养的儿童容易形成稳定的依恋心理,与成人和同伴都能建立良好的人际关系,比较受人欢迎,在同伴中的地位较高。淡漠的、冷酷的家长容易培养出具有敌意和攻击性的儿童。家长与儿童的沟通少,儿童容易变得孤独、喜怒无常,人际关系紧张,常被同伴拒绝。支配的、严厉的家长培养的儿童容易过度焦虑,儿童对家长只有服从,家长忽视儿童的正当要求。在这种教养方式下成长的儿童,人际关系冷漠、自卑胆怯,容易养成撒谎、虚伪的毛病,其同伴会忽视他或不愿与他交往。在我国的家庭教育中,有的家长对儿童溺爱娇惯,有的家长对儿童态度粗暴,有的家长对儿童只养不教……这些不科学的教养方式或多或少会给儿童成长带来一些不利的影响。

父母双方严厉的教育和养育方式与儿童的受欢迎程度呈负相关;与被同伴拒绝的程度呈正相关。父亲严厉的教育方式与儿童的社交能力有显著的负相关。父母双方的民主的教育和养育方式与儿童受欢迎、儿童的社交能力有显著的正相关。这说明,无论在西方文化还是中国文化背景下,以父母对抗儿童的强制、惩罚和消极情感为特点的严厉性教育方式,都可能使儿童感到困惑、受挫、缺乏安全感,从而导致儿童在学校中出现偏常的社会行为,被同伴拒绝。相反,以温情、引导、鼓励探索为特点的民主性教育方式有助于培养儿童的自信及其在同伴群体中的适当行为。

梁宗保、陈会昌等(2007)研究了中国母亲的教养方式对其子女的同伴关系的影响,结果发现,儿童2岁时母亲对独立性的鼓励能负向预测儿童中期的被斥被欺。母亲从小对儿童采用鼓励独立的教养方式,给儿童充分的自主性和空间,到了童年后期,儿童会在与同伴的交往中积极主动,很少受到同伴的欺负和冷落。可能具有独立自主行为的儿童在同伴中更有威望,更受同伴的欢迎,而退缩、依赖的儿童更多受到同伴的排斥。母亲的控制能负向预测儿童11岁时果敢社交和同伴交往的能力。母亲对年幼孩子的严格控制可能会导致孩子较少去尝试应对挑战,导致孩子难以适应学校生活的问题。

(二) 亲子沟通对儿童同伴交往的影响

亲子沟通也会影响到儿童的同伴交往。目前我国的亲子沟通状况是,母子沟通状况要好于父子沟通状况,母亲与孩子的沟通频率比父亲高,沟通时间长,主动性更好,母亲更愿意认真与孩子交谈。父亲与儿童之间的沟通尤其缺乏,特别是在青少年中,只有不到25%的青少年经常与父亲沟通,与父亲沟通每周只有 1 小时的青少年占到了 42.6 %(雷雳等,2002)。亲子沟通的质量直接影响着儿童的同伴关系。低质量的亲子沟通不利于儿童同伴关系的发展;相反,能够妥善处理亲子冲突、有良好亲子沟通的儿童,其同伴关系良好。

父亲与儿童的交往有别于母亲与儿童之间的交往,在儿童的心理发展中具有不可替代的作用。一位心理学家曾说:"父亲的出现是一种独特的存在,对培养孩子有一种特别的力量。"父亲是幼儿游戏的玩伴,对婴儿动作发展有着重要作用;父亲也是诱导婴儿积极情感的源泉,常与父亲接触的孩子,显示出勇敢、坚毅、强悍、意志坚强等特征,有更强的生命激情,这些都将影响孩子后期同伴交往的质量和关系。父亲给予儿童较多的鼓励、较少的自上而下的直接教导,给儿童更多的自我操纵、把握交往过程的机会,而非母亲那样给予过多的关注与保护。对于男孩来说,他们能从父亲那里模仿、学习"男子汉的气概"。女孩则从父亲那里学习与异性交往的经验。

麦克·闵尼的调查显示:一天与父亲接触不少于 2 小时的孩子,比起那些一星期内接触不到 6 小时的孩子,人际关系更融洽,更具有进取精神和冒险性。这说明父亲鼓励成就和独立的教养方式有利于增加孩子同伴游戏的丰富性,有利于孩子在同伴交往中发挥主动性。此外,由于父亲与孩子的交往更具开放性,孩子可以从交往融洽的父亲那里获取更多的知识与经验,激发起更多的求知欲、好奇心和自信心,使得孩子在同伴交往过程中显得更加自信,更加积极主动,他们的社交能力包括参与团队游戏的能力更强,与同伴的关系也更加融洽。最后,孩子在成长阶段具有很强的好奇心,对于未知事物总有想了解透彻的欲望,对于同一年龄阶段的孩子总有想交往的意愿。母亲可能出于对孩子安全的考虑而常常会阻止孩子的探索活动。父亲则不然,父亲多半会鼓励孩子去面对生活中碰到的困难,鼓励孩子自己去"探险",也因此促进了孩子与同伴交往的能力。因此,除了要注重母亲与孩子之间的亲子关系外,研究者呼吁,父亲无论再忙再累,都应该抽出一点时间和孩子交流一下,即便只是说会话、抱一抱,也会对孩子有正面的影响。父亲和父爱是孩子心理健康发展的一个重要源泉,对子女的性别角色规范、生活方式、价值观和态度系统的形成具有重要影响。

但是,父亲在教养和行为上采用消极的方式又会影响儿童的交往和社交能力。研究发现(李丹等,2004),儿童同伴交往的主动性水平与父亲所报告的拒绝教养方式呈显著负相关。相反,父亲对孩子的拒绝越少,孩子的交往主动性就会越强烈。如果孩子想和父亲说话或有求于父亲的时候,父亲总是说"一边去,我正忙呢"或"找你妈去,别烦我",孩子就会渐渐失去接近父亲的愿望。有的父亲虽然参与管教孩子,但是过于严厉,让孩子感到害怕,也会失去孩子的亲近。这样的后果是父子或父女间难以相互理解,并且这种后果还会影响日后孩子与同伴的交往。父亲要形成权威感,对孩子进行有效管理,首先就要做一个让孩子容易接近的父亲,不轻易拒绝孩子,赢得孩子的信任。因为只有孩子愿意接近父亲,才会坦诚与父亲交流,父亲也才能真正地了解孩子,并用合适的方法管教孩子,使其在日后的同伴交往中轻松自如。

(三) 注重儿童的同伴交往

综上所述,父母会影响儿童在人际交往中的言行倾向,他们常成为儿童仿效的式样,使儿童不自觉地趋同家长的人际交往倾向。在家庭中,由于家长与儿童关系的血缘性和亲密性,儿童会不加批判地模仿家长待人接物的方式。如果家长在人际交往中存在的某些问题为儿童所仿效,将会给儿童的同伴关系带来消极的影响,甚至影响到他们成人后的人际关系。因此,家长在人际交往中应注意热情待人、乐于助人、同情他人、尊重他人,为儿童的同伴交往做出典范,同时要注重培养儿童的同伴交往能力。以下几点可以有效促进儿童同伴交往的良性发展。

(1) 接纳儿童的同伴是鼓励儿童与同伴交往、进行友爱的同伴教育的第一步。拒绝和敷衍都会使儿童在与同伴交往时产生退缩行为。欢迎儿童的伙伴到家中做客,不必太在意儿童在一起时对家中清洁与秩序的"破坏"。鼓励、允许儿童拿自己的食物、玩具和用具招待他的伙伴。给儿童充分的活动空间,允许他们单独在一起说"悄悄话",进行"秘密"的小活动。平时鼓励儿童和小伙伴们一起游玩、一起活动。

(2) 尊重儿童的交往兴趣。允许儿童自己选择朋友,并尊重儿童的选择。积极指导儿童正确处理与同伴交往时出现的矛盾,鼓励儿童自己解决问题。家长可以在儿童解决冲突时加以引导,提供解决冲突的策略。教儿童学会自己解决冲突。大包大揽地替孩子解决问题或偏袒自己的孩子,会助长孩子任性、自私、蛮不讲理或唯唯诺诺、胆小退缩的毛病。

(3) 积极监控儿童的交往。有意识地经常和儿童讨论择友的标准与注意事项,以促进儿童恰当选择交往的同伴并对儿童与同伴交往的活动内容、形式提供有益的建议。欢迎儿童的同伴到家中做客,或欢迎儿童带着同伴与家人一起活动,这是了解儿童同伴的最佳时机,也是对儿童的同伴交往进行积极监控的有效方式之一。鼓励儿童将在同伴交往中遇到的困难、挫折讲出来,教儿童学会辨别是非、分析并寻找积极的解决策略。

(4) 丰富儿童的交往语言。语言是交往的桥梁。可在各种游戏中不断丰富儿童的交往语言,让儿童学习礼貌用语,提高交往技巧。要鼓励暂时不会某项技能的儿童,鼓励他们说"让我再试一试",实在不会可以有礼貌地请求帮助,如"请你帮我包饺子好吗",得到别人的帮助要说"谢谢"等。每一次游戏,都要提出说话礼貌、行为文明方面的要求。通过反复练习,强化儿童的认知,巩固文明的言谈举止,最终形成内在的需要和自觉行为。儿童不仅自己开始学说礼貌用语,互相商量着玩,还会出现教同伴学说礼貌用语的现象。

(四) 鼓励儿童建立、发展友谊关系

友谊是和亲近的同伴、同学等建立起来的特殊亲密关系,是一种彼此理解、亲切往来、相互关爱体贴的真挚深厚的道德情操。它是同伴间的相互依恋,是归属感在伙伴关系上的体现。友谊对儿童发展具有重大影响,一些友谊会伴随人的一生。

塞尔曼对儿童友谊发展进行过专门研究。他提出儿童友谊发展有以下几个阶段:

(1) 第一阶段(3—7 岁),这个时期的友谊关系还很不稳定。朋友只是一个玩伴,友谊就是一起玩。在这个时期,儿童还没有形成友谊的概念。如果要求他们描述一个朋友,他们往往描述具体活动,如"他和我一起玩,他不打我"等。

(2) 第二阶段(4—9 岁),单向帮助阶段。这个时期的儿童要求朋友能够服从自己的愿望和要求。顺从自己的就是朋友,否则就不是朋友,如"他不再是我的朋友,因为他不肯跟我走"。

(3) 第三阶段(6—12 岁),双向帮助但不能共患难的合作阶段。儿童对友谊的交互性有了一定的了解,但仍具有明显的功利性特点。

(4) 第四阶段(9—15 岁),亲密的共享阶段。儿童发展了朋友的概念,认为朋友之间要保持信任和忠诚,分享秘密,甘苦与共,互相帮助。儿童开始从品质方面来描述朋友,友谊关系开始具有一定的稳定性。

(5) 第五阶段(12 岁开始),友谊发展的最高阶段。随着年龄的增长,儿童对朋友的选择性逐渐增强,由于择友更加严格,年长儿童建立的友谊关系能持续较长时间。

友谊对儿童的社会性发展具有重要的作用,可以为儿童提供熟悉同伴的机会,小学阶段的儿童更愿意花较多时间与同伴共同完成任务;友谊为儿童提供了有关兴趣、爱好、娱乐活动等方面的刺激信息,使儿童更好地融入集体,并从集体中学习人际交往和社会知识;友谊为儿童带来资源、协助等方面的支持,并提供帮助、鼓励和期望,同时也为儿童提供关于自己能力、吸引力和价值方面的反馈信息,有助于维持自己在同伴中的良好印象;友谊还可以为儿童提供同伴间的比较信息,为其追求上进带来动力。另外,友谊有助于儿童与他人发展起相互信任的、密切的、温暖的人际关系。

家长应积极鼓励孩子与同龄伙伴交往,进而让儿童选择交往密切的同伴,感受友谊带来的美好。

(1) 家长可以鼓励孩子把同伴邀请到家里做客,热情招待孩子的同伴,并且给他们留出自由活动的空间。比如,可以让他们单独留在房间或者客厅,尽情分享彼此间的“小秘密”。这也是对孩子的尊重。

(2) 可以让孩子到同伴家里做客,或者在孩子接受到邀请后,为孩子积极准备,而不是因为一些不必要的原因拒绝孩子外出做客。父母拜访亲友时,也应该适时地带上孩子,使其耳濡目染,学习礼貌交往知识。

(3) 儿童进入小学后,便开始了正规的学校生活,家长要与孩子的老师建立良好的联系,随时关注孩子在学校的表现。需要注意的一点是,家长不要通过老师过度干涉孩子的学习生活,而要真正地关心、充分了解孩子,让其感受到一种充满温暖与自由的氛围。

二、亲社会行为和反社会行为

亲社会行为作为儿童社会行为中的重要组成部分,对个体的身心健康及社会适应都有着重要作用。对亲社会行为,普遍的理解为:人们在社会交往中表现出的合作、分享、捐献、助人和安慰等友好积极的行为,其特点是使他人乃至整个群体获益,并能促成交往双方的和谐关系。反社会行为是一种消极行为,往往会造成人与人之间的矛盾、冲突等。在小学儿童中最具代表性、最突出的是攻击性行为。

(一) 教养方式与儿童亲社会行为的发展

父母教养方式是一种促使儿童社会化的背景因素。在专制型和放任型的教养方式中,儿童很少有机会去体验理性协作的作用,很少有机会去发展责任感;而权威型的父母提供机会使儿童去发展责任感,去学习诸如问题解决、协作等重要技能,也会表现较多亲社会行为。跨文化研究发现,父母的教养方式可以训练和强化小学二年级儿童对他人的关注。研究还发现,如果父亲对7—11岁儿童的消极情感给予消极的反应,他们的孩子的分享行为就比较少,攻击行为较多。

牛宙、陈会昌等人(2004)对7岁儿童的亲社会行为与其父母的教养方式进行了研究,他们分别对男孩和女孩在三种助人情境中的行为表现与其父母的教养方式中的接受性、拒绝性、鼓励独立、鼓励成就、惩罚定向、保护和担忧这六个维度之间的相互作用进行了考察。结果表明,儿童的行为表现与同性别的家长的教养方式关系更紧密。进一步分析,发现母亲的鼓励独立的教养态度对男孩和女孩在同一情境中的游戏行为表现出不同的作用,与男孩的游戏行为有正相关,而与女孩的游戏行为表现出负相关,这说明相同的教养方式对不同性别的子女会有不同的效果。

有些看似消极的教养方式却对儿童的亲社会行为有促进作用。刘志军、张英、谭千保等人(2003)发现,母亲教养方式中的拒绝否认与亲社会行为存在显著正相关,其预测效果也显著。牛宙、陈会昌等人(2004)研究发现,男孩在"找钥匙"情境中的助人行为与父亲的拒绝维度的"我常常对我的孩子生气"、"我和孩子之间有很多矛盾和冲突"两道题目有显著正相关;女孩在"搬桌子"情境中的助人行为与父亲的拒绝维度中"我觉得我的孩子有点使我失望"呈显著正相关,与母亲的拒绝维度中"我常常对我的孩子生气"这一题目呈显著正相关。出现这种情况的可能原因是:同伴群体影响的加大使他们力图摆脱父母的束缚,对来自父母的温暖、支持大都会加以反抗以显示自己的成熟;母亲的消极评价反而会使女孩在母亲的不断鞭策下形成一种亲社会的特质,所以母亲的消极评价对女孩产生了预测效果;父母的拒绝在很大程度上是对儿童能力的否定,同时会打击儿童的自我效能感、成就感,这种在父母面前丧失的积极情感体验会转移到其他的情境当中,如同伴交往、陌生成人在场的情境中;与父母之间较多的冲突可能源自儿童有更多的主见，使得他们在突发的情境当中能够表现出适当的行为。

现在大多数孩子都是独生子女，客观上使得他们平时没有太多机会去与别人谦让、互助、协作和分享。许多家长对孩子百依百顺，甚至迁就、纵容，因而出现诸如孩子既希望和其他小朋友一起玩，又舍不得把玩具分给小朋友的尴尬场面。臧羽青(2002)提出，应在实践中发展儿童的亲社会行为。在家庭中，父母应与孩子尽可能多地共同参与活动。如有好吃的东西大家一起吃，而不是让孩子吃“独食”；有好玩的玩具大家一起玩，这样更能提高孩子的兴致；父母在关心子女的同时，也可以创造机会让孩子关心、照顾父母(如父母生病时，可以让孩子做一些力所能及的事情)，使孩子从小感受到别人的关爱，学会关心他人。

(二) 教养行为与儿童的反社会行为

不良的父母教养态度、方式和行为是儿童产生反社会行为的重要影响因素。父母的教养观念决定其采用的教养方式，而父母对儿童的教养态度和行为直接对儿童反社会行为的形成和发展起作用。

儿童的反社会行为与专制型、放任型、溺爱型家庭教养方式呈显著正相关，而与民主型的家庭教养方式不存在显著的相关性。在民主型家庭中，家长为孩子营造了一个轻松、和谐、民主的家庭氛围，孩子愿与父母坦诚、积极地交流。这种家庭环境是有利于儿童的身心健康和智能发展的。而专制、放任、溺爱型家庭都存在许多教育不当，容易引发儿童的问题行为。在专制型家庭中，家长专横的态度、过分的束缚等会令孩子感到独立自主的权利受到限制，使孩子无所适从。家长态度过于粗暴，对孩子干涉过多，也会引起孩子强烈的不满情绪，以及各种极端的行为。在放任型家庭中，家长忙于自己的工作和生活，对孩子不管不问，任其自然发展，使孩子对家长的冷漠产生不满，逐渐出现各种问题。比如，会使孩子情绪不稳定、攻击老师、对抗家长等，使老师和家长感到束手无策；严重的还可能会导致暴力行为，如欺负小朋友、虐待小动物、偏私、不正直等。在溺爱型家庭中，家长过于感情用事，孩子做错事也不批评，总把孩子的优点挂在嘴上，表扬个不停。家长的这种溺爱、过度保护也会限制儿童活动的积极性和独立性，妨碍他们与他人的正常交往，往往会导致儿童既有嫉妒、优越感、任性和霸道的一面，又有软弱无能、缺乏应有的自主能力和退缩性行为的一面。因此，专制、放任、溺爱型的家庭教养方式会助长儿童反社会行为的发展。

在亲子沟通中,如果儿童没有得到父母应有的宽容、理解和鼓励,而遭受情感上的剥夺、过多的负面评价和过分严厉的惩罚等,会挫伤儿童的自尊,从而使儿童倾向于以偏离常态的情绪、行为攻击和反社会倾向等来代替正常的情绪控制和表达技巧。有些父母经常忽视孩子的要求,对孩子的反应缺乏敏感,对孩子缺乏关心,当孩子出现错误时才给予注意或表现出生气、失望、难堪、内疚等情感反应,并且把儿童的问题或过失归因于儿童自身特性,这样也会导致孩子表现出任性、反抗、挑衅、攻击性行为和社会性退缩行为。

父母有效的养育技能对于培养孩子正确的行为方式有着十分重要的作用。养育技能缺乏的父母往往缺乏自信和自我效能感。在教育方式上,他们往往采用惩罚、批评或放任自流等方法,其教育目标常反复无常、前后矛盾,父母双方教育方式不一致。他们不能很好地管理和监督儿童的行为,或者由于忽视或惩罚儿童的亲社会行为而导致对不良行为的强化等现象。

(三) 促进儿童亲社会行为的发展

儿童亲社会行为无论是自觉的还是不自觉的,都需要得到群体的认可。儿童做出了利他行为,成人要及时强化,如表扬、奖励等,使儿童获得积极反馈,达到逐渐巩固的目的;反之,习得的利他行为可能会消退。我国心理学工作者曾做过一项研究,采用创设需要谦让的实际情境和假设情境,并施以精神奖励法,对儿童进行谦让观念和行为的训练教育。结果表明,精神奖励在巩固儿童谦让行为中具有不可低估的作用。恰当地运用表扬、奖励,能有效地促进儿童亲社会行为的发展,并在一定程度上抑制儿童的攻击性行为。

与父母有良好关系的儿童,其反社会行为发生的频率低于与父母有不良关系的儿童。因此,建立良好的亲子关系显得尤为重要。良好亲子关系的建立,实际上是给儿童提供亲社会环境的第一步,可以使儿童产生安全感和信任感,减轻外界带来的压力和焦虑,使其形成愉快的心境。个体在愉快的情绪下,更乐于做出友好的行为。父母应该敏感地把握子女的感受和需要,尊重他们的人格,给他们适当的独立和自由,坚持民主、平等的原则;保持友好、理解的态度,采取和平、说理的方式处理家庭事务,从而形成良好的亲子关系。

父母支持性的行为能够促进儿童的亲社会行为发展,并且可以减少儿童反社会行为的发生。支持性行为是指在教养子女和亲子互动中对儿童做出的积极性行为,如尊重、安慰和鼓励儿童,用言行表达积极情感,对其讲解各种知识等。不支持性行为是指在教养子女和亲子互动中对儿童做出的消极性行为,如严厉惩罚、打骂孩子、拒绝其要求等。父母尊重儿童、经常安慰和鼓励儿童、以言行表达对儿童的爱等,这种情感支持行为使儿童感受到温暖和爱,对儿童的身心健康十分有利,能够使儿童逐渐矫正自己的行为问题,克服心理障碍。反之,极端不支持行为如父母过分严厉惩罚孩子,经常大发脾气或打孩子,会对儿童幼小的心灵造成巨大伤害。

根据精神分析理论和社会学习理论的观点,个体在社会化过程中,主要是通过对榜样的自居作用来习得一些行为规范,并且特别注意模仿与他具有相仿性的榜样。中国传统文化的影响深远,女性(母亲为代表)通常被强调为善良、美好、贤淑的,她们的言行对女孩的影响比较大,而男孩更容易受到父亲的影响。父亲的慈爱及对子女的温暖关怀有助于形成和谐的父子关系,促进青少年的心理健康,从而更有利于子女的成长。有研究表明,父亲在家的儿童比父亲不在家的儿童表现出更少的反社会行为。儿童的反社会行为最多表现在社会经济地位低、父亲缺失的家庭中,这表明父亲的参与可以降低儿童的反社会行为。另外,父亲缺失的家庭中,儿童较高的反社会行为并没有因为继父的出现而有所减弱,并且它也不能被较低的社会经济地位所解释。这意味着父亲在家庭教育中有着不可替代的重要作用,这也从一个侧面反映了父亲在儿童成长中的重要作用。

三、教养方式与儿童的害羞—敏感和退缩行为

平常在家时与家人有说有笑,行为举止正常,但是在社交环境或集体生活中却表现异常,如见生人时害羞,不敢与人交往,不主动与其他孩子说话、玩耍,上课不敢举手发言,回答老师问题时声音像蚊子叫,回避集体活动,胆怯退缩,表情淡漠等。这些表现都属于害羞和退缩行为,常常被看做内隐行为问题。长期的害羞、退缩会给孩子带来许多心理障碍,使儿童难以应付各种人际交往情境而导致其自卑,并直接影响到儿童的生活和学习,严重者会影响到成年后的学习工作,进而带来心理问题。

(一) 导致儿童害羞和退缩的原因

导致儿童害羞和退缩的原因很多,有的属于气质性社交障碍,如生性腼腆胆小、喜欢独处;有的属于挫折性社交障碍,如由于某次社会情境中不愉

快的挫折经验而产生自卑,为寻求自我保护而不愿与人交往;大多数是由于家庭教育不当造成儿童的封闭性格,特别是孩子幼年时处于相对封闭环境,受父母过分保护,缺乏与同伴交往的实践,从而不知如何与人交往。

早期的亲子关系,特别是母子依恋关系对儿童的害羞、退缩行为有重要的影响。亲子依恋关系影响着儿童内部工作模式(inner working model)的建立,这种工作模式关系到儿童自己与周围人的关系。如果内部工作模式使儿童感到安全、自信,就有利于儿童积极探索周围环境,进而与同伴积极互动,最终促进儿童社会能力的发展。反之,那些因消极依恋关系而具有不安全内部工作模式的儿童,则认为周围环境是无法预测、不安全、没有反馈的。这种内部工作模式会导致儿童在与他人交往时退缩。如果儿童缺少对周围环境的探索行为,会削弱其社会能力。另外,早期的不安全依恋能够很好地预测以后是否会有害羞和退缩行为。埃里克森指出,4 岁时不安全型依恋儿童缺少自信,7 岁时这类儿童往往有行为退缩的表现;鲁宾(Rubin, 1995)的研究表明,不安全依恋与行为退缩有关且能预测退缩行为。

鲁宾指出,父母教养行为中的严格和惩罚性、过度保护(统治和支配)、参与不足或过度介入等都可能导致儿童的退缩行为。父母的高压力策略(指导、重复自己的要求、威胁、恐吓等),不利于儿童自己解决人际交往问题,同时也不利于儿童的社会自我效能感的发展,儿童在家庭内外的不安全感会继续维持下去。那些在儿童社会技能发展中使用高压力策略的母亲,她们的孩子在社交中更倾向于从他人那里获得帮助,特别是从成人那里获得帮助。教师对这些儿童的评价是害怕、焦虑、退缩。被教师评定为在同伴群体中退缩的男孩,他们的父亲在与孩子交往时较多使用高压力策略,参与儿童的活动较少,他们的母亲在与孩子交往时与孩子的言语交流少。父母的高压力策略会在一定程度上限制儿童的探索和独立行为,从而影响儿童社会能力的发展,父母的控制也剥夺了儿童与同伴交往的机会。

父母的教养态度和观念也是一个重要的影响因素。父母的教养行为在一定程度上是由父母对儿童行为及其发展的认识所决定的。父母的教养行为一般受以下因素的影响:①价值观念;②对儿童如何发展、怎样快速发展的认识;③对促进儿童发展方法的认识;④对儿童行为的归因。可见父母的认识、感情会影响父母的行为,进而影响儿童的发展。例如,有研究(Mills & Rubin,1990)发现,那些认为社会技能不重要的母亲,她们的孩子在实现社会目标时更容易哭,解决社会问题的成功率较低。后一结果与对退缩儿童解决社会问题的研究结论是一致的。在同伴交往中,如果母亲认为儿童的社会技能是内在气质因素决定的,儿童通常表现为缺少自信、成功率低,教师对这些儿童的评价是焦虑、害怕、退缩。

我国学者对儿童行为的抑制性(害羞、退缩行为)与母亲及父亲的教养态度、行为之间的关系进行了有意义的探讨。他们发现,对于抑制型的孩子,母亲的抚养态度和行为比较复杂。她们一方面关心孩子,但另一方面对孩子的惩罚也较多。父亲和母亲对抑制型儿童的态度不完全相同,他们对孩子有很高的成就要求,又给孩子较多的惩罚。相比之下,非抑制型儿童的教育环境要宽松一些。对于非抑制型儿童,母亲鼓励他们的独立性,给予的关心、保护较少。和抑制型、中间型儿童相比,父亲对非抑制型儿童的成就要求最低,给他们的惩罚也最少。

(二) 帮助害羞—敏感和退缩儿童健康成长

害羞和退缩行为对儿童的成长发展以及社会化过程是十分不利的,严重者会产生心理和行为障碍。父母应该从以下几方面来预防或者矫正孩子的害羞、退缩心理,以促进儿童健康发展。

(1) 要为孩子创造一个开放式的家庭环境和交往机会。如果父母能在孩子社会交际处于萌芽状态时不失时机地提供给孩子多种社会生活和交往体验,就可以预防孩子出现社交性退缩。所以,家长应该尽可能地为孩子打开生活空间,鼓励孩子走出家门,结交朋友。另外,要让孩子尽早参与集体生活。孩子在3岁之后开始产生交往的愿望,这也预示着他们交往心理的萌芽。只和成人特别是父母交往已经不能满足他们的社会需求。他们强烈希望与同龄人交流、沟通和玩耍。

(2) 对害羞、退缩的儿童采取保护、关心的态度,对他们的成就给予鼓励。研究表明,害羞、退缩的儿童在家里受到的惩罚比较多。然而,这种类型的儿童虽然在面临新环境时会出现胆怯、退缩的反应,但他们在熟悉环境中和对熟人并不退缩,由于他们比非抑制型儿童更敏感,神经过程从兴奋到抑制和从抑制到兴奋转换比较慢,所以他们更可能在家里表现出吃饭慢、入睡慢、行动迟缓等行为,这些行为容易引起缺乏耐心的年轻父母的烦躁,而导致儿童被惩罚。对天性胆小、退缩的儿童,母亲往往采取保护、关心的态度,但鼓励成就不够;而父亲对害羞、退缩的孩子鼓励成就较多,但关心、爱护不够。所以母亲和父亲要形成互补，同时对害羞、退缩的儿童多给予独立性鼓励，以及采取保护、关心的态度。

(3) 对害羞、退缩儿童要有宽容、赞扬的教育态度。对儿童没有严格的成就要求，很少拒绝孩子，在教育时也很少使用惩罚的手段，这种教育态度为儿童的气质发展提供了一个自由的活动空间，有助于儿童的健康成长。儿童在陌生环境中出现大胆、探索行为时，父母和其他成人应该及时予以赞许，而且有意识地鼓励他们的独立精神，这能强化儿童表现出独立、大胆的行为。

第四节　父母行为与儿童自我概念的发展

学龄阶段，儿童开始承担各种社会任务，参加各种社会活动，这个过程发展了他们的自我概念——他们是什么样的人，有怎样的能力特点和个性特征，别人怎样评价他们等。同时，发展中的自我概念也影响着儿童在各种活动中的表现。他们对自己的认识也越来越清晰，越来越成熟。掌握成熟的自我概念也是儿童社会化的目标之一。

一、发展积极的自我概念

在童年中期，儿童的自我描述变得更加稳定、更加广泛。他们的自我描述中既包含了自己的身体特征(如黑色的头发、黑眼睛)，也包括心理特征(我喜欢运动；我喜欢学校)，还包括人际关系特征(我有很多朋友；我的老师是……)，以及性格特征(我几乎是班里最聪明的男孩)。

随着年龄的增长，年长的学龄儿童对同伴关系(我喜欢一些男孩儿；我不喜欢一些女孩和男孩)的描述更为详尽，也更侧重于对持久的特质、品质或是人格特征(比如诚实的、老土的、有用的、有时候发脾气的)的描述。而且，他们的自我概念也并不总是积极的。年长的学龄儿童会不断地将自己与其他同龄人比较，而且认为他们落后同伴一大截(如我不漂亮；我的成绩一般)。这种变化部分地反映了认知能力的发展，以及孩子对时代文化标准和社会期望的认识。

随着交往范围的扩大和社会认知能力的发展，儿童的自我评价能力日趋成熟。在与同伴的比较中,在人际互动与反馈中,在承担各种社会角色的过程中,儿童的自我概念及自我控制、自我调整能力都在迅速发展。对于大多数儿童来说,冲动性行为在童年早期到童年中期呈明显下降趋势。

自我概念为个体提供自我认同感和连续感,帮助个体调节和维持自己的行为,因此对个体的生存和发展具有重要意义。积极的自我概念有利于激发孩子的成就动机。父母可以从以下几个方面入手,培养孩子积极的自我概念。

其一,多给予孩子积极的肯定、期待和鼓励。父母应善于发现孩子的长处,多给予肯定和鼓励。当孩子取得成功时,肯定他们的努力和能力;当他们失败时,引导他们将失败归因于自己努力不够。这样可帮助孩子建立起完善积极的自我概念,进而形成较高的成就动机。如果父母对孩子的要求过高,孩子经过努力仍不能达到父母的要求,因此经常遭到训斥和指责,这样容易使孩子产生"我不行、我很笨、我不如别人"的自我概念,从而对自己的能力持怀疑态度,降低了孩子的成就动机。

其二,帮助孩子获得成功的经验。在孩子的成长过程中,成功体验的多少是不尽相同的,有的经常获得成功,有的却经历较多的失败。成功的经验,尤其是早期成功的体验,是完善其自我概念的重要源泉。在家庭教育中,父母可有意识地帮助孩子制定适宜的目标,鼓励孩子大胆去尝试,肯定孩子所取得的每一点进步,不断积累成功的体验,这对孩子形成完善的自我概念是至关重要的。

二、促进自我调控能力发展

自我管理能力在童年时期的发展,使父母对孩子有了新的期望:期望孩子能在学校和家庭任务中表现出更多的自主性和独立性,在同伴群体活动中也有更多的主动性。父母逐渐让孩子在看医生的时候,更多地描述自己的不适,自己向医生了解服药的方法和用量。在日常生活中,也会给儿童一些关于医学、保健、具体的健康问题和生活习惯问题等方面的知识和指导,使其了解生理和心理健康方面的知识。这也为孩子在青少年时期的独立奠定了基础。

随着孩子的成长,父母管理和控制孩子行为的方式也会发生改变,促进儿童自我管理的发展。父母不会突然地放弃对儿童的控制,儿童也不会突然变得自主起来,儿童自我管理能力的发展与父母逐渐将对孩子的管理和控制交还给孩子几乎是同步进行的。孩子自我管理能力的提高会促进父母对儿童行为的管理向儿童自我管理过渡。这个过渡阶段包括了三个发展过程:父母管理、协作管理和自我管理。协作管理是儿童在小学阶段发展起来的。在该阶段,父母仍然保持着对孩子的监督控制,但期望儿童能逐渐承担起更大的责任。这种协作管理经历是青少年和成年早期更大自主性的基石。比起自主的自我管理,合作管理是童年期亲子关系的准则。麦考比(1992)认为,权威教养的有效目标的特点是"让儿童融入到互惠的系统中"。当我们认识到一个人和别人相互依赖的重要性时,自主性的训练就不是一个儿童从其他人的控制中获得自由的过程,而是对增强自主承担责任的能力的训练。因此,父母对童年中期儿童教养行为的变化,不是一个逐渐放弃控制的过程,而是一个教育孩子如何应对新的挑战和承担责任的过程。

麦考比的研究表明,有效的父母控制与自我调控的技巧相互联系。一种重要的有效控制方法是实行监督,这种监督需要父母更加细心地关注儿童行为的变化,关注可能会发生的事件。有效的监督是以孩子为中心的调控技巧的重要组成部分,父母必须使他们的监督行为适应于儿童的特点和儿童的接受性。无效的父母监督往往与童年中期和青少年期的反社会行为有关。

有效的监督有赖于父母控制儿童行为的方式:实施以儿童为中心的纪律约束模式,伴随明确清晰的信息交流和明确的要求,以及父母对孩子高度的接受性。这种父母监督模式有利于发展儿童的自我管理能力和某些积极品质,如关爱、自尊、胜任感和社会责任感等。

三、提高儿童的自我效能感

社会学习理论的创始人班杜拉把自我效能感界定为"个人对自己有能力执行实现某一目标所需的行动,以达到特定成就的信念"。学生的成就动机包括自己觉察到的胜任能力、对学习结果的期待、归因风格以及控制源(Locus of Control)等,其核心成分是学生对自己能够完成学业任务的信念和对自己学业成绩负有什么责任的观念,即儿童的自我效能。一般而言,自我有效感越是强烈,学习努力就越持久。可见,自我效能感既制约着学习动机,又制约着学习结果。一方面,它通过对个人努力程度的调控来影响学习的结果;另一方面,它又通过制约学习动机的期望因素、价值因素和情感因素而间接地影响学习结果。

（一）自我效能感的作用机制

班杜拉从社会学习的观点出发,在 1982 年提出了自我效能理论,用以解释在特殊情境下动机产生的原因。自我效能感是个体在行动前对自身完成该活动有效性的一种主观评估,这种预先的估计对后续的行为会产生多方面的影响。

1. 影响个体对行为的选择。当个体面对一个新的任务时,他首先会对该任务的价值进行估计。当个体对自己完成该任务的能力评价很低时,他可能不会采取行动或者选择一个较容易的目标。如在高考填报考志愿时,当一个学生感到报考清华大学成功的可能性很低时,他就不会报考清华大学,而是换一所容易报考的学校。自我效能感不仅影响到个体目标的选择,还会影响到个体的行为方式。我们在做事情时都会选择一种最有成功可能性的方式。在生活中,人都有自己做事情的方式,而且很难改变,原因之一可能是由于熟悉的行为方式最容易产生自我效能感。在行动的过程中,人会根据行为结果的反馈,相应地改变自我效能感,从而不断地调整自己的行为目标与行为方式。

2. 影响面对困难时的坚持性和努力程度。在行动的过程中,总会遇到困难,自我效能感的高低会影响儿童克服困难的毅力和决心,影响他们行为的坚持性。自我效能感高的个体认为,自己的成功归功于自己的能力和努力,因此他会更加努力去追求成功。而自我效能感低的个体认为,成功与失败都是由自己不可控制的因素决定的,因此他们会轻易放弃努力。如一个学生如果认为自己没有数学细胞、数学方面的自我效能感很低时,很容易便会向困难屈服;而自我效能感高的学生,就会想出各种办法去解决问题,不会轻易放弃。高自我效能感者所付出的努力与任务难度成正比,低自我效能感者则相反。

3. 影响人的情绪状态。当我们认为做某件事成功的可能性很大时,往往会有一个乐观积极的心态,情绪饱满,主动性也更高。能力与兴趣是可以相互影响的一对概念,在某一方面能力强的儿童,往往会在该领域表现出较大的兴趣,这在学习方面表现得很突出。学生对某一学科感兴趣,十有八九是因为在这一学科上取得了很好的成绩。而兴趣又可以使人投入更多的努力,进而获得更好的成绩,如此形成了良性循环,从而促进能力的增长。与此相似，自我效能感高的人，会更有兴趣从事某一活动。在行动的过程中他们会更加主动地去寻找解决问题的方式，对外界的信息也会更加积极地进行加工，从而更有可能获得好的结果，而好的结果又进一步强化了个体的自我效能感。高自我效能感的人在解决问题之前，往往会从积极的方面去考虑问题，形成正向预期；遇到问题时，也会以一个乐观的心态看待它，较少产生焦虑。

（二）提高儿童的自我效能感

一般认为，积极的父母教养方式有助于儿童形成高自我效能感。班杜拉曾对如何培养儿童的自我效能感作过大量的研究，他指出，可以通过以下四条途径来培养儿童的自我效能感：

1. 增加儿童对成功的体验。自我效能感作为个体对自己与环境发生相互作用的效能之主观判断，不是凭空作出的，而是以个体多次亲身经历某一类工作而获得的直接经验为依据的。它是获得自我效能感最重要的途径，也是个体对已形成的自我效能感进行验证的基本途径。多次的失败会降低个体的自我效能感，多次成功的体验则会提高个体的自我效能感。

2. 增加替代性经验。替代性经验指个体通过观察能力水平与自己相当的人的活动及结果，获得的对自己能力的一种间接评估。它是一种间接经验。它使观察者相信，当自己处于类似的活动情境时，也能获得同样的成就水平。

3. 语言说服。父母可以通过指导、建议、解释和鼓励的方式来提高孩子的自我效能感。经常获得外界的关心和支持，孩子的自我效能感就会增强。人们对自身能力的知觉在很大程度上受周围人（尤其是“重要他人”）评价的影响。班杜拉认为，对孩子“无条件的积极关注”会增强他们的自我效能感。但是如果父母的言语劝导与孩子的实际能力不一致，一开始可能会“增强”孩子的自我效能感，但经过验证后，反而会降低他们的自我效能感。

4. 培养孩子调节情绪、缓解生理紧张的能力。对生理反应的知觉会影响人的情绪，从而影响人的认知。高度的生理唤起水平比平静的反应更使人不镇定、不自信，更容易产生诸如紧张、焦虑的情绪，使人对自己的能力产生怀疑，降低自我效能感。

第七章　家有儿女初长成：青春期儿童的教养

第一节　青春期亲子关系的特征

一、青春期儿童的特点概述

青春期是个体主要的生长发育阶段。从生物学的角度来说，青春期是个体由发育不成熟到成熟的转化时期，也是个体由儿童到成年的过渡时期。目前，各国对“青春期”的年龄范围尚未形成一致的看法，一般是十三四岁到十七八岁这个阶段，提前或推迟一两年均属正常现象。有的学者将青春期的快速生长发育称为“青春期急速成长现象”。事实上，这种现象开始于性成熟之前或与性成熟同时开始，并终止于性成熟后的半年到一年。以男性为例，他们的急速发育从10岁半—14岁半开始，在15岁半左右达到顶峰期，之后逐渐减缓；到18岁左右，身高达到充分发育水平，体重、肌肉力量、肩宽、骨盆宽等也显著增加，同时性机能和第二性征发育成熟。

与青春期个体的生理变化相伴而来的是其心理的变化。随着年龄的增长、生活范围和活动内容的复杂化，个体在青春期比儿童期更具独立性与自主性，他们的自我意识增强，能决定自己“做什么”以及“怎么做”。但是，他们也不同于成年人，因为他们虽有一定的独立性，但还没有完全独立，在许多方面，尤其是物质生活方面他们仍需依赖父母，从法律角度而言，他们也尚不能为自己的所有行为负责。由此可见，这是一种介于儿童和成人之间的过渡角色。一方面，他们具有独立性、自制力及成人感；另一方面，他们又颇为依赖、冲动和幼稚。这些特点使青春期个体的定位及社会对他们的要求具有模糊性及不确定性，这也给他们带来了许多“成长的烦恼”。因此，一些社会学家把处于青春期的儿童称为“边缘人”。

此外,青春期儿童的心理变化会给亲子关系带来巨大影响。本章探讨青春期儿童的生长发育及认知情感变化与亲子关系是如何相互作用的。

二、青春期亲子关系的特征及父母的应对

正如上文提到的,青春期儿童的显著特点是生理、心理等方面的急剧发展与变化——生理方面包括身材比例的改变、身高体重的增加、性成熟;心理方面包括自我意识与认同感的增强、价值观的改变等。这种发展速度有时甚至连孩子自身都难以适应,再加上各个系统及功能的发展可能并不同步,导致出现不协调或不稳定的现象(如情绪的不稳定性)。这些特点在生活中表现为:希望拥有隐私权,不喜欢他人随意介入自己的生活;具有强烈的自我独立意识,渴望被视为有能力自立自主的人;热衷于表达自己的观点,甚至会批评、反抗传统与权威;认同朋友,爱与同辈交往;对异性感兴趣,甚至开始结交异性朋友。所以在父母看来,这一阶段的孩子不容易相处,"爱闹别扭,不懂他们想什么,总顶嘴"。

青春期儿童与家庭及父母的关系表现为以下特点:

(1) 与家庭的关系逐渐疏远。青春期儿童会由完全依赖于父母和家庭,到逐渐从家庭"疏离",维持心理上的距离,并转而与同伴相处密切。

(2) "代际差异"或"代沟"的显著化。亲子间的观点、态度会因年龄不同而具有显著差异,青春期的孩子会因其对自我意识的强调而使这一差异扩大。

(3) 经历"第二反抗期"。青春期儿童处于独立意识"膨胀"阶段,批评父母的所作所为、不理会父母的建议甚至予以反驳,都是青春期儿童家庭生活中的常见现象。

(4) 处理与异性父母的微妙关系。根据埃里克森的观点,个体四五岁(处于性器期)时对异性父母的"恋父情结"或"恋母情结",到青春期仍会继续存在,甚至加剧,处理好这种亲子间的三角情感纠结是这一时期重要的家庭课题之一。

(5) 对同性父母的"认同模仿"。男孩逐渐与母亲疏远,改与父亲接近,模仿学习如何长大成为"男人";女孩则向母亲学习成为"女人"。他们心理的发展由"潜伏期"或"同性期"进入"生殖期"或"异性期"。

面对青春期的子女,建立和维持良好的互动关系实非易事。只有当父

母在观念、态度及方法上作出调整，顺应这一年龄子女的需求，才有可能享有积极的亲子关系。

（1）父母必须摒弃孩子是自己的财产的观念，给孩子独立成长的空间。

（2）满足孩子独立与依赖的需要，配合孩子的需要作出弹性调整：当孩子需要关爱和照顾时，提供这些需要的满足；当孩子期望被视为“大人”时，父母要试着以平等的态度和做法与其互动。因此，父母应该随机应变而非墨守成规，要以一种轻松、幽默的态度来应对孩子成长的尴尬期。

（3）沟通技巧的使用。为了尽量减少“代沟”所带来的亲子冲突，父母应学习从孩子的角度来设想孩子的立场，而没有必要用过去的标准来衡量今天的生活，要求今天的孩子。经常把“我们当年……”“我希望你能够……”挂在嘴边的父母很难成为青少年的“知心朋友”。

（4）加强夫妻间的联盟。父母的分工越合理，态度越一致，关系越紧密，对孩子的影响力就越大。父母教养态度不一致，子女就会有漏洞可钻；父母离心离德，子女可能无所适从，或干脆逃避家庭，进而导致亲子关系的破裂。

第二节　促进青春期儿童的身体发育

当孩子进入青春期，他们的躯体形态、生理机能、内分泌等都会发生显著变化。面对身体的这些改变，他们可能会困惑、不安甚至焦虑，此时的亲子关系作为他们最重要的资源便在很大程度上影响了他们的适应质量。因此，对父母而言，如何陪伴子女度过这段日子，或许是他们最为关注的问题。

一、关注青春期孩子身体的发育

（一）了解孩子躯体形态的变化

随着青春期的到来，个体也迎来了骨骼和肌肉发育的高峰期，身高和体重迅速增加。一般来说，女孩的这一过程要先于男孩近两年。处于青春期的男孩，其身高平均每年可增长 7—9 厘米；女孩平均每年增长 5—7 厘米。

体重的增长反映出体内器官、肌肉、骨骼的生长，也反映了营养及健康状况。统计数据表明，我国城市男生 13—15 岁期间体重增长最快，平均每年增长 5.5 千克；女生 11—14 岁期间体重增长最快，平均每年增长 4.4 千克。

男孩从 18 岁开始，在身高、体重、肩宽这三项指标上的绝对值均超过女孩。其他形态指标，如胸围、上臂围、小腿围等，男孩也都高于女孩。最后，总体上呈现出体态的性别差异特征：男孩体格粗壮，肩宽盆窄，肌肉发达；女孩体格纤细，肩窄盆宽，皮下脂肪丰富。

躯体形态的发展变化往往受到体内激素的影响。张德甫等人(2003)进行了一项有关睾酮(T)和生长激素(GH)对青春期体格发育影响的研究。研究者抽取了身体健康、年龄在 11—15 岁的初中学生 172 名，按常规进行体格测量，以百分记分法评定骨龄，并采用放射免疫法测定其血清中的睾酮含量和生长激素含量，最后分别分析睾酮和生长激素水平与体格发育之间的相关性。结果显示，男生血清中的睾酮浓度与骨龄及躯体形态各指标间均呈显著正相关；而男、女生血清中的生长激素浓度与骨龄及躯体形态各指标间的相关关系均不显著。因此，研究者认为，血清中正常的生长激素水平是青春期个体正常生长发育所必需的，但可能不一定是导致青春期生长突增的主要激素；睾酮在男生青春期生长突增中所起的作用可能大于生长激素。

(二) 关注孩子第一性征的变化与第二性征的出现

性腺发育与性激素分泌的逐渐增加，使生殖器各部分有了明显的改变，这是第一性征的变化。男性阴茎增长、增粗，阴茎头突出，睾丸、阴囊下垂，睾丸开始产生精子。女性外生殖器从幼稚型变为成人型：阴道的长度和宽度增加，阴道黏膜变厚，出现皱襞；子宫增大，尤其是子宫体明显增大，占子宫全长的三分之二；输卵管变粗，弯曲度减小，同时卵巢增大，皮质内的卵泡使表面稍有不平。

由于性腺活动增强，性激素分泌增多，逐渐出现第二性征。男性表现为阴部和腋下生毛，长出胡须，喉结突出，嗓音变声，呈浑厚低沉；女性表现为声调变高，乳房发育丰满并隆起，出现腋毛和阴毛，臀部、骨盆变圆变宽，胸、肩部的皮下脂肪增多，显现了女性特有的体态。

月经初潮是女性青春期开始的一个重要标志，一般发生在 10—18 岁。初潮年龄的早晚与个体体质、营养状况等有关，总体趋势是随着生长发育的长期加速，月经初潮年龄不断提前。男子进入青春期后开始出现遗精，这是一种正常的生理现象。首次遗精的年龄大致在 14—16 岁，一般比女性月经初潮晚 2 年。初次遗精多在夏季，精液中可能没有成熟的精子。

此外，青春期个体生理机能上的发展变化还包括：心率和呼吸频率随年龄增长而下降，16—18 岁的男生平均心率为 78.1 次，女生为 80.7 次；肺活量则随年龄增长而增加，这是由于伴随身体发育的同时，心肺功能也相应增强。男生的肺活量会高于女生，女生的肺活量是男生的 70% 左右。另外，在血压的相关指标上，无论是收缩压还是舒张压、脉压，均随年龄增长而增加。一般而言，14 岁以后，青少年的血压稳定在收缩压 12—17.3kPa（90—130mmHg）、舒张压 8—10.7kPa（60—80mmHg）的水平上，且男生始终高于女生。

从青春期后期开始，青少年的各项生理指标都接近或达到成人水平，同时性机能的发育完善也令其逐渐意识到两性关系的问题。

二、帮助孩子应对青春期的困惑

（一）青春期的困惑

在青春期，个体可能遇到的问题与困惑主要来自身体的变化，尤其是性成熟。

性激素的分泌会导致性意识的产生，进而使个体对与性有关的一切怀有好奇和探究的心理，并且会不时地出现性冲动。这是青春期的正常现象，但是不少青少年都会为此困惑、不安，他们往往会由于这些陌生的体验而“无所适从”，更有可能因为“羞于启齿”而压抑自己的感受、想法及求助的需要。在一项有关南京市大学生青春期性困惑状况的调查研究中（杨雪花等人，2003），调查了 4 所高校的 4046 名学生，结果发现，该样本大学生的青春期性困惑报告率为 39.94%，不同性别、不同生源的学生报告率不同，且不随年级的升高而改变。研究者认为，这一结果表明青春期性困惑依然是影响大学生心理健康的因素之一。

此外，异性敏感也是性成熟的表现之一。它是个体在步入青春期后，随着性别意识的进一步发展而出现的一种心理现象，是性意识发展趋向成熟的体现，它通常表现为情感吸引和实际接触的形式。异性敏感可能会驱使个体在异性面前努力展示自己而获取异性的注意，同时特别关注来自异性的评价。例如，女生会格外注重自己的外表，希望得到肯定，为此甚至会刻意打扮，还总觉得哪个男生老盯着自己，因而言谈举止显得紧张、腼腆；男生也会注重自己的外表,会有意在女生面前展现自己的风度和能力,以此引起她们的好感。当然,异性敏感是青春期的正常现象,虽然它会给少男少女们带来一些困扰,它给家长和教师带来的困扰甚至更多。

(二)帮助孩子应对青春期的困扰

> 青春期那会儿,我和父母相处得还行。那时好像12岁吧,有次我妈坐到我身边,特别慎重地对我说,在这几年里我会发生许多变化,而且说不定在一段挺长的日子里我们彼此对问题的看法会很不一样。她还让我不要为此担心,她和爸爸会一直在我身边,一起讨论、解决各种问题,所以我们还是会过得很开心的。
>
> ——一位女大学生的自述

面对子女的身体发育和性成熟,以及由此给他们带来的困惑与问题,父母应该如何应对呢?

首先,父母的陪伴给子女的支持和安慰超过许多人的预期。父母不需要刻意做些什么,仅仅是陪在孩子们身边,或者更确切地说,是使孩子明白"爸爸妈妈会一直在我的身边",从而让他们感到有足够的个人空间的同时,能够确定自己并非"孤立无援"。

另外,父母对青春期子女的身体发育所持的态度也十分重要。假如父母将这些变化以及随之而来的行为表现均视为正常现象,那么子女们也会更倾向于持积极的态度,从而在一定程度上减少了潜在的心理负担。许多研究表明,如果父母抱有温暖、接纳、爱护的态度,则子女大多能自我接纳、心情愉快、情绪稳定;反之,如果父母的态度是冷淡、拒绝、具有控制性的,则可能造成子女自卑、焦虑、退缩、过分顺从、无安全感、高攻击性或出现反社会行为。

第三节　促进青春期儿童的认知发展

根据皮亚杰(1972)的认知发展阶段理论,青春期儿童的认知发展处于形式运算阶段,个体能够对抽象、假设的情境进行思维和推理,并在此基础上解决复杂问题,或是制订面向未来的计划。同时,观点采择能力的进一步发展也令青少年从他人角度思考问题的能力得以显著提高。另外,青春期个体的自我意识往往十分强烈，它不同于儿童期的“自我中心”，其特点是理想化，对社会规则具有激进的看法，并相信自身的经历和观点是独特的。因此，青少年会对家庭和家庭成员的问题进行更为现实的思考。

此外，青少年自我同一性与独立意识的变化、面临的学业问题及问题解决能力等发展性问题，将给亲子关系带来新的挑战。

一、自我同一性的发展与父母的教养方式

自我同一性（ego identity）是埃里克森人格发展八阶段理论的核心概念。自我同一性是个体在特定环境中的自我整合，是个体寻求内在的一致性和连续性的倾向，也就是对“我是谁”、“我以后会怎么样”、“我如何适应社会”等问题的坚定而连续的意识。埃里克森还认为，自我同一性是通过个体的生物、心理以及社会文化环境三因素的交互作用形成的。

青春期个体的认知发展，尤其是自我反省思维能力的提高，有助于他们进行自我同一性的探索。依据埃里克森的理论，生命的每个阶段都需要解决一个核心的心理社会问题，个体在青春期所面临的问题就是同一性获得（identity achievement）与同一性扩散（identity diffusion）的矛盾。同一性获得包括，个体能够在有关“我是谁”和“我应从哪些方面融入所处的独特文化中”之类的问题上，建立起一个清晰而明确的意识。个体通过在关键领域中——爱（个人关系）、工作（职业）、意识形态（信念和价值观）——尝试各种可能性，并最终达成某种约束、责任来实现同一性。埃里克森的理论认为，假如到青春期结束时，个体依然不能在关键领域中建立起责任和约束，则会导致同一性扩散。

在青春期早期，大部分儿童处于同一性扩散、早闭和延缓状态，很少有人实现同一性。也正是因为这种混乱状态，才促使个体努力地质疑与追寻，才使个体在各个领域努力尝试，自我探索。

一般而言，个体在整个青春期都处于自我同一性混乱状态，他们处于积极的自我探索中。自我同一性最重要的变化发生在青春期中期或晚期，尤其是20岁左右，这是形成稳定同一性的关键时期。到了21岁，个体的自我同一性基本建立，如果此时个体仍未获得自我同一性，那么他就会处于自我同一性延缓状态。

在美国的主流文化中，自我同一性发展的一项重要内容是“恋爱”，其中

包括与异性的约会和性活动。通过和不同的异性约会,青少年尝试了恋爱中的各种可能性,并尝试与他人建立亲密关系,甚至获得了性体验。但是,这些观念和做法在某些文化中是不被接受的,如对中国的青少年来说,约会是被反对的,婚前性经验被认为是不名誉的,尤其是对于女孩来说。

那么,父母在青春期子女的自我同一性发展中应承担怎样的角色呢?

有研究者(Perosa & Tam,1996)研究了父母教养方式与子女同一性发展的关系。结果表明,权威型教养方式有利于促进青少年自我同一性的获得;专制型教养方式可能会令青少年形成自我同一性早闭状态;溺爱和放任型的教养方式会导致子女的自我同一性扩散;温暖且不过分压抑或溺爱的教养方式有助于青少年实现积极、健康的自我同一性发展。研究(Sebby,1989)还发现,青春期时与父母的亲子关系处于一种亲密度与自由度均适宜的状态,将有助于孩子自我同一性的积极发展。另有研究发现,父母温情的缺乏与青少年的自我同一性扩散有关,而父母鼓励的缺乏则与青少年在"自我探索"中出现的种种问题相联系。父母教养方式影响孩子同一性发展的原因可能在于,父母的教养方式会影响青少年在面对同一性问题时所采取的解决策略和社会认知加工风格。青少年与父母互动模式的差异可能会导致其形成不同的同一性风格。与父母教养不一致或过分纵容的青少年相比,那些要求明确、界限适度且提供合理解释的父母的孩子会更倾向于去探索、评价和接受父母传递的信息。鲍姆令特(Baumrind,1991)发现,相比其他教养方式,权威型父母的孩子更有个性、更自信,在心理上也更成熟,且具有较强的认知能力和成就动机。而专制型教养方式则与青少年僵化的行为控制性、被动、消极的应对方式有关。研究者(Berzonsky,1991)还考察了父母教养方式与三种同一性风格(信息化、规范化、扩散化)之间的关系。结果表明,权威型教养方式与青少年的信息化和规范化的同一性风格均呈正相关,与扩散化的同一性风格呈负相关;专制型和放任型的教养方式与扩散化的同一性风格呈正相关。

亲子沟通也会影响青少年自我同一性的发展。有研究发现,在亲子沟通中得到父母支持的青少年能够更好地探索自我同一性,与父母沟通不良的青少年更容易出现各种情绪和行为问题。因此,父母与子女之间如果采取开放的交流、平等的对话,并形成民主的气氛,有利于青少年正确认识自我,自主选择自我发展道路。相反,父母对子女过于溺爱或滥用权威,不利于青少年自我同一性的形成，会使他们丧失自我探索的机会，无法确立起真正的自我，还可能使他们形成同一性早闭或扩散的状态。

家庭的情感表达性和亲密性也与青少年的自我同一性发展有关。研究（Adams，et. al.，2001）发现，民主开放的家庭环境与同一性获得状态呈正相关，与同一性扩散状态呈负相关。在民主开放的环境中，父母允许青少年有不同的意见，允许他们表达自己的观点和感情，这些孩子自我同一性的探索能力更强，他们也更可能在接受父母的影响和追寻自我同一性之间保持平衡。此外，相互支持、帮助、关心、自由表达和鼓励自主、独立的家庭环境，也能够促进青少年同一性的发展，形成高级、成熟的同一性状态；而过度亲密、缺乏个人独立性的家庭环境，则可能使孩子形成同一性早闭状态（过早停止对自我同一性的追寻，沿用早期建立起的自我同一性）；缺乏支持性，关系疏远的家庭环境则可能会令孩子进入同一性扩散状态（不知道自己是谁，会成为什么样的人，找不到自己发展的方向，不能形成较为清晰的未来计划）。此外，由于青少年的自我同一性也是在对父母及其他有影响人物（如偶像）的模仿中形成的，所以如果父母的价值观、人生观、生活态度是错误的或混乱的，那么势必会影响他们对父母的早期认同，从而影响自我同一性的形成。

二、独立意识的发展与父母的教养态度

青春期个体认知能力的提高也促进了其独立意识的发展。对有些父母来说，鼓励青少年获得进一步的独立并不容易，这可能是因为，父母对与子女的分离有着非常复杂的情感。一方面，他们可能会为子女的成长而欣慰；另一方面，又害怕进入青春期的子女再也不需要他们了，或是发现他们对子女的生活已经不再有重要的影响了——这可能会令父母感到失落。事实上，个体试图获得独立的过程，并不等同于个体与其父母分离的过程，相反，它是亲子依恋关系的延伸。对父母有安全依恋的青少年通常期望能够获得父母情绪上的接纳，并希望父母可以支持他们寻求独立的要求。

青春期作为个体从童年期发展至成年期的过渡阶段，独立意识的发展和表达对个体的成长十分关键。成功的独立生活需要个体习得如何作决策、获得支持、解决问题等，可这些都应该是个体在离开家庭之前就要学会的。此外，与女孩相比，研究者更容易在男孩中观察到独立意识的表达。在

青春期阶段，母女间的关系似乎更可能保持亲密性，因为她们更重视这种关系，并且母亲更倾向于让女儿参与决策过程。

在功能良好的家庭中，父母会支持青春期子女独立意识的发展和表达。青春期儿童最显著的倾向是试图独立于父母、追求自我同一性，直至最终独立于家庭。所以如果父母能限制自己的责任或权力，青春期的孩子就能从中受益，如果父母过度保护，就会鼓励他们的依赖性，这对青少年的独立意识发展，以及自我同一性的实现，均可能产生消极影响。

此外，问题解决能力的发展对个体的独立过程也颇具意义。所以，父母应该将行为选择、决策的权力逐渐交还给孩子，提供机会让他们自主选择、作出决定并为此承担后果，而不是通过奖励或者惩罚的方式让父母对孩子的行为负责。因为当青少年因自己的判断合理而受益，或因判断偏差而承受相应结果时，他们的行为和判断就会逐渐由自己行为和决策的自然结果（或自己对结果的预期）所引导，而不再由父母的惩罚或奖励引导，这是一种成熟的问题解决策略。当然，父母要避免将孩子置于危险的环境中。

让孩子自我服务也有利于他们独立意识的发展。通常情况下，父母还可能为青春期子女做一些孩子自己能完成的事情。这未必是坏事，但如果父母老是这样就可能会使孩子失去学习的机会。青少年需要机会和空间做自己的事情，解决自己的社会性问题。倘若他们需要指导和支持，就应当学会自己寻求帮助。当然，假如孩子有能力完成某项工作，而父母预见到他可能会失败，那么对“护犊心切”的家长而言，“袖手旁观”的确很难做到。但试想一下，一个十五六岁的孩子考试失利，或是失去了一份兼职工作，那么下次他将能更好地处理自己的学业问题或工作安排，这是培养青少年学会承担责任、处理冲突、解决问题以及正视未完成任务的必要经历。假如父母立刻给孩子解围，反倒会令孩子失去获得行动动机或探索成功的机会。

另外，与青少年独立意识相伴而生的还有他们的“成人感”。研究者发现，青少年的独立意识或成人感，可能是诱发他们与家庭关系紧张的潜在因素。因为青少年逐渐以新的观点来看待成人的权威与自身的角色和责任。他们对规则的质疑和对权威的挑战常常令父母感到不快。假如父母能够对青少年的这种倾向作出敏感的反应，而不是仅仅将其视为一种“叛逆”，那么发生冲突的可能性就会减小。

三、学业问题与父母的支持

学业问题是青少年必须面对的发展性主题之一，它甚至可能成为重大的应激源。在我国，与学业相关的事件，如考试、升学等，几乎是每个青少年的生活重心。

青少年的学业问题涉及个体自我效能感与成就动机的发展。前者是个体在行动前对自身完成该活动有效性的一种主观评估，这种预先的估计会对后续的行为产生多方面的影响。而后者通常包括个体所觉察到的胜任力、对学习结果的期待、归因风格、控制源等，其核心问题是个体能够完成学业任务的信念和对学业发展所持有的责任观念。一般情况下，自我效能感越是强烈，学习的努力就越持久。可见，自我效能感既制约着学习动机，又影响着学习结果。一方面，它通过调控努力水平来影响学习结果；另一方面，它又通过由此产生的自我期望、价值感和积极的情感体验来间接影响学习结果。

教养方式与儿童的学业成就关系密切。民主型教养方式与儿童的学业成就之间存在正相关，而专制型教养方式则会对儿童的学业发展产生负面影响。其中，父母对子女学业的适当鼓励是民主型教养方式的显著特点。这些父母不会以牺牲亲子关系的品质为代价，而迫使孩子在学业中获得成就。但在现实生活中，有相当一部分父母由于过于关注子女的学业，整天围着孩子的学习转，从而不知不觉地放弃了家庭教养的固有功能，使家庭成为学校教育的“承包机构”。显然，这种教养方式对亲子关系及青少年的学业发展都是不利的。

雷雳等人(2002)从自我概念的角度考察了父母教养方式与初中生学业成就的关联。结果发现，父母教养方式中的第一个维度——情感温暖和理解与自我概念的某些维度相关；并且对非学业不良的学生来说，父母的“情感温暖和理解”与自我概念中的亲子关系呈显著的正相关。结论进一步显示，对非学业不良的学生而言，父母的情感温暖和理解与亲子关系的品质(即好/坏)相关；而对于学业不良的学生来说，学业成绩的好坏可能与父母给予他们的情感温暖与理解的多少有着交互影响。

一项针对亚裔美国学生在学业方面的成功的研究(Gorman,1998)发现，尽管中国父母以专制型教养方式著称，但他们的态度与欧裔美国父母的专制态度之间存在一些差异——中国的移民母亲会通过微妙的说明和建议来引导她们的子女,而不是使用直接的对抗;而当父母与孩子意见相左时,这些母亲也认为应该由孩子自行决定。研究还显示,这些受调查的母亲采用了非专制的管教方式让子女适应社会的需要。

此外,父母帮助青少年对学业成就形成正确的归因,同样有助于学业的发展。在学习中,每个学生对自己的学习行为及其结果都能体会到成功和失败,都能够找出各种理由对成功或失败加以解释。比如有的学生可能会认为考试成绩优秀是因为自己聪明,有的学生则认为是自己尽了努力,还有的学生认为是自己的运气比较好,等等。这些解释的原因与成就动机及学业成就有着密切的关系,因为这反映了个体的期望如何形成,以及如何影响他后来的行为。所以,假如父母帮助孩子形成了内部的、可控的、稳定的归因模式,那么孩子对学习活动的结果将更具有预见性,对学业成就的动机也越强。

第四节　促进青春期儿童的情感社会性发展

青春期儿童的情感社会性发展受到其身体发育及认知发展等因素的影响,其主要内容涉及青少年的自尊发展、同伴关系、青春的萌动,以及这一阶段的亲子关系。虽然青少年情绪情感的变化和发展给亲子关系带来了压力和挑战,但是亲子间的情感纽带依然存在,假如父母能够采取适当的应对方式,那么亲子关系的品质非但不会受到影响,反而可以成为孩子们的情感资源,为他们提供可靠的支持。

一、青少年自尊的发展与父母的教养方式

自尊是个体对自我价值的评价,它往往通过社会比较产生,并影响个体对自己的接纳程度,常作为青春期个体适应的一项重要指标来考察。自尊是个体与生活及生活的要求相适应的感受,是个体在应对生活挑战时的自信体验和坚信自己拥有幸福生活权利的意志。

一些有关青春期的纵向研究表明,青春期早期个体自尊水平下降,尤其是女孩。研究者发现,以下几项重要因素影响着青春期个体的自尊水平:身

体外貌、学业成就、同伴关系以及亲子关系，其中亲子关系的影响尤为重要。

父母对孩子的接纳与爱是孩子获得高自尊的重要影响因素。研究者发现，低自尊个体往往成长于拒绝、混乱、不被尊重的环境中，他们逐渐相信自己是没有能力的，也没有资源和依靠。他们感到孤立无援、不受欢迎，且不能正确地表达自己和为自己辩护，也无力去对抗以及克服自己的缺点。因此，低自尊儿童不太可能相信自己的行为会有良好的结果，不相信他们能有效地应对逆境，也不相信他们值得被爱和受到关注。

青少年较高的自尊水平还与开明权威的教养方式及教养行为的一致性有关。研究（Harter，1999）发现，如果父母给青春期子女爱和鼓励，那么他们的自尊水平会上升：父母的接纳性有利于青少年的自尊水平的提高，而父母对孩子刻板的控制则不利于青少年自尊水平的提高。父母教养的严厉程度与青春期男生的自尊水平之间存在极其显著的负相关，但与女生的自尊水平之间不存在这种关系。在另一项研究（Nielson & Metha，2001）中发现，父母的支持、父母教养方式中的“给予自主”等与青少年的自尊水平呈高相关。这项研究还表明，如果父母能避免使用“引发罪疚感”作为控制子女的手段，那么子女往往具有高自尊。

我国学者张文新、林崇德（1998）的一项有关青少年自尊与父母教养方式的研究也显示，青少年的自尊水平与父母的情感温暖和理解之间存在极其显著的正相关；与父母的严厉惩罚、拒绝、否认、过度干涉及保护之间存在显著或极其显著的负相关。邹泓等人（2006）的研究发现，父母高水平的关注有利于青春期子女自尊水平的提高，而且青少年期望得到的关注越是高于父母所给予的，其自尊水平越低。

二、青少年同伴关系的特点及父母的支持

随着青春期个体独立意识的发展，功能健全的家庭给他们独立性的支持也越来越多。同伴关系的发展进一步促进了青少年独立性的发展，因为这种关系为他们提供了一个走出家庭走向社会的成长机会——学习如何参与非家庭成员之间的成人式交往。当然，青少年的友谊也为父母提供了观察家庭外的儿童社会性行为发展的机会。

同伴交往为青少年提供了远离父母的机会，使他们有可能变得更独立。而且同伴往往比父母更能满足青少年的某些社会性需要，比如自主和认同

需要。研究者发现，同伴往往会比父母更愿意倾听青少年的想法和言论，而年长的青少年也更乐意和朋友讨论个人问题。由于他们喜欢与朋友讨论他们目前的问题，所以也更有可能讨论有关受教育、职业和婚姻方面的选择。不过，青少年倾向于就他们未来的、长远的、重要的、困难的决定向父母征询意见，而朋友的选择和感受则有助于他们作出短期的、不太重要的、较容易的决定。

当家庭关系紧张时，青少年更容易受到同伴压力的影响，也更可能经历与同伴相关的适应性问题。在这种情况下，如果父母采取严格控制性的管教手段，青少年就可能会认同他们的同伴并在行为上深受他们影响。事实上，父母往往会担忧子女的问题行为同伴，从而促使他们对子女的朋友选择严加限制。然而，大多数青少年会抵制父母对其交友的直接干预，不过父母仍然能间接地影响子女的同伴关系。例如，青少年对朋友的选择及其友谊的品质均会受到父母教养方式的影响。研究发现，权威型教养方式下的女生的同伴交往状况会受到父母教养的影响，如母女关系积极的女孩会仿效母亲的交往技能。

在一项青少年友谊与父母教养方式的研究（Brown et. al.，1993）中，研究者对3781名15—19岁的高中生进行访谈。结果显示，父母亲具体的教养行为，如监督、成就鼓励及共同决定，都与青少年的品质有关，而青少年的品质又预测了同伴群体的情况。研究者进一步指出，为了培养青少年的某些积极品质，父母有必要指导孩子加入特定的同伴群体中，从而对同伴群体的影响类型加以控制。

值得注意的是，同伴的影响往往与父母的影响是一致的。同伴之间可以相互作为榜样，彼此相互强化，讨论父母对他们的教养行为并对此作出评价。尽管父母对孩子的同伴作出直接的拒绝或批评可能会产生负面效果，但他们可以通过鼓励子女把朋友带回家并询问朋友的个人行为和品质等问题来指导青少年交友。假如限制是必要的，那么父母应该限制具体的行为而非友谊本身。

三、青春的萌动及父母的应对

昨天我儿子又和那个女孩出去了。他姑姑来看他，等了好久都没见着。后来，向来温和的丈夫发火了，冲儿子嚷道：“如果你们真的要在一起就随你们吧！永远别回来了，我就当没生过这个儿子。”整个家庭的气氛真是糟糕透了，现在大家都僵在那儿，谁也不和谁说话。

——一个母亲的自述

在前面的章节中曾经提到过，青春期个体的性激素分泌会导致性意识的觉醒，进而使个体对与性有关的一切怀有好奇和探究的心理（如异性敏感）。尽管这是青春期的正常现象，但它涉及如何处理复杂的两性关系，因此这种“萌动”使很多父母如临大敌。

青春期的萌动可以归因于以下四个方面：①异性敏感。在性激素和各种传播媒体的共同作用下，青少年会对异性产生不同于儿童期的好奇心，甚至好感。②同伴影响。通常，青春期个体对同伴的认同度较高，因此如果他们的同伴都有异性朋友，他们也会很自然地想去尝试与异性交往。③缓解压力。青少年的学业压力有目共睹，当他们遇到某个年龄相仿、背景相似、语言和行为方式都合拍的异性时，很容易形成“惺惺相惜”的情感，一起散步、听歌、看电影，甚至数落父母的不是等，都能在一定程度上暂时缓解他们的压力和负担。④满足爱情的幻想。渴望爱人与被爱是人的正常心态。受性激素影响的青少年，在各种文化产品（尤其是偶像剧）的作用下，开始“实践”他们对爱情的向往和憧憬。

但现实与意愿的差距常常使青少年出现一些不当行为，如说谎。尽管青少年的身体发育日渐成熟，但他们在经济和物质上仍需依赖父母，于是，为了继续与心仪的异性交往，有些青少年表面上对父母的要求言听计从，但背地里却与父母的期望背道而驰。他们通常会制造许多外出的理由，比如“去某某同学家写作业”、“和某某同学去图书馆复习功课”、“替某个同学庆祝生日”，等等。不过谎言终究无法取代事实，当父母得知真相后，亲子关系将面临巨大的考验。

那么父母究竟应该如何应对青春期子女的“萌动”呢？

（1）以平常心待之。事实上，父母过多的担心常常是多余的。因为在多数青少年看来，结交异性朋友只是多认识一个和自己不同性别的朋友而已。所以，当父母发现孩子与异性交往时，应该先避免心慌意乱，以一种平常心来接纳处于青春期的子女，然后可以和他们一起讨论交朋友的情形，并分享自己的成长经验。这样不但可以消除孩子心中的困扰，也能让孩子感受到重视，进而赢得孩子的信任。

（2）以适当的方式表达关心。孩子逐渐长大后，会希望拥有更多的隐私权。此时，父母对孩子的尊重是必要的，当然，尊重并不等于放纵。孩子的行踪、和什么人在一起、同伴关系以及课业压力等，都是父母应该关心的。当父母对孩子表达关切时，应充分强调自己的感受，如："放学都一个小时了，你还没到家，也没有给家里打电话，我很担心，生怕发生什么事情。"这样的表达方式不容易让孩子觉得父母在批评、指责或质问他们，从而避免防御或逆反心理的产生。

（3）成为耐心的倾听者。良好的亲子关系是一种平等的双向沟通。在亲子互动过程中，父母应成为一个耐心、敏锐的倾听者。假如孩子有事与父母交谈，可父母的眼睛却盯着电视机、文件或报纸，然后心不在焉地回应一番，长此以往，孩子便很可能不再愿意与父母交流了。

（4）学会感同身受。假如父母能站在子女的立场考虑问题，以一种感同身受的态度处理青春期的萌动，不仅可以维护亲子关系的品质，还能使孩子经历积极的自我成长。这样的父母不但能够了解子女的感受，更能将子女的感受说出来，并给予适当的回应。比如，"你现在感到很苦恼，是吗？既想把书念好，也想有个知心朋友，可又担心爸爸妈妈反对、生气，真是难为你了！"当然，要是再辅以适度的肢体接触就更好了，如轻轻地牵着孩子的手，看着他。孩子觉得自己被充分理解，就可能卸下防御的面具，甚至发展出新的问题解决能力。

（5）协助孩子建立自信心。相关研究显示，越没有自信心，越没有成就感及归属感的孩子，就会越早渴望异性恋情，从而满足心理上的空虚。因此，父母应该鼓励孩子发展各种兴趣，而不是只专注于学业成绩，并且应采用激励的方式让孩子一点一滴地建构起多元化的学习视角，从而实现自我能力的提升。如果孩子拥有快乐自在的生活、和谐温暖的家庭气氛，那么他们过早地关注异性交往关系的可能性就会降低。

四、青春期亲子关系的依恋与冲突以及父母的应对

曾经有人以"更年期 PK 青春期"来描述青春期的亲子关系，事实果真如此吗？尽管青春期个体的各种变化和发展给亲子关系带来了压力和挑战，但是，亲子间的情感纽带依然存在，关键是父母能否采取适当的应对方式。

(一) 亲子关系的依恋

尽管有关青春期亲子冲突的信息比比皆是,但是青春期儿童对父母的依恋仍然是显而易见的。青少年仍然认为,父母是他们最重要的人,并且在整个青春期都与父母保持情感上的亲密关系。由于青春期是儿童到成人的过渡期,因而,父母依旧是爱、支持、保护和安慰的来源。此外,父母往往还是青少年心目中最为钦佩的人,是他们自我同一性榜样的"首选人物",是他们最为依恋的人。同时,青少年道德观的核心也总是取决于父母的影响。

有关研究表明,在青春期阶段,子女对父母的安全型依恋对孩子有很多积极的影响:高自尊、身体健康以及积极的社会关系等;与父母关系亲密的青少年,其与朋友和今后与恋人的关系也更为亲密。

此外,青春期积极健康的亲子依恋,增强了青少年与父母的亲密感,提高了他们对父母之爱的信心,这有助于他们获得健康的自主感。这是因为子女对父母的安全型依恋如同一种可靠的庇护,它作为探索世界的安全岛,给青少年提供了探索外部世界的信心。研究还发现,具有自主性和自立能力的青少年往往拥有亲密、支持性的亲子关系,这也证实了安全型依恋和青少年自主性之间的联系。

(二) 亲子关系的冲突

青春期阶段既是对青少年的挑战,也是对父母的挑战,因此将青春期的亲子冲突归因于这一特殊阶段似乎也显得合情合理,但事实上,这种冲突的程度往往被夸大了。早期的西方理论家,如霍尔和弗洛伊德,似乎将青春期的亲子冲突视为普遍的、不可避免的,而且他们认为,由于青春期的叛逆,所有青少年与其父母都将经历多年的紧张与冲突。因此在早期,"青春期"被视为一个充满骚乱和压力的时期。

然而,过去几十年来的许多研究均显示了不同的结果,所以早期的青春期概念受到了普遍的抨击。20 世纪 60 年代有两项很引人注目的研究,两项研究均表明,尽管在青春期阶段父母与子女常有分歧,但他们的争论几乎都集中在一些小问题上(如晚上几点后不准出门),因此这样的争执不具有高水平冲突特征。大部分青少年喜欢、信任、钦佩他们的父母。近期的一些相关研究证实,青少年和父母很可能在他们生活的重要方面取得一致。在一些重要问题上,如受教育的重要性、勤奋的意义、诚实可靠的重要性等,他们会达成一致。其实,只有 5%—10% 的青春期亲子关系具有"高水平冲突"

的特征。

不过,青春期的亲子冲突水平确实高于童年期。整个青春期亲子冲突的变化情况为:青春期早期的亲子冲突升高,母女之间的紧张尤为显著;到了青春期中期,子女与父母的冲突变得较少,但强度更高;青春期后期,冲突发生的次数和强度都会大幅度减少。

关于亲子冲突的来源,青春期个体的生理、认知及心理的一系列变化能够在一定程度上解释青春期的亲子冲突。从生理角度而言,相比儿童期,青少年身高、体格和力量迅速发展,使父母更难在子女身上使用权威。青春期亲子冲突的另一个来源,就是前面提及的青春期性成熟,因为父母对青春期子女性行为的担忧可能会激起冲突。

(三) 父母的应对

首先要指出的是,青春期亲子冲突的升级与亲子依恋的维系并不矛盾,换句话说,亲子关系的冲突和依恋并不相互排斥。冲突(定义为“对抗性互动”)是一种正常的人际交流。一项纵向研究(Walker & Taylor,1991)表明,假如父母的教养方式在具有支持性的同时,又涉及争议性的问题讨论,这样的教养方式能促进青少年高级推理能力的发展。其实,家庭冲突的解决品质与包括同一性形成和社会认知能力发展等在内的心理社会性发展有关。而且,青春期亲子冲突的有效应对能够培养子女的人际适应能力,而这样的适应对青春期个体的生理、社会及认知变化是必不可少的。我国学者俞国良认为,青春期的亲子冲突是生理—心理—社会因素交互作用的结果,而亲子冲突的有效管理则直接关系到冲突的结果是积极的还是消极的。

正如先前所澄清的,青春期的亲子冲突大都集中于较为琐碎的问题上。阿内特(Arnett,2001)指出,一些争执可能源于父母的“反对式表达”,而这类反对式表达往往隐藏了父母对青春期子女所隐含的担忧。例如,父母倾向于同子女有限地谈论关于性的问题。鉴于青春期性行为的风险性,包括通过性传播的疾病以及怀孕,父母是不可能对这些问题无动于衷的。诸如“你不能穿这样的衣服出门”这样的语句,很可能意味着“你穿这样的衣服太具诱惑性了,我担心别人会打你主意”。阿内特还指出,以迂回的方式进行争论的问题可能不仅仅是与性有关的问题。当一位母亲说“我不许你和那两个孩子出去”,其背后或许是这样的担忧:“我看到那几个男孩在抽烟,还无意中听到他们说脏话。我担心他们可能在吸毒,害怕你会被他们带坏。”

虽然这些担忧都是人之常情,但这种迂回的沟通方式却并非父母所能采取的最佳方法。对青少年来说,这样的沟通既粗暴无礼又令他们困惑,并且常常导致亲子冲突。当父母说"电影9点结束,我要你10点到家",青少年很可能并没有意识到父母所考虑的究竟是什么,听起来反倒像是独裁而专制的命令。其实,如果父母担心子女,较好的方式是同孩子坐下来谈谈,让他们了解自己的担心,使他们明白,自己只是想确定他们会慎重地对待那些问题。

前面我们曾分析了青春期的亲子关系对孩子的积极影响,我们强调亲子间亲密关系的重要性,以及父母对子女情感的回应,因为它对亲子依恋的发展或维系起到了关键作用。如果父母关注青春期子女的基本需要,支持他们追求更具自主性的目标,回应他们对父母之爱与理解的需要,那么父母同子女间的依恋就得到了维系,而冲突及其解决过程对孩子的发展可能也是有建设性意义的。

第五节 青春期儿童所面临的问题与父母教养方式

人们之所以格外关注青春期的个体发展,一定程度上也与该阶段个体所出现的种种问题有关,如物质滥用、饮食紊乱、行为不良、离家出走、犯罪、抑郁甚至自杀。下面我们共同关注这些问题及其有效的应对方式。

一、使用毒品的问题

如果在家庭中存在父母间或亲子间的高水平冲突,以及低水平的父母支持和亲子依恋,那么处于该环境中的儿童可能会形成孤立和低自我控制的特质,在青春期,这些特质有时会通过吸毒或与吸毒同伴交往等形式表现出来。

不过,西方的研究者发现,即便是生活在吸毒现象普遍的社区环境中,儿童期和青春期的亲子亲密关系和支持性关系依然可以成为物质滥用的防御因素,因为它与较低的同伴趋向性有关,而较低的同伴趋向性会导致低水平的同伴压力,进而与较低水平的物质滥用相关。换句话说,假如同伴在子女心目中的地位凌驾于父母之上，那就危险了。

一项以3290名青少年为被试的研究(Kyle et. al.,2007)发现，父母对子女过度饮酒的监督能对青春期的酒精滥用起到节制与缓和的作用。另外，如果家庭中有一个成员或多个成员出现物质滥用现象，或者父母对物质滥用持纵容态度，那么青少年就更可能出现物质滥用的情况。

二、饮食紊乱问题

发生在青春期的饮食紊乱，主要会影响青春期的女孩，尤其是那些生活在大城市的女孩。将苗条作为女性理想的体态是一种典型的文化。青春期女孩正经历着体态由瘦弱向丰腴变化的阶段，此时，许多少女会因为发生在她们身体上的种种变化而苦恼不堪，并且会试图抵制这些变化。

西方学者的研究表明，大约四分之三的美国青春期女生认为自己体重过重；尽管其中只有不足20%的女孩确实有体重过重的问题。对"苗条"的关注，往往导致青春期女孩不满意自己的体态，而且这种"不满意"会随年龄增长而持续升高。有些女孩会出现极端的减肥行为，如绝食、暴食等。在中国，这类研究不多，但生活中这样的案例并不少见。

值得庆幸的是，尽管生活在强调"骨感"的文化中，很多少女在努力令自己变得苗条，但只有小部分会发展成极端的饮食紊乱。相关研究表明，具有饮食紊乱问题的女孩往往看起来表现良好，甚至是努力取悦父母的乖宝宝，她们的父母在关爱她们的同时往往具有高控制性。因此，一些临床医生提出，饮食紊乱可能是面对父母的过度控制时，孩子所采取的一种维护自身生活控制权的方式(Casper,1992)。

另外，还有一些研究者证明了父母饮食模式与青少年饮食紊乱的联系。比如，许多有过度减肥行为的青春期女孩，其母亲也喜欢减肥。母亲的这种行为，既是一种榜样，又传递了一种价值观，使孩子认为这样做天经地义。

三、行为不良、离家出走与犯罪

大量研究已经证实，父母教养的不一致、纵容及监督不足与青少年的行为不良有关。早在几十年前，有研究者(McCord et. al., 1959)就发现，假如父母采取不一致或是纵容的管教方式，那么子女在青春期出现行为不良的可能性将是其他孩子的两倍。并且从那之后的若干年中，这一研究结果得到了多次重复。研究结果表明,监督作为父母控制的一项内容,是影响青少年行为不良问题的重要因素。假如父母监督缺失,则青少年出现行为不良的可能性相当大。

对某些青少年而言,难以忍受的家庭环境会令其离家出走。在美国,四分之一的离家出走青少年实际上并非是主动离家出走的,而是父母气急之下迫使他们离开的。那些离家出走的青少年往往与父母之间存在高水平的冲突,有的甚至遭受来自父母的身体虐待或性虐待。其他与离家出走有关的因素还包括:家庭收入低、父母间冲突、父母酗酒以及父母的忽视。

虽然大多数离家出走的青少年都会投靠离家 80 千米内的朋友或亲戚,并在一周内回家;那些离家几周、几个月甚至更长时间的孩子极可能陷入各种不幸:他们可能被他人利用;被抢劫、殴打,被强制参与某些犯罪活动;此外,在绝望中生存的他们或许会为了赚钱而盗窃、从事卖淫或其他与色情有关的工作甚至吸毒。

在我国,该领域的实证性研究不多,但案例也不少,这一问题应该引起父母和教育机构的重视。

四、青春期抑郁及自杀

抽象推理能力的进一步发展使青春期个体看到了事物表面之下的部分,也令其对自身安全和健康的潜在威胁具有了预见性。即便针对同样的事件,与青春期之前或是成人期相比,青春期个体也往往会有更多的消极情绪。当生活中的某些变化潜在地增加了青春期的压力水平时,青少年对现实的或是想象性威胁的自我反省能力就出现了。

青春期早期是个体从儿童期逐渐进入青春期的转变阶段,在该阶段中会发生一系列意义重大的发展性变化。这些变化既具挑战性,又充满着压力,所以研究者认为,青春期早期是孩子们特别容易受抑郁心境伤害的时期。所以,抑郁情绪在青春期出现上升现象。

但是希思等(Heath & Camarena,2002)的研究却显示了不同的结果。他们发现,处于青春期早期的孩子并没有表现出抑郁情绪的增加;相反,抑郁症的发病率有所减少,但是仍有小部分青少年患上了慢性抑郁症,这些孩子出现问题行为的风险也非常高。一些有关青少年抑郁的研究表明,抑郁情绪与其他严重后果,如情绪分裂性行为、旷课、逃学、吸毒、怀孕以及自杀等有关。

通常，抑郁情绪的持续时间不长，也不会影响所有青春期的孩子，但是父母仍然要重视青春期抑郁，因为父母的关注可以防止抑郁情绪恶化为慢性抑郁症；而且及时的干预能够预防一些与青春期抑郁有关的问题。因为青春期抑郁是自杀的危险因素，患有抑郁症的青少年也往往会企图自杀。所以，父母的教养策略应聚焦于减少子女的抑郁情绪。

自杀是继意外和谋杀之后青少年的第三大死亡原因。在美国，大约每年有2245名青少年选择自杀。许多企图自杀的青少年报告了严重的家庭问题，包括父母离异和冲突、亲子沟通不良、父母的非现实性期望、学业压力，以及性虐待。还有很多青少年觉得父母不再需要他们了，并坚信自己是父母的包袱。此外，激烈的家庭冲突会使一些青少年产生自咎感，进而产生自杀的念头。研究发现，父母酗酒是青少年自杀的一项更具意义的潜在因素。另外，假如父母曾有过自杀倾向，那么其青春期子女的自杀风险性也可能相对较高。与自杀相关的个人因素包括：低自尊、吸食毒品、失恋、学业不良，以及近期某位关系亲密者的过世。一些心理学家认为，实际上青少年并不完全理解死亡的不可逆性，他们似乎把死亡当做一种摆脱麻烦的简便方法。

为了给陷入抑郁情绪的青少年提供必要支持，父母需要留意子女的一些行为变化，因为它们可能是青少年真实性或企图性自杀的预警信号（见专栏7.1）。此外，父母应帮助受抑郁困扰的青少年发现生活的希望，因为家庭内外的许多事件都有可能挫伤青少年（如被同伴嘲讽），而父母对子女感受的敏感回应往往有助于他们重燃希望。

【专栏7.1】 青少年自杀的预警信号①

1. 专注死亡或垂死的主题。这是一个主要的预警信号。有种荒诞的说法是，谈论自杀的人不会自杀。许多年轻人在自杀之前会写一些以自杀为主题的小说、散文、诗歌以及歌曲。一些青少年会提供言语线索，有时候是现实性和直接性的自杀威胁（“我想

---

① B. Hafen, K. Frandsen. Youth Suicide. Evergreen, CO: Cordillera Press, 1986; P. Hermes. A Time to Listen. San Diego, CA: Harcourt, 1987.

我可能杀了自己”），但是，这些线索常常掩饰得更为微妙（“如果我死了，你们都会过得更好”）。另外一些人会拿自杀开玩笑。尽管自杀决不是可笑的事情，但有时青少年会以幽默方式表达自杀想法，以评估其他人的反应。

2. 一项或一项以上的严重抑郁信号，包括悲伤、过度的心情起伏、无助感、对未来的悲观、睡眠障碍、增加或降低的食欲、失去对玩乐的兴趣，以及生理紊乱，如持续的头痛等。

3. 习惯、态度或人格特征的突然改变。一个自信开朗的青少年突然变得被动和退缩，或者一个通常沉默寡言的青少年突然变得滔滔不绝。

4. 学业水平突然或显著下降。原先在学业上表现中等或中等以上的学生，可能开始难以跟上必修的课业内容。

5. 对外表和卫生的忽视。一个通常外表整齐洁净的青少年，在专注于自杀的想法后，或许会突然变得头发凌乱、衣着邋遢不堪。

6. 刻意把物件摆放得井然有序。假如青少年开始整理其所重视的物品，这是一个极为危险的自杀信号。

7. 对以往重要的朋友和活动失去兴趣。青少年可能会拒绝与朋友交往，或是找借口回避他人，尤其是有组织的活动。

8. 与他人的沟通突然出现困难。与他人的视线接触时，企图自杀的青少年或许会显得尤为困难。他们可能讲话缓慢、支支吾吾或是结巴。

第八章　空巢与空巢期：成年子女与他们的父母亲

一个家庭有它的发展阶段，就像一个人从小到大会经过一系列的发展阶段一样。一个家以两个人结婚作为起点，生儿育女，孩子慢慢成长，离开了家，终于，家又变成只有两个人的世界，所谓空巢期就是子女离开家庭只剩下父母单独居住的阶段。工业社会中的青年大多数会离开自己的家，去上学、结婚，建立单独的家庭。“空巢”这个术语用来形容青年独立生活后（多子女家庭中最后一个孩子离家后）其原生家庭的状况。

第一节　空巢期的亲子关系

一、空巢期的发展任务

家庭生命周期模式（Duvall，1997）（见专栏 8.1）中的阶段六和阶段七描述了这个阶段很可能出现的相对较大的家庭问题与生活事件。

阶段六：子女离巢期。子女逐渐离开家庭，自行创业或另组家庭。在该阶段，主要的家庭问题有：父母与子女的关系变成成人与成人的关系；父母感到孤独，而孩子则面临工作与成家的压力。该阶段最可能面临的生活事件是子女离家、经济状况改变及生活条件改变。这一阶段要完成的主要转变是父母接受孩子独立的成人角色。

阶段七：空巢期。所有的孩子离家至父母退休这段时期。该阶段主要的家庭问题可能有以下几个方面：为人父母者又回复到夫妻二人世界而产生孤寂感；计划退休后的生活；在精神和物质上给孩子支持；重新调节自己的婚姻关系；以较好的沟通技能和适当的情感表达方式维持与孩子、孩子的孩子间的亲戚关系。最可能面临的生活事件是家庭成员健康状况的变化、自己的职务改变或退休、姻亲纠纷及配偶退休。这一阶段要完成的主要转变是父母放手让孩子独立——真正以成人与成人的交往方式与孩子及其家庭保持亲戚关系。

这一阶段的父母仍然处于成年期(25—65岁)的繁殖对停滞阶段:进入中年,人们关心下一代。父母们会发现,对孩子的教育,也丰富了自己的生活。没有子女的中年人通过与年轻人的接触也会产生这种充实感。不关心或没有能力关心、影响年轻人发展的中年人会被停滞感困扰。这是一种没有自我延伸感、没有希望的和个人感情贫乏的体验。

【专栏8.1】　杜瓦尔的家庭生命周期模式

家庭生命周期是家庭生活教育的一个重要因素,强调一个家庭随着时间的发展,在每个阶段有着不同的责任与发展任务。据此,杜瓦尔(Duvall,1977)将家庭生命周期分为八阶段:

1. 第一阶段:新婚夫妻阶段。重点在于夫妻之间建立彼此的信赖与承诺。

2. 第二阶段:养育孩子的家庭阶段。重点在于开始学习扮演父母这个角色。

3. 第三阶段:教养学龄前孩子的家庭阶段。重点在于学习接纳孩子的人格个性。

4. 第四阶段:教养小学年龄孩子的家庭阶段。重点在于帮助孩子适应社会团体,如学校。

5. 第五阶段:教养青少年的家庭阶段。重点是父母要扮演孩子朋友的角色,并学习接纳处于青春期的孩子,帮助其身心健康发展及个人人格的塑造与建立。

6. 第六阶段:孩子均已成年且开始离家的家庭阶段。重点在于经历青春后期孩子离家的感受,接受孩子独立的成人角色。

7. 第七阶段:中年父母的家庭阶段。重点是应对空巢期的生活和退休的状态。

8. 第八阶段:老年的家庭阶段。重点在于彼此珍惜,坦然愉快地携手相伴共度晚年生活,接受衰老。

二、家庭关系的转变

父母与成年子女的关系不同于父母与未成年子女的关系。父母与未成年子女的关系通常是一种不对等的双向互动关系,父母在这种亲子关系中占支配地位,虽然孩子的反应也会对父母的心理与行为发生一定的作用,但是整个互动关系的运作方向主要由父母控制着。而父母与成年子女的关系则是成人对成人的关系,这种关系的转变表现在以下几方面:

(一) 经济关系的变化

中国人有一种传统观念:年轻人成家立业后,有责任在经济上赡养他们的父母。一般贫穷的和为了生存必须相互依赖的家庭中,更强调老一代人在经济上依赖于年轻一代。

但是,在很多工业化社会(比如美国和加拿大),父母并不指望孩子长大后能在经济上赡养父母。在这样的社会中,通常是父母更多给予将成年的孩子经济上的援助,如上大学的年轻人会从父母那里获得相当的经济支援。那些不上大学的人也通常会从父母那里接受一定形式的经济补助。

与美国的情况相反,亚洲的家庭关系研究发现,成年子女对家长的帮助要多于家长对子女的帮助 ,而且家长的状况(如年老、丧偶、有病或低收入等)影响了他们是否能得到帮助。

西方现代社会的家庭代际关系属于接力型,即亲代对子代的抚育,呈代际间的接力模式。在这种关系中,只有上一代对下一代的抚养义务,没有下一代对上一代的赡养责任。父母养育子女,其责任是把自己的子女抚养成人,代代相传,犹如接力赛跑。我国家庭代际交换模式属于双向型或称反哺型,父母对子女承担抚育义务,子女相应地对父母承担赡养责任,即一种双向型关系。此外,这种关系还存在着一个重大特点,就是我国家庭代际关系中,亲代不仅要将子代养育成人,帮助其成家立业,而且往往还要尽抚养他们子女(第三代)的义务。与其相应,亲代在接受子代赡养的同时,还可能得到孙辈的帮助与赡养。

(二) 生活安排的变化

除了在经济上成人子女与父母相互依赖关系的不同,两代人的生活安排在不同文化背景下也会有所变化。传统文化背景下的年轻人会继续与父母生活在一起。在西方社会,大多数成年子女会在青年期的某个时候搬离父母的家。美国和加拿大的青年,通常在18—19岁时离开父母,比其他西方国家要早几年。而欧洲国家的青年更有可能继续在家里居住,甚至持续到他们上完大学。比如在德国,离开家的年龄通常是男子23岁,女子21岁,其他欧洲国家也有相似的情况。在中国的城市里,中老年父母与子女同住的比例明显高于西方国家,但年轻夫妇构成的核心家庭的数量也呈显著的上升趋势。

(三) 影响共同居住的因素

家长与子女的需要是影响他们是否同住的重要因素。一方面,年轻的未婚子女与父母同住是孩子逐渐成熟进而独立的正常过程。另一方面,丧偶的父母更可能愿意与子女同住,它反映出丧偶的中年父母需要子女的陪伴和支持。多项对中国城市子女与父母同住问题的研究均表明,以中老年家长为中心的"大家庭"模式在中国家庭关系中具有普遍性。研究还表明,年迈、身体差的家长更愿意,实际上也更可能与已婚子女同住。

在美国,离开家庭时间的选择与以下几个因素有关:种族、年轻人的生父母是否仍是夫妻关系等。当成人子女的年龄到了父母所期望的离家年龄时,父母的资源、其他经济问题,如住房花费、工作机会、成年子女是否保持独身等也是影响子女是否离家的重要因素。尤其是对年轻的女儿而言,是否离家与政府所提供的经济补助(对低收入父母的补助、对年轻人抚养孩子的补助)的多少有关。最显著影响美国年轻人生活安排的因素是父母的离婚和再婚。相关研究表明,青年是否与父母一起生活,最大的影响因素是他们的父母是否仍然维持原有的婚姻状态。

美国、中国及亚洲其他国家有关家庭代际关系研究的另一个令人感兴趣的问题是,子女的性别是否与他们成年后的生活安排有关。研究结果表明,美国代际关系的特征与子女的性别无关。在美国,孩子的性别并不一定是影响他们是否与父母同住的关键因素,而子女的数目会对是否与父母同住产生影响。也有研究指出,成年女儿与父母的交往更多,在扮演代际支持的角色中比儿子更为重要。与美国不同,亚洲家庭在代际关系上存在着很强的性别倾向,即对儿子的偏好。许多有关亚洲的研究发现,父母更愿意与儿子(特别是已婚儿子或是长子)同住。在中国,这种情况已开始有所变化,在一些大城市,很多中老年父母选择与已婚女儿同住,帮忙照顾孙辈的同时也得到女儿的赡养。

边馥琴和罗根(2001)的中美家庭代际关系比较研究表明:在中国,成年子女与父母住在一起的比例与子女的年龄、性别及婚姻状况关系密切。30岁以下的子女和父母同住相当普遍(44%),而30岁以上的子女与父母同住的比例降至16%—21%。在每一个年龄组,已婚子女与父母同住的比例都只占一小部分,远远低于未婚者。30岁以上的女性,无论婚否,与自己父母同住的比例都比男性低得多。进一步考察发现,已婚夫妇与男方父母同住的比例远超过与女方父母同住的比例。将中美两个数据比较后发现,中国成年子女与父母同住的比例大大高于美国。而且,在中国,不和父母同住的成年子女与父母间的互访是较平常的事。中国成年子女每周至少看望父母一次的占66%,此数字明显高于美国的45%。

根据家庭系统理论,无论青年何时离开家,当他们离开家庭时,家庭系统都会瓦解。这种瓦解需要所有的家庭成员,包括离开家庭的成员去适应家庭系统中的改变。多数家庭瓦解发生在孩子离开家上大学时。当年轻人搬离与父母共同居住的家,亲子关系就发生了重大改变。这需要两代间重新调整相互的期望,并调整自己的角色。另外,离开家也有不同的程度。对大学生而言,即使他们住在寝室,节假日他们通常还是呆在父母的家里。青年大学生的父母也会对孩子新表现出的独立感到惊讶,他们可能还是期望自己的孩子回家过节假日时,仍然遵守以前的作息时间:不能晚回家、不能经常外出、不能睡懒觉。

三、重新调整父母与成年子女的关系

子女成年后,中老年父母会减少以命令的口吻来要求他们服从自己,而成年子女也不会轻易听从老年父母的某些要求。子女结婚后,父母与已婚子女的关系面临着进一步的转变:孩子有了自己的新家,父母会有失落感,然后开始适应新的角色;而已婚子女,抑或离开了原生家庭,抑或要面临新的扩展家庭的变化。同时扮演着照顾者角色的成年子女,因角色更替所带来的忧虑而在精神上受到一些困扰,学者称之为孝道焦虑。这对双方而言都是一次新的挑战,也是再一次成长的契机。

(一)青年和父母社会角色的平行发展

父母影响着孩子在青年期承担的社会角色的发展,孩子也会影响父母,家庭中"孩子"和"父母"的角色在被双方重新界定。父母和他们的大孩子必须保持平行发展以重新调整、界定自己和对方的角色。为了实现与父母的平行发展,青年必须发展出“孝道成熟”。孝道成熟(Filial Maturity)的表现有(Whitbourne,2001):年轻人在确保自身发展的同时满足父母需要的能力,这种能力象征着孩子逐渐远离自我中心并进一步迈向更成熟的成人角色的发展过程。这种能力包括如何在发展自己独立性的同时,承担为人子女的角色:保持适度的距离、维护亲密的关系、被父母依赖、对他们支持等,而不是角色的颠倒:将父母当做“老小孩”来“供养”。

1. 孝道成熟的维度

两个维度对孝道成熟的发展是必要的:距离和理解。距离在父母和成年孩子的关系中是必要的,它要求双方保持相互的独立;而理解则能保持父母与成年孩子的亲密感。成年子女需要有平衡这两种力量的能力(Nydegger & Mitteness, 1991)。在下面的讨论中,我们将从成年子女的角色角度来解释距离和理解的概念。

2. 与父母保持距离

在青年期,个人发展的一个任务是远离父母并建立独立的对其作为成人的认同。对年轻人而言,建立与父母的心理距离是使他们能更客观地看待自己和父母的必要一步。距离帮助青年获得对父母的客观认知,使他们逐渐将自己看成是一个独立的成年人,进而实现与父母分离。

虽然与父母保持距离是一个正常而有益的过程,但情感断乳的过程对父母和成年子女而言可能是缓慢和痛苦的。与父母保持距离最初往往是由与父母在心理上的分离引发的。这一适应阶段可能以批评的增加和联系的减少为特征。由于这一过程挑战了家庭成员间依恋关系的忠诚度,所以孩子们与父母心理分离的过程可能是具有压力的。因此,开放的沟通和情感的交流在家庭成员关系变化时是至关重要的。情感的表达促进了对依恋关系的重新界定,也强化了家庭成员的彼此关心(Dankoski,2001)。

3. 认知的重建

青年与父母分离阶段通常还伴随着一个认知重建的过程。他们保持与父母的距离,自我中心逐渐减弱,对父母开始有了更现实、更正确的认识和评价,也开始重新审视自己与父母的关系。这都增长了他们把自我感知为成年子女角色的能力。

隐私是出现在分离阶段并在重新审视与父母关系阶段持续存在的另一

个问题。父母一方面很想知道他们的孩子身上正发生着什么，同时也意识到必须尊重孩子的隐私，他们在这中间努力保持着微妙的平衡。保持两代人间的距离，对成熟的或正在走向成熟的成年子女与他们父母的亲子关系是极其必要的。因为只有在孩子的个人空间和独立性有保障且不被侵犯的情况下，孩子们才有感受积极的亲子关系的机会。孩子们在其他成人角色中表现出的成熟（如学业成熟）能促进青年的自信，进而也会成为鼓励他们与父母保持距离的因素。父母自身的成熟也是促进孩子与父母保持距离的一个非常重要的因素。

4. 理解父母

父母需要理解自己的孩子，理解他们在朝成年期发展的过程中，与父母保持距离的行为和由此导致的亲子关系的变化。同时，当孩子成为成年人时，他们也发展了孝道成熟，提高了理解父母的能力。理解自己的父母需要相当的客观性。理解父母能力的发展使孩子认识到，他们的父母除父母角色之外，还作为个体而存在，他们还承担着很多其他角色，他们有他们的成长背景，也有自己的需要、情感、个性特征等。

理解自己父母的能力的发展不仅晚于与父母保持距离阶段，同时也是一个较缓慢的过程。大多数成人能够记得他们真正开始理解父母的时刻（通常在 20 多岁时），通常是在自己开始承担起父母承担的成人角色——配偶、父母和上班族时。理解父母能力的发展所带来的积极结果是孩子与父母冲突的减少。一般而言，孩子对母亲的理解早于对父亲的理解。理解父亲的能力一般不会在成年早期获得，通常要到 40 多岁时。对很多成人而言，理解父亲在父亲年迈之前不会发生，甚至可能在父亲去世之后也没有发生。

（二）第三代出生时原生家庭亲子关系的改变

当年轻人离开父母的家时，家庭角色和期望会有所改变。当他们进入婚姻、有了自己的孩子时，家庭系统中的规则和角色进一步被改变。

青年人走入婚姻，新婚夫妇的父母承担起了“岳父母”和“公婆”的角色，其配偶承担起了儿媳妇或女婿的角色。当儿媳妇、女婿进入家庭系统时，对父母的挑战是他们与成年子女关系的改变。中年父母需要支持他们的孩子忠贞于他们的伴侣或配偶，并帮助他们的配偶或伴侣在新家庭中感到受欢迎。这需要中年父母认识到，这些孩子来自不同的家庭系统，其原生家庭中的角色、角色期望和角色边界可能都是不同的。

新的角色进入家庭，家庭原有的运作系统会发生变化，每个家庭成员都可能会感受到这种变化。这些变化有时是令人高兴的，有时是令人失望的、难以适应的。家庭成员能否充分敞开心扉、充分沟通、有弹性地适应，会直接影响新家庭系统中所有成员对新家庭的满意度。成功地把新家庭成员同化到现有的家庭系统，需要鼓励所有成员坦率地讨论他们的感受和期望，公开地讨论问题和解决策略，更需要所有家庭成员感受到被尊重。

（三）给年轻人提供支持

当许多成年子女进入婚姻关系并成为父母时，便需要作更多的抉择——包括为家庭提供合适的住宅，如何喂养和照顾自己的孩子等。此时与原生家庭良好的亲子关系会促进新父母适应能力的发展。

维果茨基(1978)强调，在父母或其他有养育经验人员的帮助下，青年能更好地适应自己的角色。父母可以为成年子女的发展提供支持。这在孩子追求学业和未来职业的抉择中起着重要作用，也对他们成为父母有很大帮助。即使年轻人已经在经济上独立，当他们成为父母时，他们的父母还是会提供经济、经验、时间和情感上的协助。两代间的经济支持涉及父母给孩子准备礼物，帮助购买房屋，或给孙子孙女买衣服和玩具。其中最重要的支持是情感上的支持。当年轻父母面临现实生活中的问题，如抚养孩子、生病或其他危机（如感情危机、职业危机、经济危机等）时，他们还是会像从前一样寻求自己父母的帮助。

实践经验、闲暇时间和还算旺盛的精力，使父母有能力、意愿和兴趣照看孙辈或者为子女提供各种支持。在美国和加拿大，祖父母、阿姨、叔叔一般不承担照顾孩子的合作者角色，但当他们住得比较近时，还是会经常提供一些必要的照顾。另外，在诸如父母死亡、生病或孩子进入青春期时，大多数亲戚还是会参与并帮助养育孩子。

（四）应对自己的孤独——学会享受独处

亲密关系的不足会导致孤独感。步入老年，子女离巢成家立业，有了自己的生活，自己和配偶也因退休失去了原有的社会角色，婚姻关系中的爱情逐渐被亲情取代，夫妻间的亲密关系也逐渐淡去，随之而来的问题是面对自己或配偶的衰弱和离去。这些都可能使老年人感到亲密关系不足，进而导致孤独感的产生。

为了减轻孤独感，老年人可以尝试寻找孤独的原因，而不是责备自己的性格不好，或责怪配偶或子女不够体贴。老年人要尝试保持对他人的积极友好态度，理解他人；尝试发展与老朋友的友谊关系，而不是寻找恋爱伙伴，或紧紧抓住自己的子女。

孤独也可以成为一种成长的体验。孤独并不总是必须减轻或避免的，有时它可以变成一种积极的体验，包括把消极的、不愉快的孤独状态变成积极的、愉快的独处状态，利用独处的时间来娱乐。把孤独变成独处，关键不在于我们所从事的活动，而在于我们对活动的态度。

独处有助于认识自我，进而强化我们同他人建立和维系亲密关系的能力。独处的好处之一，是它让我们明白了我们能够照顾好自己，而不总是需要依靠他人来使我们快乐。自在地独处的能力还能加强我们爱他人的能力。如果我们总是需要通过与他人的积极互动才能愉快，就会给他人造成负担，这个负担可能是他们不愿意或不能够承担的。此外，独处（身体的或心理的）可以发展我们对自身需要、情感以及生活态度的理解。我们对自己的认识越多，就越有能力建立与他人的友爱关系。

第二节　为人祖父母

当自己的成年子女生儿育女后，中老年父母便获得了另外一重身份——祖父母。在家庭教育的实践中，孩子的父母承担着主要的抚养责任和义务。但同时，家庭中的其他成员，尤其是家庭中的其他长者对孩子的成长也有着重要的影响，包括孩子的祖辈——祖父母与外祖父母（本书把两者统称为祖父母）。

一、中国传统文化中祖父母的角色

奇奇四岁多了，与爷爷奶奶、爸爸妈妈住在一起，他早就是个奔跑自如、行动灵活的小鬼了。但奇怪的是，每次出去玩，只要奶奶在，他肯定走不了几步就缠着要奶奶抱。奶奶是五十多岁的人了，个子不高，抱着奇奇看着都让人吃力。那天全家去公园玩，爸爸妈妈出门前还与奇奇说好——必须自己走，否则就不去了。奇奇答应得好好的，可一进公园,才走了十来分钟,懒劲就上来了,非要让奶奶抱。爸爸妈妈问奇奇:“你的脚呢?没有脚我们就回家了。”可奇奇却说:“奶奶就是我的脚。”爸爸妈妈还想说奇奇,可奶奶却哈哈大笑:“瞧奇奇多聪明!算了,算了,开开心心出来玩,干吗扫兴呢!”说着就要去抱奇奇。爸爸自然不忍心让奶奶抱,只好自己抱起了奇奇……

中国传统文化推崇家庭成员间的相互依赖。在这样的文化环境中,祖父母的生活会融入到孙辈的日常生活中,有时祖父母还被尊为教养孙辈的核心。在以大家庭和尊老为特点的文化里,祖父母可能会与他们的子女和孙辈生活在一起,并且是家庭社会支持系统中重要的一部分。他们常常溺爱孙辈,就像文章开头的例子。他们时常会帮助孩子的父母承担一些抚养孙辈的工作。

在生活中,我们经常会发现“隔代亲”现象,即儿童与祖父母关系密切,而与父母相对疏远一些。甚至有些祖辈与孙辈之间在某种程度上成了彼此间的精神寄托,祖辈对孙辈的疼爱大大超过父母对子女的疼爱。当然这与血缘关系有关,但是祖孙之间也确有实实在在的快乐,比如“含饴弄孙”、“天伦之乐”等已成为美好家庭生活的代名词。

随着社会的不断发展,家庭越来越趋小型化,家庭结构也随之发生变化:核心家庭增多,传统的祖父母角色类型呈现出多样化趋势。有学者研究发现,当今祖父母在家庭中的角色类型大致可分为五种:正统型、快乐型、代理型、智慧型和生疏型。

(1) 正统型,又称正统祖父母型,是严格遵循传统的角色类型。此类型的祖辈常常溺爱孙辈,有时会帮助孩子的父母从事一些抚养孙辈的工作,但他们把教育者的角色让给孩子的父母,一般不干涉孩子父母对孩子的教育。

(2) 快乐型,又称快乐祖父母型。这一类型的老人往往会表现出某些“返老还童”的特征,沉湎于儿童般的嬉闹和游戏中。祖孙之间的关系是平等、无教育责任和义务的,这使祖孙都能从这种关系中寻找到真正的快乐。

(3) 代理型,又称代理父母型。这类角色的老人在家庭生活中比较重视家庭成员间的权威等级次序,特别注重自己的权威,凡事都要过问,对子女以及孙辈的一切事务都要干预。这些老人在家中始终以长辈的威严和姿态发令,要求家庭成员服从于他们的意志,并代替子女及孙辈作出判断和进行选择。他们通过财源和特殊技能的传授对家庭成员进行控制。

（4）智慧型，又称家庭智囊型。这类角色的祖父母常以自己丰富的知识、智慧和经验为家庭成员提供各种意见，但他们一般不代替子女及孙辈作出选择，仅仅起到参谋作用。他们往往也比较强调家庭权威的传统次序，要求子女及孙辈充分征求和听取长辈意见。

（5）生疏型，又称漠不关心型。这种类型的老人一般不参加家庭活动，与子女和孙辈的关系较为淡漠，对家庭事务也不发表意见，表现出一种彼此不相干的情形，只关心自己的事。

以上几种类型在不同的家庭环境中的表现是不同的，在不同的祖父母身上表现的程度和方式也是不相同的，而且同一位老人可能会综合表现出这五种类型。这些角色类型各有自己的优缺点。作为祖父母，要在家庭中扮演好自己的角色，既要发挥应有的作用并有利于身心健康，又要促使全家和睦、和谐。老人应该根据自己和家庭的具体情况，吸取各类角色的优点，避免各类角色的缺点，不要固执于某一种角色。例如，祖辈爱孙辈是人之常情，帮助儿女关怀照料孙辈亦是中华民族的传统美德，但是，在抚养、照料和教育孙辈上，如果不是祖辈必须要承担孙辈的主要教养人的家庭，祖辈要明确自己是配角，孩子的父母是主角。祖辈可以对孩子的父母提出建议，以自己的经验帮助他们教育好孩子，同时，根据自己的身体、经济、能力等各方面的具体情况以及子女们的实际需要给他们一些他们必要的帮助。这样，孙辈们能感受到祖辈的关怀和爱，子女们能获得一种来自家庭的支持，祖辈也会由此感到生活中充满了乐趣。

二、隔代教养

我国第四次人口普查资料显示，家庭中与祖辈共住的三代户以上的有4754.5万户，占全国总户数的17.14%，市、镇、县与祖辈共住的三代户以上家庭分别占15.5%、13.4%和18%。而根据中国老龄中心的调查，在城乡被访的20083位老人中，帮子女照看孙辈的占有相当大的比例，达到66.47%，隔代教养孙辈的女性老人城乡分别高达71.95%和73.45%。有关部门对30个省市的3080个老人家庭进行抽样调查表明，有58%的家庭在帮助照管孙辈。上海市一项对0—3岁婴儿抚养方式的调查显示，与祖辈生活在一起的婴幼儿家庭共占73%，有祖辈参与婴幼儿抚养的共占84.6%。

(一) 祖辈作为主要教养人家庭的特点

一位4岁孩子的母亲说:“我们经常早出晚归,接送儿子上幼儿园和生活照料都有困难,好在有外公外婆帮忙,孩子的衣食住行问题解决了,我们如释重负。现在社会竞争激烈,我们不得不更多地关注事业,它直接关系家庭的稳定和发展。祖辈空闲时间多,照料孙辈,助我们一臂之力,享受一下天伦之乐,这既是老人愿意做的事情,又帮我们解决了实际问题,也算‘双赢’吧。”

现代人生活节奏越来越快,社会竞争给年轻父母带来了很大压力,不得不整日在职场打拼而无暇照顾自己的孩子。上面的例子就是一个很普遍的现象。祖辈作为孩子的主要教养人的家庭还有:

(1) 父母病重或亡故。祖辈的成年子女患病或者亡故这种生活中的非常规变化,常常会导致家庭的经济能力下降,而需要相当大的社会支持。这时祖辈往往会承担起养育孙辈的责任。

(2) 父母离婚或再婚。父母离婚会使一个完整的家庭变成单亲家庭,由于经济或情感上的原因,离异双方也许没有能力或者不愿意养育孩子,这时养育孩子的责任往往由孩子的祖父母承担。父母再婚同样也会使有些孩子由祖辈养育。

(3) 父母外出打工或者出国工作、学习。由于父母长期不在家,祖辈自然担负起孩子的主要教养人角色。这些孩子便是越来越被社会所广泛关注的“留守儿童”。

另外,当今社会很多年轻人追求自由与个性解放,这也使不少年轻父母的家庭观念发生了很大变化,他们希望享受二人世界,于是他们会利用祖辈的力量来解脱自己。

在美国,祖辈作为孙辈主要教养人的情况也有了很大增长。以祖父母为主导的家庭在美国有很大增长,但这种家庭存在种族上的差别。非裔美国人和拉丁美洲裔美国人中的祖父母成为孙辈主要教养人的可能性分别是其他种族的三倍和两倍。在美国,近年来儿童不是由自己的亲生父母养育的情况有所增加,这些孩子在收养者的照料下长大或者在收养家庭里长大。当父母没有能力或者不愿养育自己的孩子的时候,与其让自己的孙辈被人收养,非裔美国人和拉丁美洲裔美国人中的祖父母会更多地选择自己承担养育孙辈的责任。

（二）祖父母教养行为的类型

我们以下面几个案例来分析祖父母教养行为的类型(卢乐珍,2004)。

小梅的父母都在外地进修。爷爷奶奶给了小梅无微不至的关怀,吃、穿、玩上尽量满足其要求,唯恐她吃苦受委屈。上幼儿园的小梅懦弱、怕生、依赖、胆小,总是蜷缩在座位上,从不敢主动与同伴交往,一遇困难就流泪。小梅知识面窄,语言不流利、不丰富。爷爷奶奶焦急地说:“我们文化低,学习方面帮不上忙,只看到这孩子比较文静、听话的优点,没有办法培养孩子的自信心。”

这属于有溺爱倾向的祖父母教养行为。小梅的爷爷奶奶只关注满足她物质方面的需要,把所有的注意力都放在小梅的健康和安全上,忽略了人际交往、坚持性、意志力等社会性方面的发展。过多的保护势必导致小梅的胆小、依赖。另外,爷爷奶奶还持有过时的观念,认为女孩子只要听话、安静就是好孩子,没有为小梅创造同伴交往的机会。小梅由于缺少与同伴的交流,语言发展有些迟缓。

小鹏是农村里的“留守儿童”,爸爸妈妈长期在外,爷爷奶奶年龄偏大,家里生活不太富裕。小鹏刚入小学,由于父母不在身边,经常为所欲为。老师找到小鹏的祖父母时,他们总是抱怨,自己年纪大了,孩子不听话等等,时间长了,老师也不再去家访。小鹏在村子里也总是惹是生非,成了村民们讨厌的孩子。

这种教养方式倾向于放任自流。祖父母或许是真的没有能力,比如体弱多病、年老体衰等,致使他们在对孙辈的教养上心有余而力不足。还有一部分祖父母是想过清闲的晚年生活,在满足孙辈的吃、穿、用之余,不愿意再去操心孩子各方面的发展,他们认为那是孩子父母的事情。这样的教养行为特点易导致孩子各方面发展滞后或者带来严重的行为问题。调查表明,儿童不良行为、少年犯罪等很多与家长放任自流有关。

在玲玲的印象里,奶奶总是笑眯眯地从早忙到晚,把家里收拾得干干净净,同时还要求玲玲跟着她一起做这做那。比如奶奶洗衣服时,旁边会放一个小盆,让玲玲洗自己的小手帕。奶奶生活节俭,却会捐钱帮助邻居贫困的小孩上学。玲玲过生日,奶奶送给玲玲自己亲手缝制的花布娃娃,虽不太精美,但是玲玲仔细收着,因为这是奶奶送给她的“爱”和“勤劳”。

小明的外公是退休干部,他带领全家讨论制定了大家都必须遵守的几项规则,4 岁的小明也不例外。每周都要检查每个人遵守规则的情况,如打扫房间、整理衣物等,对小明的过失或其他成员不守诺言的行为都要记录在批评栏上,认真改正后才能撤销。外公在接送小明上幼儿园时,特别注意了解小明在幼儿园的表现,以及他与同伴的关系等,并及时在全家聚会上说给全家人听。老师的表扬、同伴的好评更促进了小明的独立性和学习兴趣,他在各方面都进步显著。外出游玩时,外公经常会鼓励小明爬高、跑跳。一家人过得快乐、协调。

这两个例子都是倾向于民主的教养行为。玲玲的奶奶虽然文化水平不高,但她勤劳、善良、节俭、注重身教,为玲玲树立了一个好的榜样。生活中,她对孩子严格要求,从不纵容、溺爱,注意让孩子参与劳动,在生活中培养孩子的各种好习惯。教育好孩子,有时并不需要祖辈具备高深的理论知识。孩子很多优良品质的形成,是在与祖辈的朝夕相处中,潜移默化地获得的。小明家因为注重彼此间的交流和共同进步,为小明的成长营造了良好的环境。小明既可以自由自在,又可以及时得到祖辈和父辈的帮助。民主的教养方式培养出的孩子人格会有较好的发展,人缘好,情绪稳定、乐观向上、自信、独立,并且积极主动,懂得容忍。

民主型的教养方式还可在一定程度上避免祖辈和父辈在教养态度上的不一致问题。一项调查显示,祖辈能很好地配合孩子父母进行教育的仅占15%,很多老人不能很好配合子女教育孙辈,甚至当孙辈出现错误、暴露出缺点时做他们的“保护伞”。有些老人还会在教育孩子的观念和方法上与自己的成年子女产生分歧,进而引发冲突,影响整个家庭的和睦。而在民主的家庭氛围中,大家都有机会敞开心扉,讨论每个人的意见和看法,错误能得到及时改正,遇到困惑时,祖辈和父辈可以共同寻找解决方法。这样,在教育孩子时,祖辈和父辈容易达成一致,促进孩子各方面的发展。

(三) 隔代教养的利与弊

隔代教养有利有弊,下面我们首先讨论隔代教养对孩子的积极影响。

(1) 隔代教养有利于解除孩子父母的后顾之忧。随着社会的发展,竞争日趋激烈。很多身为父母的青年人、中年人在事业与工作上投入太多精力,没有充分的时间来教育、抚养孩子。如果家庭中有老人帮忙,协助父母教育抚养孩子,则可解除孩子父母的后顾之忧,使他们放手工作,事业更有成就。很多祖辈有充分的时间和精力可以投入到孙辈身上,而且他们也乐意与孩子一起生活、照料孩子。

(2) 祖辈们一般阅历丰厚,生活经验丰富,并且积累了抚养和教育孩子的实际经验。祖辈对孩子在不同年龄段容易出现哪些问题,以及应该怎样处理等知识往往比孩子父母了解得更多。一般情况下,让老人参与家庭教育对孩子的健康成长是有利的。

(3) 通常情况下,祖父母比父母对待孩子更宽容,对孩子的好奇心和出现的问题相对有耐性,这种宽容和耐性有利于孩子心智的健康成长。国外有调查显示,在未婚妈妈和破碎家庭中,祖父母往往比父母更负责任,对孩子更加细心。一项关于中国儿童的调查(Falbo,1991)发现,学前期由祖父母照顾的儿童,其在校表现比由父母照顾的儿童还要好些。尽管这一调查结果可能会受到某些因素的影响(如家庭的社会经济地位等),但是,儿童和祖父母接触的频率以及祖父母受教育的程度,确实从某些方面预示了一年级到五年级儿童的语言和算术成绩。

(4) 可以让孩子从小感受到祖辈的关爱,并形成多重角色意识。在成长过程中,如果有祖辈的照顾,孩子会在家庭中感受到更多的温暖和关爱。这会使孩子情绪稳定,更有依附感和安全感,有利于孩子健康成长。同时,从小面对不同的成人,孩子会较早地萌发角色意识,认识到不同的人(包括自己)在家庭中的角色地位的差异。为其将来步入社会后,正确认识不同人的社会角色和角色行为模式打基础。

(5) 由于孩子经常和祖父母一起生活,拥有祖辈的关爱,他们可以从父母那里学到如何尊敬老人,所以更容易培养其尊老爱幼的好品质。

隔代教育成功者的例子很多,比如中国共产党早期领导人李大钊是由伯祖父抚养长大的,美国总统小布什曾接受过奶奶严格而良好的教育,英国哲学家罗素也是由奶奶带大的,苏联文学家高尔基是外祖母对其实施的早期教育,等等。很多事实证明,隔代教育不仅能培养出心智健康的人,也可以培养优秀的人才。

当然,隔代教养的很多弊端也是亟待关注的问题。

(1) 隔代教养过程中,祖辈过分的溺爱和迁就容易使孩子产生自我中心意识,凡事“唯我独尊”,形成任性、自私、嫉妒、不懂礼貌等不良的性格和习惯。祖辈对孙辈的疼爱很容易陷入无原则的迁就和溺爱,事事依着孩子,即使孩子犯错误也不及时纠正,对孩子不合理的欲望和要求常会无原则地满足。长此以往,孩子就会认为自己是家庭的“小皇帝”、“小公主”。

(2) 祖辈对孙辈的过分保护和越俎代庖,不仅遏制了孩子独立能力和自信心的发展,而且削弱了儿童动手能力的发展,造成孩子的依赖性。实际生活中,不少祖辈习惯于包办孩子生活上的一切事情:一遍遍整理孩子乱丢的东西;孩子蹒跚学步时,因怕孩子摔跤,总是抱着……不仅导致孩子动作发展缓慢,更造成孩子对成人的依赖,一旦遇到困难,往往没有信心去解决问题,易产生胆怯、愤怒、不满等消极情绪。

(3) 祖辈深受传统思想束缚,观念比较滞后,常常囿于自己的生活经验,接受新事物较慢。这会影响孩子创新意识的发展和创新个性的形成。在与孩子相处时,他们不善于运用科学的、有创造性的方式引导孩子。对于孩子的“破坏”行为——比如拆卸、尝试等具有冒险和创新性的探究行为,总是极力阻止。其实,这些行为恰恰是孩子探究事物特点、规律的创新行为表现。当孩子处于童年中后期或青春期时,由于其接受新思想和新事物比较快,还会与祖辈之间出现代沟,孩子逐渐不愿与老人沟通,或者沟通有障碍,天长日久,导致孩子以自我为中心。

(4) 祖辈与父辈在教育孩子的观念和方法上会出现分歧,进而引发矛盾,不仅破坏家庭和睦,也对孩子的成长带来不利影响。父母对待孩子多是理性的,而祖辈则常常是感性的。出于对孙辈的宠爱,遇事尽量迁就,很少理会自己的某种行为对孩子的今后成长是有益还是有害。有些祖父母在为孙辈护短时,常说的口头禅是:“别怕,你爸妈还得听我的!”这一方面打击了孩子父母管教孩子的权威,造成亲子隔阂;另一方面也纵容了孩子的不良行为,使他们犯错后有恃无恐,不知道改正。

(5) 有些祖辈步入晚年,会出现脾气暴躁、心情不稳定、抑郁、忧愁、焦虑等心理倾向,儿童与之长期相处,容易产生自卑、厌世、孤僻、恐惧等心理。许多祖辈沉默寡语,认为孩子安静听话就是好孩子,使孩子缺乏充分交流沟通的对象和机会,影响孩子语言表达能力的发展,进而影响孩子认知能力的发展。

有关资料显示,目前国内六成以上的失足青少年与祖辈的教养方式不当有关,许多犯罪青少年就是在祖辈的百般“呵护”下,一步步滑向犯罪的深渊。有专家指出,青少年网络成瘾综合症在隔代教育或有家庭暴力的家庭中呈高发状态。

综上所述,隔代教养的利弊都是非常明显的,祖辈不同的生活经验和不同的受教育程度会影响其教养孙辈的策略。孩子的父母要整体考虑自己的家庭情况,慎重选择教养孩子的方式。或者是与孩子的祖辈们做好沟通,在教养下一代时趋利避害,共同打造孩子美好的未来。

(四) 隔代教养对祖辈生活的影响

以上分析了隔代教养对孩子成长可能造成的影响,那么,隔代教养对祖辈的生活质量有着什么样的影响呢?

(1) 很多祖父母脱离工作岗位后很不适应,心无所属,生活质量大大下降。隔代教养让这些祖辈又找到了发挥"余热"的平台。他们也希望将自己的经验亲自传授给疼爱的孙辈,希望自己在孙辈教育上能有所作为,不愿因年老而被视为家庭、子女的负担,不愿成为家中多余、无用之人。对此,孩子的父母应意识到,并尽可能为老人提供施展才能的场所与机会,这实际上也是对老人的孝敬与尊重。

(2) 根据埃里克森的观点,祖孙之间的联系为很多人在繁衍上创造了"第二次机会",因为他们很可能在照顾新一代时比照顾自己的子女时更加精力充沛,而且更少有矛盾心理。和孙辈在一起,老人可以用任何方式指导和抚养他们。

(3) 与孙辈生活在一起可以让老人心情舒畅地享受天伦之乐。国外有研究发现,一些行动不便、独居于高层单元楼的老人会产生心理异常,一些退休老人会因长期孤独而产生恐惧、烦恼、急躁以至衰老等所谓"退休综合症"。由于老年人一般有返老还童的心态,他们对孙辈有隔代亲、忘年交的心理和表现。因此,承担部分教育孙辈的义务,会使他们有儿孙绕膝的感受,享受到天伦之乐,有助于他们心情舒畅地安度晚年。

(4) 隔代教养也会给祖辈带来生活上的压力,不是所有养育孙辈的祖父母都认为他们可以选择,有时他们是不得不去承担教养孙辈的责任的。对渴望平静享受晚年生活的老年人而言,不可预期的抚养责任在经济和感情上都占据了他们的资源。许多祖父母妥善安排了那些因父母离异、吸毒、监护争执等问题受伤害的孙辈,但这耗尽了他们的积蓄,动用了他们的福利(如养老金),无疑增加了他们生活的压力。有些祖父母也会抱怨,因为带孙辈改变了他们的生活,他们没有了自己的时间,感到疲惫。年轻的父母要考虑到祖辈的意愿和能力。不过多数情况下,祖父母还是承认抚养孩子使他们的生活更有意义,并使他们保持良好的精神状态。

三、确保祖辈亲子关系质量

(一)祖辈亲子关系质量对祖辈父母的重要性

西方社会中,女性50岁左右就开始当祖母了,男性要晚几年,所以人们可能会有25年甚至更长的时间做祖父母,约占一生的三分之一。可见,祖父母时期是多数人人生旅途中的重要部分,因此确保祖辈晚年亲子关系的质量也显得尤为重要。

中年人社会地位的转变一般发生在由父母变为祖父母的时候。对大部分人而言,成为祖父母是一个令人愉快的角色变化,他们也为新角色的确立做好了准备。很多祖父母(尤其是祖母)意识到:和父母角色相比较,祖父母的角色让他们更为愉悦和满足,因为他们不用承担照顾和促使孩子走向社会的主要责任,因而更容易应付并且也更能感受到愉快。除了成为祖父母带来的满足感之外,让自己的成年子女承担父母的角色也会给他们带来满足感,两代人承担着相同的社会角色。

祖辈和他们子女、孙辈之间的关系质量,会影响祖辈对自己生活的统整感:一生是完满的或是令人失望的。根据埃里克森的观点,在老年期,人们会重新审视自己的生活,并且对自己在工作上和人际关系上是否达成了愿望作出判断。如果他们对自己生活的评价是积极的,他们就会感觉完整或者完满,如果他们回忆过去感到遗憾,他们的失望感就会增加。

因为与自己家人的关系在一个人的生活中有着重要作用,所以完满感和失望感的发展,与他们的子女是否成为他们所希望的那种父母之间是有联系的,而完满感的获得也与老年父母多年来是否能保持和孩子(包括自己的子女和孙辈)之间的满意关系有关。老人们,不论男性还是女性,都会以他们曾经参与其中的社会关系网来评价自己过往的生活。需要注意的是,在对过往生活的回顾中,男女之间是有区别的,男性更看重自己的社会影响力,而女性则更看重社会关系网,即与其他人保持联系。

(二)提高祖辈亲子关系的质量

首先在对待孙辈的养育问题上,祖辈要采取积极的教养态度,在没有特殊家庭问题的情况下,要让成年子女承担养育孩子的主要责任,自己则为他们提供支持和帮助。就像本节第一部分中论述的,争取做快乐和智慧的祖父母,关爱孙辈,在平等的基础上与其玩耍嬉戏,用自己丰富的知识经验适当地为成年子女提供建议或者意见,成为他们养育孩子或做其他选择的重要参谋。成年子女要尊重老人,遇到意见不一致时,尽量选择民主和平的方式进行商讨。

那些祖辈为主要教养人的家庭,祖辈会承担更多的责任,这种情况就要求祖父母注意隔代教养的利弊问题,尽量趋利避害。祖父母可以结合自己丰富的经验多去学习一些新的育儿理念,并保持与家庭其他成员的交流。同时家庭其他成员包括一些社会机构也要给予祖父母们更多的支持和帮助。

尽管不能把家庭成员闲暇时间共同的活动放在主要位置,但是大量证据表明,这些活动为家庭成员提供了一个特别的机会,即体验安全感和彼此交流感情的机会。娱乐消遣为家庭成员服务的一个具体作用是提升了成员间的依恋感。家庭成员共同参与休闲活动的重要性和有益性,在于它有利于祖辈和子女、孙辈之间保持依恋感情,也有利于家庭的持续发展。

两代间的关系包括祖父母、父母和子女,共同的活动安排有着多重意义。空闲时间为重演家庭的历史(比如家庭的节日庆祝或者家庭的节假日)提供了平台。家庭庆典仪式为家庭组织和角色带来了变化(比如生日庆祝、结婚或者毕业等)。当庆祝这些家庭大事时,这些家庭成员共同的活动潜在地促进了家庭的和谐和凝聚力。

例如,家庭成员需要商议和决定是否一起参加家庭庆祝、一起旅游,或者决定去哪个餐厅吃饭等,这都需要家庭成员分享主意、建议和情感。商议可以简单到决定什么时候离开,也可以复杂到计划一个旅行(去哪里、什么时候开始旅行、要去多久、采用哪种旅游形式等等)。围绕着计划而产生的决定和对活动的实施体现了祖辈、父辈以及孙辈间的互动方式。这些方式维持了他们的关系。另外,家庭全体成员参与计划和行动的程度影响着家庭中每个个体的满意度和休闲活动的收获。

但是并不能认为只有休闲活动或者工作才赋予生活意义。我们还不能忽略老年人日常活动的重要性,比如个人的照料、主持家务、做饭、购物、闲逛和修理等。这些活动反映出老年人能否继续保持独立的能力。应该理解和尊重老年人，他们有参与那些反映其能力的日常活动的需要，借此证明自己的价值和能力。这种理解和尊重也是对老年人的一种情感支持。

每个人都希望有自己独立的生活空间，祖辈们也是一样。退休之后，他们的空闲时间增多，很多人会花时间在自己的业余爱好上，比如下棋、集邮、跳舞等。他们会参加一些同龄人的俱乐部或者组织。成年子女要支持他们参加一些有益身心的活动，并且不要过度干涉他们的交友和活动自由。此外，有些老人“爱清静”，但这并不意味着他们开始变得孤僻。对于这样的老人，其成年子女可以尽量不让一些琐碎事务打扰到他们，可以让他们散步或者在房间里读书看报。这些都是很好的休息。

总之，步入暮年的祖辈依然发挥着自己在家庭中的重要作用，同时需要更多的关怀。

第九章　引导儿童健康成长

父母在儿童的发展中起着重要作用。儿童在很长的一段时间里依赖父母,在这段时间里父母会有很多担心,他们也因此做出了牺牲,但是血浓于水的亲情能给父母带来足够的欢乐,平息他们的担忧和焦虑。

在孩子的眼中,父母是世界上最好的人。世界上没有其他人能像父母那样回答他们关于“风往哪儿去了”等问题,也没有人像父母那样跟在自行车的后面教他们掌握平衡;没有人的肩膀可以像父母的肩膀那样给他们一个安全的港湾,也没有人能像父母那样分享并理解他们第一次约会或者工作的焦虑。儿童成长为一名有责任心、独立的成年人需要父母无私的爱以及支持和鼓励。

养育孩子是一个充满欣喜与挑战的过程,在不同的发展阶段孩子会表现出不同的特点,也可能会出现各种不同的问题,父母需要帮助孩子应对这些问题,引导他们健康地发展。本章将讨论如何管理与规范孩子的行为,如何培养孩子的责任心、工作价值感,如何应对孩子成长中可能出现的问题,如说谎、偷窃等,我们还将讨论电视媒体对孩子发展的影响等问题。

第一节　儿童行为的管理

管理儿童的行为是家长培养子女的重要部分,涉及行为的指导和约束。尽管指导和约束有些相似,但并不相同。指导包括成人和儿童进行互动,通过言语和行动直接或间接地影响孩子的行为朝积极的方向发展,目的是让儿童学会自我控制,成长为一个有责任感的社会人,能在面临选择的时候自己作决定。儿童还需要学习社会可以接受的行为方式,成为一个社会人。约束是指导和训练儿童学会自我控制的过程,它由各种被家长用来培养儿童学会自我约束的方法组成,引导儿童的道德发展。

约束不能和惩罚混淆在一起。惩罚只是众多约束方式中的一种,还有很多更有效的管理儿童行为的方式。年轻父母通常认为当孩子需要被管教时,自己自然会知道如何约束孩子。很多父母在被孩子的行为激怒以后才开始考虑约束的方法。如果家长想成为更加称职的父母,就有必要做好指导和约束孩子的准备,使方法现实可行。

一、儿童行为的学习过程

为了更好地指导儿童的行为,父母首先应了解儿童行为的学习过程。这些方式包括直接指导、模仿、认同、尝试错误以及积极的强化。

(一) 直接教育

儿童的很多行为是通过家长或者其他成人的直接教育习得的。这种方式可以从幼年时期开始,一直延续到成人期。直接教育的内容包括一切正确的行为方式的教导。进行直接教育必须向儿童解释原因,让儿童明白自己为什么要这样去做。

(二) 模仿

儿童不断观察他人的行为,有意模仿他人,在适当的时机尝试着再现这种行为。这种学习方式十分常见,例如小男孩可能会模仿爸爸刮胡子,小女孩可能会模仿妈妈打扮。

(三) 认同

儿童会在不知不觉中学习自己喜欢或者崇拜的人,儿童认同这些人的行为模式并尽量表现得与他们相似。

(四) 尝试错误

儿童通过尝试某种行为方式,检验它是否能够解决问题或者满足自己的需要。当他们发现这种行为十分有效的时候,便会重复这种行为。反之,儿童会放弃这种行为方式。

(五) 积极的强化

重现通过尝试错误习得的行为需要得到强化。积极的强化也称为正强化,可以理解为奖励。得到正强化的行为更有可能再次发生。因此,家长可以通过提供奖赏等强化刺激,促进期望行为的出现。

二、父母如何管理孩子的行为

（一）父母的教养行为与儿童的行为模式

2岁以后，儿童的社会化进程开始，父母开始承担教导者的角色，教会儿童各种情景下合适的社会行为，向儿童灌输社会礼节、行为规范，教育儿童自我控制。

包姆令特(1967,1971)针对不同家庭对儿童的限制及对儿童的接受性将父母的教养行为划分为：专制型、宽容型和权威型(见表9-1)。专制型的父母会以绝对的标准来衡量孩子的行为，非常重视父母的权威，强调孩子的绝对服从，尊重工作、秩序与传统，不太鼓励意见表达与亲子间的沟通。宽容型的父母对子女的控制最少，接纳子女的一切冲动、期望与行为，很少使用惩罚与要求。权威型的家长尊重子女，期待子女表现出成熟的行为，他们会制定合理的行为标准，然后以坚定的立场去贯彻始终，鼓励子女的独立性与个性表现，亲子之间采用开放的沟通方式。

表9-1　教养方式的类型

维度/类型		情感/反应	
		温情/反应	冷淡/漠然
控制性	控制/有要求	权威型	专制型
	无控制/无要求	放纵型	冷漠型

在观察儿童的基础上，包姆令特将儿童分为三组：活力友善型、冲突易怒型、冲动攻击型。由表9-2可知，这些儿童的行为模式与特定的教养方式有密切的关联。权威型的父母通常会养育欢乐、自我信赖、成就导向及与成人和同伴合作的活力友善型的幼儿；专制型的父母较易养育冲突易怒型的幼儿，这些幼儿在大部分时间易怒、不快乐、易被干扰、较无目标，也不喜欢被人围绕；宽容型的父母常会养育冲动攻击型的孩子，这些儿童(尤其是男孩)常很虚伪，且以自我为主，表现出反叛、攻击等，较无目标，独立性和成就感也较低。

表9-2　父母的教养类型与儿童行为模式的关系

教养类型	儿童的行为模式
权威型	活力友善型 自我信赖 自我控制 欢乐友善 能应付压力 与成人合作 好奇 有目标 成就导向
专制型	冲突易怒型 害怕恐惧 易怒不快乐 易被干扰 消极的敌意 脆弱 无目标 不友善
宽容型	冲动攻击型 反抗 自我信赖低 自我控制低 冲动攻击 跋扈 无目标 低成就感

所以，权威型的教育模式有利于孩子的发展。建立民主权威型的教养方式应该从以下四个方面着手。

1. 发现与赞美

家长要随时捕捉儿童的闪光点，赞美儿童，激发他们的热情，使儿童将外在的激励转化为自我实现的内部驱动力。家长要以期待和暗示的态度去鼓励儿童，儿童才能以积极的态度和自信往我们希望的目标前进。

2. 树立民主合作的意识

让儿童学会跟别人交换意见。家长在做事时不要忽视征求、利用儿童的意见，乐于接受儿童的良好建议，激励他们分享、贡献自己的意见，给予别人需要的合作，进而发挥团体合作的力量。

3．教儿童学会移情

移情是指站在别人的立场来想问题，认识和体验他人的情绪情感。每个人都要考虑并且体谅别人的处境，设身处地地为别人着想。要时常让儿童换位思考："如果我是他，这件事情应该怎么做？"

4．过失行为的处理

儿童经常犯各种错误，家长应针对儿童的个性差异，巧妙进行处理。立即或当众纠正可能会对某些儿童的心理造成伤害，应该考虑私下指出所犯的错误。家长可以称赞儿童已经做得很好的部分，并帮助他们找出适当的方法改正错误，让他们感觉到被尊重。

（二）教养行为的原则

父母管理儿童行为的目的是让儿童学会自我管理。为了达到这一目的，我们需要记住以下原则。

1．制定适当的规则

父母设定规则、严格执行规则不仅可以规范儿童的行为，还可以由此让孩子感到父母很在意他们。父母对孩子的行为不进行任何限制是对孩子缺少关心和爱的表现。所有的儿童都需要受到来自父母的限制，我们通常将这些限制称作"规则"。很大一部分规则是为了保障儿童的安全而设定的，如不允许年幼的儿童在街上骑车；还有一部分规则是为了帮助儿童习得适宜的社会行为。

父母应该选定一些最重要的规则去限制孩子的行为，还要让孩子理解这些限制的原因。父母要让孩子明白为什么要遵守这些规则，使用"因为这是我说的"之类的理由来敷衍孩子是不适当的。家长应该谨记：限制并不只是口头上的告知，还需要做出示范与提供帮助。

家长在制定规则时，需要熟知儿童的需要、身体和认知发展的情况等，在儿童的成长过程中，规则也应不断改变，并且要不断地适应儿童的发展水平和教育方案以及生活环境。

2．积极的强化

如果父母对孩子的行为进行积极强化，儿童更有可能接受父母设定的规则。孩子渴望知道父母会因为他们做出的某些行为感到高兴。言语的赞美，甚至一个表达关爱的简单手势，都有助于孩子习得期望的行为。

父母通过对儿童把衣服收拾好、能与伙伴分享玩具等行为施行强化，来塑造儿童的行为,儿童则通过观察别人做什么、接受了什么样的强化来学习表现或抑制某些行为。父母充当了态度、信仰和道德标准的示范者的角色。

强化分为积极的强化(正强化)和消极的强化(负强化)。积极强化是施加儿童喜爱的刺激以促进期望行为的再发生,消极强化是指减少某种刺激以促进期望行为的再发生。积极的强化物可以是社会性的,如表扬、抚爱;也可以是非社会性的,如物品、某种特权等。

社会性强化的效果部分依赖于亲子关系质量。亲子关系好,父母的表扬也更有效。强化的效果还依赖于儿童对强化物的解释或归因。如果儿童遵循父母的愿望只是为了得到物质奖励,那么,他们也许不太可能将行为内化。举例来说,一个儿童如果在学校努力学习主要是为了拿到钱,也许就不会产生这样一种内在的感受:学习对自己来说是成长性的、是重要的。同时,强化的量也要适中,如果不论孩子做什么事都能受到表扬,那么他们就不会把表扬看得很重,表扬也就失去了意义。

3. 教学行为的一致

家长必须前后一致地执行设定的规则。父母的表现前后矛盾,孩子会感到困惑,不清楚父母的期望,从而不知道该做出何种行为。父母需要在同一规则上保持相同的态度。如果父母双方对待规则的态度不一致,会造成孩子在父亲和母亲面前的行为不一致。规则也应该尽量做到前后一致,如果规则总在变化,孩子的行为也会无据可依。孩子更有可能去遵守一个前后一致的规则。

三、有效的纪律约束

一些教育者喜欢采用“期望”和“界限”以替代纪律约束。期望是指家长希望儿童身上表现出什么样的行为,当儿童了解成人的希望后,便能更好地实践这些期望。这种现象被称为“期望效应”或者“皮格马利翁效应”。当然,只是对儿童给予期望是不够的。父母自己必须意识到这种期望是什么,还要帮助孩子去理解、认识这种期望,并帮他们实现这些期望。在期望行为发生后,还应予以积极的强化。与期望相对应,界限是父母限制或不允许孩子做的事。了解父母的期望和界限,有助于孩子表现父母期望的行为,控制自己不去做父母限制的行为。

父母的期望和界限也需要以规则的形式表现出来。家庭中需要有必须遵守的规则。“协议规则”是家长与孩子就需要共同遵守的规则所达成的协议。对于青少年时期的孩子，“协议规则”会更加有效。达成协议时应该采取以下措施。

1. 选择环境和时间

建立协议之前，家长应该选择适当的时间和地点，要选择双方的情绪都较平稳、气氛愉快轻松的时候，地点尽量在家中。

2. 协商规则

家长采用儿童可以理解的语言提出自己的目标和期望，给孩子提出质疑的权利，家长和子女双方应就规则达成一致。对有争议的规则，家长要聆听孩子的理由，展开讨论。协商过程中涉及强化物时，要将强化物与最终目标紧密联系起来。

3. 确定规则

经过讨论与协商确定规则后，家长要清晰地陈述与孩子之间的协议及条件。家长可以选择将确定的规则写在纸上，与孩子一同签字。这种仪式化的过程有助于儿童更加遵守规则。

制定规则不是要儿童顺从，规则是在儿童参与商定的情况下制定的，儿童需要理解规则的意义，并对自己的行为负责。

四、如何处理孩子的过失

孩子是在错误中成长的，家长不可避免地要面对孩子的错误行为。有时父母做得再好，孩子的行为也会出现问题。父母如何处理这种情况会影响孩子的自我认识。要让犯了错误的孩子知道，尽管他们做错了事，但是父母仍然会爱他们。当不得不惩罚孩子的时候，要让孩子知道不被接受的只是错误的行为，而非他们自身。要告诉孩子，无论他们做什么，父母都会一如既往地爱他们，绝对不要用“你再这样我就不爱你了”来威胁孩子。

（一）了解错误行为背后的动机

父母在处理孩子的错误行为前，要知道孩子们为什么会这样做。有时孩子不乖，只是渴望被爱和被关注，尤其是在他们表现了好的行为却没有被认可或关注的时候，他们就会采用一些错误的行为以寻求关注。此时父母不予理睬就可以了。因为错误行为越是得不到强化或者惩罚，将越不可能再次出现。同时，父母对孩子的良好表现要及时予以关注，鼓励孩子重复这些行为并满足其被认可、感受爱的需要。

（二）采用替代行为

在处理儿童的错误行为时，可以采用替代行为。父母可以向子女提出进行其他活动的建议，而不是简单地告诉子女哪些事情不能做。比如，邀请正在争夺玩具的两个孩子参加另一个游戏、将在室内哭闹的孩子带到户外以转移他们的注意力。

（三）惩罚

只有当儿童故意做出错误行为时才应受到惩罚。父母在了解犯错误的具体情况后，才能决定是否对儿童进行惩罚。家长不应该惩罚不知道自己做错了什么的孩子，要给孩子提供机会解释自己的行为，以确定孩子的错误行为是出于无知还是故意。

1. 使用惩罚的注意事项

父母要根据错误行为来选择合适的惩罚方式，小错误就小惩罚，对于第一次过错行为，通常进行警告即可。家长在运用惩罚时需要注意以下几点。

(1) 惩罚的时间。惩罚最好是在孩子出现错误行为后立即进行。这样孩子能清楚地知道自己做错了什么。如果错误行为和惩罚间隔过长，孩子可能会不记得自己的错误行为。事实上，控制一种行为发生的理想时间，是在这种行为发生之前。如，一个幼儿不断跑到马路中去，惩罚他的最好时间是他即将要离开路边的时候。

(2) 惩罚的方式和强度。最有效的方式是让儿童体验错误行为导致的自然结果。这样的体验能让儿童很快学到适宜的行为。如果惩罚的强度和方式适中，惩罚就能导致依从，儿童也更可能接受规则，并使其内化。在研究中，将儿童分为两组，一组儿童被告知，如果他们不服从规则将会受到轻微的惩罚；而另一组儿童被告知，不服从规则将受到比较严厉的惩罚。结果发现，这两组儿童都遵守规则，但是第一组儿童更可能把规则内化为自己信仰的一部分。在自然情境下，如果惩罚是严厉的，儿童更可能遵守规则。但过于严厉的惩罚会抑制儿童合乎需要的行为，非常严厉的惩罚可能会使儿童愤怒和害怕，难以接受并内化那些被迫实施的规则。

还有一种有效的惩罚方式是暂停法（time-out）。暂停法是指将儿童带离当时的情境，让他独自呆在某个空间以保持平静。即要求一个儿童在活动场外坐一段时间，没有成人和别的儿童来注意他，为儿童提供思考不当行为的机会。它对儿童没有身体上或感情上的伤害,但不适用于婴儿和学步期的幼儿。这种惩罚方法通常用于儿童不愿意和同伴玩耍的时候,也可以用在儿童表现得过于亢奋、需要冷静的情况。多数情况下儿童只需要5分钟的惩罚来改正行为。

（3）说理。在惩罚的同时给予引导教育,禁止和惩罚通常会更有效。在某些情况下,家长需要"说理",即指导孩子进行逻辑推理以预见可能发生的结果,防止错误行为的发生。父母通过逻辑推理告诉儿童错误行为所带来的后果。解释和其他形式的引导教育会使儿童把父母的规则内化。这样,甚至在没人知道他干什么的时候,他也会服从它们。如,一个成人对幼儿说:"你不该呆在马路上,因为汽车可能会撞到你。"这样做,比起成人简单地告诉他不要在街上玩更容易使幼儿以后服从这种禁令。实验研究表明,告诉儿童服从规则的道理比起简单地对儿童违反规则进行惩罚更为有效。随着儿童年龄的增长,说理会变得更加有效。认知能力的发展使得儿童更能理解父母告诉他们的道理。如果父母说明的规则和理由适合儿童的道德判断水平,儿童可能容易将那些规则内化,并且遵守这些规则。

2. 避免使用体罚

在处理大多数错误行为时,以上惩罚方式都十分有效。相比之下,体罚只具有很小的效果。接受体罚的孩子会感到受伤、屈辱和愤怒。这些强烈的体验不仅让他们记不住自己的错误行为,还会在孩子的心里埋下仇恨的种子。儿童往往会模仿父母惩罚他们的行为,一个经常挨打、被人猛力摇晃或有人朝他大嚷的儿童,在企图用权力压倒别人时,也会学习使用这些攻击形式。有研究者指出,虐待儿童这一行为有可能会代代相传,许多虐待儿童的父母自己小时候就受过虐待。惩罚的另一个潜在问题是可能使儿童回避惩罚者。大多数儿童无法完全回避,也不想回避父母。如果儿童倾向于回避父母,父母就很少有机会为儿童的发展提供积极的经验。离家出走是极端的回避形式。

体罚不能促进儿童表现出父母期望的行为,在减少儿童做出错误行为方面的效果也十分有限。对于体罚的实施者,由于宣泄或者儿童的归顺会使体罚行为受到强化,出现更频繁的体罚,将破坏儿童快乐的童年。因此,家长在使用体罚的时候要三思而后行。

3. 儿童与惩罚者的相互作用

儿童对惩罚的类型及强度所起的作用，不单取决于他们最初的不当行为，也取决于他们对父母教育的反应。如果儿童反抗，或继续从事被禁止的行为，或拒不告饶，会引起父母惩罚的逐步升级。对一些较为叛逆的儿童而言，惩罚往往没有任何作用。家长惩罚儿童的强度和类型受儿童的某些特征及过去行为的影响。例如，一个在幼儿园里经常表现侵犯行为的幼儿，因为侵犯而受到惩罚的强度会比其他有同样侵犯行为的儿童更高。成人会预期男孩比女孩更容易侵犯别人、不顺从，因此父母和教师对男孩的惩罚也多于女孩。尽管这种差异的部分原因是男孩有更多的过失行为，但这不是全部理由。一项研究观察父母在儿童学习期间给予儿童的肯定和否定的反馈，发现男孩因为失败受到比女孩更多的惩罚，甚至在他们成功和失败的原因完全相同时也是如此。

第二节 责任心、工作价值观的发展

一、在家庭中发展责任心和工作价值观

儿童对责任心的认识始于幼年时期。父母能帮助儿童形成正确的责任心，比如帮助儿童获得完成活动后的成就感。儿童如果能够从家长那里听到更多的“让我们看看能做些什么”，而不是“没用，我们不能这么做”，将有助于孩子形成积极的工作价值观。

随着儿童的成长，父母要让儿童接受更多的任务，承担更多的职责，让儿童自己进食、穿衣、满足自己的日常需要。这些活动能让儿童感受到一种依靠自己力量的满足感，有助于孩子成长为一个独立、有责任心的人。

儿童接受的任务中包括部分日常生活安排，家长需要根据具体情况，了解子女可以单独完成或者在他人帮助下能完成的活动，以安排子女的生活学习。只要儿童能做到，就鼓励他们去完成，比如自己起床、穿衣、按时上学、放学回家后通知父母。

做家务也是一种培养并展示孩子责任心和工作价值观的途径。理想的方式是父母亲自为儿童演示需要做的事情以及如何达到目标，然后允许儿

童用自己的方式去完成。同时,还应该给予儿童选择的权利,因为儿童能从自己选择的任务中获得更多的乐趣。当他们发现并相信自己的工作对整个家庭十分重要时,他们会从任务中获得更多的满足感和工作的价值感。

一些父母会为子女设定过高的标准,使儿童难以得到满意的结果。这样会让孩子觉得自己是个失败者。在这样的情况下,父母必须试着降低标准或者安排子女做能做得更好的任务,使得孩子能够勇于为这项任务负责,并在圆满完成任务后感到满意。

还有一种极端情况是孩子会因为追求完美而困惑。他们不停地追求却总是得不到满意的结果。他们极力想得到赞同,并坚信只有获得成功才是得到赞同的唯一方式。因此,他们不停地进取,却感受不到丝毫满意。对这类孩子,父母应该指导他们通过不同的方式赢得赞同,让他们知道,生活难免有不完美的地方,要允许不完美存在,帮助他们发现更多的乐趣。面对这样的孩子时,更要赏识他们所付出的努力和取得的成就。这有助于孩子建立信心,为承担更大的责任做好准备。

二、家庭外的义务工作或义务劳动

义务工作可以帮助孩子培养责任心。有很多孩子在班级或者学校中担当了义务工作者的角色,为班级和学校做很多有意义的事情,他们为之自豪并能有所收获。孩子还可以参加长期或者临时的团体,在公园、博物馆、养老院等开展义务劳动。他们可以为游客提供服务、陪伴老人、递送邮件等。

家长要为孩子选择有趣并且有意义的事情作为义务工作的内容。在和谐社会里,任何年龄的人都有权在合法合理的范围内满足自己的需要、解决问题。我们应该鼓励孩子了解自己的权利,能够识别自己行动的动机,在行动中获得有意义的体验。

儿童能从义务工作中收获很多。比如在敬老院陪伴老人的时候,他们可以学习如何尊敬老人,还能从中得到认可,从而感受到快乐以及责任感。儿童还能通过义务工作学习到许多帮助他人的技能,认识到在人际交往中的付出和收获,有助于形成亲社会的动机和行为。

进入青年时期后,他们仍然可以运用在义务工作中获得的知识和技能。责任心有助于他们职业生涯的发展,主动、独立、合作和完成任务都会成为职业生涯中的优势。用人单位更倾向于给有义务工作经验的年轻人更多的机会去承担更大的责任。

三、关于理财——形成正确的金钱观

随着儿童的成长,他们很快就会知道金钱在生活中的重要作用。特别是已经上学的孩子,他们有很多机会用钱。家长要在这段时间里帮助孩子学会理财,形成正确的金钱观念,让孩子学会如何聪明地花钱。

(一) 零用钱的额度

孩子获得的钱财通常来自于家长。在决定给孩子零用钱的额度时,家长需要考虑以下因素。

1. 满足日常需要

满足孩子的日常需要是最重要的因素。零用钱应该包含孩子的交通费、在外的餐费以及在学校的某些支出等。另外,家长还需要考虑到给孩子少量但确实需要的钱。这些额外的钱是可以让孩子自由支配的钱,它能让孩子在理财方面学到最有价值的课程。孩子以各种方式使用可以自由支配的零用钱,一些孩子会把它们花光,一些孩子会交给父母,一些孩子会把它们存起来。大多数孩子都知道如果使用自己的零用钱,便可以买到自己需要或想要的东西。一旦孩子清楚地认识到这一点,他们就朝目标迈出了巨大的一步:开始聪明地使用自己的零用钱。

2. 家庭收入

家庭收入水平和其他家庭成员的需要也是影响孩子零用钱额度的因素之一。孩子需要意识到自己是家庭中的一员,每个家庭成员都有自己的需要。

3. 参考其他同龄儿童的零用钱额度

其他同年龄儿童的零用钱额度也是父母作决定时的参考因素。因为在同一社区或学校的儿童可能具有相同的需要和想要的东西。但是这个因素并不重要,父母应该考虑家庭收入水平,给孩子提供家庭可以承担的零用钱。

(二) 零用钱的发放方式

家长需要选择零用钱的发放频次,大多数家长会选择每周给子女一次零用钱。一般情况下,不能以没收零用钱作为惩罚的方式。如果儿童的错误行为与钱财无关,那么他们受到的惩罚中也不应涉及钱财。另外,零用钱不能提前给孩子,如果孩子花光或者将零用钱丢失,他们必须学会承担自己行为的后果。

不是所有的家长都用同样的形式给子女发放零用钱,一些家长会采用"工作报酬"的方式。他们对每项儿童需要完成的任务进行定价,只要儿童按照约定完成任务就可以获得相应的货币。

喜欢采用"工作报酬"制度的家长认为,这样的零用钱发放形式可以让孩子知道工作的价值和金钱的重要性。但也有人指出,作为家庭中的一员,子女有义务和责任完成某些家务,如果将家庭成员应该做的事情进行"明码标价",只会让孩子在需要用钱的时候才会主动去做家务。另外,在多子女的家庭中,采用工作报酬可能会导致不公平的现象。虽然"多做多得,少做少得,不做不得"是很公平的,但是家务或者孩子们可以完成的任务数量是有限的,年龄稍大的孩子可以完成较多的家务以获得更多零用钱,但是尚不具备相应能力的儿童就难以通过这种方式获得零用钱。这时候,父母可能会打破这个制度,使得个别子女不用付出劳动就可以得到自己想要的东西,但是他的兄弟姐妹依然要通过做家务等劳动以换取零花钱。

很多家长将两种形式一起使用,他们不仅给子女提供基本的零花钱,还让孩子负责某些家务劳动。这些劳动会被定价,儿童可以通过承担这些经过定价的任务来赚取额外的零花钱。由此,子女能学会家庭成员间的合作和分担,也为他们提供通过付出额外的努力来获得更多零花钱的机会。

一些家长只是在孩子需要的时候才给零花钱。父母认为这样做可以促进沟通,但是在一些沟通不是很畅的家庭中,或者孩子时常因为向家长要钱而受到批评的家庭中,孩子很可能不会告诉父母自己需要用钱,他们可能会采取其他途径来满足自己的需要。对于年龄较大的孩子,做兼职会是一种比较好的方法,但是也有孩子可能会采取违法或者欺骗等不道德的方式。

家长需要培养儿童正确的金钱观。帮助孩子形成正确的金钱观念是整个教育中很重要的部分,应该让孩子尽早认识到金钱的功能和它对家庭生活方式的影响,包括金钱对他们自己生活的影响,帮助他们认识到钱不会从天而降。父母可以带孩子去银行开一个账户,让孩子把节省下来的钱存入自己的账户中。每逢春节,孩子通常会收到大量的压岁钱,家长要引导儿童合理规划,比如为了某个目标存钱、购买学习用品、给灾区或者希望工程捐款等。

四、打工赚钱

随着儿童的成长,他们会采用很多方式表现自己的责任心,做兼职就是其中的一种方式。很多青少年希望能工作,一些学生可能在学校里承担某种职责,这样他既能在学校里学习,又能获得一些工作经验。

当孩子要从事兼职工作的时候,家长必须进行周全的考虑。对兼职所花的时间、兼职对学习成绩的影响、兼职工作是否有助于孩子成长等进行观察和思考,并同孩子探讨相关问题,不能让兼职耽误了学习和生活。有很多兼职工作没有给青少年提供获取新知识技能的机会,他们并不能从中锻炼自己的各方面能力,这类工作是不适合青少年的。另外,如果青少年感到自己做的工作没有意义,极有可能形成不好的工作习惯,比如迟到、懒散。这种兼职工作经历显然不利于他们日后的职业生涯。

兼职不仅能够让少年儿童积累工作经历,帮助他们长大后获得全职工作,还能让少年儿童学到在学校里学不到的职场生存知识。合理安排学习、生活和兼职的时间,可以锻炼少年儿童的时间管理能力、理财能力、人际交往能力。他们还可以依靠兼职所得的收入,满足自己的支出需要。家长要培养子女合理安排时间、金钱的能力。家长要和子女保持良好的沟通和合作,要让孩子知道父母非常关注他们的行为,确保他们学习和兼职工作的平衡,促进孩子身心健康发展。

第三节 电视媒体对儿童的影响

一、电视媒体对儿童的影响

本章第二节中提到模仿是儿童主要的行为学习方式之一。电视节目提供了大量的模仿对象。这些被模仿的对象或好或坏,儿童可以从中学到尊老爱幼的优良品质,也可能从中学到撒谎等错误行为。父母需要知道观看电视对儿童产生的影响,需要了解孩子花在看电视上的时间、电视节目的内容,并和孩子沟通,了解他们如何理解所看到的内容以及他们因为看电视而放弃的其他活动。儿童观看电视多数是在家中进行的,为保护孩子不受电视的消极影响,进行家庭指导尤其重要,父母必须引导子女观看电视节目。

观看电视会影响儿童的认知和行为方式,但也有很多积极的影响。很多电视节目成了儿童了解世界的窗口,他们可以通过电视节目了解宇宙运行、体育、野生动物等。看电视也可以作为一种家庭交流的方式,全家人坐在一起讨论电视节目。在节目结束时父母应立即关掉电视,培养孩子良好的看电视习惯。

看电视并不能替代其他的娱乐、学习活动。将坐在电视机前按遥控器当做一种休闲会妨碍孩子身体和智力的发展。父母和其他看护者有责任引导孩子正确地观看电视节目并为孩子提供丰富的学习和体育活动以促进孩子成长。

二、家长的引导

控制电视开启和关闭的权力应由家长掌握。有些父母想让电视充当临时的看护者,不管孩子观看什么样的节目,他们都乐意让子女坐在电视机前。负责任的父母会关心子女观看的电视内容并认为父母有为他们选择电视节目的权力和义务,可以决定孩子能否看电视或者看什么样的节目。这些父母用阅读、业余爱好和家庭谈话等减少子女看电视的时间或者完全替代看电视。

根据专家的建议,学前儿童每天可以看1小时的电视,学龄期儿童每天看电视的时间不能超过2小时。针对年长一点的子女,父母可以和他们共同商定看电视的时间和内容,制定每天或者每周看电视的时间和节目,并讨论不允许看电视的时间段。

很多人认为看电视可能会导致儿童缺乏阅读兴趣、不愿意做家务等消极影响。这些消极影响大多发生在父母没有正确引导儿童行为的情况下。如果父母从小就给儿童阅读、讲故事,儿童会渐渐对书籍感兴趣,长大以后自然会把更多的时间花在阅读书籍而不是看电视上。父母还应该从小培养儿童的责任心和时间管理能力,鼓励他们形成良好的学习习惯,让孩子学会根据做家务、看电视和其他活动的重要性来安排自己的时间。

关于电视对儿童的影响,大家最为关注的是电视节目中的暴力行为对儿童的影响。专家认为暴力节目可能会使儿童变得冷漠、对生活中的暴力不敏感,降低他们的移情能力,使他们对他人的疼痛和苦难难以产生同情。

消极影响还表现在儿童会害怕周围世界、对身边的人做出攻击行为、欺负同伴、争吵、不遵守课堂纪律、不按时完成作业等。很多青少年还会模仿电视中的暴力行为,有强奸、斗殴、组成帮派等违法犯罪行为。

因此父母要限制孩子看电视的时间,特别要限制孩子观看有暴力行为的电视节目。父母也应该在儿童观看电视时,告诉孩子电视中的暴力行为是“虚假的”,父母要为这些暴力行为的动机提供解释,强调暴力行为并不是解决问题的最好方法,帮助儿童形成对暴力行为和角色的正确评价。

父母还要帮助儿童认识到电视节目中虚构的世界和现实世界的区别,演员在电视节目中吸烟、酗酒、吸毒等行为仅是为了故事情节需要而非他们的生活本身。

电视中充斥着的大量广告也会对孩子产生影响。玩具、糖果广告会影响孩子的喜好。当他们听到广告中说“告诉父母,你想拥有噢”等后,会不断要求购买电视广告中所看到的产品。一旦被拒绝,他们会觉得自己背叛了广告中的“朋友”,可能导致亲子冲突。所以,与孩子谈论电视中的广告,分析其产品特点和商业意图,也是必须的。

电视已经深入到我们生活的方方面面,这是我们不能忽视或回避的事实。因此,父母要付出更多的时间和努力使电视带给孩子更多的积极影响。父母可以和教师、社区联合起来向电视制作、播放部门提出意见,对电视节目的内容进行调整。同时,父母还要帮助孩子区别真实和虚拟、好和坏,形成正确的判断,限制儿童观看电视的节目和时间,陪孩子一起讨论观看的电视节目等。

第四节 其他一些发展中问题的应对

一、诚实与撒谎

撒谎是儿童发展中会出现的正常行为,几乎所有孩子都有偶尔撒谎的行为。家长如何应对孩子的撒谎会影响孩子对诚实的认识。孩子需要在家长的引导下认识到诚实在生活中的重要性并且学会诚实。

讲述夸大的故事是 3 岁儿童的创造性发展的积极信号。到了 4 岁时,多数儿童喜欢吹嘘、夸大故事,他们这样做的目的只是极力想和周围世界打成一片。5 岁的儿童会使用夸大的故事捉弄或者欺骗他人,他们编造这些故事是为了保护自己或者表露出没有满足的愿望。五六岁的孩子会为了开脱自己的错误而责怪兄弟姐妹或者一些没有生命的事物。这个年龄的儿童会通过欺骗来获得游戏中的胜利,因为他们不愿意当一个可怜的失败者。

随着儿童关于善恶对错等道德认知的发展,7 岁的时候,儿童开始认识到态度和行为要一致,会为自己的撒谎或者欺骗行为感到困扰。8 岁的儿童基本上已经诚实,但他们仍然会为了给听众增加印象而夸大故事。到 9 岁的时候,儿童已经有了诚实和真实的概念。当他们对事实有所夸大时会很快作出澄清,比如告诉他人"哎,你知道这不是真的"。

孩子强烈地渴望能够取悦父母。因此,家长需要让孩子明白自己的感受,向孩子表达在孩子正确完成某些事情时父母的自豪感。如果父母总是拒绝表露自己对子女的认同和鼓励,可能会使孩子采取撒谎方式来获取父母的肯定。例如,一位母亲问儿子:"你叠被子了吗?"孩子知道妈妈想听到的回答,于是回答道:"当然。"孩子并没有想到如果卧室的门开着,母亲一眼就能看到零乱的被子。孩子想到的只是如何才能得到家长的认可。在这种情况下,母亲的忽略可能是明智的反应。

儿童通过观察他们的父母形成自己的价值观。因此,家长在说一些"善意的谎言"时也需要格外小心。如果发现父母用不真实的借口拒绝朋友的邀请时,孩子会模仿父母的行为。虽然儿童不理解成年人为什么会说谎,但是这时候的孩子是不会说谎的,他们的撒谎行为都是模仿而来。

家长要奖励说出真相的孩子以帮助他们形成诚实的品格。给予物质奖励并不是最好的方法,增加对孩子的信任、让他们拥有更多的权利才是最好的奖励。家长要让孩子知道人无完人,所有的人都会犯错,所以他们不会因为犯错而受到严厉的惩罚。父母要清楚,大多数情况下惩罚只会导致事与愿违。如果孩子发现说谎可以逃脱惩罚,他就可能一次又一次地选择撒谎,习惯于当一个说谎者,即使每次都被识破或责罚。

诚实并不会随着孩子的成长而继续发展。只有当孩子意识到诚实对他的生活具有重要意义时,才更有可能形成并保持诚实的品质。

二、偷窃

每个年幼儿童都应拥有仅属于自己的玩具,他们需要知道什么东西属于自己,什么东西属于他人。孩子不用和他人分享每样事物,在学会分享的同时,他们也要知道什么是所有权。

儿童必须学会区分自己和他人的东西。家长带孩子进入超市时,会发现里面有如此多的东西吸引着他们的孩子,因此家长有必要让孩子知道他们不能拥有所有的事物,尽管这些事物处在他可以够到的距离内。要让孩子明白:他们不能拥有生活中的很多事物。

如果家中出现陌生的玩具等东西,父母必须找到它们的主人并归还给他们。对此,父母不能暴怒或者难堪和羞愧,也不能逼问孩子玩具从什么地方来的。这样的问题只会让孩子撒谎,再次出现不诚实的行为。即使孩子意识到自己的错误,他们也可能会为避免受到家长的谴责而说谎。

在这种情况下,父母较为积极的做法是:表现得坚定而冷静,告诉孩子"我发现一件不属于你的玩具,让我们把它还回商店"。这句话不仅让孩子面对自己的错误,也提出了改正错误的方法,那就是物归原主。如果孩子知道家长已经清楚事实而且愿意帮助他们归还玩具时,便会吸取这次犯错误的教训。商店老板也会因为看到父母带着孩子上门归还玩具而感到欣慰。对于孩子来说,最宝贵的是学会了知错就改,即使他们做错事,父母也会一如既往地帮助和支持他们。

孩子在步入学龄期后更有可能出现在商店偷窃的行为。很多具有偷窃行为的年轻人都是在童年时期习得这种行为,还有些年轻人是迫于生活的压力而偷窃。

青少年发生偷窃行为的原因有很多。一些人是因为受到恐吓而被迫偷窃,还有些孩子是为了证明自己勇敢甚至是为了恶作剧而偷窃。如果孩子结交具有偷窃行为的好友,那他们可能会为了获得朋友的认同而参与偷窃。另外,一些偷窃行为的动机是反抗权威或者表达仇恨。这些孩子具有反社会行为的迹象。

偷窃是一种违法行为,会因为情节轻重而受到暂时或者长期的惩罚。有这种不诚实行为的孩子的职业发展也会受到影响,因为很多用人单位不会雇用或者重用一个曾经有过偷窃行为的人。

三、性教育

性教育应该是随着子女的成长“自然而然”进行的。从听到自己“有了一个漂亮的女儿”或者“有了一个英俊的儿子”开始,家长就会根据孩子的性别为他们选择衣服颜色,给孩子悉心的照料,教孩子认识性别特征,在日常的照料和活动中对孩子进行性别教育。

一些父母会犹豫是否应该向子女传授性知识,或者应该在什么时候选择什么样的方法进行性教育。事实上,家长不用因此感到紧张,性教育可以在日常的身体照料和情感支持中进行。

(一) 回答孩子关于性的问题

好奇是儿童的天性,他们总有问不完的问题。孩子对于性方面的问题经常让父母不知所措。父母要保持平静,在孩子不具备接受更详尽解释的时候,一些简单的回答就足够了。但是这个答案必须坦率而真实,最重要的是让孩子知道自己有提问和得到回答的权利。

儿童的提问常常具有一定的顺序,心理学家为儿童关于性的好奇列出了一个时间表,揭示儿童提问的顺序。

儿童在两三岁的时候会对某些器官产生好奇,他们会问男孩和女孩有什么样的不同,为什么会不同。父母对这样的问题可以给出详尽的解释:男孩子和女孩子在身体上有差异,男孩子有睾丸、阴茎,但是女孩子没有。此时儿童不能理解繁殖的概念,会问“婴儿是从什么地方来的”。面对这样的提问,事实是最好的回答,通常“婴儿是从妈妈肚子里面出来的”就是孩子们想要的答案。这时,父母不能表示出“现在我们不能谈论这个问题”等回避态度以防抑制儿童的好奇心,也不能用警觉、防备的方式应对这些问题,因为回答疑问是父母和孩子进行真诚沟通的开始。

大约 4 岁的时候,幼儿希望能知道得更多。如果父母在早期和儿童建立了良好的沟通关系,儿童接下来的问题就会更加具体。比如,他们会问“孩子是怎么从妈妈肚子里面出来的”。虽然他们会问很多细节,但儿童并没有把孕妇的体型和婴儿的出生联系在一起。父母可以告诉孩子“妈妈有一个特殊的开口,婴儿可以从那里出来”。

孩子们了解性知识的途径还有媒体和伙伴。如果父母能够和子女真诚地交流性方面的知识,就不用因为孩子能从其他地方获得性知识而担心。

比起婴儿的出生,5 岁的孩子对婴儿本身更感兴趣。孩子开始好奇婴儿是怎么从那个特殊的开口里出生的。他们也会问婴儿为什么会在妈妈的肚子里。家长可简单地回答“当一位父亲和母亲想要一个婴儿的时候,爸爸会把一颗种子放到妈妈的肚子里面,婴儿就开始成长”。9 岁的孩子如果不满意父母告诉他们的答案,他们会从朋友那里获取“繁殖”的信息。他们了解到这些信息后,兴趣会转移到婴儿身上,对繁殖的兴趣可能会减退。

根据儿童的年龄不同,回答的内容与方式也应该有不同。性教育专家指出,回答孩子关于性的问题时,有如下共同原则。

(1) 儿童关于性的疑问是成长的表现,因此不要叱责或欺骗,要以亲切的态度去教育他们。

(2) 家长给予儿童的解答要能够为儿童解惑,使其充分了解,避免日后产生奇特的好奇心,以身体验导致不期望的行为和结果。

(3) 儿童可以理解的内容因为年龄与发展程度有所差异,因此选择回答的内容或方法时,必须适合各个时期的儿童,既不能太深也不能太详细。当儿童确实存有疑问时,他们并不像成人一样怀有不好的念头,只要率直地告诉他们即可。

(4) 家庭或学校需要营造能让儿童率直提问的气氛。这样能促使儿童积极要求成人为他们解决疑惑,从而在发生问题行为之前,及时予以指导。

(5) 如果儿童提出有关性的问题,可以反问他们:“你认为应该是怎样的呢?”让儿童叙述自己的想法。

(二) 性别角色

我们可以看到很多关于社会影响对孩子男性化、女性化发展的阐述。如果父母在日常给予孩子温暖和悉心的照料,就不用对他们的性别化发展产生过多的担心。其实父母并不期望女儿或者儿子具有某些特定的性别行为方式。他们不会嘲笑一个抱着洋娃娃的男孩,也不会因为女孩在丛林中玩战争游戏就叫她“假小子”。

父亲和母亲作为性别角色的代表,他们在家庭中的行为方式会被孩子注意并模仿,通常女孩子会模仿同性别的母亲,男孩子则模仿父亲。由于现在很多父母在家中共同承担家务,这些角色的特点也就越来越不明显。孩子们玩过家家游戏时,男孩可能会对正在洗盘子的女孩说:“我知道你很累,我来洗吧。”男孩明显是模仿父亲在家中的做法,他很自然地接受父亲作为丈夫的角色。

7岁的孩子会更加关注性别角色，他们开始结束男孩和女孩一同进行的游戏。8岁时，男孩和女孩的性别隔离更明显，不过男孩也许会谈论自己想娶的一名特别的女孩。9岁时，在男孩和女孩自行组成的团体中，他们会讨论男孩和女孩能做什么、不能做什么。

贝姆等人倡导性别角色的“双性化”，认为男子气和女子气是两个相对独立的维度，男子气是更多的坚强、竞争，女子气是更多的温柔和爱心。如果一个人具有双性化的人格，将能更好地适应环境。这种观点认为，由于受到性别刻板印象的影响，双性化的教育并不会造成性别角色的混乱，它旨在培养孩子健全的人格，注重让孩子形成一些有助于适应环境、提高生活质量的人格特质。

在我们的社会中，男性角色和女性角色总在稳定中动态变化着。孩子们更多地受家庭中父母的影响。他们也会受到学校环境的影响，男孩和女孩做的事已经没有多大的区别。这种变化对大部分人来说是有益的，但是也会引起一些混乱。每个男孩都要经历男孩、男人、丈夫、父亲的男性角色，每个女孩也要经历女孩、女人、妻子、母亲的角色，父母要让孩子觉得这是自然而然的结果，让孩子获得健康的性知识。

（三）青春期性教育

性知识教育可以指导青少年保持性的生理和心理健康，而性道德教育能够帮助青少年在顺利完成青春期转折过程中建立起高尚的情操。在性观念上的自尊、自重、自爱教育，有利于青少年人格的健全发展。告诉青少年必须掌握的科学性知识，能使他们理智地知道应该怎样来对待自己的性问题。如果发现问题再进行教育、纠正就非常困难，已受损害的身心健康要恢复需要付出多倍的努力。

青春期是一个疾风骤雨的时期，孩子第二性征的发展和成熟会导致各种困惑和行为偏差，也是性教育面临的第二个关键时期。如果父母和孩子具有良好、开放的沟通机制，孩子可以和父母畅所欲言，探讨自己面临的各种变化和困惑，孩子将顺利成长为健全的成人。父母是孩子的第一任性启蒙老师，当孩子提出关于性生理、心理方面的问题时，父母不应惊讶、羞耻或者责备孩子。因为孩子如果不能从父母那里解决这些问题，就可能完全依赖媒体、网络、朋友提供的性知识，可能会获得一些歪曲的性知识，甚至出现不健康的性行为。正确的性知识有助于青少年发展健康的性意识和性行为。因此，进入青春期后，亲子间的沟通要保持畅通，父母要让子女感受到关爱，告诉孩子性是爱的基础之一，也是对彼此的信任。无论男人还是女人，在两性关系中都需要对怀孕、婚姻等负责。

1. 健康的性观念

父母实施性教育，旨在指导子女了解性知识，形成健康的性观念，在成熟的过程中，避免性的困扰与性的变态，以获得正常、健全、美满、幸福的爱情婚姻生活。父母需要适时给子女解答性疑惑，更要积极给子女性观念的指导。概要地说，父母指导子女形成健康的性观念可参考如下的原则。

(1) 给予子女与异性正当接触的机会，参与正常的社交活动，让他们学会尊重彼此的人格，保持纯洁的交往，正常地认识、约会、恋爱。

(2) 指引子女参加积极的活动，比如参加音乐欣赏会、登山活动，以美化心灵，减少性欲冲动。

(3) 鼓励子女参加有益身心的团体活动，比如参加寒暑假夏令营、冬令营。这些活动既有意义，又可以松弛身心，也能培养两性间自然接触的社交习惯。

(4) 启发子女欣赏生命的美，在交往中注重两性应有的道德观念，懂得彼此尊重和爱护，培养他们以一种坦白而严肃的态度正视自己生理和心理上的欲望，寻求美好的爱情，使双方的交往能促进彼此的进步而不是耽误彼此的发展。

(5) 防止子女性观念的困扰所引起的胡思乱想。除了劝止他们阅读不良的书刊，还要指导他们养成良好的习惯，多从事有益身心的休闲活动，注重生活规律，用升华的方式，把性冲动的压力和神秘好奇的思想宣泄在可被接受的多方面的兴趣上。

2. 青春期的异性交往

几乎所有父母都爱护自己的子女，他们关心子女的异性交往，保护子女的安全，使他们不受身体和心灵的创伤。特别是在信息社会，受传媒等各方面的影响，青少年越来越知道“爱恋”，在成人眼里过于“早熟”。青少年的性观念尚不成熟，无法担负起社会责任，也难以对自己和他人负责。所以，无论家庭、学校、社会，都反对青少年在这期间发展两性关系。但这并不意味着阻止一切异性交往。如果父母一味阻止子女的异性交往或恋爱，可能会造成很大的亲子冲突,带来更大的家庭和社会问题。

在社会中,任子女随意发展异性交往的父母可能并不常见。对子女的异性交往不管不问的父母看起来很开明,似乎他们充分相信自己的子女,但往往是因为他们太忙,疏于关心子女的交友。其实,进行必要的辅导,不使子女的男女交往任意发展,是称职尽责的父母应有的做法。有些子女难以体谅父母的苦心,造成亲子关系紧张,很大一部分原因在于亲子沟通存在障碍。

父母应指导子女进行正确积极的异性交往。①要给子女灌输正确的交友观念,多交益友、仁友,寻求共同进步。要建立良好的亲子关系,多与子女沟通,洞察子女的交友情况。②让子女正确认识婚恋,认识到每个人在不同的阶段有不同的主要任务,青少年应以学业为重。父母还须担负起培养子女健全人格的责任。③树立正确的性观念和恋爱观。父母在告诉子女不能过早进行性行为的同时,还要向子女介绍安全的性行为和相关的自我保护措施,以防出现更严重的后果。

抚养孩子,引导儿童健康成长是父母一生中最大的责任之一。在人的一生中,没有什么比抚育孩子更难、更值得。父母的爱是世界上最伟大的爱。为人父母难以通过练习达到完美,更难以做到"无师自通",所以父母们仍然需要学习,在遇到问题时仍然需要寻求帮助。父母和家庭教育工作者们所做的这些努力只有一个目的:让父母的爱更好地引导儿童健康成长。

第十章　帮助儿童处理压力事件

压力是生活中不可避免的一部分。压力会带来不平衡，迫使我们必须做出某种调整。压力事件是幼儿生活的不可避免的部分，本章我们将讨论如何帮助儿童应对压力。

第一节　现代社会中的儿童可能面临的压力事件

当代的儿童成长在一个包含大量潜在和实际压力的复杂世界里。布朗芬布伦纳（Bronfenbrenner，1979）用生态学的模型来研究儿童面临的压力。这个方法考虑了很多在儿童中存在的互相关联的生态学因素。在社会系统中，潜在的压力可能来自任何互相作用的和相互重叠的系统。这些系统包括家庭（包括家庭成员及其相互作用）、家庭的社会网（包括朋友、学校和扩展的家庭）以及更大的社会环境（如社会背景、社会价值观和信念）等。

由于压力是个人对特殊事件或情境的独特反应，因此压力源也是复杂的。儿童的压力很多来源于微观系统和中间系统，也有可能是外部系统。更大的宏观系统也会影响儿童，例如社会因素和政策的影响。为便于讨论和分析，下面我们将关注一些儿童成长中普遍存在的压力源，其中很多已经引起研究者和理论家的注意。

家庭是儿童安全感的来源。理想中的家庭应该是为儿童创造安全感、提供保护的地方，是一个对儿童而言可预测的、一致的环境。在家庭中儿童也会面临新的挑战和新的经历，但这些都应该是儿童可以把控的、可以获得成功的。然而，现代社会中很多家庭不能满足孩子安全感的需要，不稳定的家庭环境和不健全的家庭功能让孩子面临各种压力事件——家庭暴力、离婚、争夺监护权、生病、死亡、失业、艾滋病、吸毒等——这会破坏他们的控制感和安全感，使儿童成为压力事件的受害者，对儿童的心理健康和全面发展造成严重影响。

当今儿童在家庭中面临的重要压力事件主要有以下几方面。

1. 父母离婚

父母离婚是儿童面临的一个普遍压力。尽管离婚对其中的每一个人都有压力,但对儿童来说是最困难的,特别是幼儿。

离婚通常伴随其他的情况,它们对幼儿有深刻的影响。在离婚之前父母会生气、争吵,甚至公开争斗,这些会使儿童感到恐惧。父母离婚后,孩子不仅经历从双亲到单亲的转变,还要面临更少的经济收入、更少的资源等变化,可能还要面临适应另一个家,如搬到祖父母、外祖父母家,或者是和父亲或母亲的新伴侣住在一起。他们必须以一种新的方式在失去父亲或母亲的基础上,与另一个正在面对压力的父亲或母亲一起生活。所有的这些变化都会对儿童的心理造成很大伤害。

2. 快速的家庭生活

现代社会很多是双职工家庭,父母每天工作繁忙,工作压力大,他们经常步履匆匆、行事急促。他们的孩子可能被丰富的物质所包围,但只能由保姆或老人照顾,或去寄宿制学校,没有与父母亲密接触的机会。在这种情况下,不仅仅会导致孩子和父母"不亲",更重要的是,孩子因此缺少了与家人亲密相处的情感经历和健康成长的家庭环境。

3. 虐待和忽视儿童

紧张的社会环境和激烈的竞争,增加了家庭中儿童被虐待和忽视的问题。儿童一旦成为虐待和忽视的受害者,就可能面临严重的发展问题和社会适应问题。因为儿童是弱小的,他们依赖成人满足他们的需要,面对虐待他们特别脆弱,易受伤害。研究者(Garbarino,1990)确认了儿童被虐待的三个基本原因。

(1) 一些社会文化支持在一定范围内惩罚儿童,如我国也有"棍棒底下出孝子"之说。

(2) 出于家庭隐私的观念,社会很难对家庭暴力予以干预。

(3) 源于社会和经济因素的家庭压力经常导致父母经济能力的欠缺和心理上的挫折感,这可能会导致或触发他们对儿童的虐待。

如果父母对儿童抱有不切实际的期望,想依靠儿童来满足自己社会的或情感的需要,或者缺乏养育儿童的基本知识和技能,或者曾经表现出物质虐待或动物虐待的迹象，或者长期面对失业、疾病和贫困等家庭问题和挫折，那么这些父母很可能成为虐待和忽视儿童的高危人群。对这些父母进行干预，对他们自己、对他们的孩子都是必要而有效的。

4．健康压力

儿童面临的另一个压力与健康因素有关。慢性哮喘、扁桃体切除术、癌症或严重的车祸等都会给孩子带来压力。还有其他一些相关因素，如对发生事情的不明白、不能完全理解而产生的恐惧，对充满陌生人的环境，对可引起可怕联想的医学词汇，以及对亲子分离的恐惧、焦虑等，都会增加儿童的压力。

父母严重的健康问题，无论是身体上的还是心理上的，都会成为儿童压力的一个来源。如果父母一方住院治疗，儿童的日常生活被打乱，剩下的一方或其他成人履行缺失父母的作用，这些变化也会引起压力。在父母的恢复期，儿童也不得不适应一些变化，包括有病父母的人格、能力水平和对健康的关注等。

5．死亡

很多父母会发现，他们不得不和孩子讨论并向孩子解释死亡问题，因为很多儿童，甚至年幼儿童，就已经历死亡事件，如祖父母、朋友、兄弟姐妹、父母或是家庭中的宠物、在草地上发现的一只死虫子等。亲人的死亡会引起儿童的丧失感和对死亡的恐惧。这可能会严重影响儿童的心理健康和行为表现。

6．儿童的恐惧

雷声大作的时候，妈妈恰巧去了隔壁房间。这对5岁小女孩豆豆影响巨大，雷声在以后的很多年都持续地使她感到害怕。即使在她长大以后，即使在她明白了打雷的科学道理以后，当她独自一个人的时候，打雷仍会唤起她记忆中可怕的雷声，进而使她感到恐惧，出现心跳加快、呼吸急促、嘴唇干涩。

每个人都能回想起一些引起恐惧的、不安的小事。几乎所有的人都在某个时间或时期经历过恐惧。害怕是对觉察到的威胁的一种正常的情感反应，这种威胁可能是真实的或想象的。害怕是一种重要的自我保护反应，它会警告我们注意危险。儿童第一次面对一个陌生的情境，如去看牙医，都会忧虑不安。

尽管每个人由于各自的经历不同而形成不同类型的害怕，不过幼儿的一些普遍的害怕还是可以识别和确认的。普遍的害怕包括对情境的不确定、与父母的分离，以及当儿童面对父母离婚、生病住院和死亡等消极事件而产生的恐惧和忧虑。另一些害怕的可能来源是动物、黑暗、医生、高度、学校、怪物、噩梦以及暴风雨、水等。一个 5 岁的幼儿在转入新的幼儿园时，问园长："你们这里有妖怪吗?"儿童期的恐惧也是儿童面临的一个较大的生活事件。

第二节　儿童对压力事件的理解和应对方式

引起压力感的环境变化和多种妨碍正常功能的紧张和焦虑都属于压力范畴。但压力本身并不一定是消极的，有时它也可能是个体成长和成熟的挑战和动力，促使儿童朝着更成熟的行为方式努力。但是，有些压力经历可能是消极的，它要求儿童处理一个使人不安的、挫败的、痛苦的或有害的情感的或身体的情境，进而使儿童感到无助，感到没有能力处理这种压力。

一、儿童对压力事件的理解和情绪反应

弄清楚儿童对压力事件的理解并非易事。这里我们只讨论儿童对几种压力事件可能的理解方式。

（一）儿童对父母离婚的理解

儿童从自我中心的观点出发，他们倾向于把一方父母的离开归因于自己的"坏"行为，并可能认为父母离异是对他们做错事的惩罚。与此同时，他们还可能会担心另一方父母也会抛弃他们。很多研究者发现，父母离婚后儿童可能会出现行为退缩、睡眠失调、易悲伤、易怒、更富攻击性等。对这一问题的探讨我们还会在相关章节中论述。

（二）儿童对死亡和创伤事件的理解

死亡不是一个单一的概念，它包括了多个子概念。对死亡的理解包括，死亡不可逆转，不能用魔术、药物或其他方法扭转；死亡最终会发生在所有有生命的东西身上，包括他们自己；死亡由内部原因例如疾病或高龄引起，而不是外部原因。

对死亡的理解与儿童的认知发展水平有关。学龄前儿童还不能理解死亡的永久性、不可逆性和不可避免性，更不能理解死亡的原因。他们认为死亡只发生在他人身上（“如果他们去医院，我想他们会复活。”“如果人们不去散步，就会死亡。”“爷爷吃得太多了，所以他死了。”）。学龄中后期的儿童才能逐渐理解死亡的概念，认识到死亡包括所有身体功能的丧失和身体活动的停止，包括活动、思维和情感。

亲人的死亡对儿童来说是一个重要的压力事件，尤其是突发性的亲人死亡事件，构成了儿童的创伤事件，导致儿童的“丧失感”。在面临亲人死亡的创伤事件时，尚未获得死亡概念的学前儿童的反应可能有：

（1）退行性行为，如依赖性加强，分离焦虑的重新出现或增强；

（2）焦虑性的依恋行为；

（3）警觉性症状，例如易激惹与哭喊；

（4）很深的羞耻感。

对学龄儿童来说，他们已能理解死亡的不可逆性，在面对亲人的死亡事件时，他们会出现以下症状：

（1）详细的创伤后重演（创伤事件发生后，创伤事件的情景和相应的情感体验仍反复出现在眼前）；

（2）内在行动计划（如对悲剧发生时刻进行回顾性的、愿望式的想象，“如果当时我……可能就不会……”）；

（3）躯体主述（出现身心症状，或对身体状况的过分担忧、疑虑）；

（4）对已采取的行为感到内疚；

（5）尽量避免在父母面前表现出痛苦的感受；

（6）预兆感（如相信某些事情可以预示创伤事件）。

儿童对死亡的反应也有个体差异。一些儿童面对死亡似乎没有表现出明显的悲伤痕迹或者表现冷淡，另一些儿童则可能反应为悲伤、发脾气和破坏性的愤怒。儿童像成人一样，会经历悲伤的几个阶段，包括否认、生气、沮丧，最后接受。

（三）对害怕的反应

害怕可转化为恐惧。这是非常强烈的和非理性的，直接来源于特殊的事件，例如雷声。害怕更可能表现为一种焦虑不安的模糊的情感体验，难以探索任何特殊的来源。这类害怕经常、稳定地出现，便成为一种特质性焦虑。

这是一种很难处理的害怕。尽管在儿童难以理解害怕的来源和他们的紧张、焦虑时,父母和老师可以提供支持,但恐怖症和过度焦虑还是需要专业人员的帮助。

儿童的认知特点会影响他们的恐惧。儿童经常混淆现实、梦和幻想,他们经常把人类的特性归因于无生命的物体,也未能很好地理解原因和结果的关系等。这些特点会使儿童无法理解不安全或不确定的事件,进而加强他们的害怕。

二、儿童对压力事件的应对方式

压力会引起相应的情感反应,如焦虑、恐惧、内疚、愤怒,以及在某种情况下的挫折,和在某种情况下的兴奋。情感反应之后产生的是生理的、神经化学的反应,包括很多身体变化,如荷尔蒙、心跳、血液流动、皮肤和肌肉等的变化。我们必须认识到,压力不仅是一种情感的现象,同时伴随一种身体的生理反应,因为儿童通常是用身体的反应方式来应答压力。

(一) 对压力反应的阶段

应对压力,儿童可能会经历四个发展阶段(Alice Honing,1986)。

(1) 恐惧阶段。包括无意识的身体变化,如,肾上腺素被释放到血液中,或者胃产生酸性物质。如果压力持续,这些身体应答可能会导致身心失调的疾病(这不是一种“想象”的疾病,而是身心共同作用产生的身体问题)。

(2) 评价阶段。关注对压力情境的评价和理解。儿童的年龄和心理发展水平会影响这个过程。

(3) 寻找处理策略阶段。可能同时包括适应的和不适应的应答方式。例如,儿童可能会哭、发脾气,或故意忽视情境,或者妥协或寻找替代。

(4) 实行处理回应阶段。儿童会以不同方式对压力做出反应。反应方式依赖于他们的个人特质、成长经历和应对机智。

(二) 儿童对压力的应答

压力会产生很多反应。这些反应依赖于儿童的年龄、个性等特点,还依赖于压力事件的性质而不同。有研究者将压力反应分为四种类型(Blom,Cheney & Snoddy,1986):

(1) 情感性的反应,包括哭泣、发脾气、害羞、害怕、孤独、低自信、悲伤、生气和压抑。

（2）认知性的反应，包括短时注意问题、分心和混乱。

（3）活动的反应，包括打斗、偷窃、嘲弄、退缩、过度依赖、冲动、逃避和逃离。

（4）身体反应，包括活动过度、头疼、结巴、缺乏自我控制、表现笨拙、咬指甲、吮手指、咬铅笔以及胃部不适等。

（三）有弹性的儿童

认识到引起压力的原因，理解压力可能导致多种不被希望的或有害的行为，这一点非常重要。但是，并不是所有的孩子对压力的反应都是消极的。有些儿童在经历惊人的压力时，能表现出稳定的、健康的、友好的和乐观的态度与行为方式。这些儿童被称为"有弹性的儿童"（resilient children），他们是有抵抗力的、受过伤害的但却不屈的儿童。

研究者发现了有弹性的儿童的一些共有的特征。他们天生就有一些让成人喜欢的气质特征，他们能引起成人的积极反应，他们爱拥抱、亲切、易于抚养。这些孩子在成长早期至少曾与一位照看者建立了亲密的联系，这使得他们形成了信任感。在学龄前阶段，他们就表现得独立、精力充沛，他们喜欢寻找新的经历，表现出大胆、独立等特点。他们有更高的社会性，往往与一位喜欢的老师有亲密的联系。他们似乎天生被人喜欢。即使可能生活在贫穷、被虐待、破碎的家庭中，有弹性的儿童也可以掌控自己的命运，很好地适应社会，并表现出对他人的爱和怜悯、同情。

第三节　帮助儿童处理压力事件的技术

生活在今天的社会环境中，孩子会面对很多压力源。我们必须帮助孩子发展某些技能，使他们能更有效地应付压力、减轻压力。

一、与儿童交流压力事件

交流与压力事件有关的信息可以帮助儿童缓解压力。交流的过程（怎样交流）和内容（交流什么）是很重要的。确认儿童的感受、共享儿童的忧虑，通过拥抱、摇动、支持来提供安全与安慰，认真倾听，鼓励他们提问题、表达情感,讨论他们的感觉,都可以帮助儿童积极应对和处理生活中的压力。

对儿童反应的应答同样非常重要。提供恰当的解释和信息,对于那些有足够理解力的儿童来说,是帮助他们成长的重要环节。它能帮助儿童发展自我控制的能力,提高他们处理问题的技能。例如,对一个将要接受手术治疗的儿童来说,告诉他治疗的相关信息,让他知道医生将要做什么和使用什么工具,会有怎样的治疗效果,而非"没事,医生会处理好的",有助于减轻他的无助感。

【专栏 10.1】 与幼儿交流压力事件的原则

1. 对于幼儿来说,交流的过程和内容是同样重要的。你做些什么和你如何同幼儿交谈与你说些什么是同样重要的。

"让我们找个时间,一起坐在椅子上谈一谈发生了什么以及你有什么样的感觉。"

2. 记住幼儿的年龄和理解水平。运用与发展相适宜的语言。

"医生将用听诊器听你的心跳。这能帮助医生更好地听到你身体里的声音。"递给儿童一张画有听诊器的图画:"医生可以用它听你的心跳,你知道医生是怎样用它的吗?"

3. 倾听幼儿的提问并仔细地想一想他们真正在问些什么。幼儿不可能或不能总是问那些他们真正在想和真正想知道的问题,因此要努力辨别儿童是在问需要确切答案的问题,还是在寻求安慰(或两方面都有)。

"当你问我(幼儿园老师)是否可以和我待在一起时,你是想知道我能否一直和你在一起,直到你妈妈来接你回家对吗?我可以和你一直玩到那个时候。"

4. 先要知道幼儿已经知道些什么,接着你可以阐述、纠正或扩展他们的知识和理解。

"你知道别的小朋友是如何理解去医院的吗?"

"你认为'死'意味着什么?"

5. 诚实地回答幼儿的问题和给予解释。对于幼儿将面对的变化,提供真实的信息。

"是的,你爸爸说的是对的。你的朋友要搬家了。我想他也会想我们的。如果你愿意的话我们可以写信给他。”

6. 给儿童提供适合下一个发展阶段的、更复杂的信息。不要给幼儿那些随着幼儿的成熟必须纠正以及需要更高的认知水平才能理解的答案。

“当狗死了，它们将不再吃东西或大叫、跑跳。它的心脏停止了跳动，它死了。”而非“它上天堂了”、“风把它带走了”、“它睡着了”等。

7. 运用具体的经验来帮助儿童理解信息。最好的解释是具体的，尽可能多地运用幼儿自己的经验和现有的信息。

“今天我们要去看病。我们要在那儿待大约和我们上周去人民广场一样长的时间。然后我们会及时返回家去看电视剧《哪吒传奇》。”

8. 对幼儿问题的回答和解释不应当是冗长的或包括相关主题的所有内容。要提供足够的信息来回答幼儿的问题，当幼儿继续讨论和询问这些问题时，增加更多的信息。

“在医院，医生会用一个手电筒去看你耳朵里面的东西，并要求你把嘴张得大大的。这样他就可以看见你的喉咙了。你认为他还需要去做些别的什么事吗？”

9. 避免易引起恐惧的解释。

“不，医生给你打针并不是因为你不好。他给你打针是为了帮助你保持健康。”

10. 不要逃避幼儿的问题。你可以承认有一些地方是不确定或你不知道的，而且成人并不是知道所有答案的。

“这真是个好问题。我认为许多6岁的孩子都想知道。可是我们也不是很确定人怎么会得这种病。”

11. 对幼儿强调说他们不应当为某些事受责备。

“这不是你的错。你的爷爷不想离开你。当人们得了这种病时，他们可能会死去。”

12. 努力地去确定幼儿是否已经理解了你的解释。

“把我刚才告诉你的故事讲给木偶听听。”

“你能跟我解释一下，刚才我们说医生用听诊器会做些什么事情吗?”

13. 不要否定幼儿的反应、情感或感觉。帮助幼儿表达他们的情感而不要作出判断或进行批评。

“我听人说你讨厌那个护士。她给你打针一定打得很疼。”

14. 鼓励幼儿谈论他们的情感。这样你就可能有机会去谈论你自己对事件的情感和反应。

“如果你感觉不好,你可以和我谈一下。”

“如果这样的事发生在我身上时,我也感到很难过。”

15. 让幼儿知道他们可以和你谈任何事,而且如果你不知道答案,你会尽力地去寻找。

“我不能肯定我确实知道这个问题的答案。我们去书上(或网上)查查看。”

16. 在你回答幼儿的问题或提供相关信息时,不要等到你觉得完全弄懂这个问题时才去做。

“考虑这个问题对我来说是很难的,因为它让我感到难过。或许你可以问问王老师,她会帮助我们找一本书来看一看与搬家有关的问题。”

17. 帮助幼儿确定有助于他们适应变化和丧失的活动。

“我知道你想念你的狗考利,我们来想一些照顾考利和与它一起玩的情景吧。它真是一个好伙伴,你对它照顾得也很周到。”

资料来源:Carol E. Catron & Jan Allen 著,王丽译:学前儿童课程,中国轻工业出版社,2002:40—41。略有改动

二、读书疗法

读书疗法指的是用适当的、发展性的、与敏感情绪相联系的书籍,来帮助儿童获得正确的信息和学习处理问题的策略的干预方法。读书疗法也被定义为“利用文学作品促进心理健康或在治疗中应用书籍”的方法(Jalongo,1986)。读书疗法为我们提供了一个相对舒服的形式来处理较难的话题,因为读书对教师和儿童而言都是熟悉的活动。这类书籍应有三个潜在的优势:

(1) 信息——在重大问题上激励成人与儿童交流。

（2）切题——书中情节与儿童在学校的经历和日常生活间可以建立有意义、可比较的联系。

（3）接受——使儿童对危机情景的情感反应合理化。

有关压力事件的图书是帮助幼儿理解和对付变化、分离和丧失的很有价值的方法之一。现在市场上有很多涉及死亡、父母离婚、弟弟妹妹的出生、分离、性行为以及残疾、住院治疗、害怕的书籍。这些书籍可以帮助儿童以一种更实际的方法来代替害怕的心理想象。通过描述关于一个话题的准确的事实，可以帮助儿童减轻第一次面对学校（或幼儿园），以及其他陌生场所的焦虑。这些书籍，如《我上学了》、《访问儿科医生》、《身体检查不可怕》等，都是贴近儿童生活、儿童压力事件和儿童心理发展水平，也贴近儿童对压力事件的情绪反应，与儿童的可比性强，又能给儿童积极引导和正面影响的优秀儿童图书。这类图书可起如下作用：

（1）提供正确的和清楚的信息来让儿童尽力为可能遇到的紧张做好准备，并帮助儿童理解现在的或过去的经历；

（2）纠正或澄清儿童对压力事件的错误信息。

（3）给儿童提供机会去听有关的故事、看图画书或插图，以了解其他可供选择的对压力状态的应对方式。

（4）帮助儿童感到他们在经历家庭方面的变化时并不是孤独的：别的儿童和家庭也会遇到有压力的环境和事件。

（5）当儿童还没有足够的语言表达能力，或他们感到表达自己的经历或情感是一件痛苦的事情时，让儿童思考和讨论故事中人物的情感和想法。

（6）让儿童理解别的儿童和家庭的价值观、经历、意识、宗教观以及文化上的多样性。

（7）鼓励儿童谈论有关问题，并明确告诉儿童，当对压力事件感到恐惧和有别的反应时，父母、教师和别的成年人都可能给予他们安全、信息和别的帮助。

一本有助于消除压力的书，应该具备以下的特点：

（1）书中内容能反映孩子生活中的压力事件，并且适合用来讲故事。

（2）书中表现了家庭观念或想法上的多样性，没有对阶层、种族或地域的偏见或忽略。

（3）书中为儿童提供了多种类的、可学习的、与儿童发展水平相适应的解决问题的策略。

(4) 儿童听完故事后能进一步讨论其中的内容、问题解决方法,并为儿童提供关于这一主题的游戏内容。

(5) 听完故事后儿童会产生移情,父母或其他成人有机会与儿童讨论相关情感体验。

如果没有合适的书籍作为消除压力的辅助读物,父母可以和孩子一起编故事、制作故事书。将孩子在生活中遇到的生活事件写成故事,可以由父母和孩子一起讨论故事的情节和进展及主人公的情感体验、应对方式、处理结果等。这有助于孩子发展自我力量。

雯3岁,害怕在自己的房间睡觉。有一天,雯整夜都在自己的床上睡觉。她使用了手电筒,还使用神奇怪物喷射器,把怪物赶走了,然后她在自己的床上睡了一整夜。太棒了!

对年龄较大的儿童,与他们一起编故事会有很大的帮助。儿童和父母一起创建故事情节,共同寻求解决问题的方法,并尝试积极的自我评价。这一过程中,儿童成为解决问题的主动参与者。当儿童积极地参与故事的创作时,他们可能会将生活中发生的事件融合到故事中去。而且,在编写故事的过程中,儿童逐渐掌握了认知改变的策略,也学会了积极的自我评价。

三、放松与想象技术

通过放松训练,可以帮助儿童减轻与压力有关的一些身体上的紧张。放松训练可以作为儿童活动的一部分,也可在休息中或在休息前进行。

(1) 肌肉放松:放松训练的一种方法是体验肌肉紧张,然后放松肌肉。例如,训练儿童让自己全身肌肉紧张得像一块硬的木板,然后慢慢变得松软。或者先让儿童感受肌肉紧张,然后逐渐放松各肌肉群。例如,挤眼睛,紧闭,然后放松;双手握拳,然后放松;膝盖并拢,然后放松。

(2) 放松想象:想象可以在放松过程中提供帮助,这种方法也可以有效地应用于幼小儿童。如让儿童躺在一个舒服的地方,让他们想象自己"像羽毛一样飘"或"像冰一样融化"。慢慢读一首诗或一个故事可以帮助儿童以自己的方法想象放松自己。美国歌曲《雪绒花》,中国童谣《水珠宝宝》、《月亮船》等都是很好的想象放松题材。

四、游戏和艺术与儿童压力的消除

（一）游戏与压力的消除

游戏在缓解紧张，促进儿童观察、体验、适应和对待紧张体验的过程中具有重要的作用。游戏（包括想象游戏、社会性主题角色游戏和戏剧游戏）有助于幼儿以多种方式来减少和对付紧张的体验。游戏为儿童提供了一个自然的宣泄口，使儿童面对压力、害怕和焦虑，表达和宣泄愤怒，并找到解决问题的方法。在游戏中，儿童通过想象战胜了现实中他们不能战胜的东西。对儿童来说，那些可怕的、令人困惑的体验通过游戏的方式不断、反复得以释放，直到儿童可以把它们纳入到自己的理解中。游戏让儿童为应付压力作好了准备，使他们能形成和运用有效的策略来处理这些问题。

特别是角色扮演或社会戏剧游戏为儿童提供了一个安全的再现害怕经历与恐惧体验、感受别人的观点或角色的机会，提供了一个表达情感并练习问题解决的方式，也为儿童提供了一个使现实变得不那么使人恐慌的机会。游戏通过"为伤害和悲伤提供有效的治疗"促进幼儿的情感健康发展。例如，那些害怕打针的幼儿在给布娃娃打针时，安全地重温、表达、反省了自己的恐惧体验，也体验了医生的角色，并且在游戏中有机会完成认知调节的过程，进而克服自己对打针的害怕。

游戏的另一个作用是增加了对未知事物的理解，进而有效地减轻害怕。例如，一个研究分析了一个叫"医院的橱窗"（Hospital Windows）的游戏。这是一种与医院环境、医学器械等有关的游戏。它能很好地帮助儿童获得相关信息，进而大大增加他们对健康的知识，减少他们对医疗器械和治疗的恐惧（Heabens-Matze & Abbott, 1990）。

游戏的另一个作用是，它可以帮助成人去鉴别、了解、帮助那些体验着压力的幼儿。对儿童来说，压力事件不一定都是显性的。成人可以通过观察幼儿游戏中的那些表明压力体验的行为，以及幼儿对压力事件的理解水平或他们的解释来达到这一目的。例如，一个假扮医生的幼儿，他在给娃娃打针时，边打边说："你要打针，因为你不好。"成人可据此了解儿童对打针的看法，并及时给予帮助。如告诉他打针并不是为了惩罚，而是帮助他们恢复健康或预防疾病来保持健康。成人还可以通过建议游戏主题或角色、提供道具、鼓励表达强烈的情感、恐惧以及提供一些问题解决和处理的方式等来丰富幼儿的游戏。要保证幼儿有一个接受他们的、没有任何威胁的游戏环境来让他们探索、模仿、练习和获得知识，得到成长。

有人（Gunsberg，1989）为受虐待和被忽视儿童创建了一种非常有效的游戏治疗程序。这些儿童在最初的游戏中表现出原始的、杂乱无章的、破坏的、混乱的游戏行为，经常表现出对成人的敌意或逃避。治疗中，让受过训练的成人参与儿童的游戏，通过建构游戏，帮助他们形成一种对养育他们、关心他们的成人的积极的态度。积极的游戏经历可用来帮助儿童形成更成熟和更有效的游戏模式，还可以促进信任感、控制感、效能感和乐趣。

（二）艺术与消除压力

幼儿还不能用言语来表达他们对有压力事件的想法和情感体验。对于这些幼儿来说，艺术和别的创造性的表达方式是替代言语交流的一种有价值的交流方式。父母可以鼓励幼儿去画画或画出有关他们的家庭成员、朋友、邻居和房子、学校的图画。运用铅笔、蜡笔或画笔，幼儿能表达出自己的想法和思想。幼儿也可以运用手指画来表达自己的情感。在画完后，一些幼儿接着会讲一个与画有关的故事，这些故事可为我们提供有关他们的想法和情感方面的额外信息。

父母或教师可以发起有关压力事件和对付压力的方式方面的讨论，并引导幼儿通过艺术手段来表达情感，以使这些体验不再那么可怕。幼儿的艺术表达方式对缓解压力作用明显。幼儿的这类艺术活动可以：

（1）在言语不能起作用时，帮助幼儿交流想法和情感。

（2）为父母和教师提供有关幼儿的恐惧、想法和情感方面的信息，因为幼儿的艺术活动反映了他们的认知水平和社会关系。

（3）允许幼儿通过艺术活动来形成自己的体验，可怕的东西可能会画得不那么可怕，而且幼儿能获得力量感和控制感。

儿童的这类艺术活动不应该被成人的分析、检查和讨论所干扰。幼儿应当“拥有”自己的艺术作品，而且应当允许他们去选择讲或是不讲他们的图画。当幼儿表达那些成人不知道或不能理解的想法或情感时，艺术活动本身就是治疗的过程。

父母需要了解现代社会环境和生活中可能影响幼儿健康发展的因素，并对幼儿应对这些压力事件时的情感和反应保持敏感，要认识到幼儿情感的脆弱性、认知的局限性，认识到在恐惧或焦虑的状态下幼儿对支持和安慰的需要。在幼儿面对生活中最混乱和最具有挑战性的情境时，为幼儿提供游戏环境，鼓励幼儿表达和讨论自己的恐惧，帮助幼儿认识和克服恐惧，并为幼儿提供支持，进而促进幼儿"反弹能力"的发展。

五、给父母的建议

一个紧张、焦虑的儿童很可能来自有压力的家庭。尽管所有的家庭都经历压力，但压力的性质和对付压力的策略都可能不同。父母有义务帮助儿童应对压力事件。在面对压力源时，父母应该注意以下几个方面。

（1）对压力事件的理性分析。分析压力事件对儿童可能造成的影响，以及压力事件对自己的生活状况和情绪等造成的影响和因此产生的对儿童的影响。父母面临较大的生活事件（如离婚）时，有时可能只注意到自己的痛苦，而忘记了自己的父母角色。

（2）获得社区资源的帮助。在美国等一些国家，社会工作开展得非常好，不同的社区设有不同的家庭社区服务。还有互相支持的民间群体，如单亲俱乐部、有残疾儿童的父母的组织。我国也有一些这样的民间组织，如上海的自闭症儿童家长联谊会等。这些团体对父母的成长非常有利，它为父母提供相互的支持、情感共鸣，也使父母能相互交流信息、传递经验。

（3）评价自己应对压力事件时的状态。在面对压力事件时，我们应区分两种家庭。一种家庭面对压力时能充分应对，并持续执行家庭的功能。另一种家庭则处于困境中，不能执行正常家庭的功能，可能需要干预。处于家庭功能紊乱边缘的父母可能有以下特征：

①杂乱无章的行为——父母经常忘记重要的事情，例如孩子的夹克衫或午饭。

②挫折——父母变得焦虑易怒，回避与教师交流孩子的问题，内心充满内疚感和失败感。

③更多关注自己而不是孩子——父母看起来好像更关注自己的问题。每当教师想谈论孩子的时候，都会谈他们自己的问题。

如果面对压力时你处于这样的状态中，要及时调整，寻求帮助，甚至可以考虑是否将孩子暂时寄养在另一个家庭中。

第十一章 特殊儿童的教养

3个月前，神经科医生告诉我，女儿的大脑损伤将伴随她艰难痛苦的一生。

在最黑暗忧伤的日子里，我们尽最大的努力让她的身体保持最佳状态。女儿健康，我们爱她；女儿生病了，我们更爱她。看到别的孩子健康成长，我们却愁苦万分。走访名医寻求治疗的过程让我们精疲力竭，但除此之外，我们别无选择。

对于一个家庭来说，最令人兴奋的时刻莫过于新生命的诞生。无论是男孩还是女孩，只要是健康活泼的孩子，对于孩子的父母都是莫大的欣慰。然而，并非所有的父母都能如愿以偿，有些父母在孩子一出生的时候就被告知，自己的孩子是一个“唐氏综合症患者”、“脑积水患者”、“严重听力障碍者”；有些父母在抚育孩子的过程中发现，与别的孩子相比，自己的孩子过度活跃、无法集中注意力。每一位父母都对自己的孩子寄予了无限的希望，每一位父母都对自己的孩子都倾注了无数的心血，一旦知道自己的孩子与众不同，也许要耗费自己一生的精力和财力，父母是怎样的心情呢？该怎么办呢？本章，我们将关注养育特殊儿童的父母应该如何正确对待自己的孩子，应该给予他们怎样的家庭教育，该怎样让这些孩子的生活能够大体上与大多数儿童的生活保持一致的步调，享受一样的生活乐趣。

第一节 特殊儿童和他们的父母

一、特殊儿童的定义

“特殊儿童”的概念有广义与狭义之分。广义的“特殊儿童”，是指除正常儿童以外的各类儿童，包括身心障碍的儿童与资赋优异的儿童。前者包括我国《残疾人教育条例》中规定的各种残障儿童，如视力残疾、听力语言残疾、智力残疾、肢体残疾、精神残疾等;资赋优异儿童又分为:一般能力优异、学术性向优异及特殊才能优异。

狭义的"特殊儿童"一般是指有各种身心障碍的儿童,即我国《残疾人教育条例》中纳入到"特殊教育对象"中的孩子。据统计,美国学习方面有"特殊需要"的学生占总数的8%—12%;英国"特殊教育需要"儿童的检出率为20%;荷兰报告问题儿童的患病率为26%;波兰特殊儿童的比率为30%。如果按照10%的出现率计算,我国2亿学龄儿童中,有"特殊教育需要"的约有2000万,相当于两个北京市的人口①。

生养一个特殊儿童,对父母和孩子都是非常特殊的人生经历。我国政府非常重视特殊儿童的教育问题,1990年颁布《残疾人保障法》,1994年颁布《残疾人教育条例》。即便如此,社会对特殊儿童的关注和为他们及其父母提供的适宜的教育、干预支持还是有限的。特殊儿童的家庭教育存在一些共同的、影响这些孩子适应和发展的问题。张毅等对北京市68名特殊儿童的学前家庭教育状况进行调查,并对其中22名儿童的家长做了深入的访谈②。结果发现,特殊儿童学前家庭教育中存在以下特点:特殊儿童的问题发现较晚;特殊儿童接受学前专业机构教育人数少,且获得的社会支持较少;特殊儿童家长对早期教育的重要性认识不足,且缺乏专业人士的指导。

其实特殊儿童的发展并不特殊。这里我们不详细介绍这些孩子在各个发展阶段的具体表现,而是重点讨论在特殊儿童的家庭教育中可能遇到的问题,并探讨如何促进这些孩子的发展。

虽然各种特殊儿童的教育大相径庭,但有些问题是共通的,比如孩子的身心发展问题及父母遇到的多种挑战。虽然各类特殊儿童的需要各不相同,但大多数儿童都需要父母的高度理解、耐心及特别护理。因此,这些特殊儿童的家长要懂得孩子的特殊需求及护理技巧。

值得一提的是,在父母面对特殊儿童时,会将这类孩子的出生和存在视为事故或灾难,而不是将他们看作孩子。一个孩子的母亲写道:我曾经放弃将他看作是个独立的人,我看到的仅是各种疾病的集合……所以,家长在处

---

① 钱志亮:中国特色教育的现状报告,中国教育和科研计算机网。http://www.edu.cn/20011112/3009417.shtml

② 张毅,陈亚秋,何文辉,刘艳虹:北京市特殊儿童学前家庭教育状况调查报告,中国特殊教育,2004年第11期。

理特殊儿童的特殊需求时，首先应意识到，他是个孩子，而不是他的特殊性。身体缺陷、学习障碍、慢性疾病或垂死的儿童首先应被看作是个孩子。撕掉标签来看他们，鼓励他们去做别的孩子都能做、都喜欢做的事，这样才能帮助家长全面地了解孩子的情况，同时也可以帮助家长知道孩子能做什么，而不是孩子不能做什么。对于那些天才儿童的父母来说，首先要把孩子当做一个孩子来看待，从而使父母意识到，孩子虽然有某种天赋，但是他仍然和正常儿童一样拥有孩子的天性，有孩子特有的特点和需要。

二、特殊儿童对父母的挑战

> 儿子4个月时，我和他说话或做游戏时，他都不会看着我。我觉得有些不对劲！我担忧："对于这个年龄段的孩子，这正常吗？"每个人都告诉我说是的，这是正常的，甚至儿科医生也告诉我他发展得很好。当他3岁半的时候，我们开始给他做测试。结果发现他虽然智商高，但有孤独症。直到他4岁的时候，我才意识到问题的严重性。

第一次做父母的人缺少婴儿发展方面的经验。他们怀疑有些地方不对劲，但是都将不安感归结于自己缺乏儿童发展的知识或养育经验。例如，他们可能将极度活跃或注意力涣散看作是无礼的行为，而不是交往技能或情感、认知问题的前兆。

儿童的残疾影响了亲子关系的质量。残疾儿童可能很难得到照顾，因为他们很少向家庭成员提供社会性线索。事实上，残疾儿童的社会性作用很少是自发的、有趣的，需要父母付出更多的努力。残疾的婴儿也不能像正常婴儿那样发出声音和做手势，不会对父母报以微笑或欢迎。因为，失明或失聪的婴儿不太可能与父母进行愉快的互动。这些都不利于他们和父母亲形成积极的亲密关系。

对于儿童残疾的诊断，家庭最初的反应往往是拒绝接受及悲伤。一个孩子在出生8个月后被诊断为唐氏综合症婴儿的母亲说："医生进来告诉我孩子有唐氏综合症，他将永远不会走路或说话。但是我根本就不想听这些，我根本就不相信！"一个被诊断为自闭症的孩子的家长说："当疾病症状表现得更明显时，我们经历了一段悲伤和拒绝的时期。我们整夜抱着对方哭泣，感到绝望。有时，我们回避孩子的残疾问题，期望疾病消失。"

其他儿童对残疾儿童的反应，就像残疾本身一样也是儿童压力和痛苦的来源。他们不仅要适应自己的残疾，而且要适应它的社会性和情感性结果。“特殊”是残疾（或任何）儿童最困难的问题之一。有些残疾儿童为自己的特殊而羞耻，并伴有低自尊。甚至连成人也不能恰当地对待残疾儿童。他人对特殊儿童的麻木态度，让儿童痛苦。如果儿童可以与父母交流这种感受，将有利于他们的适应。

（一）特殊儿童的存在对父母婚姻质量的挑战

相比非特殊儿童家庭，特殊儿童的家庭具有更多的相似性，面临着相似的挑战。他们必须在家庭生活中的每个阶段都面对因残疾儿童的存在而造成的种种问题。一对年轻人结为夫妇，他们期待宝宝的出生，盘算着有了孩子之后如何维持他们的婚姻质量。他们的生活幸福和谐，对自己作为妻子或丈夫的角色很满意。孩子出生了，却突然被诊断为智障。这必然会令他们痛苦不堪。

在父母的混乱和痛苦中，一些沉重的问题出现了。他们还会爱这个孩子吗？他们将如何应对？这个孩子的存在将如何影响家庭，影响他们的婚姻关系和其他人？他是否要在未来的日子中依靠他们？如果是，当他们不在的时候，谁来照顾他？他们可以去哪里寻求帮助？

父母对儿童的未来和自己的遭遇感到悲伤，有时也会对儿童或自己的“问题”感到愤怒。他们感到失望，因为期望中的健康宝宝没有如期到来，但同时，这些“可怕”的想法又让他们感到羞愧。

在这种情况下，如何在不牺牲夫妻关系的前提下接受孩子的现状，是夫妻面对的重大课题。一般而言，伴随着特殊孩子的出生，夫妻双方或一方的痛苦逐渐增加，消极的情绪体验逐渐累积，并逐渐伤害对方，夫妻间的紧张感逐渐增加，夫妻关系因此受到严重挑战。有些父母未能适应这个巨大改变，最终，他们可能选择离开这个家，离开孩子。所以，在应对特殊儿童时，夫妻关系的亲密度是关键因素。

当意识到孩子存在缺陷的时候，父母应该做的是调整自己，接受这是个特殊儿童的事实，而不是一味地活在期望中。在调整阶段，有些情绪是常见的。比如，由于没有得到期望中的孩子而悲伤，由于自己的沮丧而产生罪恶感，考虑到将来要照顾这个孩子所花的时间和精力而感到怨恨等。

虽然对于特殊孩子的最初反应是消极的，照顾这些孩子也存在很多困难，但是大多数家长都能够正视自己所面临的挑战。

随着儿童慢慢长大，家庭将受到新的挑战。例如，即使到了入学的年龄，特殊儿童仍旧需要父母额外的关注和照顾。这让许多母亲感到完全被束缚，她们感到自己将永远不能有自己的生活空间。这种无助感和负重感让人沮丧。

所以，特殊儿童在他们发展的不同阶段都会对家庭生活模式产生不同的影响，这就要求父母在困难中进行积极的自我调整来适应这些变化。除了要促进孩子的健康发展外，父母自身也会在这一过程中体会到生活和人生的意义。

（二）家庭资源的压力

特殊儿童的父母会承受特有的压力。一方面，社会文化过多地关注残疾儿童的父母表现出来的消极情绪，并倾向于认为父母没有满足儿童的情感或其他方面的需要。一些治疗者和专家甚至将特殊儿童的父母视为治疗的障碍，或者是儿童出现适应问题的原因之一。另一方面，社会给予这些父母的专业指导又极为有限，使他们在面对孩子的问题（如多动症）时不知所措。

例如，在西方学者的一些研究中，这种情况并不少见。有研究者查找了125篇精神病学的文章，其中有72篇学术论文将特殊儿童的问题（如纵火、尿床等）归因于母亲。研究中发现，虽然有些父亲被描述为情感健康的，但没有一个母亲被描述成是情感健康的；虽然有些父亲与儿童的关系被认为是积极的，但没有一个母亲与儿童的关系被认为是健康的，母亲比父亲遭到了更多的批评。这或许是因为对治疗者而言，责备等在候诊室的人（通常是母亲），比费力寻找其他可能造成儿童问题的原因更容易。由于这种选择性注意，几乎所有关于儿童的生理和性虐待的研究都侧重于母亲而非父亲，即使相对母亲，父亲更强制、更暴躁。

研究者认为，将母亲看作儿童精神病理学问题的主要原因，不利于问题的解决，这种归因对母亲、儿童和社会（如教育工作者、研究者）都有破坏性。这让母亲（包括有能力的母亲）对孩子的问题充满罪疚感，也阻碍了研究者寻找造成儿童发展障碍的真正原因。母亲可能会导致儿童出现适应不良，但父亲、其他人也有可能。尽管这些母亲会感到焦虑、内疚和易激惹，但她们的努力和付出应该得到更多的肯定。

由此看出，父母面临的压力在很大程度上不是心理功能紊乱造成的，而是支持性社会关系或经济支持系统的缺失或偏差导致的,特别是支持性社会关系会影响父母的适应性调节和儿童的积极行为。

除伤心或失望外,残疾儿童的父母对孩子的感情通常是矛盾的。养育残疾或患慢性疾病的儿童对父母来说绝对是一个挑战,但同时也可能会是一个有收获的成长经历。父母在成功地适应了最初的震惊、否定、恼火和羞愧之后,他们逐渐发现自己养育了一个不易抚养的可爱孩子。大多数这样的孩子最终能进入到正常的成人社会中,尤其是那些亲子关系质量高的儿童。最终,他们会成为一个有残疾的,但完全意识到自身潜力的,对社会有贡献的幸福者。

当父母接受了孩子的特殊和自己的角色,了解了该如何照顾这些孩子的相关知识后,他们自己也获得了成长的感觉。当他们渐渐变得能够很好地接受孩子、照顾孩子的时候,大多数家长反映这个过程也是充满乐趣和满足感的。从失望、自责到愉快,这种转变对于一个家长来说是不容易的。在一项对特殊儿童母亲的研究(Larson,1998)中发现,那些特殊儿童的家长会表现出两极性的情绪体验——失望和愉快,希望和担忧害怕。这些矛盾的情绪可能表现为:既想努力使自己爱上现在的孩子,又想要去除孩子的不正常;既知道孩子无法治疗,又继续寻求治疗;一方面即使面对巨大的挫折,仍然对孩子的未来充满希望,另一方面又无法消除自己对未来的恐惧情绪。这些矛盾的情绪具有典型性,这种矛盾的情绪也是正常、有益的,因为它能够提高家长的自我控制,使他们能更乐观地履行家长的职责。

第二节　心理迟滞儿童的家庭教育

我们已讨论过,广义的特殊儿童,包括发展障碍儿童和天才儿童,前者包括心理迟滞(mental retardation)、孤独症(autism)、学习障碍(learning disability)、注意力失调(attention deficit/hyperactivity disorder)、生理缺陷(physically impaired)、慢性病(chronic illness)、视觉缺陷(visually impaired)、听力缺陷(auditory impairment)等,后者主要指资赋优异的儿童。心理迟滞患儿是最常见的一种特殊儿童,本节我们将主要讨论这类儿童和他们的家庭教育问题。第三节我们将讨论其他特殊儿童及其家庭教育问题。

一、心理迟滞儿童的定义

心理迟滞又称智力落后，心理迟滞儿童是一种最常见的特殊儿童。根据美国心理迟滞协会(AAMD)1992年的定义，心理迟滞是指一般心理功能缺陷，其特征包括：智力功能低于平均水平；同时在沟通、自我关注、家居生活、社会技能、群体生活、自我取向、健康与安全、学业、休闲和工作等应用适应性技能领域中存在两个或两个以上的相关缺陷；出现于18岁以前。[①] 这一定义中所说的低于平均水平的智力功能指的是智商大约70分以下。

根据DSM—IV的诊断标准，心理迟滞又可分成四种水平：

(1) 轻度迟滞。智商为50—55至70，占迟滞总人数的85%。通常在学前期发展社会和交往技能，到青少年后期可获得相当于小学6年级的学业技能。一般可以获得生活自立所需的职业和社会技能，可能需要对其生活进行指导、帮助和监督，但能适应在社区里的生活。

(2) 中度迟滞。智商35—40至50—55，占迟滞总人数的10%。通常在儿童早期发展沟通技能，所掌握的学业技能水平不超过小学2年级，通过训练能够获取一定的社会和职业技能，能在监督之下做无技能的或半技能的工作，能够适应有监督的社区生活。

(3) 重度迟滞。智商20—25至35—40，占迟滞总人数的3%—4%。在学龄期可能学会说话和最小限度对自己的关心，通过训练能获得极其有限的能力，到成年期在监督下可以做一些简单的事情，大多数人能够适应与家庭或群体在一起的社区生活。

(4) 深度迟滞。智商在20—25以下，占迟滞总人数的1%—2%。童年期只有极少的感觉运动功能，通过训练，在运动、自我关心、交流技能方面能有些许进步，只能在监督下做一些简单的事情。

总的来说，轻度迟滞者属于可教育的，中度和重度迟滞者属于可训练的，深度迟滞者属于需要长期监管的，但这部分人毕竟非常少。因此大多数心理迟滞者通过教育训练，生活状况和生活能力均能得到一定程度的改善。

---

① Rita Wicks-Nelson & Allen C. Israel. Behavior Disorders of Childhood(third edition). Prentice-Hall, Inc. ,1997:237-238.

二、心理迟滞的成因和特征

1. 心理迟滞的成因

心理迟滞的成因不外乎生物学和社会心理两方面。生物学的成因主要如下。

(1) 染色体异常。染色体异常包括染色体数目异常和染色体结构异常,唐氏综合症便是一个典型的例子,它是由23对染色体中最小的第21对染色体增加一条所致。这类患者的智力异常非常明显,同时还伴有其他发育障碍,如扁平足、手指脚趾短而粗、脸圆而扁、鼻子小、鼻梁塌陷等。

(2) 新陈代谢失调。新陈代谢失调是由于缺少人体所需的酶造成的。而酶由基因控制,因此这是一种遗传病。典型病例包括苯丙酮尿症、半乳糖血症、克汀症等。以苯丙酮尿症来说,患者体内缺乏苯丙氨酸羟化酶,不能使母乳、牛乳或其他蛋白质里的苯丙氨酸转化,导致其在体内大量堆积,从而影响大脑发育,使大脑皮层分化不全、小脑发育畸形。患者面部表情缺乏、性格浮躁、好动、注意力不集中。

(3) 疾病感染。母亲在怀孕期间感染某些疾病,如德国麻疹、梅毒、腮腺炎、乙型肝炎、疟疾等,均有可能将病菌传染给胎儿,造成大脑皮层细胞受损,影响儿童智力发展,并可能伴有视觉障碍、听觉障碍、言语缺陷等异常状况。如,母亲在怀孕的头三个月感染梅毒,胎儿大部分会死亡,若在三四个月以后感染,则胎儿也会感染梅毒,造成胎儿皮肤病变、骨病变、脑积水,导致智力障碍。

(4) 难产与早产。胎儿在经母亲产道出生的过程中,可能因为胎儿过大、产妇骨盆过小等原因引起难产,致使胎儿发生缺氧或脑出血现象,从而使胎儿的大脑细胞受损,造成智力障碍。还有不少早产儿,因为出生时身体各部分的发育尚未完善,若加上出生后照顾不周,则极易出现智力发育的迟滞现象。

(5) 中枢神经系统病变。婴儿出生之后,在其生长发育的过程中,可能会患上某些疾病,如脑炎、脑膜炎、麻疹、神经纤维瘤、颅内血管瘤等,从而造成中枢神经系统损伤,形成智力发育迟滞,或造成其他脑部后遗症。

从有关的心理学研究可发现,儿童早期足够的社会文化刺激,不仅是其语言发展的必要条件,也是其顺利完成学校教育和进行有效学习的必要条件。“猪孩”、“狼孩”的事例证明，早期丰富的社会刺激、语言刺激是儿童智力正常发展的关键，错过了这样的关键期，可能造成心理发育迟滞。

世界卫生组织在其《精神发育迟滞：面临挑战》一书中归纳了造成儿童智力落后的一些社会文化原因，包括：①贫穷；②大家庭；③生育过密；④居住过于拥挤；⑤父母一方或双方患有精神或躯体疾病；⑥父母或兄弟姐妹中有轻度精神发育迟滞者；⑦父母的文化水平低；⑧生长在条件非常差的孤儿院或其他儿童保育机构。①

2. 心理迟滞的特征

心理迟滞儿童在生活自理、人际交往和运动机能等行为方面表现出以下特征。

（1）适应性行为出现较晚。心理迟滞儿童在大小便控制、餐具使用、学步以及初步的交往行为等方面均较正常儿童出现得晚。

（2）缺陷行为较多。大多数心理迟滞儿童在智力落后的基础上，均伴有行为障碍，主要体现为多动、退缩、强迫、恐怖、习惯性抽动、吸吮手指和衣物、手淫、大小便失控、自伤、攻击等。

（3）在认知方面主要包括感知、注意、记忆、思维异常：①感知觉速度缓慢，容量小，正常儿童马上就能看到的东西，这些儿童要按一定的顺序慢慢地观察才能看到；②不随意注意占优势，随意注意的发展非常缓慢，注意稳定性差，注意的分配和转移的能力也很差，很难在单位时间内同时注意到多个对象；③记忆的缺陷主要体现在感觉记忆和短时记忆的能力差，缺乏将感觉记忆或短时记忆转化为长时记忆的策略；④心理迟滞儿童的抽象和概括能力差，影响他们对文化知识的掌握。

三、心理迟滞儿童的家庭教育

（一）家庭的反应和影响因素

为父母者大都期望自己的孩子漂亮、聪明，有一个成功美好的未来。因此，心理迟滞儿童的出生对其父母来说是一个创伤性的事件。心理迟滞儿童的父母不仅因为不能达到这些目标而悲痛，同时还要面对心理和经济的压力。

---

① 肖非，刘全礼：智力落后教育的理论与实践，华夏出版社，1996：37—38。

一些研究者发现，父母对心理迟滞儿童的反应分为三个阶段。在第一个阶段中，孩子的情形导致父母经常经历痛苦和拒绝。当孩子的异常不是很明显时，很多家庭倾向于否认诊断。其实父母越早接受孩子心理迟滞的事实，对孩子越有好处，这已被很多家长认可。只有认可现状，父母才能平心静气地接受各种失调的信息。当诊断结果非常明显，儿童的特殊需要变得非常明确时，第二个阶段就开始了。在这一阶段中，父母的反应通常是持续的悲痛、自责、失望和愤怒，亲子依恋延迟。但也有些父母变得对心理迟滞的孩子更加依恋。第三个阶段，父母主要表现为情感重组、调整和进一步接受。父母重新建构整个家庭的需要，对于现状越来越满意。他们积极地寻找帮助，还有可能成为这项事业的追随者。

尽管一些家庭也遵循了以上阶段，但是一个阶段模式毕竟太简单了。许多家庭可能在更复杂的模式中调整和再调整。并且，某些家庭成员可能会比其他人受到更大的影响，更可能以不同的方式来适应。例如，母亲较之他人承受了更大更多的压力；兄弟姐妹，特别是姐妹，也会参与照看心理迟滞儿童的工作；同时，很多兄弟姐妹更多地表现出为别人着想，对心理迟滞的孩子更加关心。

心理迟滞的严重性是影响家庭生活的一个重要因素。中度和重度的心理迟滞需要家庭更及时的关爱，需要终身的照顾和监督。轻度迟滞意味着相当长一段时间内对于缺陷的不确定性，家庭成员在初期可能会花较多的时间在求医问药上。其他影响因素包括父母的信仰和处理技巧、婚姻关系、父母的智力状况、社会经济地位、专业服务和社会支持。儿童性格、家庭特征和社会变化等因素对于家庭成员的行为模式也起着非常重要的作用。例如，有研究表明，母亲更容易被孩子的行为所影响，而父亲容易被外在的与孩子有关的变化（如失业、经济压力）等影响。

家庭必须针对孩子的状况及时做出调整。对于儿童来说，智力的发展与学习的机会有关，而学习的机会是由成人促成的。心理迟滞儿童的社会和医学要求尤其需要父母的参与。充分的干预要求父母具有丰富的知识，并且乐于和孩子沟通，与孩子共同进步。

（二）心理迟滞儿童的教养

要改善心理迟滞儿童的心理、行为问题，家庭教育起着很重要的作用。家庭是儿童教育的启蒙地，对儿童一生的发展有着重要影响。心理迟滞儿童的家长要努力改变家庭环境中的不合理因素,协调家庭内部矛盾,改进教育方式,既不能过度保护也不能不理不睬,而要与孩子建立信任和亲密的亲子关系,从小就培养他们克服困难的精神及活泼开朗的性格。迟滞儿童认知水平低下,缺乏主见,容易受人指使,因此更要加强他们明辨是非的能力,增强他们的行为规范意识,从而理性控制自己的行为。

对心理迟滞儿童的家庭教育和训练应尽早开展,持之以恒,创造条件做到个性化,即按照患儿迟滞的程度和缺陷的方面制定特殊教育、训练的具体目标和计划。对轻度精神发育迟滞的患儿,应以教育为主,并形成良好的生活习惯,学会一些劳动技巧,使其能独立生活。对重度精神发育迟滞患儿应以护理为主,防止意外,避免伤残。

1. 正确的观念、态度和情绪

(1) 家长要有正确的观念和态度。家长要接受孩子心理迟滞的事实,尽管心理迟滞儿童的出生对父母来说是一个创伤性事件,但面对已经无可挽回的事实,父母只有积极对待,才能保证家庭生活处于相对正常的范围中。心理迟滞儿童是一个特殊的群体,应该以特殊的方式对待他们。家长对孩子应该充满慈爱,但也要正确运用自己的爱。既要给予孩子合理的照顾,同时又不能事事包办,要给他们合适的教育,给他们一定的锻炼机会,促使他们在原有的基础上有所发展。

(2) 要做好准备,教育心理迟滞儿童不是一朝一夕的事情,因为孩子的特殊性,家长更要有耐心,通过多方面合作,帮助孩子成长。

(3) 家长良好的情绪状态是非常重要的。父母的情绪很容易感染孩子。有些家长认为孩子小或者认为孩子心理迟滞,在孩子面前没有顾忌,有些家长因为孩子的问题整日争吵不休。这会给孩子幼小的心灵带来沉重的心理负担,进而影响他们的进一步发展。家长要保持良好的情绪状态,要注意调整好心态。如此,才能给予孩子良好的教育,孩子才有健康发展的可能。

2. 家庭心理治疗

家庭心理治疗对于迟滞儿童的状况改进是非常重要的。家庭心理治疗的重点是对孩子进行语言、动作、观察、计算、想象、思维等方面的训练。这样做的目的在于促使孩子智能的进步,培养他们一定的生活自理能力。

对迟滞儿童的感知能力训练着重于辨认事物的外形,分辨声音和颜色,并能将对外界的体验应用于日常生活中，以便更好地适应环境。动作能力训练包括大动作和精细动作训练；大动作训练要求能逐渐做到感官与机能配合，动作协调，适当地控制动作的力度和速度，操纵物件和运用工具；精细运动训练要求由大到小，由易到难，逐步加深。

语言是思维的手段，是与人交往的工具，其重要性不言而喻。心理迟滞儿童绝大多数有语言障碍，语言障碍会影响他们的认知能力，因此语言训练具有极其重要的意义。家长应该耐心地训练心理迟滞儿童，逐渐使其理解他人的话，能较清楚地表达自己的愿望和要求，并逐渐认识外界事物，了解某些生活常识和自然常识，做出适当的反应。

社会适应能力是指与他人交往的能力，是融入社会的必要条件。儿童必须适应他所处社会的文化背景或要求。家长可以通过游戏的方式，让孩子练习如何与别人相处，建立和维系与他人的良好关系，掌握一般社会认可的行为，以便适应社会，被社会所接受。由于心理迟滞儿童的认识水平低，对事物的分析能力差，常常不能预见自己的行为后果。此外，他们应激能力差，往往会出现一些不自觉或不符合社会要求的行为和活动，甚至导致犯罪行为，因此通过家庭治疗帮助孩子辨别是非是必须重视的一个方面。

如果心理迟滞儿童行为异常以致难以控制或造成危害，如出现严重的攻击行为、兴奋躁动、严重抑郁、情绪焦虑等，这时，应该马上送到专业医院治疗，进行药物干预。

3. 分阶段、小步骤的生活自理能力训练

心理迟滞儿童家庭教育的一个重要方面是生活教育，生活习惯、生活自理技能的培养又是生活教育的重点。让孩子熟悉日常生活的要求，教给他们生活自理技能，养成良好的生活习惯，是他们今后健康发展的基础，也是他们进入社会、为周围人们接纳的必要保证。

生活自理是指儿童在不依赖他人的帮助下，每天必须进行的最基本的动作，主要包括进食习惯与技能、衣着习惯与技能、个人卫生习惯与技能、便溺习惯与技能、睡眠习惯、安全知识和习惯的训练。轻度心理迟滞的孩子通过训练通常均能达到生活自理水平，中、重度以上患儿虽然生活自理困难，理解能力差，常需别人监护，但通过训练也能有所改善。对心理迟滞儿童的训练和教育在幼年期尤为重要。父母应耐心、坚持不懈地教育和训练患儿，使他们逐渐适应周围环境，逐渐适应日常生活。

第三节　其他特殊儿童的家庭教育

一、孤独症儿童的家庭教育

儿童孤独症又称儿童自闭症，症状表现为对他人缺乏情感反应，言语发育障碍，运动刻板和对环境缺乏反应。孤独症通常发生于3岁之前，是一种终身性、固定性、严重的全面精神发育障碍疾病。新生儿出现儿童孤独症的发生率是5/10000，患病的男女比例为5:1，该症与家庭收入、生活方式、父母受教育程度无关。在电影《雨人》中，就塑造了一个有惊人数学才能的孤独症成人。然而，大多数孤独症患者智力低下，仅小部分有平均智力或高智力。

和孤独症儿童相处非常艰难，因为所有的孤独症个体都是内向的。他们不回应他人，包括他们的父母。大多数孤独症儿童不说话，或无论你对他说什么，他都只是机械地重复，这被称作模仿语言。他们经常表现出重复性行为，例如来回地滚动、盯着看旋转的物体，还会有自我破坏性的行为。一个5岁或10岁的孤独症儿童的行为能力可能等同于一个正常的1岁的孩子。这些孩子需要持续的长时期的关注。

对家长而言，应对儿童语言和行为交流的双重缺陷是一种很大的挑战。孤独症儿童的特点各不相同，大致会有以下几种特点①：

（1）交往障碍：无法以社会接纳的方式礼貌地与人交往，包括没有社会性微笑，喜欢玩弄物品而不喜欢与人互动，家长离开房间时不会感到痛苦。

（2）语言缺陷：包括缄默、模仿语言、自言自语、语序混乱、语法错误。

（3）感觉缺陷：表现出对听觉、触觉、视觉刺激的过高或过低的反应倾向。

（4）非正常的情感：包括过多或没有恐惧反应、易发怒、无法控制地傻笑或哭闹。

（5）我刺激：包括自己转圈或旋转物体、重复的手的运动、摇摆、发出

① 徐琴美，丁晓攀，傅根跃：孤独症儿童及其矫治方法的调查研究，中国特殊教育，2005年第6期。

噪音。

（6）不适当的游戏:包括自我刺激。

（7）厌恶环境变化:刻板地依循固定的生活程序,包括不变的食物、每天固定的时刻表、熟悉的路线等,稍有变化就不能适应。

由于认知缺陷,孤独症儿童从婴儿到学步儿的过渡阶段较长。这会产生很多问题,如他们要花许多时间才能学会自己穿衣、吃饭、上厕所等。因此,家庭的社会活动、家庭资源、家庭关系、父母的情感健康、家庭娱乐和经济都会受到极大的影响。同时,由于这些孩子通常看似正常,陌生人可能无法意识到他是孤独症患者,所以当孩子公开表现出咄咄逼人或奇异的行为时,往往受责怪的是他们的家长。另外,家庭成员常常会发现这些孩子在记忆、艺术倾向、数学能力等领域的发展表现得早熟,这可能会使他们对孩子产生不切实际的期望,在他们发现孩子并没有什么进步之后,可能会产生受挫感和失望的情绪。孤独症儿童对父母的另一个重大的挑战,就是他们的感情冷淡没有回应。

在电影《雨人》中,那个孤独症的人以发怒的反应来回避乘飞机。关于孤独症儿童的研究表明,他们的古怪行为可能是一种习得性情绪表达方式,“我不想做这个。如果你非要让我做这个,我会表现得很古怪,让你停止”。所以孤独症儿童会抓、咬、踢自己或他人以达到自己的目的。

由于以上的原因,孤独症儿童的家长要忍受巨大的压力。这些压力不仅来自处理孩子难以理解的行为,还包括面对其他人对自己和孩子的反应。面对这些困难,孤独症儿童的家长急切关注的是找到合适的学校、住处和治疗项目,在这些事没有做完之前,他们不会考虑自己或其他家庭成员的个人需求。孤独症儿童不可避免地会对家庭产生很大的影响,来自朋友和专家的帮助可以适度控制这种影响。

二、学习障碍儿童的家庭教育

有些智力正常,甚至高智商的儿童,在读、写或数学方面却有很大困难。当这些儿童学习某些基础技能时,会有强烈的受挫感。所以他们在学校很容易成为双差生:学习差,行为习惯差。他们通常与同龄的“差生”在一起,自尊水平很低。若不加干预,这些孩子会逐渐讨厌学校,放弃学业。

典型的儿童学习障碍(LD)有别于我们通常讲的学习困难,后者可能由多种先天或后天不良的原因所造成①。学习障碍一般指那些智力正常儿童在阅读、书写、拼字、表达、计算等方面出现一种或一种以上的学习困难状态。医学界倾向于认为，这类儿童所表现出的学习困难与其中枢神经系统的某种功能失调有关。临床观察发现，这类儿童并不存在盲、聋、哑或智力低下（个别智力水平在临界状态），但可能伴有一些情绪问题和行为问题。这种病症在儿童中的发生率为6%左右，给这类儿童本身的学习和生活带来了很多烦恼和痛苦，也给家庭和学校带来了很多问题、负担和无奈。

学习障碍的表现之一是无法完成任务。其原因可能是多方面的，包括认知障碍、信息加工障碍、记忆储存障碍、理解障碍。同时，学习障碍儿童所处的社会关系也会影响他们的表现。例如，教师对学习障碍儿童的行为给予消极评价。另外，他们在与其他儿童的交往方面也会遇到困难，表现为他们比同伴更不受欢迎，常常被拒绝或忽视。这种情况可能与学习障碍儿童无法精确地认识到社会线索有关。所以，成人和这些儿童互动时，要注意到社会认知因素可能也会导致儿童的行为混乱。

养育学习障碍的孩子对父母是个挑战。

（1）父母要学会正确认识他们的孩子并接受他们。很多有学习障碍的孩子看上去精力旺盛、极度活跃而又健康聪明，可为什么学业表现如此之差！父母要认识到，孩子不是故意不听话、不顺从，他是病了，他的那些行为都是因为他病了，孩子正处于困境中，需要治疗和干预。父母要给孩子提供安全宽松的家庭环境，给予鼓励，帮助他们发现点点滴滴的进步，从而提高孩子的自尊。这是学习障碍的孩子在面临挑战时仍然能坚持到底的力量源泉。

（2）学习障碍儿童的父母还要做好被社会拒绝和排斥的准备。学习障碍儿童的父母往往体验着极强的挫折感。因为他们发现，除了自己以外，家庭其他成员、社会（学校）都不能接受他们和他们的孩子，没有人认为他们的孩子身体有问题，只是批评父母教子不当。因此，家庭内部会发生更多的冲突和争吵，而学校（教师和同伴）则往往对孩子和父母表现出更多的无奈和拒绝。在这种情况下，夫妻间的交流与沟通就非常重要了。只有夫妻携手才能提高自己和孩子的生活质量和健康水平，促进孩子的成长和适应。

---

① 静进，森永良子：学习障碍筛查量表的修订与评价，中华儿童保健杂志，1998年第3期。

三、注意力失调儿童的家庭教育

注意力失调,也称多动症(ADHD),这类儿童难以集中注意,易分心、冲动,游戏时不能守秩序,做事情有头无尾。他们不能像其他同龄人一样保持安静,或是坐在椅子上一段时间。因为不能集中注意力听老师讲课,所以这些儿童的学业成绩往往较差①。此病男孩的发生率是女孩的三倍。有些专家注意到,一些厌烦学习、对重复活动没有耐心的孩子,有时会被误诊为注意力失调。由于他们不能安静坐着、不能集中注意遵照指示办事,他们甚至还会被送入特殊学校,接受某些药物治疗来控制行为。

注意力失调儿童与他人交往时总是会遇到麻烦。他们遇到的主要问题是社会对他们的消极评价。这些评价是否与儿童的高活动量有关呢?研究者认为,注意力失调儿童的高活动水平可能与父母和教师不理解儿童的特殊需要进而对他们做出不恰当的回应有关。注意力失调儿童的父母通常是专制的,他们常常与孩子陷入争执,相互对立,对孩子的需要和兴趣置之不理。这些家长会认为自己的反应模式与所承受的压力和感到的抑郁程度有关。他们甚至会用孩子的特殊性来解释自己的不正常行为。这样的父母往往对孩子的不正常行为予以消极而不是积极的预防性回应。在这种情况下,消极亲子互动的恶性循环就形成了。

教养注意力失调儿童,父母首先要接受孩子处于病态、有特殊需要的事实;其次要调整好自己的情绪和自己的教养行为,调整对孩子的期望,不要放任自己的情绪;最后,也是最重要的,就是要努力建立和保持高质量的亲子关系。

高质量的亲子互动是非常重要的。为了避免亲子互动的恶性循环,父母需要与儿童保持积极的沟通和互动,从而让孩子感受父母的爱和认可,并获得价值感;父母要尝试和孩子一起从事一些建设性的活动,以提高他们的自信心和成就感;在生活中,父母要试图让儿童的日常生活变得有条理,改善和提高他们对日常生活的预测性。以下是对注意力失调儿童的父母的一些建议:

(1) 每天花 15 分钟和孩子一起做孩子喜欢做的事情,比如做游戏或是

---

① 张微,刘翔平,金颖:ADHD 儿童的选择性抑制,心理发展与教育,2008 年第 2 期。

读故事书；

（2）不要对孩子的行为表现出厌恶或愤怒的态度，即使孩子出现极端的行为也要理性处理；

（3）建立常规，安排多动儿童高活动量的角色，允许他们的高能量水平付诸有建设性的活动；

（4）通过规范日常生活的结构来帮助高活动水平的儿童变得有条理；

（5）把书、玩具、衣服放在儿童容易拿到的地方，比如用儿童挂钩；

（6）把用餐、吃点心、游戏、洗澡和睡觉的时间规范化。

四、生理缺陷儿童的家庭教育

生理缺陷儿童是指那些脑瘫，或肌肉营养失调，或因意外使机体出现障碍而影响正常活动的儿童。在与生理缺陷的儿童互动时，父母应注意以下几个问题。

（1）不要过度保护这些孩子。孩子需要感觉自己和其他正常儿童是一样的——每天上学、放学后嬉戏、温课、做家务、参加适当的运动等。

（2）为儿童创造自主行为的条件。家长可以选择恰当的设施（轮椅、踏板车、拐杖等），这对培养孩子的独立自主、自我依赖、自尊自信和积极的生活态度至关重要。

（3）将孩子的缺陷告诉孩子。有缺陷的儿童愿意讨论他们面临的困难和挑战。通过交流，家长应恰当地告诉孩子，他们的特殊意味着什么，他们不能做什么，更重要的是，他们能做什么。

（4）提高社会关注。让大家都知道缺陷意味着什么，有什么特点和特殊需要。许多人并不知道怎么对那些有缺陷的儿童做出回应，部分原因是因为他们为自己对这些孩子的好奇心而感到窘迫。家长可以开放地谈论自己孩子的生理缺陷，接受提问，可以幽默些，让他人放松。开放地谈论孩子的特殊需要不仅能帮助其他人理解孩子的特殊性，也指导了孩子如何面对陌生人的问题。

（5）体验收获，学会宽容。在特殊儿童的成长过程中发现收获的乐趣，并对儿童的行为更加宽容，有利于建立高质量的亲子关系。

五、患慢性病儿童的家庭教育

有些儿童出生时或出生不久就患有一些疾病,如白血病、癌症、糖尿病、肾病和心脏病。这些慢性病可能是由于怀孕期间母亲服用了一些有害物质,如酒精、药物等,也有可能是感染病毒所致。

相对于正常儿童,患慢性病儿童需要更多家庭内的照料和家庭外的医疗救助。为了维持生命,他们必须经常住院治疗。治疗和恢复期(在家和在医院)让孩子和家长承受了巨大的压力。孩子对于疾病治疗的压力大部分取决于家长对他们特殊需要的回应。对于家长来说,住院治疗意味着漫长的等待和随后的百无聊赖。而孩子不仅要忍受生理和情绪上的痛苦,而且要面对没法自由活动的境况。慢性疾病儿童必须学会面对痛苦的治疗过程。与成人不同,儿童很难有能力控制这些事件对他们的消极影响。他们除了混乱和忧伤,可能还会感到无助和沮丧。年幼的儿童可能会将住院治疗与家人分开视为丢弃和惩罚。所以,住院往往会使一个已经开口说话的儿童停止说话,使一个大小便能够自理了的儿童故意尿裤子或弄脏自己。住院治疗强化了儿童的恐惧,而父母无意中表现出的畏惧,以及医院冷漠生硬的诊疗环境和痛苦的治疗过程都会强化孩子的悲伤。如果住院治疗时间短,对儿童发展的影响较小甚至没有影响;如果是长时间的住院治疗,儿童和父母之间需要有更多的交流和自我调整。

患慢性疾病儿童对家庭生活的影响取决于很多因素,包括疾病的严重性、儿童的年龄和并发症、父母夫妻关系的满意度和家庭生活的质量。患慢性疾病儿童的父母容易沮丧。当儿童多病缠身或残疾时,家庭面临的压力更大。

健康活泼的孩子轻而易举就能得到家长的关注,但是生病的孩子却很难做到。因此,父母应该主动注意孩子的情感需要,花时间读书、唱歌给孩子听,陪他做游戏、讲故事、讲笑话,或是告诉他最近发生了什么事,还可以给孩子提供符合他兴趣、发展水平,能够吸引他注意力的书籍。与儿童开放地讨论他们的健康和特殊需要是非常重要的,通过坦诚的交流和帮助,家长还能使孩子学会接受、处理由慢性病所带来的挑战。

六、有感官缺陷儿童的家庭教育

下面我们将关注有严重视、听感官缺陷的儿童及他们的父母。

(一) 有视觉缺陷儿童的家庭教育

视觉缺陷主要包括弱视、斜视、偏光和盲等。盲是视力障碍中最为严重的一种,其优眼最佳矫正视力小于0.05,视野半径小于10°。调查资料显示,我国大陆有18.1万0—14岁的视力残疾儿童;其中49.2%为盲童;6—14岁学龄阶段的盲童有7.81万人。因此,研究这类儿童的发展与教育问题不容忽略。以下我们以盲童为代表讨论有视觉缺陷儿童及其家庭教育问题。

盲童的能力发展、兴趣领域和个性特征有些共同性①。从质的角度来看,盲童的能力发展与普通儿童存在一定差异,其听觉分辨能力、触觉能力比普通儿童高些,但他们普遍存在着应变能力,尤其是应变新环境的能力差、定向行走能力差、操作能力差等现象。从量的角度来看,国内外智商测查均表明盲童与普通儿童之间存在一定差距。从皮亚杰发展阶段论角度来看,盲童每个阶段的发展要比普通儿童慢1—2年,其生活、劳动、运动等能力的形成和发展都比普通儿童晚而且慢,生活适应能力较差。大多数盲童的发展在16岁前后都存在着一个"快速赶上"期,使其与普通儿童之间的差距迅速缩小。盲童的兴趣发展受个体心理过程的影响很大,常年以耳代目和以手代目,这使他们对听觉信息和触觉信息更感兴趣。就兴趣品质而言,与普通儿童相比,盲童在兴趣的广度方面,尤其在视觉刺激信息方面显得不够广阔,但在兴趣的稳定性方面比普通儿童稍强。

与普通儿童相比,大多数盲童在性格方面也颇具特点。多数盲童在对社会、集体、他人的态度上,表现出自私、漠不关心、缺乏同情心、冷酷无情、孤僻、不善于与人相处的性格倾向。不过,大多数盲童对待学习表现得非常认真、踏实,但对体力劳动则表现懒惰。在对自己的态度方面,盲童通常表现出异常的自尊、自负或自卑;在性格的意志特征方面,盲童主要表现为依赖、不果断和坚韧;在性格的情绪特征方面,主要表现为情绪困扰、情绪不稳定(占41%)、敏感(占47%)、消沉、抑郁、焦虑、爱钻牛角尖。

所以,养育一个有视觉缺陷的孩子是一个充满压力和挑战的经历。有

① 张福娟:视觉障碍儿童人格特征的比较研究,心理科学,2001年第2期。

研究者(Leyser & Heinze, 2001)让有视觉缺陷儿童的父母描述他们对其子女的担忧。结果表明,父母最担忧的是儿童的未来(96.8%),因为他们的独立性和获得成就的能力被束缚,以后可能会丧失工作的机会。同时,父母还担忧他们是否有能力满足孩子的特殊需要。其他担忧按重要性排序依次是经济、足够的服务以及孩子的残疾对家中其他孩子的影响。

有视觉缺陷儿童的父母可以使用许多方法来促进儿童的发展。

(1) 给有视觉缺陷儿童帮助他人的机会。大多数人想帮助盲人,盲童也需要有机会去帮助其他人。为别人提供帮助,能给孩子带来希望,让他们感受到自己的能力,增强他们的自尊心,提高他们独立生存的信念。

(2) 赋予儿童责任,例如收拾玩具,与父母一起照顾宠物,以及摆饭桌、收拾碗筷。孩子完成家庭事务的能力是他们今后独立的重要前提。当有视觉缺陷儿童的父母对孩子充满信任和信心时,儿童能从中受益。父母不要对孩子的行为表现出沮丧和失望的情绪,也不要期望他们能做好每一件事情,对他们的失误要给予包容和接受。当然也不要总是为他们做好每件事,应该留一些孩子能胜任的事情给他们自己处理。这样的态度有助于提高孩子的自尊心。

(3) 为视觉缺陷儿童提供证实他们自己能力的机会,寻找并发现、发展他们某些领域的特长,以发展他们的自我肯定和自我尊重。

(二) 有听觉缺陷儿童的家庭教育

有听觉缺陷的儿童可能表现出一些特定的人格特征。早在20世纪60年代,莱文(Levine,1960)就发现,聋哑儿童的人格特征基本表现为固执、以自我为中心、缺乏自我控制、易冲动、对挫折的承受力低、易受他人暗示等,还表现为情绪反应强烈、容易激动、性情急躁等人格特征。张福娟等(1999)的研究结果表明,听觉障碍儿童在独立性、忍耐性、领导性方面较差,容易产生固执、紧张、焦虑、自卑、攻击和敌意。

除一些人格特征外,最困扰耳聋儿童的是交流障碍。耳聋可能是最令人困扰的残疾之一。语言是思维的工具,说话能力与思维、交流以及智力的联系是最为密切的。对于在早期就有听力缺陷的儿童来说,他们最严重的问题不是听力的丧失而是没有发展出成熟的交流系统。对此,学者们一直都在争论,耳聋儿童该使用哪种交流方式:口头语言、手势语言、唇语,还是书面语言。交流方式的选择对孩子生活的领域也会产生重大影响,其中包括对孩子的希望和期待,孩子的教育问题等。

听力正常的父母对耳聋孩子的理解存在很大障碍,而耳聋父母能更好地理解聋童的感受和需要,还能教会孩子有价值的交流技巧。在父母耳聋的家庭中,父母间的交流以及与孩子的交流基本依靠手语进行。与耳聋父母相比,听觉正常的父母很少使用手语和耳聋孩子交流。

关于耳聋儿童应该学手语还是学唇语,在特殊教育领域仍存有争议。一方面,不是所有耳聋儿童都能顺利学会唇语来理解他人的信息。另一方面,研究表明,耳聋儿童学手语与正常儿童学口语一样容易。此外,出生后第一年更容易学会手语,这是语言发展的重要阶段。尽管耳聋婴儿开始发出"咿呀"声的时间比听力正常的婴儿晚,但是他们手上发出"咿呀"声与听力正常的婴儿口头发出"咿呀"声是在同一时期(约六七个月)。

口头"咿呀"声包括某个音节的重复(例如 ba—ba—ba),而手上发出的"咿呀"声包括肢体的交流。更重要的是,手上发出的"咿呀"声是婴儿生来就有的,他们用各种姿势交流,例如抬起手指向他们想要的东西。耳聋婴儿减少了口头的"咿呀"声,增加了手上的"咿呀"声,这与听力正常的婴儿正好相反。

有听力缺陷的儿童可能并没有因为本身的障碍而受挫,相反,倒是正常人对待他们的态度让他们更受伤害。他们的痛苦更多来自外界的消极评价。

七、天才儿童的家庭教育

关于天才儿童的定义存在争议。他们通常有优异的智商,优秀的学习成绩和强烈的自我实现愿望,可能在特殊的、有支持性的学习环境中更能激发他们的潜力。

天才儿童不仅有高智商和优秀的学习成绩,而且情绪稳定、受欢迎,在学校里是社会性领导者,很快乐。不过,个别特别聪明的儿童也会被同伴取笑,同时他们可能认为学校里的课程没有挑战性,也可能会因此不适应学校的学习环境而出现调节和适应问题。

拥有一个天才宝贝是让父母感到自豪的事情,但是天才儿童有时候也会对家庭关系产生消极的影响。如果家里不止一个孩子,那么父母对天才儿童的过分关注可能会导致家中孩子间的不恰当比较。另外,由于天才儿童经常表现出超前的推理能力,父母有时很难管教他们,因为他们有主见,善于运用自己的方法解决问题。有时候父母会对天才儿童提出额外要求,这不仅会对孩子产生消极影响,而且会引发整个家庭的心理问题。

因此,建议父母首先要将自己的天才宝贝看成孩子,而不是天才儿童。如果是多子女家庭,则尽可能平等对待每一个孩子而不搞特殊化,当然还要为你的天才宝贝提供他们所需的更高的挑战和更高程度的教育。

第十二章　特殊家庭与儿童成长

与一般的核心家庭相比,有些家庭由于种种原因,家庭结构发生了重大变化,教育功能严重削弱,必须要针对性地采取一些特殊的家庭教育措施,才能保障儿童的健康成长。本章主要讨论这些在结构和功能上具有特殊情况的家庭——单亲家庭、再婚家庭、领养家庭和存在虐待、暴力等问题的家庭,并关注这些家庭中的儿童成长状况及其家庭教育经验。

第一节　婚姻关系对儿童的影响

在家庭系统中,家庭中的每一种关系之间都会相互影响,其中,婚姻关系尤其具有影响力,家庭结构的变化往往是由婚姻关系的变化引起的。

一、婚姻冲突与儿童的适应问题

(一) 婚姻冲突

所谓婚姻冲突,是指夫妻二人因成长背景不同,有不同的价值观、需求、知觉,再加上社会的变迁,使双方在面对角色期待、经济问题、子女管教、家事、姻亲相处、性关系等问题时,产生不一致的想法与做法。在日常互动中,夫妻双方会以各种公开或私下的方式,从理性的冲突、冷静讨论解决问题,到批评、讽刺、责怪、争吵、冷战、语言暴力,直到严重的肢体攻击、暴力等方式来应对冲突。

婚姻冲突的原因有些来自于婚姻次系统,有些来自于家庭系统、亲子次系统、原生家庭系统,甚至更大的社会文化系统,往往是各种因素交互影响的结果。夫妻冲突的外部表现和内部原因复杂多样,主要因素是成人相互冲突的激化,也可能包含着孩子的因素。而婚姻冲突和家庭冲突(家庭冲突是指家庭成员之间的行为,包括从口头的争执和批评到身体的暴力行为)经常相伴而生,很难区分它们各自的影响。

频繁的婚姻冲突使夫妻感情产生裂痕。从婚姻破裂到离婚,夫妻一般都会经历一段复杂的心理变化过程。在这期间,家庭的各种关系也随之发生变化,这会对孩子的成长产生不同程度的影响。

(二) 婚姻冲突与儿童的情感和社会性发展

双亲家庭中的儿童主要通过观察父母如何说话和彼此相待来学习成人间的关系。如果父母和其他家庭成员能以诚相待、彼此尊重,儿童在情感和社会交往方面就能从中受益。相反,如果他们经常拒绝对方、愤怒、互相对抗,尤其是身体上的攻击,儿童的情感和社会性发展就会受到消极影响。

1. 在孩子面前适当暴露父母的争论并不一定会伤害孩子

所有的家庭都偶尔会有争执和面对面的冲突,但大多数孩子并没有表现出适应性问题。对那些生活在良好的家庭关系中的孩子来说,偶然受到父母婚姻关系不和谐的冲击,能使他们更好地处理矛盾。其实,目睹一些建设性的家庭争执对孩子甚至是有益的。比如,孩子可以观察到父母在冲突中用信任和最小的敌意来解决争论,孩子有时可以通过这种方式来学习这些解决人际冲突的有用技巧。

2. 严重的婚姻冲突对儿童的伤害

孩子观察到的婚姻冲突的类型和强度比冲突的次数更能使孩子出现反社会行为。愤怒、敌意的婚姻冲突似乎更具伤害性。孩子看到激烈冲突的次数越多,就越会对父母随后表达的愤怒和敌意的情绪变得敏感和脆弱。经常目睹父母间支持的、富有情感的沟通,以降低孩子对父母冲突后敌对情境的敏感度。

孩子通常会目睹父母亲发生冲突时愤怒的交火和相互指责,却看不到父母在冲突之后表示的歉意和懊悔及试图重修旧好的行为。这对孩子来说是很不幸的,因为孩子不仅不能观察到成人处理和解决矛盾的技巧,还因此留下了对父母如何看待对方的歪曲理解。

父母的冲突制造了紧张的家庭氛围和其他的情感背景。当父母的冲突不断升级,孩子也可能会卷入到冲突中去时,男孩尤其会感到威胁和恐惧,害怕父母可能会离婚。有时父母为孩子的养育问题争吵,孩子(尤其是男孩)会因此指责自己,他们会把父母的争吵归咎为自己的行为不当。他们甚至会感到非常不安,有时还会介入父母的争吵。父母的争吵与孩子的适应问题有关。如果孩子陷于父母婚姻的矛盾或卷入激烈的冲突,他们就会承受额外的伤害,甚至连婴幼儿都能感觉到父母争吵时的紧张情绪。

(三) 婚姻冲突影响父母的养育质量

婚姻冲突会直接或间接地影响孩子的适应问题。频繁的婚姻冲突造成的压力会导致父母养育行为的不一致和无效。婚姻冲突造成夫妻间相互疏离,这使父母对孩子投入的时间较少,也更少去关心孩子,与孩子不够亲密。这可能会危及到亲子依恋的安全性。这是因为:

(1) 孩子模仿父母的敌意行为和情绪表达;

(2) 孩子为了把父母的注意力从婚姻矛盾转移到他们身上,会把观察到的行为付诸行动;

(3) 孩子会因为父母的矛盾责怪自己,变得害怕和自我憎恨;

(4) 婚姻受挫的父母会使用不一致的、拒绝的或惩罚的抚养方法,或者情绪化地对待孩子。

有些母亲因为对婚姻不满意而过度关注孩子。这种补偿性的反应源于对婚姻不满,但这样做更加疏远了夫妻双方、父亲与孩子之间的关系。婚姻关系对亲子关系的质量影响更大,对婚姻不满意的父亲通常在孩子(尤其是女孩)面前表现出退缩。当父亲对婚姻关系表示满意时,他们会更富情感地投入到孩子的抚养中。有研究者(Belsky, Youngblade, Roine & Volling, 1991)对参加宾夕法尼亚婴儿和家庭发展计划的100个婴儿进行研究发现,父子关系的质量大体上反映出父亲的婚姻满意度。

婚姻冲突和孩子的适应问题是一个复杂的现象,但我们可以确定,父母间的相处方式、他们的养育质量(尤其是父亲)与孩子的适应问题之间是一个动态的、互惠的关系。

二、离婚对儿童的影响

离婚对孩子和成年人来说都是一段不寻常的经历。离婚的预期效果是减少婚姻中的痛苦,减少由于父母亲间的互相憎恨而引发的持续性悲痛,对孩子来说,则意味着失去了一个完整的家。家庭对孩子来说是他们从婴儿到青少年期持续发展的支架。这个支架使他们的心理、生理和情感渐趋成熟。当这一支架倒塌时,孩子的世界也就在一段时间内失去了支柱。离婚对儿童的消极影响是十分严重的。

（一）离婚给儿童带来的问题和困扰

父母离婚带给孩子的问题和困扰主要来自两方面：一方面是因父母离婚而导致的问题和困扰，包括父母离婚前后的冲突、父母的负面情绪、不充分的亲职表现、离婚以后经济状况的变化以及居住环境的变化等；另一方面是随着父母离婚而使孩子可以享用的资源减少，包括与非监护人和非监护人的原生家庭的联系减少，孩子可获得的父母经济资助减少，社会支持网络的缩小等。

1. 离婚可能导致儿童出现行为问题和适应困难

离婚过程的每个阶段有不同的家庭气氛和亲子关系，这些直接影响儿童的适应。父母离婚前，通常有一段“冷战”和“热战”时期。这时父母往往疏于照顾孩子，孩子难免与父母一样处于不安和焦虑之中，甚至惶惶不可终日，导致学业成绩明显下降，身体健康受影响。父母离婚时，常常以孩子作为武器来对抗对方，也会因孩子的归属问题发生争执。这常常使孩子两面不讨好，对未来有高度的焦虑，导致孩子生活和学业适应困难。父母离婚后，儿童会面临另一种新的生活环境，遇到的问题可能会更多。

中国妇女联合会1990年组织大批心理学工作者进行了一项题为“离异家庭子女心理特点”的调查。结果显示：

（1）离异家庭子女在认知、推理和学习成绩方面与完整家庭子女存在显著差异；

（2）离异家庭子女在同伴关系及亲子关系方面与完整家庭子女有着明显差异；

（3）离异家庭子女在问题行为方面与完整家庭子女存在巨大差异（见表12－1）。

表12－1　两类家庭儿童问题行为的比较

问题行为		家庭类型	
		完整（%）	离异（%）
情绪	爱哭	13.25	24.20
	情绪低落，高兴不起来	3.07	23.43
	易烦躁	4.29	16.02
	易发怒	5.15	17.02
	经常发呆	2.70	24.31
	惧怕某些动物和人	5.03	10.94

续表

问题行为		家庭类型	
		完整(%)	离异(%)
性格	放荡不羁,到处乱跑	4.67	22.32
	过分胆小,焦虑	10.55	20.55
	冷漠,无动于衷	2.21	19.78
	固执,闷闷不乐	1.96	20.44
	自卑,没脸见人	0.61	9.28
	孤独	3.44	19.56
性格	不愿与人交谈	4.05	20.88
	做事有始无终	19.02	36.91
学习	学习上有困难	12.76	37.46
	学习成绩差,潜力没有发挥	9.94	38.34
	怕上学	1.48	8.73
品德	撒谎和欺骗	5.28	31.05
	做错事不在乎,不感到羞愧	7.48	28.18
	吹牛自夸	6.38	15.58

2. 离婚导致儿童行为问题的可能因素分析

离婚为什么会导致孩子产生行为问题呢？研究人员分析了五种潜在因素。

(1) 父母一方的离去。由于离婚后父亲或母亲离去,由父亲或母亲行使监护权,孩子得到的父母关爱和监督与完整家庭的孩子相比会少很多。由于父母在家里的示范角色减少,孩子社会技能的培养也相应减少。如果没有监护权的一方与孩子及监护孩子的一方保持良好的关系,孩子的表现也会好一些。

(2) 有监护权父母一方心态的调整。由于离婚,孩子更多地由拥有监护权的一方照顾。如果有监护资格的父母一方心态调整得好,孩子也会调整得比较好。

(3) 经济劣势。离婚后,随之而来的通常是生活水平的下降。经济条件的下降有时会影响到孩子的营养和健康,也会减少一些能提高学业成绩的活动机会,如课外书、教育工具和校外课程学习等。生长在贫困家庭的孩子,其状况最令人担忧。根据经济劣势假设,如果父母离婚后生活水平没有下降,孩子会相对较少感受到因父母离婚带来的痛苦。

(4) 父母间的冲突。根据家庭冲突理论,家庭结构的变化并不会危及孩子的幸福感,但随之而来的不和与纷争,却会让孩子觉得痛苦。过多地目睹父母间的冲突与不和会使孩子的情感受到创伤。夫妻冲突可能使父母无暇顾及到他们对孩子成长应负的责任。

(5) 压力重重的生活变化。父母离婚带来了许多压力重重的生活变化,比如搬家和换学校、父母亲一方或双方再婚。孩子面临的压力越大,他们调整得也往往越差。

在这五种可能的因素当中,父母间的冲突影响最大,且每种因素会因孩子年龄和性别的差异而产生不同的影响。

(二) 父母离婚给儿童带来的情感变化

儿童在父母离异的过程中遭受了种种变故,经历了非常痛苦的情感体验。离婚家庭的儿童都有很强的紧张感,包括对未来的恐惧感和不安全感,害怕被父母抛弃的恐惧感,对提出分居想法的父母的怨恨,对其所处环境的绝望、孤独感以及对自己在父母婚姻破裂中的角色感到内疚。父母刚离婚时,孩子对父母的分手会觉得伤心,会对父母间的冲突和家庭关系的混乱表现出狂躁和攻击情绪,以及对父母间关系的变化感到困扰。

面对破碎的家庭,最感到无助的就是孩子。孩子的情感会发生很大的变化,一般以下几种情绪最为突出。

(1) 被拒绝感。这是父母离异后孩子最深刻的感受之一。孩子对于被拒绝——不论是表现出来或感觉到的——尤为敏感。由于父(母)亲必须独立应付生活的重担,因而大部分时间可能不在家,也会缺席一些重要的节日或场合。这时孩子被拒绝的感受可能会持续较久,尽管孩子知道父(母)亲已经尽力而为了。

(2) 愤怒。在情绪混乱时,孩子会感到愤怒。父母离婚使孩子失去了父(母)亲的支持与关爱,产生愤怒情绪,尤其会憎恨离开的一方。然而,孩子很多时候无法对离开的一方表达自己的愤怒,于是向抚养他的父(母)亲发脾气,将其当成发泄怒气的对象。

(3) 缺乏安全感或不健全的自尊。导致父母离婚的环境、离婚的过程及父母离婚后的情形都会影响孩子对自我价值的评论，他们可能会觉得自己跟其他有完整家庭的朋友有很大不同。

(4) 退缩。当人们在一段关系中受伤害时，本能的反应是退缩、拒绝说话、不愿付出爱与关怀。父母离异后，身处单亲家庭的孩子可能会觉得与父母有距离，觉得突然被朋友疏远。尽管亲友或同学、老师并没有以异样的眼光看待和判断他们，但他们仍可能疏远这些人。他们会感到命运不公："为什么这种事情发生在我的家里?"在自我退缩的过程中，许多孩子会感到非常孤单，觉得自己没有朋友，十分无助。

(5) 自卑。父母是孩子们心目中的骄傲，特别是父亲。在幼小男孩的心中，父亲是百事通，是万能者，是世上最了不起的人。孩子们在一起会夸自己的父亲如何有学识、如何有力气，甚至如何有钱。生活在一个没有父亲或母亲的家庭里，孩子自然就没有这种优越感。而世俗的偏见总认为，离婚是不光彩的事，于是，孩子的自卑感便油然而生。假如孩子之间闹别扭，则更会使他们觉得自己势单力薄。

(三) 离婚对不同年龄儿童的影响

处于不同年龄段的儿童有不同的发展任务，对于父母离婚的反应也有所不同(见表12-2)。学龄前与低年级的儿童由于认知不成熟，难以理解父母离异的原因。他们往往倾向于自责，并且认为婚姻的破裂会使父母抛弃他们，因此经常显得极度不安。他们可能会成天抱怨并出现严重的依附行为，表现出严重的焦虑。学龄前儿童尤其可能幻想父母会重归于好。年龄较大的儿童可以更好地理解父母离异的原因。他们认识到观点的分歧、性格的不合、相互缺乏理解是父母离异的原因。如果与共同生活的父(母)亲有很亲密的关系，并且不要强迫他们一定要选择哪一方的话，青少年的表现通常会很不错。但许多学龄儿童和青少年仍对父母离异反应强烈，尤其当家庭冲突很大时，他们可能出现心理调适方面的障碍，他们可能会在一些不良的同伴交往中寻求解脱，例如离家出走、旷课、过早性行为甚至违法行为等。

表 12－2　父母离婚对不同年龄儿童的影响

	学前期（2.5—6 岁）	潜伏期前期（7—8 岁）	潜伏期后期（9—12 岁）	青少年期（13—18 岁）
情　感	易怒、敏感、分离、焦虑、攻击	悲伤、忧愁、恐惧、丧失感、失落与愤怒	失落与拒绝、无助与孤独、羞耻、担忧、伤害	失望
行为表现	幼儿退化行为、攻击与破坏行为、幻想	哭泣、幻想、独霸、不与他人分享	对母亲、父亲或双亲的直接拒斥、易怒、需求多、教训的态度、偷窃、身体症状、与双亲关系紧张	对自己当前的情况能坦然接受，积极参与社会活动
处理问题的策略	没有处理问题的策略，常使用攻击	缺乏减轻痛苦的能力和有效处理问题的策略	认定父母离婚已是定局，进而放任自己，沉迷于游戏	更自信
学业成就	仍未就学	与其他儿童没有差异	明显的低劣	与其他儿童没有显著的差异
父母离婚归　因	自责	自己与父母离婚有主要关联	自己与父母离婚仅有少许关联	认为自己与父母离婚无关
认　知	对将要发生的事感到迷惑	对将要发生的事感到迷惑	清楚地知道将要发生的事	清楚地知道将要发生的事
父母离婚的影响	多数情况恶劣	有 65% 变好，或接受父母离婚的事实，23% 转劣	25% 担忧被父母遗忘、遗弃，75% 恢复以往教育与社会成就，孤独感恶化	多数儿童面临某些认知问题

（四）离婚给儿童带来的长期影响

父母离婚和其间的冲突会给孩子带来长期影响，诸如同伴间的相处、在校表现、急躁焦虑等问题，在离婚家庭的孩子中相当普遍。大部分儿童在父母离婚两年后心理调适能力开始改善，但有一些孩子仍然很焦虑，并且出现学习成绩下降。这导致了成年早期严重的适应困难。由于长期得不到良好的教养，男孩子或者有性格缺陷的儿童在青春期更可能辍学及出现反社会行为。对于女孩子，则更多地表现出一些长期的不良效应，最常见的长期问题出现在异性行为上，例如青少年时期的性行为、未婚生育以及成年后的婚姻问题。

由于离婚家庭孩子的调整各不相同,作为一个群体,他们与完整家庭的孩子的差异并不明显。只有一小部分人群有严重的情感混乱和反社会行为,需要有专业的看护。少数孩子在父母离婚后调整得非常好。这得益于他们较少见到父母争吵和冲突,有监护权的父(母)亲在分居后对孩子给予了更多的关爱,以及其他社会支持减轻和保护了孩子免受家庭破裂的影响。

无论如何,婚姻的破裂对儿童来说都是一件痛苦的事,但儿童在对待父母离异上的反应存在着很大的个体差异。父母的心理健康状况、儿童的个性特征、家庭得到的社会支持和社区环境都会影响儿童对父母离异的调适。

三、父亲缺失对儿童的影响

父亲缺失(father absence)指由于分居、离婚、死亡等原因而导致的儿童缺少父亲的关怀、缺少父爱的现象。目前,我国离婚率呈现逐年上升的趋势。社会上出现了越来越多的“母子(女)”单亲家庭。这些家庭的孩子得不到或很少得到父亲的关爱,产生父亲缺失现象。

在家庭中,父亲和母亲扮演着不同的角色,对儿童心理的发展发挥着不同的作用。父亲对于一个孩子的发展,特别是对于其自我认同具有重要的作用。父亲帮助孩子从心理上与母亲分离,教他们控制自己的冲动,学习各种规范和规则,同时还能帮助母亲避免过度情绪化地处理她和孩子之间的关系。

父亲角色理论认为,父亲在儿童成长中最基本的角色是作为一个玩伴,父亲的主要抚养行为是与儿童游戏。儿童与父亲的游戏使儿童逐渐摆脱对母亲的依恋,诱发儿童对外部世界的好奇,而成功的探索经验又会使他们获得信心,面对陌生环境时表现出勇气。一些研究者认为,儿童与母亲关系的建立是以母亲的抚养行为和对婴儿反应的敏感性为基础的,而儿童与父亲的关系则更多建立在活跃的游戏中。在遇到痛苦时儿童更倾向于到母亲那儿去寻求安慰,而想玩时,则更多地想到父亲。父亲缺失会使儿童缺少与父亲游戏的经验,缺少与父亲的互动,进而影响儿童心理的发展。

父亲可以通过他们所传递的行为、态度、信息来直接影响自己的孩子,比如照管、教导、玩耍等;也可以通过为孩子提供更广阔的交往空间和积极的社会互动环境对孩子施以间接影响,比如家庭的经济支持。因此,在成长过程中父亲角色的缺失,会使儿童(尤其是男孩)在性别角色认同、学校表现、心理适应以及攻击控制等方面出现问题，因离婚而导致的父亲缺失会在很多方面影响孩子：

（1）孩子失去了一个照顾者；

（2）单身妈妈面临很多经济压力；

（3）在面对经济压力的同时，单亲妈妈还常常伴随着情绪紧张；

（4）经历父母离婚的儿童常受到被父母抛弃的感觉影响；

（5）离婚前后父母的婚姻冲突对儿童有着极为恶劣的影响。

总之，父亲缺失的不良影响，不是因为孩子缺乏性别角色榜样，而是由于父亲一些作用的缺失——经济的、社会的和情感的作用没实现，或者没有被恰当地实现。

第二节　单亲家庭中的教育

单亲家庭指父亲或母亲一方与子女共同组成的家庭。它包括父母离异后子女归一方抚养的家庭、单身领养子女的家庭、未婚生育的子女与其父或其母共同组成的家庭、因丧偶造成的缺父少母家庭。在现实生活中，还有一些因父母长期两地分居而造成的“单亲”家庭。另外，近些年来，父母一方远离亲人到外地打工，在一定的程度上，这些家庭也成了实际的单亲家庭。在较长的时间里，孩子在家中所受的教育也只有来自父亲或母亲单方的。

单亲家庭中以离异单亲家庭为最多。民政局统计资料显示，自20世纪70年代末以来，中国的离婚数持续上升，离婚率在20年中上升了近3倍。上海的离婚率近年来增长速度惊人，粗离婚率（粗离婚率是指年离婚总对数除以当年平均人口数）从1980年的0.3%到2000年的2%，增长了近7倍。中国的单亲家庭绝大多数由离婚者构成，不同于欧美国家主要由“未婚女性”构成。中国目前每年有100多万对夫妻离婚，所形成的单亲家庭呈上升趋势。单亲家庭中儿童的抚养教育问题比完整家庭多，尤其是在离异单亲家庭中。因此，本节着重讨论离异单亲家庭及其家庭教育问题。

一、单亲家庭面临的困难与问题

在一个完整的家庭里，父母双方共同承担养育孩子的责任，包括提供营养、满足情感需要、安排生活学习、作出教养决定以及洗衣做饭、接送孩子等日常事务。家庭破裂后,生活条件、生活环境都发生了巨大的变化,心理问题、教育问题也随之产生。一个父亲或母亲只能给予孩子一种性别角色,有限的拥抱、有限的管教、有限的钱,这都是单身父亲或母亲必然面对的情况。

一般来说,单亲家庭往往会面临以下的困难与问题。

(1) 压力大。这是单亲家庭遇到的最大困难。一方面是社会的偏见、歧视、误解对其造成低人一等的心理压力。比如一个单亲家庭的小男孩每晚睡觉前必把玩具手枪放进被窝,反映了家中唯一男子汉的强烈防范心理。另一方面是教育责任仅由一人承担的心理压力。有些父亲或母亲唯恐对孩子关心不够,过于强烈的责任心,不仅使自己承受了巨大的心理压力,而且巨大压力之下的过度管教可能使孩子产生强烈的逆反心理,变成"难教育"的孩子。

(2) 精力不足。离婚后,单身母亲或父亲同时扮演着母亲、父亲以及从业者三重角色,一个人支撑一个家。他们往往疲于奔命,却顾此失彼,处处感到精力不够。不少单身母亲或父亲更多的是忙于自己的事情,很少关心教育孩子、和孩子相处,导致子女无人照管,学习落后,甚至变成"问题儿童"。

(3) 财力下降。一个经济来源有限的单身父亲或母亲,对孩子的生活资源和教育资源的投入都可能不如离婚前。

(4) 能力有限。丰富的家庭生活需要多方面能力的支撑。单身父亲或母亲单枪匹马的教育,容易造成教育的片面性。

(5) 社会交往有所抑制。离婚后,单身母亲或父亲由于生活适应、心理适应问题,容易自我封闭,并用传统的封闭模式培养子女。这种情况以单身母亲家庭为甚。这种社会交往的限制,使儿童缺乏社会经验。儿童对人生、社会经验了解过少所造成的后果,可能要到以后方能显现出来。一些一直听话、服管教、完全依附家长的孩子,会突然"背叛"家长为其所塑造的角色,开始寻找崭新的属于自己的人生,但又会因缺乏社会经验而陷入困境。

(6) 特殊的焦虑。单亲家庭儿童对单身父母的异性约会怀有复杂的情感,有些孩子担心母亲生活中新的男人会取代他们在母亲心中的地位。通常来说,青少年男孩对母亲的约会有非常矛盾的情感,他们既希望母亲快乐,但又想保护自己不受伤害或被利用。而单身母亲家庭中的女孩,因为很少接触父亲，她们会认为男人是不可靠的和控制人的，她们可能担心自己是否有能力拥有亲密男女关系。

二、单亲家庭儿童的心理适应

离异单亲家庭儿童的心理适应，既取决于父母的离异心理，又取决于父母如何解决孩子的抚养和教育问题。

（一）离异家庭儿童情绪发展的六个阶段

离异家庭中的儿童由于父母离婚产生的心理危机，一般不会在短时间内消除，要经历一个逐步的适应过程。心理学工作者们经过广泛仔细的调查研究，认为离异家庭的儿童的情感变化过程都要经历若干阶段，既有愤怒、焦虑、失眠的时期，也有相对情绪平稳的时期；既有烦恼和尴尬，也有希望和对美好生活的期待。儿童在父母离婚的打击下，情绪情感的变化大体要经历六个阶段。

(1) 愤怒与痛苦阶段。其主要表现是：总有想哭的感觉；做噩梦，情绪低落，为父母离婚感到羞耻，没脸见人；对成人怀有敌意等。处在该阶段的孩子易受伤害，处于一个抒发或发泄感情的时期。

(2) 盲目乐观阶段。一般在孩子强烈悲痛之后会出现一个较为短暂的时期，处于这一阶段的孩子，过分相信生活是美好的，盲目地认为没有什么力量可以伤害自己，认识不到现实生活的残酷性。

(3) 流动与出走阶段。处于这一阶段的儿童，无论身在何处，都处于一个“上满弦”的状态，很难独自一人在家停留。他们心理负担过重，再也经受不起任何打击。

(4) 终日忙碌阶段。此阶段的儿童勤奋用功，积极肯干，但内心却不时感到过重的精神和感情负担，而且许多行为并非出于自愿。

(5) 渴望与思索阶段。许多儿童在父母婚姻解体后，感情受到严重伤害。但逆境并没有使他们倒下，他们渴望安逸、温暖、舒适的家庭生活，开始思考父母为什么要离婚，并设想如何造就坚强的自我。他们在经历痛苦和摆脱痛苦的过程中，发展了应变能力，增强了勇气、信心和创造力。

(6) 获得新生阶段。这个时期的儿童不再为父母离婚而悲痛，他们开始热爱生活，积极投身于各种学校和社会的活动之中，觉得自己有充沛的精力，已经成为一个全新的，过着激情的、充满挑战的生活的人。

以上六个阶段的顺序因人而异。有些儿童需要经历所有阶段,有些儿童或许一次越过几个阶段,有些儿童具有较多的反复性,有些要进入青年期后才能适应。

(二) 影响儿童对离婚适应程度的因素

父母离婚后,要使儿童顺应环境,最主要的工作是有效地照顾儿童,尤其是作为监护人的父(母)亲要能适当地处理离婚给孩子带来的压力,使儿童免受家庭冲突的影响。儿童与没有监护权的父(母)亲的接触也很重要。对于女孩来说,良好的父女关系明显有利于健康的异性关系的发展;对于男孩来说,良好的父子关系对他们的心理健康起着决定性的作用。

如果离异的父母消除了彼此的分歧,在养育孩子方面互相支持对方,那么儿童最可能形成上进心、稳定性和幸福感。家族内其他人的帮助、积极的兄弟姐妹关系、温暖的友谊、良好的学校教育和师生关系也会减少由父母离异带来的对儿童的长期性伤害。

表12－3总结了影响儿童对父母离婚的调适因素,包括父母的心理健康状况、儿童的个性特征、家庭得到的社会支持等。

表12－3　影响儿童对离婚适应程度的因素

因　素		描　述
父母的心理健康状态		成熟、有良好适应能力的父母更能承受压力,更能使儿童免受冲突之苦,并倾向于采取权威型的教养方式
儿童个性特征	年龄	学龄前和小学低年级儿童经常自责,并表现出严重的焦虑情绪,大一些的儿童也反应强烈,出现一些破坏性的反社会的行为。但一些儿童却表现出不同寻常的成熟而负责的行为
	气质	气质不良的儿童不能够承受太大的压力,并且有较长期的适应障碍
	性别	由母亲抚养的男孩比女孩存在更加严重的长期问题
社会性支持		如果离异父母能消除彼此的敌意,有监护权的一方能与没有监护权的一方保持接触,并与儿童的老师、朋友及家庭内的亲戚保持良好的关系,会使儿童的发展情况得到改善

一些研究认为,离婚对孩子的短期影响依赖于以下方面。

(1) 每对亲子关系的质量(亲密程度);

(2) 父母的心理指导作用,特别是拥有监护权的一方;

（3）父母双方的配合能力；

（4）与孩子共同生活的一方对孩子的监管；

（5）拥有监护权的家庭的组织；

（6）每个孩子的适应能力。

为了孩子适应良好，孩子需要由一个健康的关注孩子的照料者来抚养。如果离婚的单身父母能做到以下几方面，他们的作用会发挥得好一些。

（1）争取前配偶的支持；

（2）给孩子权威的管教；

（3）提高高压力单亲抚养的处理技能；

（4）扩大包括家庭成员和朋友在内的社会支持系统。

三、单亲家庭儿童教育的策略与方法

离异对儿童的消极影响并不是绝对的。婚姻和家庭问题专家认为，与其让儿童生活在一个父母不和的家庭中，不如让他学着适应父母的离婚。我国学者冉乃彦主持了“单亲家庭子女教育特点的调查”，结果表明，单亲家庭子女教育既有劣势也有优势。其优势主要是：

（1）对孩子的爱和教育十分投入；

（2）家庭教育的一致性更有保证；

（3）家庭教育的权威性更为突出。

另一个研究也发现，离异家庭的子女（尤其是青少年）生活适应的情形比不快乐的完整家庭还好。家庭教育的成效，并不直接取决于家庭完整还是不完整，家长是父亲、母亲还是祖父母，重要的是，孩子必须是幸福的。家庭的完整本身并不能成为教育成功的保证，家庭的不完整也同样不意味着教育的失败。

（一）决定单亲家庭子女教育成败的五个因素

心理工作者对单亲家庭子女教育特点的调查发现，决定单亲家庭子女教育的成败有五个特有因素。

（1）是否有良好的心态。父母乐观自信，抑或是悲观自卑，在对子女品德和学习成绩的影响方面有明显差异。

（2）是否首先考虑了子女教育。在困难时期，是否把孩子教育放在第一位，和子女的学习成绩有很大关系。困难时期越是把孩子教育放在第一位,对子女心理产生伤害的时间越短。

(3) 是否善于处理好亲子关系。如果单身父母在教育上积极投入,与孩子建立良好的亲子关系,尤其是父母既是长辈又是朋友的创造性亲子关系,往往能使教育成功。这些单亲家庭的子女在青春期后仍愿和家长交流思想、倾吐秘密的,比非单亲家庭要多。

(4) 是否重视和善于解决单亲家庭中一方缺席的缺陷。教育成功的父母很重视预防缺少一方所造成的缺陷。如,有的母亲会指导儿子参加男孩子常玩的足球等活动,有意识地多介绍优秀男性的事迹,让孩子多接触有作为的男性,特意把孩子转学到男教师多的学校等。

(5) 是否从教育有利的原则出发正确对待与离异方的联系。能从孩子的天然亲情考虑,善于从教育有利孩子出发,正确对待和离异方的关系,是教育成功的原因之一。

(二) 单身父母的教育策略

(1) 单身父母首先要调整好情绪,不让自己的不良情绪影响孩子。单身父母要努力调适自己的心理,要敢于把自己的苦恼和困惑向朋友或心理专家倾诉,不要让苦恼越积越深。要尽快抚平离异给自己和孩子带来的创伤,走出离婚的阴影,尽量避免在孩子面前宣泄自己的消极情绪。有的单身父母离异后情绪失控,把不良情绪发泄到孩子身上,对孩子造成很深的心理伤害。曾有一个母亲,离异后常在儿子面前唉声叹气,掉眼泪,听悲伤的音乐,吃不下饭。孩子受不了这种沉闷的压抑气氛,有一天,他满含眼泪地对母亲说:“妈妈,我们一起去死吧!”孩子的话使这位母亲立刻醒悟,感到自己已在无意中剥夺了孩子生活的希望和乐趣。从此她开始振作,终于走出了人生的低谷。单身父母应时刻记住,面对离异后果的,不只是自己,还有孩子,他们的情感更稚嫩、更脆弱。

(2) 引导孩子正确面对家庭环境的变化,帮助孩子走出自卑的泥沼,树立自信。孩子是敏感的,会感受到家庭的细微变化。孩子的心理也是很脆弱的,当父母离异以后,他们会羡慕父母双全的孩子,会觉得自己无脸见人,生怕别人嘲笑、看不起自己,由此产生深深的自卑。作为父母亲,需要平心静气地用孩子可以理解的方式说明父母离婚的原因和事实,同时告诉他父母还是像以前一样爱他。不要企图隐瞒,那样只会增加孩子的不安,失去对成人的信任。作为家庭的一员,孩子有权知道与自己有关的事实,这也有助于他勇敢面对。父母应该告诉孩子,每个人都有自己不同的家庭情况,有的贫穷,有的富有;有的家庭成员健康,有的家里有残疾人;有的家庭健全,有的家庭不完整。这都是很正常的现象,关键是自己如何对待。父母可以以周围在单亲家庭中健康成长的孩子为例,也可以用一些事业成功者如何战胜不幸和挫折从而获得成功的事例,鼓励孩子走出自己的成才之路。

(3) 要相互尊重,不要培养孩子的仇视情绪。离异父母之间采取友好的、实事求是的态度,有助于孩子保持平静的心态,还可以为孩子创造一个比较安定的成长环境。不在孩子面前讲另一方的坏话,不要相互破坏形象或当着孩子的面使用污辱性的语言,一味指责对方。任何一方如果一味强调自己的无辜和对方的过错,甚至诋毁对方的人格,这无疑是把孩子的爱心撕扯成两半,迫使孩子在天然的亲情和是非价值之间作出残酷的取舍。父母把自己的痛苦转嫁到孩子身上的同时,又在孩子的心灵深处播下了仇恨的种子。因此,离异单身父母要善于克制自己,理智地对待原来的配偶,不要感情用事,随意贬低、责备对方。

(4) 尊重孩子的天然感情,保持孩子与非监护方的亲情联系。夫妻离异后,养育孩子仍是离异双方共同的责任,只有平静商谈教育孩子的事,才能让孩子有宁静的学习生活心态。子女与父母及祖辈在家庭生活中形成的亲情是纯真的、深厚的。离异后,孩子的监护方应尊重孩子的天然亲情,允许另一方探视,使孩子享受亲情,还应热情地支持孩子与非监护方的祖父母及其他亲戚的联系。这样既能给孩子带来快乐,加深孩子对父母双方的感情,又不会使孩子因家庭的破碎而缺失关爱。

(5) 与孩子共同担起家庭的责任,避免补偿心态。单身父母不能以负疚之心去迁就孩子、过度补偿孩子、溺爱孩子,要像正常家庭对待孩子一样照顾孩子。一般的单身父母在心理上都有负疚感,认为夫妻的离异对孩子造成了伤害,因此,作为补偿,对孩子格外迁就,对他们的要求,不管合理或不合理,都尽量满足。这样做的结果,会使孩子变得蛮不讲理,甚至发展到为所欲为的地步。物质补偿和娇纵都无法替代孩子精神上的缺失,相反可能是任性、暴力的来源。另一方面,单身父母为了孩子不顾一切地牺牲自己,也可能使孩子承受巨大的心理压力,使家庭的教育环境变得更加沉重、抑郁和困难,导致教育最后或徒劳无功,或适得其反。单身父母应该让孩子意识到自己作为家庭的一员,对自己和父亲(母亲)的幸福负有与父母同样的责任，让孩子具有与单身父亲或母亲一起从逆境中走出来、自强不息的责任感。经历了家庭变故的孩子，需要更坚强、更自立，更早地承担责任，才能走向成熟。

(6) 多创造机会和孩子沟通，增进社会交往。单亲家庭的父母需要更多地与孩子沟通，了解孩子的心理需要，打开孩子的自我封闭状态。要鼓励孩子多接触同龄伙伴，帮助孩子处理好同学关系，因为孩子的心理压力很大程度上来自于同学。要鼓励孩子结交几个要好的朋友，经常一起学习，一起度周末。经常邀请亲戚、朋友来家做客，或者和孩子一起外出做客，一起外出旅游等。这样可以丰富孩子的精神生活，增进孩子的社会交往，感受到周围人的关爱。同时，要在各种社会交往中，引导孩子如何正确对待别人的各种非议。

(7) 避免受害者心态。离异的父母不要向孩子控诉对方的无情和不负责任，不要试图将自己的创伤作为孩子今后成长的借鉴。孩子需要从更客观的角度去看待世界，他们有自己探索和憧憬的权利。"妈妈不要我们了"、"男人都是坏东西"之类的语言会使孩子失去对他人的信任和对未来的信心。

(三) 单亲孩子的性别角色教育

由于缺乏一方父母的性别角色，单身父母如何对孩子进行性别角色教育是一个突出的问题，尤其是单身母亲对男孩的性别角色教育。

由单身母亲与儿子组成的家庭中，由于缺少父亲的形象和来自父亲的教育，单身母亲对儿子进行恰当的性教育颇为困难。在正常的父母双全的家庭中，儿子从小就有自己的性别角色认同对象——父亲，并在与异性父母的关系中打下未来人际关系的基础，在潜移默化中逐渐形成恰当的性别角色，如怎样承担家庭的责任，怎样与同性和异性相处，怎样解决社会需要与家庭需要之间的冲突等等。而在早年生活中缺乏父亲形象的儿子，如果母亲没有相应地关注，会使孩子在性别角色确认这一环节出现困难和混淆，表现出"女性化"倾向，在性格上会表现出敏感、多疑、自卑、胆小、心胸狭窄、依赖性强等。这会给他的人格塑造及未来的社会生活和家庭生活带来不良影响。为了让孩子的性心理得到健康发展，单身母亲在男孩的性别角色教育中要注意以下几点。

(1) 注意儿子男性角色性格的培养。一些母亲在教育儿子时，首先将他看作自己的孩子,然后才将其当做独立的男子汉,甚至从未将其视为独立的男子汉,对孩子过分支配和保护,满足于儿子的顺从、依赖、怯懦、仔细,这对孩子健康人格的形成极为不利。

(2) 为孩子创造适当的交往环境。由于家庭中缺少父亲,儿子与母亲相处的时间自然大大增多。母亲应该多安排孩子与爷爷、舅舅、男性同事等交往,补偿孩子因父亲缺失而造成的同性交往上的空白。另外,在这样的交往过程中,他们也不知不觉地模仿了其他男性的行为,这是从母亲那里所得不到的。

(3) 给孩子适度的母爱。单身母亲往往将儿子视为自己生活的唯一寄托,把全部的爱和感情都倾注到孩子身上。例如,有的母亲将喂奶的时间不恰当地延长,允许儿子一直与自己同床,给儿子过多的关心和爱抚等,导致孩子产生"恋母情结",习惯于依赖母亲而不愿意独立,更有甚者,产生变态心理和行为。

(4) 母亲要有自己的生活安排。许多单身母亲将全部时间给了孩子,没有自己的私生活,这其实对儿子性心理的发展是无益的。母亲应该定期安排时间处理私人事情,包括同异性的交往,使孩子明白,母亲是爱他的,但他不能占有母亲所有的感情空间。否则,孩子会变得不服管教,或向母亲滥施命令,自私地反对母亲再婚等。母亲给自己时间的同时,也给了孩子成熟的机会。

(5) 让孩子接受健全的婚姻观和性态度。有些单身母亲在以往的婚姻生活或性经历中受到了创伤,使她们对婚姻、异性持有一定的偏见,并且将这种偏见灌输给孩子。例如,告诉孩子是爸爸不要他们了,男人都很坏,自己是如何不幸等等,使孩子对人产生敌意、不信任感、不安全感和被抛弃感。

(6) 母亲再婚有利于儿子的性教育。在很多情况下,单身母亲是为了孩子不受苦才选择不再婚。这对孩子的性心理发育很不利。由于家庭中缺乏男性形象,使得性教育中许多细节的具体实施受到限制,即使有其他男性亲属的帮助,也很难弥补父爱对于孩子的影响。而孩子与继父关系的处理,以及母亲在生活中的处理技巧,也有益于孩子的性教育。

第三节 再婚家庭中的教育

一、再婚家庭的特点

再婚家庭是指离婚者或丧偶者再寻伴侣,重新组织形成的家庭,也称作重组家庭。再婚家庭有多种结构形式:一个单身母亲或父亲和另一个单身父亲或母亲结婚,或者与一个没有孩子的结过婚的或未结过婚的成人结合。再婚家庭中,新配偶把孩子带进了家庭,新家庭中一方或双方都带着与前配偶的孩子,生父母和孩子拥有共同的背景、历史和文化价值观,而继父母则有着不同的背景、历史,他们的文化价值观可能完全不同,继父母经常处于要打破原有亲子联合的位置。再婚家庭是一种特殊的家庭模式,它与一般两代同住的家庭相比,存在以下不同:

(1) 两个家长只有其中一人是亲生父母;

(2) 孩子通常只会亲近一个家长;

(3) 亲生兄弟姐妹可能同住或不同住;

(4) 同住的孩子外貌很少有相同之处;

(5) 亲子关系比婚姻关系更早建立;

(6) 亲生父母和继父母角色不清晰;

(7) 家庭成员的角色和职责须重新界定;

(8) 新的婚姻和新组的家庭会多很多开支,家长可能会因亲生子女和继子女的生活费争执等。

再婚家庭中,婚姻关系在孩子与继父母相处方面发挥了很大的作用。父母发生冲突时,孩子通常会忠实于自己的亲生父母,与继父母或继兄弟姐妹站在对立面。再婚家庭的关系通常比初婚家庭脆弱得多。据统计(Ganong & Coleman, 2004),生活在有继父母的家庭中的42%的孩子常常感觉愤怒、沮丧及焦虑。25%的孩子几乎从不主动与继父母搭话,视继父母如"一团必须在这个家庭晃悠的空气",认为继父母待自己再好,也透着"假惺惺"。38%的孩子认为继父母的到来剥夺了亲生父母对自己的关注和爱,使自己在家庭中的地位下降。这部分孩子甚至采取"不合作态度",总是与继父母拧着干,并从继父母的痛苦中收获一种别样的快感。47%的孩子认为继父母也带来了孩子,很难公平地对待自己。总之,再婚家庭中继父母的养育十分具有挑战性。

二、再婚家庭面临的困难与问题

再婚家庭和一般核心家庭一样,需要经过不同时期,其家庭成员从建立新家开始会经历七个阶段:新的开始、努力同化、醒觉、重新建构、做出行动、整合以及解决变成两个核心家庭的问题。在这些生活周期中,再婚夫妻要面对多种困难,例如应付以前失去的和目前的改变、与成员协商人生不同发展阶段的需要、建构新传统、发展夫妻间的紧密联结、建立新关系、创建亲子合作联系等。

临床经验发现,继子女要面对的困难包括以下几方面。

(1) 家庭关系出现问题。例如效忠冲突、将非同住的父亲或母亲理想化、改姓氏的尴尬、祖父母不适当的介入、继父母不接受继子女、继兄弟姐妹不和等。

(2) 转变和适应有困难。例如以为亲密关系可即时建立、父亲或母亲再婚事前不告知孩子、生活习惯与假期安排不同以往、因为继兄弟姐妹而改变了兄弟姐妹在家中的位置等。

(3) 缺乏社会认可制度的支持。例如角色混淆、亲子关系无先例可循、不知如何表达爱意等。

(4) 情绪反应未能疏解。例如,内疚、愤怒、失落、希望分开了的父母复合、怕家庭再破裂等。

(5) 对再婚家庭的期望须调整。例如,期望过高、希望继父母拯救自己、认为再婚家庭与核心家庭一样等。

三、再婚家庭儿童的心理适应

(一) 影响儿童适应再婚家庭的因素

对一些孩子来说,家庭关系的扩展使他们得到成人更多的关注,这有利于他们的发展。而大多数儿童会出现适应困难。继父继母的抚养方式与儿童习惯了的抚养方式会有不同。由于必须适应新的规则,可能会对儿童造成压力。另外,儿童常常认为继父母是家庭的"入侵者"。但儿童对新的家庭结构的适应程度又与家庭重组的具体方式有关,包括是哪一方父母引入新的家庭关系以及儿童的年龄与性别(见表12-4)。

表12-4 影响儿童对再婚家庭适应的因素

<table>
<tr><th colspan="2">因　素</th><th>描　　述</th></tr>
<tr><td colspan="2">再婚家庭的形式</td><td>生活在生父—继母家庭的儿童,比生活在生母—继父家庭的儿童表现出更多的适应不良</td></tr>
<tr><td rowspan="2">儿童的特征</td><td>年　龄</td><td>在青少年早期,儿童适应更为困难。这可能是由于继父母的出现使他们形成性意识和自主感更为困难。并且相对儿童而言,青少年更能意识到再婚对他们的影响</td></tr>
<tr><td>性　别</td><td>由于继父母中断了女孩子与父母的亲密关系,并且女孩与继母往往有更为强烈的冲突,所以她们表现出更为严重的适应困难</td></tr>
<tr><td colspan="2">多次的婚姻变故</td><td>婚姻变故越多,产生严重而持久的适应问题的危险越大</td></tr>
<tr><td colspan="2">社会性支持</td><td>如果离异父母能消除彼此的敌意,与没有监护权的父(母)亲保持接触,并与家庭内的亲戚、儿童的老师与朋友保持良好的关系,能使儿童的发展情况得到改善</td></tr>
</table>

(二) 生母—继父家庭

在生母—继父家庭中,男孩通常比较能够适应。如果继父热情而有爱心,也具有一定的权威,同时能使他们从离婚带来的压抑的家庭关系中解脱出来,那么男孩会欢迎这样的继父。在这种家庭中,母子之间的冲突也会减少,因为经济状况得到改善,又多了一个人来分担责任、照顾孩子了,并且母亲也不会再孤独。但继父通常很难与继女相处,尤其是青少年时期的女孩,她们通常会把继父看作与她争夺母爱的竞争者,继父中断了女孩与母亲在单亲家庭中建立起的亲密关系,所以女孩对新的家庭关系表现出不悦和抑制。许多继父会以“礼貌的陌生人”的行为来消除敌意,表现出对继子女敏感的、非侵犯的行为采取礼貌的回应。青少年早期(尤其是女孩)可能会忽视这些建议,一些孩子会拒绝继父敏感或友善的主动交流。一些女孩远离她们的继父,是因为她们认为没有血缘关系的成年男人的出现是一种威胁。

(三) 生父—继母家庭

有关生父—继母家庭的研究结果表明,在这种家庭环境中的儿童行为更为混乱。在父亲没有监护权的情况下,再婚经常导致父亲与子女接触机会的减少,父亲会从家庭生活中消失,如果孩子是女孩,这种可能性更大。当父亲拥有监护权时,儿童对再婚的反应也是消极的。其中的原因之一是,与父亲一起生活的孩子在父母离异的一开始就有更多的问题。另外,父亲获得监护权是因为父子关系非常亲密,而再婚将影响这一亲密关系。

女孩难以与继母友好相处。一方面是因为女儿与父亲的关系受到再婚的威胁;另一方面,女儿常常为对生母还是继母忠诚的问题而感到疑惑。没有监护权的母亲通常比父亲更愿意定期与孩子保持联系,但是生母经常来看孩子会影响继母与女儿的关系。如果在生父—继母家庭中生活得长久,女儿与继母的关系会有所好转;如果她们有耐心和时间去相互适应,最终女儿会从继母的帮助中获益。

(四) 不同年龄孩子对再婚家庭的适应

年龄会影响孩子对新的家庭关系的适应,9 岁以下的孩子比年长的孩子更可能接受并与继父形成融洽的关系。无论是男孩还是女孩,青春期的时候都很难适应再婚家庭。青春期早期,性意识开始萌芽,自主感正在形成,继父的出现使这一过程更加困难。而且,青少年更加了解父母再婚对他们生活的影响,他们会对自己是否能接受父(母)亲的再婚产生怀疑,这使他们同继父母之间会发生更多的矛盾。在青春期,不少孩子会与再婚家庭关系破裂。他们不喜欢在家里,可能会去朋友家、参加课外活动、找一份工作或者流连于呼朋唤友的生活。如果家庭的破裂使他们能与成人形成良好的关系,并且有积极进取的目标,青少年会发展得很好。但如果他们是与反社会的狐朋狗友混在一起,没有成人的约束,可能会导致很严重的行为问题,如学业不良、退学、过早性行为、吸毒甚至犯罪等。

(五) 再婚家庭儿童容易出现的心理问题

(1) 抗拒心理。再婚家庭中,孩子对继父(母)有一种本能的反感。他们对于同自己毫无血缘关系的继父(母)总感到格格不入。在孩子心目中,家庭的破裂使他们的爱减少了一半,是极为严重的伤害。而继父(母)闯入他们的家庭,则成了剥夺他们剩余的爱的“敌人”。

(2) 仇恨心理。父母离异后,有些子女盼望甚至想促成父母破镜重圆。而父亲或母亲一旦再婚,意味着这个期望完全破灭。所以,孩子会把继父(母)当成破坏他们家庭幸福的“罪人”。

(3) 嫉妒心理。再婚打乱了孩子原有的单亲家庭生活,“第三者”的介入,使孩子对继父(母)产生嫉妒心。如果家庭中还有继兄弟姐妹,那么孩子间的相互嫉妒及由此引发的矛盾冲突会更为尖锐、复杂。

四、再婚家庭儿童教育的策略与方法

大多数继父母在再婚重建家庭时,没有准备好应对由此引起的挑战和冲突。继父母匆忙上任,他们希望能胜任各种角色,快速地赢得尊敬,照顾继子女,同时迎合自己作为好丈夫或好妻子的需要和期望。因此,处于再婚家庭中的父母应注意以下几方面。

(一) 改善亲子关系应从强化婚姻关系入手

夫妻关系是家庭关系的核心。再婚家庭中,婚姻关系与亲子关系是相互影响的。夫妻关系亲密和谐,子女的情绪受到生父母的感染,就会逐渐接受和习惯继父母的存在,逐渐学会尊重和关心继父母,异父母的兄弟姐妹关系也会逐渐趋于正常。因此,再婚夫妻在处理双方关系时应注意以下几点。

(1) 尊重对方的行为方式,不强加于人。每个人都有不同于他人的个性及行为方式,夫妻应以接受对方的个性及行为方式为起点,慢慢地磨合和适应。切不可要求对方一切均按自己的意愿行事,否则,夫妻之间易发生冲突和摩擦。

(2) 遇事协商解决,防止一言堂。再婚夫妻在处理家庭生活问题时,最好通过协商解决。因为再婚家庭关系比较复杂,即使是一些小事,也往往会牵扯到各种关系。夫妻之间如果不加以沟通,很容易产生误解,发生矛盾。要注意夫妻行为的一致性,适时地建立起“夫妻联盟”。

(3) 避免比较心理。再婚夫妻应注意不要将再婚配偶与原配偶进行比较。金无足赤,人无完人。每个人的个性及行为方式都是不一样的,同时也都有各自的缺点,要学会“甜柠檬心理”,得到的就是最好的。

(4) 处理好与双方原配偶的关系。婚姻关系的解除意味着夫妻之间的权利与义务的终止,但与子女的血缘关系并不会随之而结束。因此大多数再婚家庭会面临与双方原配偶的关系问题,如果处理不好,也会使再婚家庭关系更加复杂。

(二) 建立良好亲子关系的原则

继父母在家庭建立初期要留有空间,切勿对建立亲子关系操之过急。应遵循以下几个原则。

(1) 平等原则。与较大的继子女相处时,最好以朋友的身份出现。这样有利于彼此的情感沟通。最好让孩子称呼“叔叔”或“阿姨”,不要让孩子勉强地称呼“爸爸”、“妈妈”，或等双方情感融洽后再更改。

(2) 民主的原则。对待子女，特别是继子女，最好采取民主的管教方式，遇事多与孩子沟通和协商，避免以家长作风，对孩子进行管、卡、压。否则，会加重与继子女之间的隔阂，产生矛盾及冲突。

(3) 迂回的原则。由于继子女对继父母的言行比较敏感，情感方面有抵触情绪，有时好意也会被歪曲，发生误解。所以，在子女教育方面，有些问题让孩子的亲生父母去沟通效果会更好。

(4) 公平的原则。对待双方子女最大的问题莫过于公平。在现实生活中，无论贫穷还是富裕的再婚家庭都存在这个问题，小到一件衣服，大到房屋财产纠纷，无不围绕着“公平”二字。因此，再婚夫妇在对待双方子女时，要尽量做到公平。无论是精神上还是物质上，都要一视同仁。否则，会导致子女之间的仇视及争斗。

(三) 学会与继子女沟通

继父母普遍遇到的问题是与继子女的沟通问题，应该用多少权威来发挥做父亲或做母亲的作用，尤其是在听到孩子说“你不是我的父亲(母亲)”时。是否获得继子女的接受与尊敬是继父母教养能否成功的关键因素。孩子总是不满亲生父母以外人的管教，继父母不应该太快地承担起父母的角色。新任的继父母要有耐心，循序渐进。和继子女发展关系需要时间，继父母逐步地参与教养过程通常是最好的方式。

(1) 继父母要和亲生父母合作。父母自己要先放下以前的感情包袱，容许子女抒发感受，帮助孩子看到新家庭积极的方面，帮助孩子接受目前的转变。

(2) 多聆听和赞赏孩子。

(3) 不要试图和孩子争夺丈夫或妻子的爱。

(4) 建立共同兴趣和家庭历史，使孩子感到关怀、体谅、安全感和新家庭带来的新希望。

由于重组家庭问题复杂，父母教育子女的方法和技巧很难一概而论，再婚家庭中父母的首要责任是令孩子适应新生活、与继父母建立互信关系，以及和继弟兄姐妹和睦相处，这样才能确保家庭教育的成功。

第四节　领养家庭中的教育

一、领养家庭面临的困难与问题

（一）领养家庭

领养家庭，又叫收养家庭，是指按照法律规定的条件和程序，领养他人的子女作为自己的子女，使原本没有父母子女关系的人之间产生法律拟制的父母子女关系的家庭。

领养不可避免地会涉及法律程序，法律对收养行为有明确规定。收养行为的当事人是收养人、被收养人和送养人。收养人称养父母，被收养人称养子女，未成年孩子的生父母、孤儿的监护人或社会福利机构为送养人。我国《婚姻法》规定："国家保护合法的收养关系。养父母和养子女的权利和义务，适用本法对父母子女关系的有关规定。""养子女和生父母间的权利义务，因收养关系的成立而消除。"收养关系也可以依法解除，自解除收养时起，养父母与养子女间的拟制父母子女关系即告终止，双方不再承担抚养、赡养的义务，也不能以法定继承人身份继承对方财产。收养解除后，养子女与其生父母间的父母子女关系全部恢复。

领养家庭是另一种家庭监护形式。在大多数领养家庭中，养父母比某些亲生父母更好地履行了父母的职责，领养子女中大多数受到良好的教育，发展得很好。在瑞典进行的一项纵向研究中，被领养儿童被分成三个组：即被领养儿童组、在孤儿院长大的儿童组和领养后又回到生母家庭的儿童组。研究显示，在三组 15 岁孩子中，高适应不良儿童的比例在被领养儿童组是最低的，其他两组比例相差不大，但回到生母家庭组是最高的。与其他两组相比，教师评价领养组中的孩子存在的行为障碍要少得多，这些行为障碍包括焦虑、退缩、攻击、注意力不集中、交往困难、学习动机缺乏等。上述结果说明，与回到生母身边的儿童和由孤儿院养大的儿童相比，被领养儿童发展得更好。

（二）领养家庭面临的困难与问题

领养儿童的家庭各不相同，但他们面临着共同的问题。一些人为做父母等待了许多年，他们不知道什么时候会有孩子，这使他们怀疑自己为人父母的权利，包括对孩子严加管教的权利。同时，不同的遗传基因使养父母与领养的孩子在智力和人格上都不及生父母相似，而这种相似性对家庭的和谐来说是很重要的。

尽管大多数养父母在心理方面与生父母一样适应良好（在某些指标上甚至比生父母更好），但是领养家庭还是会碰到不同于非领养家庭的生活问题和适应问题。这是因为：

（1）亲生父母有9个月的时间为即将到来的分娩作准备，而养父母面对孩子的到来相对突然（包括关于是否要领养孩子的长时间的不确定状态）。

（2）相比生父母，给予养父母的角色示范和社会支持更少。但另一方面，养父母具有一些有利的因素——年龄较大、结婚时间较长、经济基础更好。这些品质增加了养父母以健康的方式应对问题的可能性。

（3）困扰领养家庭的一个难题是，是否应该告诉孩子他们是被领养的；假如告诉他们，应该怎样说，在孩子几岁的时候说。到了青春期，被领养孩子的生活经常因为对身世不可消除的好奇心而出现危机。一些人很难接受他们可能永远不知道他们的亲生父母的现实，另一些人则担心如果亲生父母突然出现他们会怎么办。被领养的孩子通常要到成年早期才会决定寻找亲生父母，但这时婚姻和自己子女的出世又会阻碍他们这样去做。虽然对自己的身世存在不可消除的疑虑，但大部分被领养的人都表现得很乐观，并且到了成年期他们也适应得很好。成年以后，在儿童时代较严重的行为问题会大大减少。

另外，被跨民族或者跨文化领养的儿童会形成很典型的母体文化与领养文化相混合的认同感。这一切都取决于养父母是否愿意帮助孩子去了解自己的传统文化。

二、领养家庭儿童的心理适应

领养儿童由于不是一出生就生活在养父母家庭中，所以他们对家庭生活的适应一般都会出现不同程度的困难。领养儿童适应家庭生活的过程，既取决于养父母的个性和整个家庭环境，也取决于儿童本人，包括其年龄、性格和过去的经历等。领养儿童年龄越小，越能较快地适应新的家庭生活。

大多数被领养的孩子适应良好，但是，尤其在青春期早期，与其他孩子相比,被收养者会经历更多的情绪、社会以及学业问题。其原因可能包括基因史、不利的产前环境、童年生活的混乱、养父母的心理问题、孩子与领养家庭间的不匹配、被收养者的应对技能不足,以及被收养青少年的自我同一性问题等。

领养儿童在适应新的家庭生活过程中,一般具有以下一些心理特点。

(1) 恐惧感。领养儿童来到新的家庭,一开始都是小心翼翼的。这是由于儿童对陌生环境天生的恐惧感。

(2) 疑心。稍大一点的儿童会对亲生父母保持一些或好或不好的回忆,因而在新的家庭里,对成人会有一种不信任感,疑心重。

(3) 思念亲生父母。有些领养儿童有时会触景生情,忧伤地回忆自己的亲生父母。研究表明,3 岁幼儿会对喂养他,时常吻他、安抚他的母亲保持着良好的回忆,即使他被别人领养是因为他的亲生父母没有给予他应有的关心和照顾。有些喜欢新家庭的领养儿童也会保持着对原先家庭或孤儿院的回忆,但他们善于抑制自己的这些回忆,一般不愿意讲过去的事。

三、领养家庭儿童教育的策略和方法

(一) 培养养子女依恋新家庭的感情

(1) 帮助养子女与家庭成员建立亲密关系。首先是养父母与养子女的关系。领养儿童进入新家庭,最重要的是让孩子明白他现在有了新爸爸、新妈妈,新爸爸、新妈妈会永远关心、照顾他。要让孩子安下心来,认可自己在新家庭中的角色,逐渐与养父母建立起亲密关系。其次是养子女与亲生子女的关系。如果家中已有年幼的亲生子女,在养子女到来之前要对其进行教育,以避免其产生妒忌心理。如果亲生子女年龄较大,应让其认同父母收养孩子的想法,使其对新家庭成员采取欢迎的态度,还要避免当着亲生子女的面谈论或评价养子女的缺点、问题。

(2) 帮助养子女克服适应新家庭生活的困难。养子女进入新家庭后,需要克服一系列相互适应的困难,然后才进入发生感情联系的形成阶段。这期间,密切亲子关系极其重要。因此,要尽量避免可能危及亲子关系的事情发生。如对 3 岁以下儿童,最好暂时不送托儿所或幼儿园,而主要由养父母亲自抚养、教育,以避免建立亲子关系的过程发生困难或遭到破坏。对于进幼儿园或学校的养子女,最好让教师了解养子女的境遇,争取教师的密切合作,多给予个别的教育、帮助。

(3) 正确对待养子女对亲生父母的思念。养子女在适应新家庭生活的过程中,可能会回忆起自己原先的家庭,不少人还会思念亲生父母。对此,养父母不必在意。一般来说,只要养父母有爱心,5 岁以下的孩子经过一段时间后,对原先家庭的思念就会淡薄、消失,并全身心地依恋新家庭。5 岁以上的孩子则会对许多往事保持记忆,对此,养父母一开始就应该有极大的耐心,表现出充分的理解,绝不能诉诸生硬、严厉的手段,一味地坚持超出孩子适应能力的要求。

(4) 慎重处理养子女的行为问题。对孩子的行为问题要心平气和、客观理智,表达意思要慎重而委婉,批评教育要热情、耐心,千万不要一时冲动而大加谴责,更不要把事情同原先的家庭联系起来,以免触及儿童心灵的痛处,伤害其自尊心。

(二) 在适当时机用适当方式让领养儿童了解身世

假如孩子发现自己是被领养的,或是发现他们的父母对他们不诚实,那么他们的信任可能会动摇。一旦孩子意识到自己是被领养的,并且明白了这个词的含义(大多数孩子是5—7 岁时明白收养的意义),就会问无数关于谁是他们的亲生父母、他们的父母为什么不要他们之类的问题。养父母对孩子的好奇抱开放和接纳的态度对亲子关系和孩子的教育有益。如果养子女想知道过去的经历,包括出生地、亲生父母的名字和现状等,养父母应该坦率而诚实地回答。但在谈及往事,尤其是谈到其亲生父母不和他生活在一起的原因,以及被现在家庭收养完全是为了让他有个更好的成长环境时,一定要尊重其感情,切不可流露出对其亲生父母的蔑视,否则孩子会感到耻辱。

第五节 功能不健全家庭中儿童的成长

目前,对家庭功能的定义倾向于两种:一种是以比弗、奥尔森、谢科为代表的结构取向型定义。例如,奥尔森(2000)认为,家庭功能是家庭系统中家庭成员的情感联系、家庭规则、家庭沟通以及应对外部事件的有效性;比弗(2000)则用家庭的关系结构、反应灵活性、家庭成员交往质量以及家庭亲密度和适应性来表示家庭功能;谢科(2002)认为,家庭功能是一个家庭在其家庭系统、相互关系、关怀、应对能力、家庭凝聚力以及困难应对中所体现出来的家庭生活质量。

另一种定义是以爱普斯坦、斯金纳为代表,主要从执行过程方面来定义家庭功能,认为家庭的基本功能是为家庭成员的生理、心理、社会性等方面的健康发展提供一定的环境条件。爱普斯坦等人在1978年提出了以家庭系统运作过程为核心的McMaster家庭功能模式理论(McMaster model of familiy functioning),该理论假设实现家庭基本功能需要具备六个方面的能力:解决问题的能力(problem solving)、沟通能力(communication)、家庭角色分工能力(family role)、情感反应能力(affective response)、情感介入能力(affective involvement),以及行为控制能力(behavior control)。

但是不论哪种倾向的定义,都重视家庭的情感联系、应对能力、沟通能力对实现家庭功能健全的意义。而相比功能健全的家庭,家庭功能不良(如暴力、酗酒)则会导致子女出现更多外显的或内隐的问题。本节将主要讨论成长在功能不健全家庭的儿童所面临的问题和解决策略。

一、家庭暴力

除了各种形式的虐待和忽视,父母和家庭成员间的暴力行为同样危胁着儿童的发展。通常而言,家庭暴力涉及一个家庭成员针对另一个家庭成员所实施的有虐待和暴力倾向的行为。目睹或遭受家庭成员的暴力行为会对儿童会造成严重的精神创伤。

(一)家庭暴力产生的因素

(1)家庭压力。家庭暴力的产生与家庭压力和社会经济因素相关。一般而言,家庭压力有时被认为是一种社会经济地位和家庭暴力的中介因素:低社会经济地位导致家庭压力增加,进而提高家庭暴力的可能。父母失业(尤其是父亲失业)是家庭中的一个主要压力,也是导致家庭成员间出现暴力的原因之一。除了经济因素,还有其他的一些家庭压力会导致暴力的产生。这些压力包括触犯法律、工作压力、家庭经济损失、家庭成员卧病在床、家庭环境的变化以及抚养儿童方面的困难等。

(2)家庭结构。家庭暴力可能发生在所有类型的家庭结构中,不过单亲家庭与家庭暴力的高发生率高度相关。单亲家庭与儿童虐待之间的相关可能由经济紧张所致，这在单亲家庭中极为普遍。例如，对父亲拥有监护权的单亲家庭，经济困难会使孩子处于特别高的家庭暴力风险中。

(3) 父母特征。使用家庭暴力的父母可能有许多共同的性格特征，包括角色颠倒或角色混乱、冲动、低自尊、高防御性、倾向于把责任推卸给他人、使用贬低孩子的教养态度等。父母的年龄与家庭暴力也有关。年轻母亲可能会对自己的孩子使用暴力，这可能与贫困和较低的受教育水平有关。这些年轻的母亲也更可能将她们的孩子留给具有潜在暴力倾向的人（如自己的朋友）照顾。

(4) 解决问题的方式。在习惯使用暴力的家庭中，家庭成员对暴力的接受度阻碍了家庭成员以一种有效的、非暴力的态度来解决问题。有证据表明，暴力家庭的成员不会通过技巧性地讨论压力环境来检验自身的观点或行为，而且无法以有效的方法解决家庭中的各类问题。那些对孩子施以身体虐待的母亲往往缺乏处理问题的方法和技巧。

(二) 家庭暴力的代际传递

家庭暴力的代际传递问题受到大量研究的关注，包括在儿童期经历或目睹虐待与在成人期虐待儿童之间的关系。研究预测成人会复制自己父母的攻击行为，大量研究结果支持儿童虐待的跨代传递模型。儿童发展领域的专家（Kaufman & Zigler，1987）曾总结了有关虐待的跨代传递的相关研究，结果表明，尽管被父母虐待的孩子更有可能成为虐待自己孩子的人，但是二者间的联系既不是直接的，也不是不可避免的。事实上，大多数受过虐待的孩子并不会虐待他们自己的孩子。这是由于大量因素趋向于缓和或调节两者间的关系，比如儿童期的顺应以及家庭之外的社会支持。

(三) 虐待与忽视

假如儿童成长在一个功能不健全的家庭环境中，便极有可能受到虐待和（或）忽视，以及家庭暴力等问题的深刻影响，这些都会使他们陷入发展的困境。因此许多儿童不仅产生了学习困难，也出现了一系列的社会、心理以及行为问题。

受虐待的幼儿在适应学前教育环境的过程中会出现很大困难，长大后也会有更多的认知缺陷，并且更易处于学业失败的危险边缘，直至退学。不过，被忽视的儿童受到的伤害更大。研究发现，相比其他被虐待儿童群体，那些被忽视的儿童的学业是最差的，甚至不得不留级。这是因为被忽视的儿童接受指导和合作学习的机会非常少,很难从他们的监护人那里得到学业上的帮助。

身体上受虐待的孩子常会出现混乱的社会关系,因为孩子的行为极不友好,并富有攻击性,因此被同伴排斥。研究者(Mary Main & Carol George, 1985)观察发现,受到虐待的和没有受到虐待的刚学会走路的孩子在面对同伴的大哭大叫时,通常没受到虐待的孩子会仔细注意同伴的痛苦,表示关心,甚至尝试去安慰同伴。但是,没有一个受到虐待的孩子对同伴表现出适当的关心,反而会表现得很愤怒,并且会攻击那些哭泣的孩子。身体上受到虐待的孩子很有可能也成为虐待者,显然他们是从自己的经历"得知"人们常常用愤怒来作回应而不是同情,因此,他们被同伴所排斥也就不足为奇了。其实被虐待的儿童有更多攻击性行为的原因主要来自两方面。一方面,虐待的经历可能损害孩子的情绪体验和表达技巧,所以他们借助攻击来表达其愤怒或痛苦等内在感受。另一方面,攻击性也可能是他们对所处的虐待性环境的一种防御性反应。

有人在一个日托中心观察了受虐待的幼儿,发现他们不仅对同伴有更多的攻击性,并且对抚养者的态度也很矛盾。他们会对抚养者的友好行为作出小心谨慎的反应。另外,他们似乎不相信成人,但却掌握了父母的攻击性反应方式。这样的态度和行为在受虐待儿童成为父母时有可能导致抚养孩子的困难。

虐待对儿童造成的影响是多方面的,受虐待者在身心上都遭受着折磨。虐待对儿童造成的影响既有立刻显现的、短期的损伤,也有立刻显现但保持终身的或成人期以后才显现的长期损伤,影响深刻与否与虐待的种类、强度、持续的时间和发生的频率有关。需要强调的是,父母一两次的虐待事件可能会构成孩子童年期的创伤性体验,印刻在儿童的长时记忆和潜意识中。被虐待和(或)忽视的儿童容易变得恐惧、焦虑、沮丧和低自尊。受虐待或被忽视的年轻人在社会化和情绪上的障碍是长时间的。比如,孩提时代受到过虐待的成年人会更具有暴力倾向,在家庭内外,他们都表现出比平均水平要高的犯罪率、沮丧和其他的心理问题。

二、酗酒家庭

在父母的各种物质滥用形式中,所占比例最大的是酗酒。一个过度使用酒精并给其社会关系和工作造成很多问题的人，被认为是酗酒者。父母一方或双方是酗酒者，则该家庭被视为酗酒家庭。下面我们来讨论成长于酗酒家庭中的孩子的发展情况。

（一）父母酗酒对儿童教养的影响

父母酗酒对儿童教养的影响主要体现在对教养技能的影响上。这些消极的影响包括以下几个方面。

（1）父母行为的矛盾性和不可预知性。如果孩子在完成家庭事务、课后作业以及其他任务时出现了不令人满意的行为，那么酗酒的父母要么表现为过分的容忍，要么表现得易怒暴躁。可以肯定的是，在教养过程中的矛盾行为会破坏孩子的秩序感、控制感以及家庭关系的稳固感，从而降低儿童的自尊水平和对自我能力的感知。

（2）父母对儿童行为的监管控制力降低。父母的监管应包括给儿童制定规则，区分恰当的和不恰当的行为，对于违反规则的行为给予一定的处罚。比如，监管儿童的课余生活，包括选择朋友以及参加小组活动。父母的监管能帮助儿童建立一种有序的行为结构，依据这一行为结构，儿童能更好地区分健康的和不健康的行为。而父母酗酒则会造成监管控制力降低，会破坏儿童对不健康行为的调节能力，甚至将他们置于更危险的反社会行为中。有研究表明，父母监管控制力的高低不仅与青少年酗酒、滥用药物等问题有关，也与其他过失行为相关。

（3）父母对孩子的情感支持水平较低。儿童需要依靠父母的情感支持来帮助他们应对各种挑战。如处理与他人的冲突，从父母那里获得能够帮助自己作出健康、正确的选择的相关指导。父母对儿童的培育和积极的情感支持与儿童和青少年的问题行为直接相关。与其他父母相比，酗酒的父母对配偶和孩子给予的情感支持都很少，取而代之的是由酗酒引发的各种问题和结果，包括宿醉、易怒以及消极的情绪状态。因此，父母对儿童情感支持的减少破坏了儿童情绪的健康发展。

（4）倾向于使用苛刻的惩罚。酗酒的父母一般在管教孩子时会表现出较差的判断力，其行为表现出更多的攻击性而不是内敛的控制性。苛刻的管教行为会导致对孩子有害的结果，包括情感上疏远父母、心理发育不成熟、学业成就低、行为问题、滥用物质、过失犯罪以及与非正常群体联系增多等各种风险。

(5) 对于青少年饮酒及其他物质滥用的行为有更高的容忍度。有酗酒问题的父母不仅会成为儿童酗酒的榜样,而且比其他父母更有可能对青少年饮酒和物质滥用表现出更大的"宽容"。这等于助长了孩子使用酒精的行为。青少年酒精使用量的增加与反社会行为有密切联系,如校内行为问题,严重的甚至会牵涉到法律问题。

(二) 父母酗酒与儿童受虐的关系

酗酒并不总是与家庭暴力相联系,但是它对虐待和忽视儿童有密切的关系。尽管研究发现,酗酒会增加家庭暴力的可能性,但是酒精的使用量一旦超过某一程度,这两者之间的关联似乎就不存在了。家庭暴力与严重酗酒之间的联系变得微弱是因为大量酒精对酗酒者产生了麻醉作用。不过,相比酗酒与儿童虐待之间的关联,酗酒与夫妻间的暴力行为有更高的相关。最后,应该强调的是,尽管酗酒在一些存在虐待的家庭中很普遍,但是酗酒与儿童虐待之间的关系是非常复杂的,其中还存在一些其他因素,如儿童期目睹婚姻暴力。此外,性别角色、自尊水平、婚姻压力以及对待婚姻暴力的态度也会影响酗酒与家庭暴力、虐待儿童之间的关系。

(三) 父母酗酒对家庭关系的影响

除了影响教养技能以及导致虐待和忽视儿童,父母酗酒还会造成家庭关系紧张,从而影响儿童家庭角色的健康发展。父母酗酒的家庭,往往把基本的关注点落在与酗酒有关的问题上,而不是儿童身上。酗酒的父母主要关注如何获取和使用酒精。作为相互依赖的整体,酗酒者的配偶一般会花费大量的精力去尝试控制配偶饮酒,但同时又会矛盾地通过掩盖或否认问题的存在使其能继续饮酒。成长在酗酒家庭的孩子面临的困难之一是不会公开讨论家庭成员间的真实感受,所有家庭成员往往闭口不谈关于酗酒的一系列问题。家庭成员一般都会意识到问题确实存在,但是酗酒家庭仍然常常表现出对问题的回避。在这些家庭中,儿童通常会暴露在高水平的压力之下,同时接受到的信息始终是否认家庭正处于困境中,而且不能随意谈论他们的感受。

三、功能紊乱家庭中扮演特殊角色的儿童及其干预

在功能不健全的家庭中,家庭中的个体无论何时都被要求始终压抑自己的感情,家庭成员间的互动也受到限制,并且家庭成员会根据个人的家庭

角色定位来看待对方。此外,家庭成员的角色定位反映出每个人如何去适应在一个功能紊乱的家庭中生活。正如前面说的,酗酒者与其配偶之间是相互依赖的关系。魏士德(Wegscheider,1989)仔细描述了儿童在酗酒家庭中承担的角色,包括:家庭替罪羊、家庭英雄、家庭吉祥物或家庭小丑以及家庭中的迷失儿童。这些儿童角色不仅存在于酗酒家庭,也存在于其他功能不健全的家庭。

(一) 家庭替罪羊

一个功能紊乱的家庭需要一个替罪羊来转移大家的注意力。这个替罪羊被视为一个麻烦制造者,在他们身上可以看见的特征包括:敌对、挑衅以及闷闷不乐。这些行为转移了大家对真正问题的注意力,并将消极的注意导向替罪羊。例如,家庭成员会将家庭的困境都归咎于替罪羊,而不是承认导致家庭功能紊乱的现实问题(如身体虐待或父母酗酒)。成为替罪羊的儿童可能也学会了用表现问题行为的办法来打断父母间的争斗,因为父母必须停止争斗才能找出解决儿童问题的方法。身为替罪羊,这些儿童逐渐形成了特定的行为和个性特征。为了促进他们的发展,除了家庭功能的干预外,还必须满足这些孩子的心理需要。

"替罪羊"的行为特征:与人保持距离,为了隐藏内心的创伤努力学习或工作,会因雇主和家庭问题引发怒气,可能滥用药物,或卷入法律问题。

成长的需要:获得支持与接纳,挑战不恰当的行为,得到倾听,为自己的行为承担责任,学会恰当地表达愤怒,了解自己和他人的内心感受。

(二) 家庭英雄

在功能紊乱的家庭里,家庭英雄通常是极有责任感、表现出类拔萃的人。他们一般只做正确的事,而且通常是年纪最大的一个孩子,或者是传统家庭里的第一个男孩。家庭英雄给家庭成员一种自尊感,而否认家庭中存在问题。比如,父母会将家庭英雄作为他们教养效能的一个根据,并且作为家庭功能健全的一个象征。然而,作为家庭英雄的孩子,表面上他们拥有一切,个性成熟,但实际上这些孩子的自我评价不高,自尊水平不稳定,他们良好的自我感觉需要不间断的外界强化才能得以维持,因为他们缺乏内在动机和自我强化的能力。

"家庭英雄"的行为特征:将自尊与成就相联系,有"工作狂"的表现,对自己和他人过于严肃和严厉,不断寻求支持,对于自己和他人的期望是不现实的,承担领导者的角色,可能有情感依赖或药物依赖的情况。

成长需要:学会对自己和他人的错误宽容以待,学会玩耍,学会冒险和被攻击,学会接受自己,学会表达情感。

(三) 家庭小丑

家庭小丑被认为是特别聪明伶俐的,他们经常会做令人发笑或引人注意的事。在家庭中儿童所扮演的家庭小丑角色具有喜剧色彩:有趣、幽默而可笑。这也是他们成为这个角色的原因。扮演家庭小丑并因此受到他人的强化,使这些孩子逐渐学会从取乐、搞笑中获得自我价值和相应的人际互动模式。不难理解,隐藏在家庭小丑背后的情感是低自尊、恐惧以及孤独。英雄儿童在家庭里的接受度与个人成就有关,而家庭小丑在家庭里的认可度则与搞笑的能力相联系。

"家庭小丑"的行为特征:他们给人以愉悦、诙谐、有趣的印象,可能伴有饮食紊乱问题,过度关注他人的情绪,并认为自己有责任让他人感到愉悦。

成长需要:身体接触,全身心地投入到某个活动中,被尊重、被真诚对待,学会发自内心的笑,并发展与他人互动的其他方法。

(四) 迷失儿童

在功能紊乱的家庭中的另一个普遍角色是迷失儿童。他们安静,总是被忽略。迷失儿童是不合群的,喜欢进行孤独游戏,喜欢白日梦,对家庭成员退避三舍。迷失儿童为功能紊乱家庭带来的好处是轻松,因为迷失儿童不会引起任何问题或不便。一般而言,迷失儿童给父母的信息是父母用不着为他们担忧。尽管在表面上迷失儿童表现出独立以及一贯的独处,但事实是儿童感觉不受重视,受伤害、被遗弃。在努力引起父母注意方面迷失儿童有强烈的挫败感,并且其行为反映出想要放弃的感觉。

"迷失儿童"的行为特征:对于无聊事情的关注,害怕冒险和受到伤害,可能会遭遇与压力有关的问题(如焦躁、攻击、哮喘)、安静、冷淡、孤独、被动(感到无助),在作决定时感到困难,可能还有饮食紊乱。

成长需要:受邀请参与小组讨论或活动,努力后能得到鼓励和奖励,逐渐学会考虑自己的需要,学会接受他人,有机会体验被养育的感觉,体验让他人(如父母)为自己的生活、为自己的错误负责的感觉。

尽管这些角色定位会帮助儿童适应功能不健全的家庭,但是扮演这些角色产生的相关问题也限制了其自身其他方面的发展。此外,酗酒的父母和其他家庭成员倾向于根据儿童的角色定位来看待他们，而不是根据孩子的情感或发展潜力作出相应判断。

四、如何帮助儿童摆脱家庭暴力的阴影

预防或制止儿童受虐和忽视的发生离不开社会支持系统的干预。虐待或忽视儿童的父母经常在他们自己小时候遭受过虐待。此外，贫穷和失业也会增加父母的压力，有时候会导致儿童虐待。基于他们先前的经验以及目前的生活环境，虐待孩子的父母需要正式的和非正式的干预。

对潜在的虐待或忽视儿童的父母进行干预的第一步一般来自非正式的支持系统——来自家庭成员、朋友以及社区成员的非正式支持，以儿童看护、暂时照顾或经济支持的形式来减轻父母的压力。这会减少儿童虐待的可能性。第二步来自正式的社区支持，例如家庭治疗、资助食物和衣服。这对于帮助父母调节所经受的压力大有帮助。第三步，教授基本的教养知识对减少家庭压力尤其有帮助。研究（Depanfelis & Zuravin，1995）发现，虐待发生以后，参加支持性团体训练的家庭，虐待孩子的行为比之前减少了。所以，专家相信接受干预服务可以降低虐待儿童的可能性。

（一）识别高危家庭

为了预防或制止儿童的受虐，我们必须学会识别高危家庭。例如，通过婴儿评估项目，可以识别出那些具有疏远监护人倾向、极其易怒或者缺乏同情心的婴儿，并教他们的父母如何帮助这些婴儿。另外，布雷泽顿的测试和训练项目阻止了婴儿与监护人之间的错误交流，而这种错误交流会导致儿童受虐。

（二）帮助高危父母

制止儿童受虐主要从高危父母入手。例如，斯蒂文、辛克（1989）等人邀请了一组高危父母以及处于巨大压力下的单身青年，目标是教会他们应对压力的技巧、放松的方法、解决问题的策略、交流的技巧，以及建立社会支持网络的方法。这些技巧和方法有助于母亲们获取帮助，并拒绝不合理的要求。3个月后，接受训练的母亲在几项衡量标准中的表现都优于控制组的母亲。她们改善了解决问题的能力，建立了强有力的支持系统，提高了自尊心，并对其做母亲的能力更加自信。由此看来，高危母亲在学会了应对压力的有效方法之后，可以更好地处理她们所面对的巨大挑战，而不诉诸暴力。

(三) 选择其他照顾者

当儿童因为受虐而从家中搬离时,他们可能会被安排在其他亲戚或收养家庭里。在这种情况下,被选择的照顾者要履行作为父母的义务。得到这些精神上受创伤孩子的信任是对这些照顾者极大的挑战。受虐儿童不仅信任水平较低,经常表现出挑衅行为,而且缺乏基本的技能。亲戚、收养家庭和寄养家庭要为受虐儿童提供治疗精神创伤所需要的安全感,这对受虐儿童起着至关重要的作用。在这些儿童的生活中至少需要一个成人为他们提供基本的需要,帮助他们在面对危险时能够及时恢复。

(四) 对受虐儿童的干预

儿童专家和治疗师对治疗技术的使用,与教育受虐儿童的适应能力、认知发展以及社会情绪技巧有着密切联系。诸如儿童看护中心和学前班,以及专门针对受虐儿童的治疗等干预服务也正处于上升趋势。由于受到虐待或忽视的儿童经常出现语言、认知以及社会情绪发展滞迟等综合问题,所以从事儿童看护的人员都需经过培训,学会使用各种治疗技巧。此时父母培训课程和家庭咨询服务也是很有价值的干预方式。

需要强调的是,干预要以儿童的最优利益为准则。社会服务者进行的任何评估和干预,都应代表儿童的利益,包括是否带孩子离开家,都必须由儿童的最优利益来决定。儿童的最优利益涉及以下几方面①:

(1) 尊重家庭的种族、宗教信仰、文化和语言背景。

(2) 考虑儿童和儿童监护人的身体和发育水平。

(3) 考虑儿童和儿童监护人的心理健康状况。

(4) 在双方同意的基础上,支持家庭的完整性、稳定性和自治性。

(5) 考虑"照顾/抚养的连续性、稳定性,孩子与养育家庭的关系对他们的重要性"。

(6) 减少再出现虐待的预防计划。

(7) 清除阻碍,满足儿童的需要。

(8) 如果儿童有一定的理解能力,要考虑儿童的意愿及其所关注的问题,包括暂时的照料安排、身体和心理健康服务、教育、宗教信仰和文化等。

---

① Butchart, A. Harvey, A. P., Mian, M. FÜrniss, T., Kahane, T. 预防儿童虐待:采取行动与收集证据指南,世界卫生组织出版社,2006:57。

要考虑儿童表达的愿望，但也要考虑儿童的发展阶段、情感健康，以及儿童与其他家庭成员的关系性质。

在保证儿童安全的前提下，采用对儿童伤害最小、对家庭干扰最小的行动方案。许多问题不需要法律介入即可解决。可供选择的干预方法包括以下措施（根据对家庭的侵扰程度由低到高依次排列），其中一些措施可以联合使用①。

（1）对于难以独立克服自身困难、但只要给予一定的支持即可为儿童提供适当教养的家庭，要给予援助。这些支持包括临时照顾幼儿、正规的托幼机构或定期看护形式的暂时照顾。

（2）对日常家务提供实际的帮助，包括家庭经济的管理或者工作技能的培训。

（3）养育技能培训。

（4）治疗性干预，如参加物质滥用计划、治疗心理疾病或婚姻咨询。

（5）对家庭进行监督管理，由儿童权益保护者定期到家中访视、评估儿童与家庭的进步。这种监督管理可能是儿童的法定监护人自愿的，也可能是由政府安排的。

（6）让施虐者离开家庭，其他成员继续留在家中。

（7）让儿童离开家庭，安排在亲戚家、抚养家庭或者求助于家庭看护。这些措施均要依据相关规定或家庭的具体情况来确定。这些情况可包括：双亲参加物质滥用干预项目、情绪管理项目、为双亲提供的精神健康服务和对儿童进行的定期健康检查。

① Butchart, A., Harvey, A. P., Mian, M., FÜrniss, T., Kahane, T. 预防儿童虐待：采取行动与收集证据指南，世界卫生组织出版社，2006：58—59。

第十三章　建立积极的亲子关系和有效的家庭互动

第一节　建立积极的亲子关系

一、积极亲子关系的特征

（一）什么是积极的亲子关系

亲子关系（parent-child relationship）原为遗传学中的用语，指亲代和子代之间的生物血缘关系，在心理学中指的是父母与孩子之间的相互关系。作为家庭中最基本、最重要的一种关系，亲子关系具有极强的情感亲密性，它直接影响儿童的身心发展，并将影响他们以后各种人际关系的形成。

亲子关系应该是婚姻关系的延伸，它是个体一生当中最早体验到的关系。如果这层关系发展良好，它将成为孩子今后与他人建立良好关系的基础。

（二）积极亲子关系的特征

孩子除了有基本的生理需要外（如住所、食物），还有心理及情感上的需要，如需要父母无条件的爱，需要有归属感及安全感，需要被了解、鼓励与尊重等。假如一个家庭能满足孩子生理上及情感上的需要，而且亲子关系处于正常的发展状态，那么这种家庭是功能良好的家庭。反之，未能满足孩子基本需要的家庭是功能失调的家庭。

积极的亲子关系意味着父母和孩子能够相互理解、相互沟通、相互信任、相互尊重、相互关心（李丹，2002）。也有一些台湾学者指出，理想的亲子关系应具备以下特征：

（1）父母能够对孩子表示关怀，给予孩子必要的帮助；

（2）父母能够设法了解孩子，能和孩子沟通；

（3）父母对孩子有爱心；

（4）父母能采取民主的管教方式；

（5）父母之间感情和睦；

（6）家庭气氛融洽；

（7）父母为孩子树立良好的榜样，言行如一，正直、不虚伪。

而不良的亲子关系则不具备上述特征，并且这样的关系会使孩子形成消极、回避的行为。此外，不良的亲子关系不仅与孩子的攻击和犯罪行为有关，还会使孩子形成扭曲的心态和个性特征，这些孩子往往通过许多方式回避家庭，如撒谎、与父母敌对等。

二、建立积极亲子关系的要素

积极亲子关系的建立受父母、孩子和周围社会环境等诸多因素的影响，如父母的特质、孩子的特质、环境支持系统等。如果父母和孩子均处于各自的最佳特质状态中，又能够从环境中获取最适当的支持，则父母对孩子的养育功能将发挥至最佳水平，从而有利于亲子之间形成良好的关系。相反，如果父母与孩子本身的特质存在某些方面的缺陷，又缺乏相应的支持系统，则可能形成消极的亲子关系。

（一）父母本身的特质

父母养育孩子的功能及效果受其本身的特质，如生理、心理的健康状态及夫妻关系等的影响。

1. 父母的身体健康

父母的健康特质涉及父母双方诸多的生理、心理因素。孩子出生前父母的健康状况会影响孩子的健康状况。母亲在怀孕期间健康受损，可能会造成孩子的各种先天疾病，如有酗酒习惯的母亲可能会产下心脏畸形、严重生长障碍或智能不足的孩子；患有糖尿病的孕妇常常会产下体重过重或血糖过低的孩子；后天免疫缺乏症候群也会由母亲传染给孩子，从而引起孩子的免疫系统缺损；高龄产妇由于基因老化等原因会增加孩子出现唐氏综合症的几率，等等。不健康的孩子会给家庭带来额外的精神和经济负担，有的父母会不堪重负而厌弃孩子，也有父母因对孩子的过分疼惜、自责而对孩子过分宠爱，如此形成的亲子关系均是消极的，不利于孩子的成长。

孩子出生以后，父亲或母亲的健康状况不佳，也容易造成不良的亲子关系。因为如果父母一方生病，另一方势必要将大部分的精力用于照顾病人，相对忽略孩子的需求，还有些父母甚至会因此迁怒于孩子；此外，家里的病人也会因自身的病痛而产生不稳定情绪，使整个家庭笼罩在紧张、痛苦的氛围中。这样的家庭假如能获得来自社会各方面的支持，能与孩子有直接而坦然的沟通，能以正常的心态去勇敢面对疾病，则亲子关系有可能因为甘苦与共而显得更加密切，孩子也因为较早接受生活的磨难，较早承担更多的责任而迅速成长。所谓"穷人的孩子早当家"就是这个道理。

2. 乐观自信的态度

父母健康的人格特质和适宜的教养态度与教养方式是影响亲子关系的心理因素。

为父母者首先必须有乐观自信的态度。这种乐观自信的积极态度会渗透在父母日常的养育活动中，会使父母对孩子的发展始终抱有积极的态度和坚定的信心，会使父母在与孩子的互动中体验到更多的发自内心的快乐、骄傲等积极情感，也会使父母在与孩子的沟通中表现出更为积极的言语和行为。这样的父母会鼓励孩子去探索和参与各种新活动，解决新问题，孩子的活动范围也会不断扩展，这进一步诱发了他们的好奇心和兴趣，有利于他们成长为一个健康、快乐的人。

与乐观自信的父母相反，父母特别是母亲的抑郁和焦虑特质会影响亲子交往的质量，并对孩子的发展造成各种消极的影响。许多研究发现，与非抑郁的母亲相比，抑郁的母亲在与孩子的互动中较少使用积极的语调，较少对孩子进行提问、解释或建议，更多地忽略孩子的要求。另有一些研究表明，抑郁症状较明显的母亲与她们的孩子交往时更为消极，而经历了与母亲消极互动的儿童比那些有积极亲子关系的儿童更有可能出现社会交往问题，如对同伴的要求不予反应、缺乏角色采择的能力等。这些研究证据进一步说明乐观自信的特质在积极的亲子关系中的重要作用。

3. 夫妻之间的相互关系

夫妻之间经历了新婚蜜月的快乐，品尝了小生命的诞生带来的欢欣之后，就要开始承担养育孩子的重任，这样的重任对于许多母亲都意味着牺牲睡眠、放弃各种社交和娱乐活动，对于许多父亲，则意味着经济负担和工作压力的增加。夫妻之间的关系因为疲劳和压力而开始出现紧张，夫妻对婚姻的满意度和快乐感也逐渐降低，相互之间出现了越来越多的不和谐，有些夫妻甚至经常当着孩子的面大打出手,导致孩子幼小的心灵受伤。

夫妻之间的关系不仅影响孩子的心理,也影响其教养孩子的方式。研究表明,夫妻之间的敌对程度越高,越容易对孩子采用惩罚的教养方式,结果可能导致孩子的愤怒和反抗情绪,最终造成亲子之间的消极情感联系。夫妻关系良好,家庭生活温暖幸福,亲子关系才会更好。夫妻和睦相处是教养孩子最有效的方法,因为家庭氛围对亲子关系同样会产生影响。

(二) 孩子的特质

孩子的特质,如气质、身体状况及智力等,会影响父母对待孩子的态度,也会影响亲子关系的质量。

1. 孩子的气质

托马斯等人依据气质的九个维度得分以及不同的组合,把所有的婴儿分成三种类型:易养型、迟缓型和难养型。

(1) 易养型。这类孩子的活动很有规律,喜欢探究新事物,容易适应环境的变化,常处于积极的心境中,活动量、反应强度及坚持性等都适中。

(2) 迟缓型。这类孩子的活动节律多变,初遇到新鲜事物或陌生人时往往会退缩,适应环境较慢,心境有点消极,反应强度微弱,坚持度低。

(3) 难养型。这类孩子的活动没有规律,很难适应新生活,遇到新奇的事物或人容易产生退缩的行为,心境十分消极,容易表现出不寻常的紧张反应,反应强度激烈,坚持度极高。

不同的气质特点决定了儿童适应环境的难易程度,也影响了父母与子女的互动方式。为了考察儿童气质与其行为问题之间的中介过程,有研究记录了母亲与2岁的难养型儿童的相处情况。结果发现,儿童在6个月、13个月和24个月时,其“难养”气质与24个月时所观察到的母子交往有关。具体而言,相比那些被评价为“易养”的儿童,在24个月时被母亲评价为“难养”的儿童表现出更频繁的“轻度麻烦行为”,并且他们的母亲也使用更多的强制性控制策略。此外,难养型的儿童更经常地拒绝母亲的控制性企图,且与母亲发生更多的冲突。儿童在6个月和13个月时的“困难分数”,与他(她)在2岁时被母亲评价的“困难分数”,以及与所观察到的母子冲突的发生频率之间,存在正相关。因此,这项研究结果支持了托马斯等人的主张,即,由于儿童的气质与父母的教养方式不相匹配而导致的冲突增加了儿童后来出现问题行为的可能性。

孩子的气质类型会影响照顾者对他们的反应,也会影响孩子受到的照顾的量与品质。孩子与父母间气质的适配性会影响亲子关系的发展。父母只有了解不同气质的孩子具有不同的行为特征、需要不同的照顾方式,才能够为不同的孩子提供不同的教养技巧,以便能形成良好的亲子关系。

2. 孩子的健康状况

孩子的身体健康状况在一定程度上决定了父母与他们互动的态度和方式。抚养一个发育正常、活泼可爱的孩子,父母会体验到更多的积极情感,也会更加放心让孩子尝试自我探索和发挥积极主动性。而如果孩子先天就非常脆弱(如早产儿、体重过轻),有生理或心理异常状况(如智能低下、残疾、自闭等),父母就会体验到多种复杂的情感,可能出现内疚感、怜惜感,也可能出现失败、窘困、生气或焦虑的情绪。一方面,父母为孩子未来如何应付日常生活而担忧;另一方面,自己也承受了巨大的经济负担和精神压力。

这样的情感和情绪状态,这样的压力和负担,使得父母在与孩子的互动过程中出现了两极分化。一部分父母由于内疚感和怜惜感,而对孩子倍加保护,亲子之间形成一种“施”与“受”的关系,从而导致孩子成长缓慢,不能以客观的态度对待自己的问题,使孩子失去许多练习的机会,增加适应环境的难度。另一部分父母由于感到生气、焦虑和失败,而将愤怒发泄在孩子身上,并以生理或情绪上虐待、忽视、拒绝的方式表现出来——把孩子扔给其他照顾者,对孩子不闻不问,经常以各种理由打骂孩子,由此造成孩子的退缩、敏感、焦虑、抑郁。这些无辜的孩子既要忍受身体疾患带来的痛苦,更要忍受来自父母的精神上的压迫,这种不良的亲子关系将给孩子造成一生的伤害。

(三) 支持系统

现代家庭承受了越来越多的社会压力,再加上很多年轻人从小娇生惯养,当他们担当父母的角色时,会感觉手足无措。他们需要更多的支持和帮助,从中获得养育经验,获得经济上的资助、情绪上的支持、时间上的补偿,等等。总之,家庭支持系统是影响他们教养行为的重要因素。家庭支持系统主要有以下几项。

1. 重要的家庭关系

家庭关系对良好亲子关系的形成有重要影响。对于年轻夫妻来说,自己的父母,也就是孩子的祖父母给予的支持是非常重要的。祖父母们有很多育儿方面的经验,且大多数已退休,有较多的时间帮助自己的儿女快速成长为合格的父母，如果遇到一时的经济上的窘迫，祖父母们也可以给予较多的支持。因此，很多得到孩子祖父母帮助的年轻父母情绪非常放松，可以腾出更多的时间陪孩子游戏，与孩子形成良好的互动。但是，祖父母与他们的儿女毕竟是出生、成长于不同时代的人，彼此的思想观念都打上了时代的烙印，在某些育儿理念上两代人之间可能会出现矛盾冲突，这种矛盾冲突的理念或行为方式可能造成孩子的无所适从，严重的冲突还可能引起不良的家庭氛围，因此必须引起注意。

除了祖父母之外，兄弟姐妹或亲戚朋友的支持也相当有效。生活在大家庭的兄弟姐妹或亲戚时常会举行家庭聚会，这成了相互交流育儿经验的场所。各家的孩子有机会在一起玩，获得交往的机会，父母也可以借机观察、学习，从中获取对自己富有启发的各种信息。

成长于小家庭的年轻父母，则可以从自己已婚的朋友那里得到支持，带着孩子与朋友家庭一起聚会同样能取得大家庭中兄弟姐妹聚会的效果。

2. 社会服务机构

学校、公共健康机构、社区组织、各种育儿书籍以及电视传媒等是父母可以获得的可靠支持。学校教师虽然不承担教育父母的功能，但大多数的教师都会经常召开家长会或进行家访，为父母提供解决问题的服务。他们会从专业的立场对儿童教养问题发表自己的观点，给家长提供各种有关儿童养育的信息资源。另外各种针对父母教育的公共健康机构，诸如家庭教育研究会、儿童健康咨询中心、青少年活动中心，以及一些社区组织，通过定期开展活动，为父母提供对孩子的心理评价，帮助父母形成科学育儿的观念，指导父母对有心理和行为问题的孩子进行辅助治疗，并设置一些活动性课程提高父母的教养效能，为父母与孩子之间建立良好的关系提供各种忠告和有益的方法。

近几年，全国各地盛行各种聚焦于改善亲子关系的“家长教育”或“教养训练”等，父母与孩子一起参与由主办单位策划的不同活动，并在活动的过程中增进亲子之间的感情和相互了解，启发父母领悟亲子互动的本质，取得了在一般的家庭环境中所达不到的效果。

3. 报刊书籍和网络

当今的出版界越来越意识到父母在养育知识上的欠缺和渴望，于是这类书籍以排山倒海之势涌入市场，陈列在书店醒目的位置，鲜艳夺目的封面设计，吸引父母购买欲望的广告语，吸引了众多父母的视线。父母们渴望从各种育儿书籍中获取有意义的教养经验，许多父母也确实从书本中找到了自己所需的答案，增加了处理亲子关系的信心。然而，很多书本所阐述的道理往往源于作者看问题的某一视角，或者以某一特定的个案为蓝本，或者从某一特定的文化背景出发，其中的道理仅适合某些个体，也许符合某一文化背景，却不一定对所有人适用。因此，父母在阅读过程中应该根据自己和孩子的情况而有所取舍，或者将来自各方面的信息进行分类比较，从中找寻到最适合自己、最适合孩子的方式，否则，各种文化的碰撞，众说纷纭的方法，只会让父母感觉无所适从。

三、建立积极亲子关系的父母行为

除了父母与孩子各自的生理与心理特质可能影响亲子关系外，父母满足孩子情感需要的方式亦是决定亲子关系优劣的重要方面。这些方式包括父母的关怀与爱护，当孩子遇到困难或进行新的尝试时来自父母的鼓励与信任，以及亲子之间的沟通等。

1. 给予孩子足够的爱和关怀

对于一个成长中的孩子，父母所给予的爱和关怀是非常重要的。父母对孩子的关怀表现在愿意花时间倾听来自孩子的各种声音，能够用非常清晰明确的语言与孩子讲道理。当孩子逐渐长大，见到的人和物越来越多的时候，总是迫不及待地要把自己的所见所闻向身边的父母等亲人诉说。当孩子快乐时，他急切的表达是为了让你也获得一份快乐，孩子因你快乐而获得双倍的快乐，你也会因孩子的快乐而充满幸福；当孩子受了委屈或经历了一次失败的体验，向你倾诉是为了获得你的精神支持，父母的经验和鼓励对孩子来说是非常宝贵的礼物，他们可以由此获得勇气，学会面对和改善。所以无论快乐和沮丧，只要孩子愿意说，又有人愿意与他们分享，都会是有收获的。

另外，随着儿童的成长，他们的需要也会越来越多，并开始追求获得各种精神上的满足，因此，在对待孩子的需要时，父母的善解人意可能将使孩子终身受益。当孩子向父母提出要求时，即使父母最终无法满足孩子的要求，但当时父母的耐心倾听实际上已经表明了这样一种态度：我很重视你的要求，如果有可能，我将会满足你。事实上，在大多数情况下，孩子的要求都有其合理性。比如，一个小女孩因为看见其他女孩穿了漂亮的花裙子，于是她也要求穿类似的花裙子，这是女孩天生爱美之心所致。父母不能以“你已经有太多的裙子”或“妈妈没钱买”之类的理由随意打发她，而应该先听她说花裙子为什么漂亮，然后再告诉她妈妈为什么不能给她买。如果孩子感到父母是很认真地听她说，那么她的倾诉欲望会得到充分的满足，同时也会理解不给她买裙子的原因，从而更加体谅父母。

“没有爱，孩子就会枯萎。”成功的父母应该是对孩子充满爱心的，同时还会知道如何将自己的爱向孩子表达出来。最经常使用的爱的表达方式是身体接触。有研究表明，常被拥抱和亲吻的婴儿更容易产生健康的情感。其实不仅是婴儿，所有童年期和青少年期的孩子也都需要身体的接触，这种接触不仅仅是拥抱，也包括击掌、拍肩、牵手、触摸背部等，父母可依不同年龄阶段孩子的特点，采用不同的身体接触方式。

父母对孩子“爱”的表达应该是各种各样的。对于青春期的孩子来说，给他们一定的自由和选择权，是父母表现爱心的一种方法。容忍那些看上去不太顺眼的衣着，和听上去乱糟糟的音乐，对于父母来说只是一个小小的让步，但对孩子来说却意义重大。另外，父母花一些时间陪伴他们的孩子，也是关爱孩子的体现。孩子大都希望自己的父母能够在自己需要的时候陪伴在身边，父母这样做，带给孩子的信息是：对我来说，你是如此重要，我愿意停止手头所有的事情陪伴在你身边。

2. 信任与鼓励

每个人都有自尊和受到他人尊重的需要，孩子也是独立的个体，同样有自己的尊严。与成年人相比，孩子因为自身的发展尚未成熟，身心都比较脆弱敏感，容易受到伤害。父母对孩子的尊重和认可，会使孩子从中获得价值感，使他们变得积极乐观、自信自尊，并且更有信心迎接挑战。

因此，考虑孩子的尊严，尊重孩子的需要和情感，是父母应该修习的第一课。诸如“闭嘴！”“去死吧！”“废物！”之类的言语都是对孩子不尊重的表现。父母的尊重体现在对孩子的鼓励和信任中，聪明的父母会以各种方式鼓励孩子——“你很守约！”“你表现得不错！”“你是一个勇敢的孩子！”他们还会对孩子给予充分的信任——“你已经有了很大进步，我相信你最终能达到目标。”“这件事不太容易，但你已长大，一定能自己解决问题。”……来自父母的信任和鼓励能给孩子带来尝试的勇气，并促使他们以一种愉快的心态去接受生活的挑战。哪怕结果是失败，尝试的过程也将使孩子受用一生。

3. 亲子沟通

尽管父母和孩子各自的生理与心理特质会影响亲子关系，但亲子沟通是决定亲子关系优劣的重要方面和重要因素，也是建立积极亲子关系时父母行为的重要内容。所谓沟通就是信息传递、信息交流，目的在于促进彼此之间的了解。亲子之间沟通的目的在于：培养与孩子之间的默契及相互信任，通过对孩子潜移默化的影响，使孩子健康成长。

亲子沟通是影响亲子关系的重要因素。造成亲子关系出现裂缝的最根本原因常常是不良的亲子沟通方式。父母往往会因为拙劣的沟通方式，造成亲子关系的疏离。他们不知道如何表达对孩子的爱，相反，他们总是令孩子感觉不到被爱。常见的情况有下列几种：父母对孩子过度保护、过度纵容、滥用批评、只看见孩子的缺点和错误、对孩子正确的行为不给予表扬、与孩子的沟通有障碍等。

有的父母喜欢用权威的姿态与孩子说话，较少注意孩子内心的感受与需要，较少用心倾听孩子在说些什么，也较少体会孩子的心声，他们不爱使用赞美、鼓励的话语，而习惯于唠叨、说教和批评。总是受到父母批评和没有受到父母一点批评的孩子都会变得十分沮丧、自尊感很低。因为儿童总是能够从父母那儿预期到他们的不赞成，容易觉得被他们排斥和拒绝。当孩子们在一起的时候，总会有人说："我的妈妈非常讨厌我，恨我！"其实他的妈妈真的讨厌他、恨他吗？也许只是当他在学校表现得不好、或是成绩不理想的时候，他的妈妈会讨厌他的行为和表现。但母亲的否定，对孩子来说却意味着低水平的自我价值感和拒绝，这不利于孩子形成积极的自我评价。

父母应该明确，孩子和成人在生理、情绪和认知上都是不同的。孩子的思维缺乏逻辑性，更直观、更感性，且注意力的持续时间也较短，因而很容易受打击。同时，他们没有掌握良好的沟通和表达技巧，所以在情绪上很容易受挫。父母要了解孩子的这些特点，并试图去理解他们的观点，帮助他们澄清自己的观点，也让他们理解父母的观点。如果成人能够很好地理解孩子，也就能更容易地接受他们。理解是耐心的前提，只有理解孩子才能够有下一步的改变。

第二节 建立有效的家庭互动

家庭是社会最小的单位，尽管家庭这一社会组织的成员不多，但每一个成员都是独立的个体，各有其想法、看法与做法，他们只有彼此适应，才能维持稳定的成长与统整的生活。这就是有效家庭的标准。

所谓稳定的成长，包括家庭整体的安定，以及家庭成员持续稳定的自我成长。美国经验主义大师杜威指出，"教育即成长"。有效家庭的重要标准之一就是促进每个成员的健康发展。

而统整的生活，是指家庭允许每位家庭成员都有个性化的表现，都能感受到自己的独特和自如，同时，每个成员又都能以他人认可的方式生活、生产与创造——他们既合作，又不丧失自我。

一、有效家庭互动关系的特质

1. 家人间的界限性质

对一个家庭而言，良好的互动关系是以家人间的明确界限为基础的。一个界限明确的家庭能够允许成员的个别"我"和一个共同的"我们"同时存在。个人既能保持隐私，追求独立、自主，也能同家人保持一种强烈的"我们"一体感，肯定彼此之间享有高度的亲密感。

在这样的家庭中，父母能够尊重孩子的个别"我"，站在协助孩子的立场，在必要时协助他们解决问题，而不是代替他们解决事情。父母如果了解孩子不是他们的财产，尽管他们重视全家共处的乐趣，但并不会拒绝让孩子也拥有独立的空间和自己的隐私。在这样的家庭里，父母能够以"关心而不干涉"、"协助而非替代"的民主作风，让孩子学习体验各自的责任，形成为自己负责任的态度，且了解父母永远站在支持他们的立场。

2. 家庭与外界的关系

有效的、健康的家庭与外界的关系是开放性的。家庭对每个成员的态度都是开放的、温暖的、接纳的。每个家庭成员都能以开放的态度与外界保持联系，但同时也不会忘记家庭是由家人组成的亲密团体这个事实。

在这样的家庭中，父母心胸开阔，会主动从外部吸取一些养儿育女的新知识,熟悉外界的相关资源,必要时也会寻求社会资源的协助。他们乐于聆听专家学者有关孩子教育问题的演讲,并愿意踊跃参加各种讨论“如何做好父母”的父母团体及座谈,并随时愿意和周围的亲朋好友交换心得,汲取别人育儿的经验。这些父母对孩子持有弹性的态度,他们不会认为自己的想法永远是对的,他们随时调整自己的做法,取长补短,知道自己的限制,愿意接受新的观点,采纳别人的好意见,随时随地都在为做个称职父母而努力。父母彼此间的关系也是如此:他们都可以有家庭以外的朋友,有足够的个人发展空间,有足够的自由,但他们彼此相亲相爱。而他们的孩子也有足够的自由结交朋友,挑选喜爱的玩具,选择看中的衣服。

这样的家庭与外界有比较密切的联系,他们有广泛且有效的社会支持系统:有很多家庭朋友,有关系密切的亲戚关系,有爱他们的爷爷、奶奶、大姑、大姨,但每个人都能深切地感知到他们彼此的关系是最亲密的。

3. 角色结构

按照角色规范,一个人所扮演的某种社会角色与受期待的角色行为具有一定范围或界限,而特定的社会角色规定了其角色义务和权利及角色行为特征,这就是“角色域”。个人的角色行为一旦离开角色域,就会出现角色偏差,甚至引起角色冲突,如备课、讲课、指导学生、家访等都是教师角色的域内行为。假如一个教师在家访时离开自己的权利和义务范围,出现干预家长个人社会行为的情况,就是超越了角色域。这会引起学生家长的不满,甚至引发冲突。

家庭中的各种角色也都有角色域。一个健康的家庭,其各自的角色界定非常清晰,每个成员都明确自己的任务,并使自己的行为与别人对自己的角色期待一致。大家都能有效且适当地扮演自己的角色,既不会“渎职”,也不会“越俎代庖”,所以不会有角色偏差、角色冲突或过分负担的现象产生。

4. 权力结构

对一个有效的家庭而言,权力的分配不会集中在某人身上而造成独裁现象;相反,这样的家庭在做决策时能够根据问题的性质而决定参与讨论的成员,允许权力的合理分配和弹性转移。

在健康有效的家庭中,父母能够以民主化作风处理孩子的问题,允许孩子在一定的范围内有自主的权利,但同时也要求子女在某些问题上仍要尊重父母的意见,经过讨论才能决定。面对冲突或代沟问题时,有效能的父母不会以权威压制孩子。如果孩子的意见或见解不错，他们也能加以采纳而不认为有失父母尊严。

在这样的家庭中，父亲和母亲的权力关系也是均衡的，所有的问题都可以民主解决。家庭中没有所谓“慈父严母”或“慈母严父”，不分“红脸”、“白脸”。每个人都能以理性、成熟的态度处理遇到的问题，而不需以另一个人做“挡箭牌”。

5．问题解决能力

有效的家庭并不意味着家庭生活不会出现问题，重要的是遇到问题时，他们能够面对而不是逃避，并具备有效解决问题的能力。他们允许家庭成员自由表达意见、看法，保持协商讨论的态度，能够接受各种可能的解决方法。同时，他们会以问题解决为核心，化解矛盾，而非以各自的情绪为中心。所以有效能家庭能够直接地针对问题讨论，并共同提出可行的解决之道，一起努力付诸实践，以解决问题。

6．家庭规则

规则是家庭对成员权利、义务及适当行为的规定。一个具有良好互动关系的家庭，其规则内容具体、清楚简洁，而且执行者能维持一致的态度，不会因自己的心情或情境的不同而持有不同的标准。同时规则明确，但又有足够的弹性允许调整，从而配合成员的能力和需要。这样的家庭规则大都是功能良好的规则。

7．沟通模式

这是评比家庭互动关系优劣的一个最基本也是最重要的指标。通过有效的“沟通”，家庭成员间传递信息、了解彼此的想法及感受。一个有良好互动关系的家庭，成员之间的沟通渠道是直接的（“你说话的声音低一点好吗”，而非“吵死了”），沟通的内容是明确的（“把你的玩具放回玩具箱”，而非“这里太乱了”），每个人所表达出来的语言及非语言的沟通内容（如面部表情、动作姿势等）基本上是一致的（“你数学考了56分，我很遗憾”，而非“不错嘛，还有比你差的呢”）。

沟通是改进家庭关系的秘诀，一个健康家庭最重要的特征之一就是有效的沟通。关于沟通，本书第十四章将讨论，此处不再赘言。

8．情感的投入与表达

情感的投入是指家庭成员之间彼此关心的程度。据此可将家庭的情感投入分为五个类型:没有投入、缺乏感情的投入、自恋性的投入、共生式的投入以及同理性的投入。一个互动关系良好的家庭应该属于同理性的情感投入,成员之间能够站在他人的立场,真实地表达出对对方的关心,并能以适度及适当的情感回应各种刺激。在互动关系良好的家庭中,其成员能够充分且适当地表达各种情感,包括关心、支持、生气、害怕或焦虑等。

成熟的父母能以移情(同理心)的技巧与孩子交流,向孩子传递关爱和接纳、理解和支持,以满足孩子的情感需要,帮助他们实现自我成长。

9. 家庭目标

互动关系良好的家庭通常会有清晰的家庭目标,并且在决定目标时会考虑到家庭整体的需求及个别成员的需要,也会配合成员达到目标的能力。换言之,所有家庭成员会同心协力,实现共同目标。

10. 家庭优点

一个互动关系良好的家庭,会十分明确并珍视整个家庭以及每一成员所具有的优点,而且将它们视为促进家庭功能的资源。由于有充足的家庭资源可资利用,家庭成员很少会在问题和压力面前感到无能为力。让我们来看看这首儿歌所反映的状态:

我的家庭真可爱,整洁、美满又安详,
兄弟姐妹都和睦,爸爸妈妈都慈祥……
虽然没有大厅堂,……
可爱的家庭呀,我不能离开你。

二、家庭中人际关系的和谐

(一) 家庭外人际关系的和谐

人生活在社会网络之中,难免与他人发生关联。当孩子出生后,父母要照顾孩子的衣食住行等各项事务,这些都会与他人产生联系。如何与他人友善相处并与他人建立良好的人际关系,也是孩子成长与发展上的重要课题。

相关研究发现,晚婚者的社会关系和谐,社会支持较多,能给孩子提供更多的照顾与爱,同时他们对孩子的需要反应敏感,因而更可能成为有效能的父母。

在孩子年幼的时候,父母在家庭与婚姻之外的人际关系也会对其教养行为产生影响。如果母亲能获得来自亲朋好友的协助，母亲的情绪可能更好，教养方法也更科学，对孩子的态度也更平和。同时这些母亲可能拥有更强的胜任感、自信心，并喜欢赞美自己的孩子。而当母亲孤立于他人、缺乏强烈的社会支持时，将会感到无助与不安。

父母的工作满意度及与同事、上司关系的好坏，也会影响父母与孩子的关系。具体而言，工作满意度越高，通常家庭的和谐度也较高。如果父母工作不如意、失业、待业或工作不稳定，则会增加他们以专断的方法管教孩子的可能性。当母亲满意父亲的工作表现时，会对孩子的需求有较积极的反应。另外，假如母亲的工作有趣而复杂，那么她们通常会给孩子提供更多的智能刺激，也会给予家庭及孩子更多的情感性支持，并营造更好的家庭环境气氛。

此外，家庭所处的社区环境也会对亲子关系产生影响。如果生活的社区具有支持性，邻里之间互助合作，那么父母会较少对孩子采取严厉的控制。反之，社区犯罪率高，邻里之间怀有敌意，那么父母会没有安全感，并因此影响亲子关系。另外，在强调顺从的文化背景中，母亲对孩子的要求可能较少，这会有利于积极亲子关系的形成。凯利等人（Keley & Tseng，1992）的研究发现，华人父母比美国父母对孩子的限制更多，也较少对孩子的需求做出积极回应。而一般来说，亚洲文化重视孩子的孝顺与服从，西方文化则注重孩子的自由与独立。东方与西方文化形成了不同的父母管教态度与行为模式，这说明文化因素的确会对父母的人际关系产生影响，并形成不同的父母管教态度，进而影响了儿童的发展。

（二）夫妻关系的维护

在影响家庭情绪气氛的各种因素中，夫妻关系的影响最大。婚姻冲突不仅影响了家庭氛围和父母双方的情绪，也影响了孩子的情绪。另一方面，夫妻冲突及冲突的解决会以言传身教的方式对孩子的社会适应产生深远影响。以下我们简单分析夫妻冲突的原因、有效的夫妻沟通技巧以及如何在夫妻冲突时避免对孩子造成不利影响。

1. 夫妻冲突的原因

夫妻关系会影响孩子的发展，冲突的夫妻关系会对孩子造成不良影响。但依照婚姻专家的看法，几乎没有无冲突的配偶，几乎所有的夫妻之间都存在问题。导致夫妻冲突的主要原因有下列十项（Biorskten，1983）：

(1) 期望:对婚姻有不切实际的期望,或者期望幻灭;

(2) 角色能力:夫妻双方或其中之一无法表现称职的角色行为;

(3) 外在压力:工作压力、疾病、环境改变与家庭问题;

(4) 同质性低:夫妻两人缺乏相似性;

(5) 自尊:夫妻双方或一方自尊水平低,无法正常应对问题,而采取消极的应对策略;

(6) 家庭投入:家庭与婚姻之间投入程度有所不足或出现冲突;

(7) 沟通:欠缺良好的沟通技巧或表现出欺骗;

(8) 子女:教养观念的差异未协调好,给予孩子的时间、精力与金钱投入不一致而导致冲突;

(9) 心理健康:夫妻双方或一方有心理健康问题;

(10) 成人发展:无法解决成人发展上的某些问题。

2. 有效的夫妻沟通技巧

在夫妻的相互冲突中,如果能以沟通为核心,则冲突的解决会变成具有建设性的过程。夫妻之间学习如何有效沟通,解决婚姻关系的障碍,是每一对夫妻必要的努力。有效的夫妻沟通技巧有以下六项基本要素(Bienvenu,1992):

(1) 维持安全的气氛:夫妻两人都必须有心理上的安全感,既不会受对方威胁,也不会威胁对方,相互间不必担心要受责怪;

(2) 能当一位聆听者:多聆听对方的倾诉,会提高夫妻关系的品质,沟通的障碍常常是说得太多,而听得太少;

(3) 自我表露:只有夫妻有意愿与对方分享情感、思想与行为,双方才有沟通的可能,也才能增进彼此情感的交流;

(4) 建设性地解决问题:夫妻间意见相左、争辩、冲突在所难免,但是在冲突发生时,必须“以解决问题为中心”,建设性地解决冲突;

(5) 赞美与认可:能给予对方赞美、鼓励、认可,对对方的贡献表示感激,使其愿意为配偶付出,愿意去面对压力;

(6) 以关怀的态度讨论事情:家庭与婚姻中的一些事情难免会带来焦虑与不安,但以关怀、爱的态度去面对并共同讨论,则有助于问题的解决,同时夫妻间能基于爱与关怀去讨论切身的事情,感情也较容易增进。

3. 破坏性的夫妻沟通方式

与建设性的沟通方式相反，较常见的破坏性的夫妻沟通方式有以下几种：

（1）支配性：想要对方唯命是从，专制与独裁，或者想要对方百依百顺，完全或很少顾及对方的感受；

（2）拒绝或不愿意协商：不聆听对方表达情感与思想，坚持己见，拒绝或不愿意与对方协商或沟通；

（3）情绪激动：容易生气、愤怒或激怒对方；

（4）排斥：拒绝、排斥或贬抑对方；

（5）没有缓冲空间：夫妻间不协商，而且经常下最后通牒，动辄以离婚相要挟，不想真正解决问题；

（6）暴力与攻击：诉诸暴力或攻击，使对方身心受到伤害，此举对婚姻的危害最大。

4. 避免夫妻冲突对孩子的消极影响

夫妻冲突在所难免，如何建设性地解决夫妻间的争端，而不对孩子造成不良影响，是每个家庭都面临的一个重要课题。高尔与赖布森建议夫妻在吵闹、吵架、争执与冲突时以“七要”（DO）与“七不要”（DON'T）的原则面对自己的孩子，以使父母冲突对孩子的不良影响降到最低。

七要

要让孩子看到日常生活中难免会有正常的争辩；

要让孩子看到争执的结果，或告诉他们争执已解决；

要让孩子知道父母的争执不是他们的错；

要让孩子觉察到引发争执的原因与相关信息；

要召开家庭会议讨论可能涉及孩子的争执；

要让孩子不必害怕，即便父母要离婚也不要恐惧；

要让孩子演练合理或公平的争执方式。

七不要

不要因为金钱或相关的事在孩子面前起争执；

不要因为性问题而在孩子面前起争端；

不要因为孩子的教养问题而在孩子面前吵架；

不要一再让孩子看到失控的吵架场面；

不要将孩子当做争执、吵架的裁判或仲裁者；

不要让孩子归附于争执的任何一方；

不要使用口头或身体暴力。

（三）增进同胞关系

同胞关系在我国目前的家庭中日渐减少，但在有些情况下有两个或两个以上子女的家庭也开始增加。在一个家庭中，兄弟姐妹之间的同胞关系对个体发展的影响很大。我们在此简单阐述。

人本主义心理学家阿德勒十分关注同胞关系与家庭排行对个体发展的影响。阿德勒自小与母亲关系非常密切，但自从他的弟弟出生后，他就开始有被遗弃的感觉，因而他转向父亲寻求支持，由此他深深体会到兄弟姐妹的同胞关系对儿童的影响。阿德勒认为长子最先得宠，拥有较多来自父母的爱，容易成为领导者，但长子也较易形成权威与保守的心态。次子因为排在长子之后，会力争上游，想要与长子一比高低，很有竞争性，对未来充满希望，不保守。排行中间的孩子较少受到父母的关心，因为父母通常将爱与关怀放在长子与老幺身上，所以中间的孩子容易形成自卑感，也常成为有问题的人。老幺则因为受到保护，甚至娇宠，容易形成娇生惯养、任性或叛逆的性格。独子由于缺少同胞互动，因而有较多的孤独与焦虑。

另外，同胞间的互动有利于儿童的发展，其互动途径主要有以下两个方面。

（1）相互模仿。同胞之间行为或语言的相互模仿极为普遍，不仅年幼的会模仿年长的，年长的也会模仿年幼的。

（2）作为彼此的玩伴。兄弟姐妹在一起活动、玩乐，有利于积极情感的发展。尤其是，长子通常会以父母教养的方式关照自己的弟妹，但不会像父母一样对弟妹说话。由于兄弟姐妹间相互了解，互动频繁，因此彼此间的情感与感受深刻，在某些方面，如游戏方法或心理调适，他们间的相互影响会超过父母。几乎所有的社会文化都期待兄姐照顾弟妹，甚至在百分之八十的社会中，弟妹是由兄姐照顾或带大的。不过兄弟姐妹之间的争执也在所难免。有些兄姐会攻击弟妹或对弟妹生气，尤其当父母由于新添小孩而减少对他们的关照，或者父母间经常冲突，都可能导致此种攻击行为的增加。

（四）建立积极的亲子关系

建立积极亲子关系的相关内容，我们在其他章节中已有详细分析，此处只作概述。

1. 教养孩子的基本原则

（1）静心倾听。倾听孩子的个人意见，听听他们的心里话，可了解孩子心中的疑惑、困扰、想法，了解他们遇到的麻烦。“不要吵啦！”“乱讲，以后不许这么说！”“哦……嗯……”“去睡觉！别再啰嗦！”……这样的交流自然会导致不良的亲子互动。

（2）关心询问。当观察到孩子的言行举止表现出与平常不同时，必须立即关心探询孩子的身体有何不适？或者遭遇到什么困扰？这样不仅可以使孩子感受到父母对他们的关爱，更能鼓励他们将来遇到困难时，会主动向父母倾诉。

（3）适当的鼓励。对孩子来说，父母的爱往往通过持续的鼓励来表现，同时鼓励也可促进孩子的独立。从婴儿一出生就必须开始给予鼓励，并维持到整个儿童期。适当的鼓励有助于孩子自信心的建立，并对其良好的行为产生有效的认同作用。但在此强调的是“适当的鼓励”，有时鼓励太多，也会适得其反。

（4）适度处罚及奖赏。在民主、平等的家庭中，规则是非常重要的。尽管父母不是扮演权威和警察的角色，但他们和孩子一起扮演着规则制定者和规则执行及维护者的角色。因此，对违反规则者当然应予以适当地惩罚。然而，惩罚只是让人们为自己的错误行为负责并付出代价，因此不带有贬低人格、降低自尊的意味。孩子应学习坦然地面对合理的惩罚，并从中学会反省，学会自我成长。

（5）使用自然及逻辑的结果。在情况允许或处罚及奖赏无效时，可尝试使用“自然结果法”：父母允许孩子犯错，并接受其行为的结果，从而为孩子提供成长经验。

7 岁的小明经常忘戴红领巾到学校，每次都是妈妈发现，并送到学校，并再三叮咛小明以后一定要记住，但小明“屡教不改”。

妈妈该怎么办？不戴红领巾是不能进学校大门的，妈妈不送去，小明只好自己回来取。于是妈妈告诉小明她不再对他的红领巾负责。当小明还是忘戴红领巾时，妈妈可以忽略他的抱怨，或者可以温和地说：“我很遗憾你会忘记这件事。”几次之后，小明再也不忘此事了。

孩子因体验到自己的行为给自己带来的不快或不适，改变了自己的行为，从而也减少了亲子间的摩擦及不和谐。这是孩子自我负责、自我成长的积极经历。

(6) 要坚定而不要支配。父母应以坚定的态度对待儿童,因为有了坚定的对待,才有行事的准则及界限。倘若没有准则及界限,则孩子随心所欲,动辄得咎,往往引起亲子关系的紧张。

你3岁的孩子兴奋地坐在你的自行车后座玩耍,身体不断地扭动,非常危险。你怎么办?强制他停下来(支配)?你可以温和地对孩子说:"妈妈骑车时你要安静地坐好,否则很危险,所以你再乱动我就停下来。"如果孩子再乱动,你就停下来直至孩子遵守规则,你不再需要多余的解释,因为你已用行动表现出决定的坚定性。

坚定而不支配需要落实在互相尊重的原则上。具体而言,父母可以尊重孩子想要做什么的权利,但同时也应尊重自己执行规则的权利。

(7) 尊重孩子。尊重孩子可以表现在不同方面,例如接纳孩子,包括接纳孩子的情绪、思想及行为;信任孩子,相信孩子的能力;坦诚对待孩子,不以冷嘲热讽的口气和孩子说话;倾听孩子说话,尽量腾出时间听听孩子的心里话。

(8) 避免批评,减少错误的发生。

8岁的小强刚写好一封给外婆的信,母亲要求看看信的内容。母亲看完之后开始批评小强字写得歪歪扭扭,且写错了三个字,要求他重新写一封。母亲代为订正之后,要求小强再重写一次,但小强犯了同样的错误。一次又一次之后,小强终于忍不住哭了起来,并拒绝再写。

母亲的批评给孩子带来了挫折和羞辱,也影响了孩子对文字的兴趣,更影响了亲子关系。

(9) 促进独立,不要为小孩做他自己能做的事。

5岁的雪儿长得活泼漂亮,深得母亲的宠爱。母亲也总是将雪儿打扮得干干净净,给她穿得漂漂亮亮,每天为她洗澡、穿衣服、穿鞋子、梳头发。母亲认为雪儿是她的一切,所以愿意为她做任何事。但事实上,母亲对雪儿的爱是爱自己的表现。雪儿被过分照顾而产生了无助感、依赖感、不适当感及无用感。到雪儿上中学时,母亲再也无法时刻为她打点一切,雪儿的无助感增加了,危机产生。

为孩子做他能做的事,不但剥夺了孩子学习及体验其能力的机会,也让孩子感到父母对自己的能力、勇气缺乏信心,降低了孩子的自信心、胜任感和安全感。

培养孩子的独立性,让他能自己安排时间,对自己负责任,同时,父母在旁给予支持及鼓励。有足够的独立性,并适应现代社会。

2. 促进亲子关系发展的原则

(1) 了解孩子。了解孩子的特点,包括智能、身体状况、气质特征,以因材施教。

(2) 爱孩子。爱能产生价值感。父母对孩子表达爱,尤其是在孩子受挫折、犯错误的时候,父母的爱是最有力的安慰,是他们跌倒了再爬起来的力量源泉。

(3) 和孩子沟通。沟通使亲子间相互了解,也使孩子学会尊重别人。

(4) 注重身教。父母的言行举止、待人接物、人生观、价值体系,都是孩子崇拜、模仿、学习、认同的对象,所以父母应注重身教,言行一致,从而树立起良好的榜样,为孩子提供遵循的依据。

(5) 营造家庭和谐的气氛。给孩子一个和谐的家庭,使他们在和谐的气氛中成长,是促进孩子心理健康所必需的。

(五) 家庭关系的增进

家庭就是一个具体而微小的社会环境,亲子关系是这个小社会的核心,个人的生活适应与心理满足都需要一个有气氛良好的家庭环境。所以,增进家庭关系,提高家庭的效能和家庭生活质量,家庭成员间应遵循以下相处原则。

(1) 建立信任的关系。亲子间有相互信任的关系,相处起来才有安全感与归属感,家人之间(夫妻、亲子间)的沟通或日常生活中的相处,最忌相互猜疑、互不信任。一个充满困惑、怀疑的家庭通常无法形成家庭凝聚力。

(2) 相互合作。人与人相处都会与对方有所牵扯或关联,即便是不相干的人在一起,也会有所关联。因此,相互合作、互给"面子"、互相支持是维系关系、增进情感的重要方法。

(3) 有责任感。责任感是指行为者对自己行为的后果承担必要的义务。家人相互间有责任感,则每个人都会虑及自己的言行对他人的影响,避免伤害对方。有责任感的人也会信守承诺,为所当为。

(4) 彼此互为榜样。家人间的相似性越大,心理距离就越近。而互相模仿不仅能提高彼此间的认同度,还有利于提高家庭教育的有效性、家庭目标的实现以及家庭优点的显现。

（5）各自拥有相对独立的空间。有效家庭的第一个标准就是“家人间的界限性质”。家庭成员间的性格有所差异，不能强求一致，家庭应留给每个成员自由发挥的空间，允许不同声音的存在，同时相互调适，相互适应。

（6）宽容。“人非圣贤，孰能无过。”家人同样会有令人不满意的地方，因而需要相互宽容。宽容不代表纵容，而是基于尊重与接纳的心理，期待对方有所改变，而非在对方发生错误时，以激烈的情绪去刺激或贬抑对方。宽恕与谅解是避免冲突的上策，也是使每个成员都形成良好心态，发展自尊、自信的重要条件。

（7）分享与互动。家人之间应对彼此感兴趣，相互分享学习、生活和工作上的经验与苦乐，并且要维持密切的往来，从而增进相互间的情感，而没有分享与互动的家庭常会令家人之间形同陌路。

（8）关怀与同理心。家庭成员间的相处需要彼此关怀，且能以同理心的态度，为对方设身处地地着想，体谅、体贴对方，从而形成彼此间的温馨、亲密感，才能建立与维持积极、有效、有良好互动的成长性的家人关系。

（六）幸福家庭的孕育

家庭是由血缘、婚姻与收养关系而形成的社会团体。孕育、培养与维持有效、健康、幸福的家庭需要人一生的修炼。幸福家庭有若干标准，美满的婚姻是核心，唯有夫妻关系幸福，美满的家庭才可能存在。

大卫森与摩尔列举了增进婚姻幸福感的方法，值得参考。

（1）夫妻要有相似的性需求。性需求的满足直接关系着婚姻的幸福感与满足感。不过男女或不同的人对性的需求、感受与满足感各不相同，因此夫妻需要多作沟通与配合，以免因性的不满足而导致婚姻不和谐。

（2）对配偶要有同理心。同理心是一种为对方设身处地着想的能力。有同理心的人，会顾及对方立场，聆听对方说话，并且能为对方提供必要的帮助。同理心虽与个人的特点有关，但也是可培养的。

（3）对婚姻关系能信守承诺。夫妻双方信守对婚姻的承诺是婚姻稳定与满意的重要基础。虽然深度的承诺并不一定能保证婚姻成功，但它却是不可忽视的因素。承诺能使激情的爱转向真诚的爱，使爱情关系转变为亲情关系，达到“少年夫妻老来伴”的境界。

（4）婚姻年龄。目前世界各国都有晚婚现象。早婚通常不利于婚姻美满，早婚父母因身心不成熟、情绪不稳定、工作收入不稳定或较少，以及智能及社会经验不足而导致相互伤害，甚至危及孩子。所以选择适当年龄结婚也是增进婚姻幸福感的要素。同时，若男女双方相识时间太短就结婚，同样不利于结婚后婚姻满意度的提高。

（5）宗教信仰相似。有宗教信仰的夫妻可能会有更为积极的配偶关系。一般来说，女性参与宗教的意愿及热度高于男性，因此宗教信仰的调适也非常必要，比如过度关注宗教可能不利于婚姻的成功。

（6）自我实现。自我实现是将个人的潜能充分发挥出来。通常自我实现水平较高的人也有较高的自尊水平，也因此更能尊重对方，所以要想拥有美满的婚姻，决不能忽视个人的自我实现。那些为求顾全家庭而牺牲事业、放弃自我发展空间的人，可能不会拥有满意的婚姻。

第十四章　父母的成长:成为称职的父母

第一节　父母角色的认同与调适

一、父母角色的特征

父母角色的价值会随政治、经济与社会的变迁而有所改变。在传统农业社会中,生养孩子的首要目的是孩子长大可以从事生产劳动,有助于家庭经济状况的改善,并且“养儿防老”。时至今日,父母角色的社会性与心理满足的功能已经远远大于其经济效益。根据调查,为人父母者被问到如果有机会再作选择,他们是否还愿意再当父母时,绝大部分人的回答是肯定的。问及原因时父母们认为,因为他们感到做父母的感觉很好,能给自己带来很多乐趣,他们对父母角色的满意度也较高。与此相比,教养孩子所付出的心力就显得无所谓了。

高艾丁(Goetting, 1986)关于父母角色满足度的相关研究显示,父母角色的满意度有以下特点。

(1) 女性对母亲角色的满意度显著高于男性对父亲角色的满意度,但同时,母亲角色对她们有较大的压力与限制。

(2) 教育程度较高的男性与女性在父母满意度的报告上的得分都相对较低,他们对自己的为人父母角色满意度不高。

(3) 女性如果也能在职业或事业上达到她们满意的状况,则她们对其母亲角色的满意度也会提高。

(4) 单身父母的满意度有可能高于正常婚姻父母,单身父亲感受到的满意度高于单身母亲。

(5) 婚前怀孕对母亲的角色满意度有不良影响,但不会对父亲有太大影响。

(6) 父母的年龄会影响他们对父母角色的满足度。中产阶级父母的满意度高,可能因为他们一般都是晚婚晚育,同时也更渴望建立成功的职业角色。

(7) 生男与生女是否会影响父母角色的满意度,目前尚无定论。

(8) 小家庭(一至两个小孩)与大家庭(三个小孩以上)的母亲比中家庭(三个小孩)的母亲有较高的满意度。

(9) 较为传统的父母比现代的父母有更高的父母角色满意度。

(10) 母亲的满意度与社会支持系统的数量、质量及其运用情况有密切关联。

(11) 与孩子的青少年阶段与成人阶段相比,父母在孩子年幼时体验到的满意感最强烈(很满意或很不满意)。

(12) 第一次当父母的阶段,正负向的满意度体验都最强烈。

(13) 父母一般都会强调为人父母的情绪酬赏(孩子给我带来了多少快乐),母亲的此类反应更普遍。

(14) 父母角色的不满意与孩子管教、教养花费、孩子家庭外适应以及父母失去个人自由等高度关联。

由上述调查结果可以发现,父母的角色是酸甜兼有,但一般而言,做父母所带来的快乐与满足会让父母觉得人生充满喜悦与希望、充实而有意义。

父母角色所带来的压力事实上也不少。一般而言,父母角色压力来自三大方面。

(1) 责任负担过重。为人父母之后,要作大大小小的决定,供给孩子衣物、食品,给孩子提供教育,不断地作各种决定,责任相对较重。而且,初为父母者,其社会资源和信息资源也相对较少,压力可能更大。

(2) 工作负担过重。父母在教养孩子上会感到时间不够、技巧不足,难以兼顾孩子的各项教养需要。如果父母都需要外出工作,他们所能给予孩子的时间将更有限,如此,父母很可能会有心力交瘁的感觉。

(3) 情绪负担过重。每个人在家庭与工作上很难一帆风顺,孩子生病、意外事件、家庭中的冲突与家事负担以及工作上的升迁与发展,都不可避免地会使父母神经紧绷,从而感受到巨大的心理压力(Schwartz & Scott,1994)。

除此之外,成为父母之后,个人生活也会受到巨大影响,因此父母必须在自己生活上作必要的调适。

二、父母角色的调适

孩子出生对父母的影响是全方面的。在教养孩子的过程中，身心的负担使父母感到乏力、疲惫，不堪重负。另一方面，父母的角色也会随孩子的成长而有喜悦与快乐，有满足、自信、自尊、个人价值感及心理上的成长感。成熟的父母深知为人父母的不易，他们对此有充分的思想准备。同时他们也知道父母的责任，在教养孩子中遇到困难时，他们会主动积极地寻求帮助，并有意识地调节自己的角色行为，监控自己的角色执行情况。

（一）寻求社会支持系统

一般而言，成熟健康的父母会在需要时积极主动地寻求帮助。父母的求助途径有以下几种。

（1）向长辈及亲友求助。生儿育女的个人经验通常十分宝贵，即将为人父母或已经为人父母者，都可以向父母、姑姑、姨妈、朋友、同学请教孩子教养方面的相关经验。

（2）参加各种家庭教育讲座或讲习活动。目前，社区、学校、医疗、卫生保健、社会公益团体举办的家庭教育活动非常普遍，父母应多注意相关信息，主动参加各类家庭教育讲座、讲习、研习活动。总之，做一个称职的父母需要学习。

（3）寻求专业机构协助。当父母遇到困难或面临压力，或是不知如何教养孩子时，可以向专业机构求助，如心理咨询中心、儿童青少年心理咨询中心等。

（4）阅读相关书籍或者上互联网寻求信息。父母可以阅读与家庭教育相关的书籍，寻求自我成长。父母应充实的知识包括：不同阶段孩子发展的特征与需求；儿童的医疗与保健方法；亲子沟通方法；孩子行为问题的预防与解决；其他协助孩子生活与成长的必要知识与技巧。

（二）父母在教养行为上的调节与适应

每位父母都期待孩子成龙成凤，但是孩子成才并非一蹴而就，它需要父母长期的付出。一般而言，父母至少会期望孩子：有快乐与满意的人生；能成为一位有用的人，充分发挥才能，且在工作、人际关系上有不错表现；具有谋生的技能，以便在成人社会立足、成功、成才。如何才能促进孩子的发展呢？瑞斯认为，家庭与父母角色的功能发挥具有重要作用，父母在教养行为

上必须遵循以下原则:

(1) 给孩子温暖,接纳他们,与孩子相互尊重、相互信任;

(2) 保持较高质量的亲子互动与较高频率的沟通;

(3) 对孩子进行常规训练;

(4) 给孩子提供角色榜样;

(5) 给孩子独立的机会。

(三) 父母在教养观念上的自我调节与适应

摩尔认为,父母需要自我学习与调适,成功的父母必须具备以下六项基本才能。

1. 自我觉察与接纳

父母要了解与接纳自己,能够发展个人的潜能,同时也能协助孩子生活;了解自己的优点与缺点,认识到自己并非是一个完美的人,自己也需要学习与进步。只有充分地自我察觉与自我接纳,父母才能承担教养责任,接受自我成长的任务,肯定家庭内外人际关系的重要性,并学习良好沟通的技巧,进而为孩子的身心健康打下良好基础。

2. 父母角色的界定

由于个体早年生活经验对后期发展影响巨大,因此父母角色非常重要,很多学者把父母当做儿童第一个、也是最重要的教师。由于父母在孩子的成功与成就上扮演着重要角色,因此,澄清与界定父母角色是必要的。

父母必须认识到初为人父母时角色的改变和家庭人际关系的改变:夫妻关系因添丁加口而形成了新的三角关系,这时父母需要适应家庭角色关系、权力结构、行为规范等的变化。当然,三角关系中,夫妻关系连接强度应该是最大的,这个关系应该是家庭感情联系的核心。父母角色要通过亲子互动促进孩子的发展,所以父母需提高亲子互动的质量,给孩子提供充分的情绪支持,对孩子的行为给予敏锐的反应,以促进孩子在学校的学习动机、人际关系、自信心以及对性别的弹性态度等方面积极发展。所以父母清楚知道自己的角色与任务,孩子成功的可能性就会增大。

3. 澄清目标

如果父母能澄清自己的个人与社会目标,也有助于孩子的正常发展。父母澄清个人的目标可以确立自己的人生方向,同时也可以为未来的发展制定标准。在传统社会中,个人的教养目标通常是“养儿防老”,社会性目标则可能是要孩子光耀祖宗。尽管父母个人与社会的目标可能会因个人、社会价值观而有所不同,但目前,多数父母还会以孩子进入名牌幼儿园、小学、中学、大学为荣。这种世俗化的家庭教育目标,常常会阻碍孩子发展潜能、追求独立与独特的可能。事实上,家庭教育不仅应关注孩子短期的健康成长与发展,更要关注他们的长期发展,要营造健康、快乐、幸福美满的生活,给孩子积极正面的帮助,而非一味向他们施加世俗的压力。古人曾说"儿孙自有儿孙福",父母也应该相信,"天生我儿必有用"。

4. 发展原理的应用

个体的发展是终身的历程,包含多重意义,个体的生理、社会、智能、情绪、道德等方面都在持续地发展中。个体的发展遵循其特有的发展规律,父母要学习、尊重这些发展规律。父母还应重视儿童发展的"关键期"与各时期的"发展任务"两大概念。前者指在个体成长的某个时期最适宜某些技能的获得或学习,后者指个体不同成长阶段都有特定的需要与需完成的发展任务。

(1) 注重母体保健,避免孕期感染病毒,如病毒性感冒、风疹或水痘等。

(2) 不能揠苗助长,如不能强迫 5 岁的儿童写字,以免儿童遭遇挫折,产生对写字的厌烦,或导致握笔姿势不正确的后果。

(3) 增加父母与孩子密切的情感交流,这是个体正常发展所必需的,尤其婴儿时期亲子之间的依恋关系有助于儿童未来身心的健康。

(4) 注重多方面均衡发展,除了生理健康要特别注重之外,儿童的心理、情绪、社会、智能的发展也需兼顾。

5. 辅导原理的应用

父母除了是孩子的首任教师之外,同时也是孩子的辅导员或心理咨询师。有效能的父母可以利用各种辅导的原理原则,协助孩子养成良好行为,减少或消除不良行为。不过,不同的辅导理论有不同的技巧与策略,父母不必拘泥于一种理论派别,可以有弹性地应用各派精华。

各主要辅导与咨询理论中,对父母有参考价值的部分举例如下:

(1) 精神分析理论:注重亲子关系,认为早年经验是后期发展的基础,强调积极的自我防卫机制的应用;

(2) 行为主义理论:注重强化作用的有效应用,各种行为策略,如代币法、条件反射的形成与消退等都可以采用;

(3) 人本主义理论:注重亲子关系的建立,强调以同理心、自我表露等技巧进行亲子沟通;

(4) 认知学派理论:重视思考历程,强调避免扭曲思考、主观成见。

6. 建立教养哲学

父母在教养孩子上需要发展弹性哲学,并能尝试错误,不断地从错误中学习,选择有效的教养方式。哲学是行为的基础,父母可参酌他人经验、个人人格特质以及孩子的特长及要求,形成个人教养哲学观,并不断地更新与修正,以使孩子的潜能得到最大的关注与激发。

总之,父母是孩子成功的最大贡献者,上述原则要付诸实施,还需要父母时间的投入与体力及心力的付出。

第二节　有效的教养方法及其训练

成功的父母不仅对孩子有无条件的爱,同时会适当地保护和限制孩子,并依照孩子的发展阶段赋予适当的责任。也就是说,称职的父母在爱孩子,提供良好的物理、社会环境以促进孩子身心健康发展的同时,也要对孩子提出成长的要求与期望,教孩子学习社会规范,教孩子适应社会生活。在这个过程中,良好的沟通和规则的制定是非常重要的。

一、良好的沟通技巧

父母要表达出"爱"、理解与支持,首先要有良好的沟通。有了良好的沟通,父母才能了解孩子的需要,为他们提供适当的满足,才能把自己的意思、感受表达清楚。在接下来的篇幅中,我们会介绍父母与孩子沟通的几个重要技巧,包括识别孩子的各种情绪并鼓励孩子表达、非言语沟通、正确的表扬、建设性的回馈方式、问题的所有权、换位思考等。这些沟通技能会让孩子和父母以不同的生活视角来看问题,它们是保持家庭沟通渠道畅通、维持家庭成员之间关系健康和谐的重要因素。有效的沟通能促进亲子间发展爱的关系,使家庭关系更巩固。沟通技能的获得需要父母的体贴和耐心,也需要父母的聪明才智。那些改善了沟通技巧的父母会发现他们与孩子的关系会变得更令人满意,自己的教育效能也更高。

(一) 注意力

佳佳一回家就钻到自己房间去了,平时她都会放下书包和妈妈聊聊当天学校发生的事情,今天回家甚至没和妈妈打招呼。妈妈觉得不对劲,敲开了佳佳的房门……

父母能细心注意孩子的言语和非言语信号是建立良好沟通关系的基础。年幼的孩子总把他们的情绪写在脸上,还没有学会掩饰自己的真实情感。许多孩子到青春期才学会隐藏自己的真实情感,也许他们认为这些情感不能被他们的父母或同伴所理解和尊重。许多孩子开始认识到表达一些强烈的情感,如愤怒、害怕或关于性的好奇或兴趣,是不安全的,因为父母对这些强烈的情绪和坦率问题的反应是不能预期的,同时也经常是不支持的。

所以,当孩子失望、沮丧、惊惶或生气的时候,父母应表现出关注。无论工作有多繁忙,父母们都应安排一个特定的时间和孩子讨论一下这些情感。在和孩子沟通的过程中,父母应留意孩子的面部表情、语调、身体姿势和手势,因为这些能传达孩子的某些情感。在观察、倾听和鼓励孩子表达自己的情感、找到解决问题的方法的过程中,父母对孩子的了解更深入,亲子关系也更密切了。

(二) 同理心倾听

爸爸今天去幼儿园接玲玲回家。玲玲看到爸爸就哭了,"我恨我们幼儿园的小朋友,他们都好小气! 我明天不要上幼儿园了!"爸爸笑了,"哦,幼儿园的小朋友并不是每个都那么小气的。"说完,摸摸玲玲的头,把玲玲带回了家。

很多时候父母只是听到了孩子表面上的意见或抱怨,而深入挖掘他们真正的意图通常要费些功夫。玲玲只是用一句简短的话总结了她所遇到的情境,但是细心的父母会特别关注,并且倾听、思索这些话,会问问"你今天在幼儿园里究竟发生了什么事情? 你有什么样的想法? 父母的作用就像一块回音壁,通过反映或重复孩子所表达的主要观点和感情,显示出他们对自己孩子的关心。当父母以这种方式设法了解孩子发生了什么事情、孩子对所发生事情的真实情感以及他们的应对方式时,亲子之间的沟通桥梁就建立起来了。

在家庭生活中,我们可以发现许多父母常常滔滔不绝地对孩子讲道理,却很少倾听孩子说了些什么,或是给孩子说出自己心声的机会。这样很容易造成父母对孩子的想法和情感不了解的现象,造成孩子对父母的逆反和拒绝,以致形成亲子之间的紧张、冲突和矛盾。

情绪、情感是看不见的东西,父母要准确地了解孩子的感受,可使用同理心的倾听沟通技巧。所谓同理心倾听,指的是父母在倾听孩子观点、想法的时候,能够站在孩子的观点和立场去了解他们的想法,而不是以父母权威的观点去看孩子的问题。在同理心倾听之下,父母既能够尝试着去了解孩子的感觉,能够接受孩子的所有感觉,允许他们有生气、不满、难过等各种情绪,并且以一种接受的态度去了解原因,向孩子提出问题,倾听他们说话中隐藏着的言语和非言语行为所传达的真正意图,然后试着和孩子一起协商处理。在这个过程中,孩子们也有机会学习和表现出与父母相类似的倾听和沟通技能。他们也能轻柔地对父母说话,能充分感受到关爱和理解;他们也会学着重视父母的关爱和参与。正如罗杰斯(1961)说的,当我们对孩子认可时,他们也会学着更多地认可自己,喜欢自己。

(三)识别孩子的各种情绪、情感并鼓励孩子表达

3岁的乐乐摔倒了,膝盖也划破了,坐在地上大哭起来。爸爸看到了,对乐乐说:"哦,宝贝这没有什么,不痛的!"

其实,这种说法会对孩子造成消极的影响,阻碍孩子自我意识的发展。通常,年幼的孩子会主动地、自由地表达他们积极或消极的情绪。如果一个孩子说"我看起来很丑,学校里没人喜欢我",父母的第一反应经常是"宝贝,你看起来并不丑,不要这样说,爸爸妈妈喜欢你就够了"。父母这样说就能够帮助孩子释怀,让孩子感觉好受吗?更加有帮助的回答应该是:"宝贝,你对你自己的长相感到不满意。"这种对孩子话语和情感的承认,背后传递着父母的关爱和尊重,同时,这句话也在邀请孩子继续表达自己的情绪和想法。第一种父母的反应方式"不要这样说",会带来消极的结果,它让孩子意识到继续表达自己的观点没有任何意义,因为,他所说的话正在使父母难过。

父母对孩子情绪表达的鼓励和支持对孩子情绪能力的发展意义重大。孩子的一些行为是他们强烈情绪情感的表现,但是通常他们很少意识到自己的内心状态,这时候父母的指导和鼓励孩子表达情绪是非常重要的。父母能够通过观察孩子的面部表情、言语和非言语反应以及孩子对环境的理解来加强孩子表达情绪情感的意识。例如,父母可以对孩子可能出现的情

绪状态进行分类。"康康,考试没有得到理想的成绩你失望吗?"在合适的环境下使用适宜的情绪标签不仅能帮助孩子认识这个抽象名词,而且能把这个名词运用到现在的情绪状态。敏感的父母会严肃地对待自己孩子的情绪表达。他们会鼓励孩子坦率地表达自己的积极或消极情绪,甚至是尴尬的情绪。如果父母有时间和孩子聊聊他们的情绪,那么孩子也会乐意与父母交谈情绪方面的话题。

(四) 非语言沟通

雨红上初中二年级,平时很喜欢一个人沉思、独处,听到别人说话声音稍大也会紧张、出汗。她不太爱说话,也不是很喜欢与同学交往。老师反映,雨红父母经常吵架,雨红就是在这样的环境中长大的。

年幼的孩子虽然不明白父母为什么吵架、吵的内容是什么,但是他们却能从父母的争执中学会憎恨和仇视,这是典型的非语言信息沟通的方式。非言语信息交流包括表情、态度、说话的语气、语调的高低等。这种信息作为言语信息的补充而存在,在沟通中起着非常重要的作用。对于年幼的孩子来说,他们很容易在情绪上受到外界环境的影响,因此非言语信息对他们的影响是相当大的。

好的沟通技能是从倾听孩子的言语和非言语信号开始的。通常敏感和有警觉性的父母能够观察到孩子一些消极的非言语信号,如失望和悲伤。他们会问孩子,帮助孩子整理、表达自己的情绪感受。当父母能够用同理心对孩子真实的、通常是隐藏起来的行为语言耐心倾听的时候,他们的沟通自然会更顺畅。随着年龄的增长,孩子的思想和心理变得越来越复杂,逐渐形成自己的隐私。在一些问题上,他们也许会觉得不好意思和父母说,把心里话倾注于日记或倾诉给好朋友。这时,有些父母会因为难以和孩子进行沟通而觉得彷徨,不知道怎么做好,甚至怀疑自己做错了什么而使孩子疏远自己。其实,在这种情况下,父母最好是改变沟通的方法。写信就是比较好的沟通方法,它可以使得双方对一些难以说出口的问题彼此交换意见,有利于沟通。当父母通过仔细观察孩子的非言语交流信息而发现和了解孩子隐藏的情绪时,孩子就能感受到父母的关爱和理解。

(五) 正确的表扬

小龙完成了一幅图画,自认为画得很好,激动地拿给妈妈看。谁知此时妈妈的朋友来了,妈妈只看了一眼画,摸了摸他的头说了声"不错”,没有像往常那样把他的作品表扬一通。因此,第二天上课的时候小龙无精打采的,老师说什么他都听不进去。

表扬是父母在教育孩子的过程中经常使用的手段,它对孩子各方面的成长具有积极的作用。父母大多希望通过这种方式让孩子养成社会所期望的良好的行为习惯,激励、培养孩子某一方面的特长。恰如其分的物质奖励和表扬往往会激发孩子的上进心,培养他们的自尊心和自信心,对他们发挥潜力、克服自身缺点有巨大的促进作用。合理而艺术地表扬孩子会起到激励和鼓舞作用,这对孩子自尊心、自信心的建立是非常重要的。但是,如果不合理地、过于频繁地使用表扬,甚至把表扬当做一种让孩子做某事的手段而滥用,就会使表扬失去激励和促进作用,甚至会起反作用。因此,父母应该关注的是怎样鼓励孩子,而不是一味地表扬孩子。

鼓励孩子,让孩子感受到自己的能力和父母对他的认可,有助于父母支持性角色的形成。父母对孩子行为的鼓励不应当与一些物质或食物奖励相联系起来;在鼓励孩子时,家长应该少作比较;鼓励要真诚,不要太夸张,要有针对性,方式得当,而且要具体明确,要让孩子知道究竟哪一种行为会受到鼓励;鼓励是渐进的,它的作用是协助孩子形成自我评价,像父母“我为你骄傲!”之类的话很容易给孩子带来负面压力,孩子可能会用一些谎话来给父母制造一个自己如何能干的假象,要渐进地鼓励,有条不紊地给孩子创设“以自己为荣”的良好的鼓励情境。

(六)有建设性的反馈

“老爸,我要出去一下!”

“简直是浪费时间!又想出去玩!不在家好好学习,到处闲逛。你作业做完了没有?上次考成那个样子还好意思出去闲逛。你能不能向小微学习学习,在家好好复习功课不行吗?”

没人喜欢被批评,但有时候我们不得不给予孩子消极的反馈,消极的反馈有时也是一种建设性的反馈方式。当然,消极的反馈并不意味着威胁或是羞辱孩子。消极的反馈指的是在孩子做错了,或者没有履行承诺而让父母失望的时候,父母也应该用一些消极的言语反馈让孩子知道父母的想法,如“你没有按照事先和我商量好的那样做,我觉得非常的失望”。人文策略(Humanistic Strategy)的创始人吉诺特建议父母在给予孩子消极反馈的时候,不要攻击和批评孩子的人格。吉诺特的典型亲子沟通建议是:“我对你所做的事非常生气，但不是对你的人生气。”消极的反馈也可以用一些积极的词汇来表达，如“我真的非常感谢你在我准备晚餐时候的帮忙，但是我觉得你还是先抓紧时间做完你的功课再说，因为看起来任务还是挺多的”。

父母失望、生气或有挫败感的时候，他们往往很难和孩子沟通。受到父母过多的批评，会妨碍孩子自尊感的形成。父母不应总是批评或者羞辱孩子，但是父母应该让孩子知道他的行为已令父母感到失望，只有这样才能让孩子也了解父母的所思所想，才有可能增加沟通的有效性。

在某些情况下给孩子消极的反馈是不适当的。当孩子处在“弱势”处境的时候，如一次考试考得很糟，应该避免给孩子消极的反馈。“弱势”就是他们对自己感觉不好的时候，这时候父母应该推迟和孩子谈话的时间，直到孩子这种强烈的“弱势”反应消失。

（七）确认问题的所有权

小杰和强强这对好朋友因为一点小事闹翻了。小杰心情非常郁闷，而且情绪低落。看到小杰的样子，妈妈急在心头，在听了小杰的叙述之后，妈妈自作主张打电话到强强家里，想帮助这对好朋友和解。但是，事与愿违。强强认为连这种事情小杰都让妈妈知道，一点都不像男子汉，决定以后再也不和小杰交朋友。小杰也开始对妈妈不理不睬。

父母无微不至地照顾着孩子，关心他们的生活、学业，还关心他们的社会交往。但是当父母试着帮孩子解决问题时，亲子间就可能出现沟通障碍。

高登认为，在面对问题时，父母首先应该把问题的处理权划分清楚，认清什么事情该管，什么事情不该管。属于孩子的问题就让孩子自己去解决，让孩子有学习的机会，同时也让自己拥有更多属于自己的时间和空间。在谈到问题的所有权时，高登在他写的《父母效能培训》一书里，用以下方式定义了问题所有权：如果孩子的需求没有被满足，这使他感到失望或不高兴时，那就是孩子的问题，即该问题是孩子自己的问题；如果孩子满足了他自己的需求，但却惹怒了他们的父母，那么这就是父母的问题。有些问题是属于孩子自己的，如果父母坚持要为孩子处理或服务，会养成孩子依赖父母的习惯和心态，甚至会引发孩子抗争或叛逆的行为，同时父母也否定了孩子的能力，剥夺了孩子学习、适应、处理问题和发展责任心的机会。

邓克米尔等（Dinkmeyer & Mckay）认为，在遇到所有权为孩子的问题时，父母甚至不应该给孩子建议，他们认为给孩子建议事实上对孩子的问题解决能力没有一点帮助。他们鼓励父母探索另外一些方式,这就意味着父母要帮助孩子"识别和考虑解决问题的其他方法"。在帮助孩子提出某些行为的具体步骤的过程中,他们建议一定要使用有同理心的倾听去帮助孩子理解什么是真正困扰他们的问题,而不是简单地给孩子建议以帮助他解决问题。他们提倡父母通过探索各种不同的问题解决方式,比如头脑风暴(不作判断而产生许多可能的答案)的策略来帮助孩子提高问题解决能力,这种方式可以帮助孩子选择可能性策略。和父母讨论某一个决定可能会出现的结果,或者在试着用自己的方法解决一个问题之后,再对这个方法作一个回顾性的评价,都是解决问题的一些较好的策略。

而在遇到所有权为父母的问题时,父母就可以使用以下"我—信息"的沟通方式。

(八)"我—信息"的应用

"下次绝不再让你跟着我了!再不快点,我就把你扔在马路上了。"

"你这个孩子太不听话了,每次都是把你的书包、作业本到处放,难道我没和你说过让你保持房间的卫生吗?"

孩子有问题时,父母要有耐心地倾听,不要试着"解决"孩子的问题,而要帮助孩子探索其他问题解决的方式来提高孩子的问题解决技能。但如果是父母的问题,使用"我—信息"是非常合适的。

"我—信息"是一种用"我"字开头的沟通方式,这种方式注重对孩子具体行为引发的"我"(父母自己)的感觉的描述。"我—信息"通常由三个部分组成:①父母对孩子行为的描述(只描述而不评价);②指出行为的后果,父母对这一行为是如何看待的;③说出父母对这个行为后果的感受。比如,父母可以采用以上步骤来处理孩子的一些问题。"当你弄出那么大声响的时候,我根本不能入睡,我对你的行为感到非常懊恼!"而不是说:"你一点都不体贴人。你从来没有给过我一分钟的安宁。"在这里,"我—信息"以不责备的方式传达出强烈的情感。

通常,当我们用"你"字开头,特别是在谈论不太高兴的事情时,孩子会变得充满防御,也许会进行反击,因为"你—信息"似乎总是在责备和批评对方,而"我—信息"是通过说明我的情绪,比如"我恼怒了"或者"我失望了"而不是说"你是垃圾"、"你很不好"来缓和双方的敌意和防御。父母要注意,当使用"我—信息"的时候,语气一定不要充满愤怒,要心平气和。用生气的语气说的“我—信息”往往会变成传达敌意的“你—信息”。“当你放学后不打电话或者不回家,我就会担心你发生什么事情了,因为我不知道你在哪。”这个时候,“我—信息”通过解释父母失望的原因和孩子能够为改变情境所能做的事情,表达了父母的消极情绪,也传达了父母的关爱。

(九) 换位思考

“你每天放学后都在做作业、看书,为什么你的成绩没有一点提高呢?”小青一脸无辜地看着妈妈。“为什么我的爸妈就不能站在我的角度替我想想呢?”

换位思考是指认同他人的情感、思想或态度的能力,或替代性地体验他人的情感、思想或是态度的能力。父母要培养自己换位思考的能力,要站在孩子的角度去思考、理解孩子的感受。父母如果具备换位思考能力,会更容易与孩子沟通。换位思考能帮助孩子认识自身能力,培养责任心、同情心和社会道德感。父母给孩子示范如何换位思考,有助于孩子从错误中学习,将犯错视为一种成长的机会而不是失败的表现,这样也能改善亲子关系。

例如,父母看到孩子学习成绩总是提高不了,忍不住会对孩子唠叨,有时候甚至会责骂或是贬损。如果父母换位思考,站在孩子的环境中去体验孩子的感受,那么父母与孩子之间就不会有很深的代沟。

父母对换位思考的实践和示范能够培养孩子许多技能。这些技能对形成令人满意的人际关系很有必要。这些技能包括:正确理解社交暗示;轻松有效地与他人对话;主动倾听;鼓励和支持他人;有效解决分歧与争执等。父母每一次换位思考都是对孩子的良好示范,都会给孩子今后成功地处理人际关系播下健康的种子。

二、订立适当的规则

称职的父母对孩子不仅有无条件的爱,也提供适当的保护与限制,并赋予孩子适合其发展阶段的任务。换句话说,一味顺从孩子并不是有效能父母的做法,孩子也不能真正体会到父母的爱,同时孩子在其他社会环境中也可能会有适应上的困难。所以有效能的教养不能忽略适当规则、限制的订立。

(一) 适当的教导

要求孩子担负某些责任或遵守某些规范时,需注意该项工作是否符合孩子的能力及其发展阶段的需要。以自理能力为例，有的父母主张及早训练孩子独立，可能在孩子2—3岁时，就期望孩子自己穿衣服，所以早上把衣服放在床头，要求孩子自己穿。这些心急的父母并不了解孩子是否有足够的能力及独立性来处理这样的情境，尝试的结果是双方都很受挫折，也易引发一些不愉快的互动。有的父母对孩子独立性要求较少，或经常由于时间紧张，所有的事务都需要快速完成，所以看孩子自我服务又慢又不好时，就忍不住代劳。更常见的是一些父母到了孩子读小学，甚至升上中、高年级，还在一边抱怨一边替他穿上校服、准备上学要带的东西，遇到心情不好的时候就会说"你就是太懒了，太依赖了，从现在开始我什么都不管了"。

在对孩子有所要求之前，父母需要先考虑孩子是否有可能达成该项要求，衡量的标准必须以孩子自身相关能力的表现为基础，而不是以"别人都会，他也应该会"来作为标准。"一个孩子一个样"，以孩子做功课来说，有的孩子不论在什么情境都能迅速而正确地完成；有的孩子则在外界干扰较多的环境中易于分心、注意力持续短暂，因而要花更长的时间才能完成功课。对于后者，就无法以前者的水准来要求，而应减少环境中的干扰源，并训练其注意力，由他目前所能做到的为起点，逐步朝最终目标前进，至于自起点到终点需分成几个阶段，要视孩子的情形而定。总之，在要求孩子遵守某些规则之前，一定要先评估这些要求是否符合孩子的能力水准及孩子的发展需求，如果该要求超越孩子的能力，那么就要降低要求，不可因过于心急而揠苗助长。

（二）亲子协商订立规则

在订立规则时，要尊重孩子。如果亲子意见不同，父母要与孩子协商订立规则，而不是以父母的权威来强迫孩子遵从。

例如，孩子在客厅打球，父母如果只生气地命令孩子"不准打了"，孩子可能慑于父母的威严而暂时停止，但可能满心不悦；同时他可能不知道为什么不可以打球，下次想玩时又在客厅玩起来。父母遇到这种情况，应该以良好沟通的方式，让孩子了解父母的感受和制订规则的原因，如"在这里打球会吵到楼下的人，同时我也担心会打破客厅中的东西"，这样，孩子才有可能调整自己的做法，以避免父母所担心的情形发生。

再者，亲子协商订立规则时，父母应真诚地协商以找出双方都能接受的办法，不要假借民主之名行权威之实。例如，三口之家以投票的方式解决意见分歧的状况，听起来不失为一个民主的方式，但是仔细了解之后，才发现这个家庭中只有一个孩子，换句话说，只有父母意见不同时，投票的结果才有可能与孩子的意见相一致。经过几次尝试之后，孩子会发现其中的奥妙而不再表达意见。所以父母若认为该事件是可以协商的，就要让对方的意见有陈述及被接受、施行的机会，如果是不能协商的，如孩子要求父母代写功课或长时间打游戏机，那么父母要处理的就是孩子遇挫折后可能的情绪困扰，而不是商量决定父母是否代写功课的问题。

（三）鼓励符合规范的行为

订立规范后，孩子可能依据约定来做，也有可能违反部分约定，父母应以多鼓励的态度来处理这样的情形。行为的建立是渐进的，父母若能关注孩子已达成的部分，关注孩子的努力，将有助于孩子进一步努力。有些父母担心多称赞孩子会使孩子过于自满而不求进步，因此总是强调孩子的不足之处。事实上，孩子的自我概念尚未稳固，他们的发展可能仍处于“他律”阶段，更可能将父母的指责或贬低信以为真，认为自己确实是很糟糕的人，难以产生求取进一步改善的愿望，行为表现也就不可能进步了。

当然，多鼓励是指对孩子的具体好表现、努力来鼓励，而不是盲目地称赞。鼓励要真诚，要让孩子感受到你的关心与认可。

（四）温和而坚定的态度

在传达或执行亲子之间的约定时，重点在于让孩子了解父母有执行的决心，而不是责骂或威胁孩子，所以语气、表情等非语言的沟通也需表达出这样的信息，而不宜疾言厉色。

（五）一致性

订立规范时，最好能先取得主要教养者——通常是父亲和母亲——态度间的一致，不被父亲接受的行为，在母亲的标准中最好也不是被接受，否则会造成孩子规范、价值观上的混淆。除了教养者之间的一致外，在不同的情境、时间也要有一致的规则，如在家中不得在椅子上跳来跳去玩，那么去朋友家或上餐厅一样不容许这种行为，这样孩子才能学会遵守规范，而不是学会看大人的脸色或看情境有没有可乘之机。

（六）适当的弹性

订立规范时尽量不要过于琐碎，一方面避免过于僵化，另一方面避免给孩子动辄得咎的感觉。父母应该只关心与重要的价值观有关、与生活秩序密切相关的规则。例如,有的家长主张没有伤害自己或损害他人权益的行为都是允许的,有些行为虽不违反该基本原则,但父母并不那么赞成,那就由孩子自己去选择并承担选择的后果。如此孩子可获得适当的尊重感,在这些经验中学习自己作抉择,避免孩子产生总是被控制的无力感。

适当规范之订立与下一节要陈述的父母的自我教育有密切关系。父母本身有了充分知识作基础,加上个人人格的成熟,才有可能做称职的父母,才能理性又富于感情地教养孩子。

第三节　称职父母的自我教育
——相关知识的充实

本章前两节讨论了许多称职父母在教养上有效能的做法,在各种做法的说明中也强调了其精神主旨之所在,并指出可能出现的偏差做法。本节和下一节介绍父母所需的相关知识以及父母自身的成熟和成长。

一、维护身体健康的相关知识

父母必须具备基本的营养知识,如个体成长所需的基本营养素包括碳水化合物、蛋白质、脂肪、维生素、矿物质及水等。父母如果了解哪些食物中具有上述营养成分,就可以据此提供较适当的食物,以保证孩子成长所需。

除了基本的营养知识外,父母还要了解适当的运动对身体、体能发展的影响。不要怕孩子跌倒而不让他活动。虽然许多动作的学习与身体的成熟度有关,但若没有适当的活动、练习的机会,就会减缓其成熟的历程,同时对体能的耐久力也会有不利的影响。

父母除了需要了解促进孩子成长的因素以外,也需要知道哪些因素对孩子的成长不利。例如,烟、酒对胎儿有害,可能造成早产或其他身体上的缺陷。父母有了这方面的知识,才能防患于未然。

再者,父母需具备基本医疗常识。有病应送医治疗,但是在送医前如果能做一些妥善的处理,亦可减轻疾病或意外对孩子的伤害程度。所以,父母应具备常见病的应急处理技能,掌握一些正确的急救措施,如烫伤送医前的紧急处理、孩子高烧时的护理等。父母平时多了解这些基本医疗常识,在孩子生病或发生意外时，才能做迅速而有效的处理。

二、心理学知识

父母不仅要注重满足孩子的生理需要，更要关心孩子的心理健康和心智成熟，应同时兼顾身心两方面的需要。如果有基本的心理学知识基础，父母将更能弹性而充分地满足孩子的心理需要。

（一）发展心理学的相关知识

个体的成长是一个不断改变的过程，在这个过程中的不同时期，有着不同的特点与需要，这是发展心理学研究的重点。

掌握发展心理学知识可以帮助父母了解孩子目前所处的发展阶段，预期特定年龄的孩子会有什么发展特点，将有哪些特定的行为或事件发生，同时根据发展的方向性，预测后期可能出现的发展现象，理解孩子的行为，对孩子的行为进行解释。例如，对于一个1—2岁的孩子粘人、怕生的现象，有些父母会担心孩子会过于依赖而急着把孩子推开，结果是越推越粘，孩子反而缺乏安全感。如果父母能了解这是一个发展中的问题，认识到如果父母能给孩子以适当满足，孩子会逐渐变得独立，那么父母就更有可能接受孩子的这种行为，孩子的情绪也会更稳定。

掌握发展心理学知识还能帮助父母根据特定年龄儿童的发展，安排适宜的环境刺激，提供适当的物理、社会环境，以满足其心理需求。

掌握发展心理学知识还能帮助父母对孩子的表现是否正常作初步判断。在临床上，有时会看到4—5岁的孩子不会讲话，而父母虽觉得孩子的情形与其他孩子不同，但却未意识到其发展已明显落后，因而继续等待。如果父母能对孩子的发展有充分认识，可以及早意识到问题的存在，及早就医、给予额外的语言发展协助，那么孩子的语言发展落后现象就可以获得相当程度的改善，对孩子的不良影响也可以减至最低的程度。

（二）人格心理学

人格是人稳定的行为特质，其形成受到先天及后天因素的共同影响。先天因素包括气质等，后天因素包括各种社会生活经验等。气质是由人先天的神经类型所决定的行为特征，如活动量、情绪本质、适应度、退缩性、反应强度、注意力分散度、坚持度、反应阈及规律性等。这些先天特质的不同可能引发不同的人际互动以及社会的、认知的行为模式差异。孩子先天的气质特征是他们个性发展的基础，同时也是影响父母教养行为、亲子关系模式非常重要的因素。

影响人格形成的后天因素是指后天环境所提供的经验，包括教养态度、亲子关系等。除此之外，学校的教学方式、社会的价值观等，也都对个人的人格有影响。

父母具有这样的知识，一方面可以帮助自己在选择教养方式时，同时顾及孩子的个别差异，依孩子的先天特质不同，适当调整教养方法，以帮助孩子健康成长、适应社会。另一方面，也帮助父母分析环境中的诸多因素对孩子人格发展可能产生的影响，进而优化孩子的成长环境，促进孩子的发展。此外，这方面的知识还可提高父母对孩子的接受性：孩子的人格特质受到多方面因素的影响，并非父母能决定的，因而父母可能会更能包容、接纳孩子，对孩子有更适度的期待而非"心比天高"。

（三）行为改变技术

孩子成长过程中难免会出现一些需要改变的行为，有的是偏差行为，有的是成长过程中的不成熟现象。父母需要了解哪些方式可以促成行为的改变，以帮助孩子成长，而不是被动地等待。例如，以孩子吵架来说，有许多学者主张让孩子自行解决，可是对于2—3岁的孩子来说，可能就不适用。在这个年龄，孩子对物品的所有权概念仍不清楚，同时对于这样的冲突也缺乏处理的能力，也不能了解对方的感受，这时就需要照顾者来教导较适当的做法，如教孩子用轮流玩的方式取代彼此抢夺、吵架甚至打架的方式，并给予适当的鼓励，那么新的、被接受的做法方可逐渐建立，旧的、不被接受的做法才会逐渐消失。

父母具有这方面的知识，就能更好地协调亲子关系，并对孩子的不当行为给予有效的处理。当然，必要时父母也可寻求专业的协助。父母这方面的知识越多，配合得也会越好，也越容易帮助孩子改善不适应的状况。

除了上述知识外，父母角色的理论基础还包括生态学、人类学、伦理学、社会学、心理学、辅导学及艺术、哲学等。

总之，父母多掌握相关学科的知识，可协助父母正确理解父母角色，完成父母职责，教养时更能把握精髓，更好地促进儿童的发展。

第四节 称职父母的自我教育
——各个角色的均衡

本书中一再强调做一个称职父母的重要性，但是一个人并不只扮演父亲或母亲一个角色，而是在不同的情境、不同的人际网络中扮演不同的角色。每个角色有其所需担负的责任和特定的行为模式。父母要学习如何去调和各个角色间的冲突，维持每个角色功能的正常行使，这对父母个人的适应是非常重要的。以下分男性、女性两个部分，分别陈述他们所扮演的各种角色，并讨论如何以成熟的方式去调和各种角色的功能及需求。

一、男性角色

男性在家庭、社会中要扮演许多角色，在此仅选取影响较大的几种角色来讨论。

（一）父亲的角色

父母角色的发展受到社会变迁、家庭背景、社经地位、种族等因素的影响。从传统来看，父亲是孩子的楷模，母亲则如教师教育孩子，并照料孩子的生活起居。通常父亲又被视为家庭的社会代言人，以及文化与家庭的联系者，因此传统的父亲角色在教育孩子的时候，可能更注重培养孩子的责任感，而非获得与孩子相处的乐趣，而母亲则更注重情感的满足和与孩子相处的乐趣。父亲也常是家庭决策的决定者。

从亲子关系的角度看，社会对父亲角色有一些刻板印象，这可能导致当代父亲角色的特性与困境。

1. 在孩子教养中担任边缘角色

在传统的社会观念中，孩子的教养责任仍然主要由母亲承担，成功与聪明的男人应该以事业为重。尽管多数母亲是职业妇女，但父亲仍被视为一家之主，同时也是（或者被视为）主要赚钱养家的人。即使父亲参与孩子教养，但他可能以传递价值观和训练孩子的行为为“工作”重点。另一方面，父亲可能会更多地参与男孩的教养，较少花心思在女孩身上，因为多数父亲相信，他们是男人，知道如何教男孩长大成人，当然有时也有自觉不自觉的重男轻女观念。

2. 父亲与孩子的亲密度比不上母亲与孩子的亲密度

父亲与孩子在生理与心理上密切接触与同步化反应的程度远不如母亲。主要原因是经由怀孕,母亲和孩子有先天的生理联系,父亲则没有。同时父亲外出工作时间通常较长,与孩子相处时间也较短,更强化了这种联系。另外,传统文化中一直认为养儿育女是女性的工作,男性照料、养育孩子的相关能力相对较差,而母亲也不愿意放手将孩子的养育任务交由父亲担任。同时,社会文化和社会性别角色分工也没有给予父亲教养孩子积极的鼓励与支持。

3. 丈夫角色优于父亲角色

在社会角色中,男人的丈夫角色先于其父亲角色,就是说,社会认为对成年男子来说,做好丈夫的重要性大于做好父亲的重要性。没有幸福美满的婚姻,即便在孩子教养上,他的父亲角色扮演得再好,也难获得社会的肯定。所以成年男子首先要成为一个好丈夫,然后才是个好父亲。因此,很多离婚妇女在离婚后极力争取孩子的监护与抚养权,不仅是因为她们想"占有"孩子,更因为她们认为父亲不能胜任孩子教养工作。社会文化也往往倾向于期望父亲在离婚之后对孩子提供经济上的帮助,而非扮演一个称职的父亲。

以上对父亲角色的分析反映了当前社会对父亲角色的刻板印象。然而,随着社会的变迁,妇女的职业地位不断上升,男女两性角色行为的差异越来越模糊。在实际生活中,父亲在家庭抚育、教养孩子方面起着越来越重要的作用。为了让父亲更好地适应社会变迁,更好地承担父亲的教养责任,研究者有如下建议。

(1) 调整社会性别角色观念。在儿童成长过程中,我们的社会一直以不同的观念及态度对待男孩和女孩,通常要求男孩勇敢、大胆、刚强、有男性气概,而期望女孩温柔、体贴、顺从、有女性魅力。这种性别角色的刻板印象会潜移默化地影响孩子的成长,影响孩子的性别角色,而且较为刻板的性别角色观念不利于儿童长大后的社会适应和对父亲角色的承担。性别角色的过度分化应得到调整。

(2) 鼓励父亲参与生产过程和婴幼儿的哺育工作。女性的生产过程充满艰辛,如果在母亲怀孕、生产与育儿期间就让父亲积极参与,可能有助于父亲为母亲提供更多的精神上的支持，并尽早调整、适应父亲的角色。目前很多妇产科医院为孕妇和准爸爸开设孕妇学校，为准父母提供各种生产训练和育儿指导，并训练父亲在孕妇准备生产前承担教练与协助的角色。有人还提议让父亲模拟穿厚重的孕妇装，体验怀孕的艰辛，在孩子出生后承担喂奶、换洗尿片等工作，如此来增进亲子关系。

（3）父亲应学习情感表达与沟通技巧。由于性别本身的特点，以及社会对男性的刻板印象及因此导致的男性成长的心理社会性环境的特点，生活在传统社会中的父亲，在他们的成长过程中很少被鼓励去表达情感与爱，表达对他人的同情、理解、关怀，少有机会学习与他人进行有效的沟通。这无疑会影响亲子间积极、有效的关系的建立。幸运的是，现代心理学和家庭教育学的研究表明，情感表达与沟通技巧是可以训练、学习的。

总之，父亲对孩子成长与发展的影响力越来越受肯定，父亲本身的成长也变得越来越重要了。

（二）丈夫的角色

家庭中有了孩子以后，丈夫的角色也需作一些调整。夫妻双方的时间、精力都将要转移一部分到孩子身上，丈夫不能只扮演一个经济上的提供者，妻子还会期望他能以成熟的性格提供家务及家人心理上的支持。对身为职业妇女的母亲来说，在面临工作及家庭的冲突时，更需要这些支持。对专职母亲而言，丈夫更要细心体察妻子的需要——因为家庭主妇的工作很难给她们提供成就感，她们对家庭无尽的贡献常被视为理所当然，而她们的休息或其他个人需要则常被忽略。丈夫如能注意妻子的心理需求并适当表达对妻子的感激，妻子将会觉得所有的付出都是值得的，进而减少产生情绪困扰的可能性。一般来说，丈夫的角色有以下几种。

（1）赚钱养家。传统上男性需赚钱维持家计，现代社会对丈夫角色的这种期待并未改变，丈夫所赚的钱通常仍是家庭的主要收入，因此丈夫外出也被视为理所当然之事。

（2）家庭的支持者。丈夫除了赚钱养家之外，也需要在各方面对家庭成员给予各种支持，并协助解决问题。

（3）妻子的性伴侣。性是双方之事，丈夫的重要角色之一是满足妻子的性需求。有了和谐的性关系，婚姻的满意度会随之提高。

（4）休闲伴侣。丈夫与妻子在工作之余应共同从事可以调剂家庭生活的活动,发展相同的兴趣与情谊,以增进两人的感情。

(5) 担任男主人:现代男人仍被期待担任“一家之主”的角色,在社交上是男主人,在家庭之中则是拥有一定权威的决策者。

另外,有时妻子与公婆有相处上的隔阂,有些丈夫会回避这个问题,任其发展,而使问题逐渐扩大。丈夫若能帮助妻子去认识家人,以成人的而非如过去孩子般的依赖、顺从角色与自己父母沟通,既可以避免自己当夹心饼干、受夹板气之苦,又可促进家庭和谐。

(三) 儿子、女婿的角色

一般说来,在为人父后,自己的父母年纪也渐大了,在健康上、经济上、感情上也渐渐变得要依赖子女的照顾、关怀。通常而言,照顾的对象也不限于男方的父母,女方的父母同样需要女儿、女婿的照顾。现在与子女生活在一起的老人越来越多,为人子、为人婿,如何分配自己的时间及金钱、精力也成了重要的课题。

当然,在老人身体状况许可时,他们可能也愿意帮助孩子照顾第三代。这对年轻的父母来说,是可适当接受的,一方面,自己获得了实质上的帮助;另一方面,父母也会觉得他们仍“有用”、有助人的能力,进而减少他们无能、无用的感觉,同时在感情上也是不小的慰藉。不过一定要保持适度的独立,以维持小家庭的独立、完整与和谐。

(四) 工作上的角色

在现代社会中,要在事业上有所成就,需要投入相当多的时间与精力。但在可能范围内,父亲在做工作上的安排时,除了考虑个人工作上的成就之外,也要考虑家庭的需要,最好能减少工作地点的调动,在工作时间上也要尽量减少对家庭生活的干扰。

除了上述各角色之外,男性可能还有很多角色要扮演,限于篇幅,我们仅讨论几个对生活影响较大的角色,并以改变最大的父亲角色为讨论的重点。男人在面临这么多角色需要时,应衡量自己能够提供多少时间及精力,来做适当的分配。同时,在顾及他人需要的同时,也不要忘了自己的需求。自己先做个快乐的人,才能帮助别人快乐。

二、女性角色

（一）母亲的角色

母亲角色的社会定位稳定而一致。女孩从小就被灌输长大之后在婚姻、家庭与孩子教养上的责任。传统上期待母亲的角色有：

（1）承担家务责任，包括煮饭、清洁、洗衣等；

（2）满足孩子的生理需要；

（3）训练孩子，包括生活习惯的养成；

（4）对孩子进行道德教育与训练；

（5）孩子其他的教育活动。

然而，随着社会的发展和社会为女性提供的发展机会的增加，女性的精力越来越多地投入于工作及以往以男性为主的社会中，以发挥所长。而社会，尤其是孩子们对“好妈妈”的期望也有所改变，他们不仅仅希望妈妈只是干好家务事、能煮饭烹饪、照顾孩子与维持婚姻关系。以下是具有发展性的母亲角色的特征。

（1）提供满足孩子生理需要的环境。传统母亲为孩子所提供的哺乳、喂食、清洁等工作，现代社会仍无法完全替代（当然，比起以往，这方面的工作轻松多了）。因此，现代社会仍期望母亲继续提供能充分满足孩子生理需要的环境条件，使孩子获得充足的营养，并保持卫生与健康。

（2）有弹性地管教孩子。传统上，孩子对母亲较依赖，母亲也相对较仁慈与宽容。现代社会要求母亲能以发展性的教养态度教育孩子，满足他们情感的需要，鼓励孩子独立、自主与自我发展。

（3）职业妇女的教养责任不可疏忽。职业母亲常以工作成就替代教养孩子上的成就，以工作中的充实代替与孩子相处的快乐，对孩子的教养或与孩子的亲密度不如从前，尤其是在有长辈帮忙照顾孩子的情况下。由于工作忙碌，母亲疏忽了与孩子的情感联系，忽略了对孩子的教养，无法充分满足孩子身心与情绪上的需要，使孩子发展受到影响。所以职业妇女如何在工作、家庭、孩子教养上取得平衡，乃是一个重要课题。

（4）母亲本身的成长也非常重要。虽然多数母亲具有传统女性具有的关心、体谅、慈爱等品质，但由于社会快速变迁，在工作与孩子教养上的挑战与压力越来越多，母亲角色可能比过去更不易，所以母亲也需要不断成长，获得更多的科学育儿、有效教养的知识与技能,与孩子一起成长。

“最好的母亲是不只是一个母亲”,除母亲角色外,“好妈妈”还应能均衡自己扮演的其他角色,并寻求其他角色功能的发挥与个人需要的满足。

(二) 妻子的角色

英文“妻子”(wife)本意是“编织”(weave),这意味着当妻子的人需要具有特殊理家才能。现代社会,由于社会分工细密,家人可以从家庭之外购买或换取物品与服务,因此,妇女所需具备的烹饪、裁缝、女红等才能,已不再是衡量妻子角色的标准,社会赋予了现代妻子以新的角色任务。

(1) 理家与持家。这是一般家庭中丈夫对妻子的普遍角色期待。中国社会传统主张“男主外,女主内”。现代社会这种分工仍在,妻子理家与持家的时间及投入的精力通常也都高于丈夫。现代社会中虽然也出现了一些AA 制家庭,但多数家庭仍然以经济合作的方式运转。

(2) 管理财务。丈夫通常也希望妻子能承担财务助理的角色,掌管与运用家庭的财政,维持家庭的经济平衡,并累积财富(“夫妻老婆店”是妻子承担财务助理角色的典型)。

(3) 丈夫的性伴侣。性是婚姻的重要部分,法律规定夫妻有同居的义务,丈夫与妻子相互的性满足也是维系婚姻的重要力量,成为丈夫满意的性伴侣是妻子的重要角色。

(4) 休闲伙伴。妻子除了要扮演上述角色外,同时也需要担任丈夫的休闲伙伴角色,使家人在工作之余身心能获得调剂。

(5) 担任女主人。已婚妇女担任女主人的角色是社交生活中的重要项目,亲戚朋友的送往迎来,女主人要表现得体才能赢得赞赏。女主人也常被当做家庭的形象大使。

(6) 承担家庭教育责任。对孩子的教育,以及家庭其他的学习活动,为人妻者要担负积极的角色。所以有人说:“男人受教育,教育一个人;女人受教育,教育一代人。”

初为人母的妻子,照顾儿女的工作可能会占据她大部分时间和精力。如果她能邀请丈夫参与,不但可以减少自己的负荷,更重要的是做了父亲的丈夫一旦参与了这个工作,夫妻就可能有更多的机会来分享孩子成长的喜悦,共商教养孩子的方式。在这些讨论中,他们分享、讨论个人的经验、价值观,进而增进彼此的了解。

当然,夫妻的沟通不应仅以孩子为主题,孩子终将长大、离家。一个人的生活本来就有很多侧面,必有很多其他的生活经验可供分享,分享越多越能一起成长,共同的生活也越有乐趣。在此也需澄清一点,分享经验并非要把对方盯得牢牢的,什么事都要一起做,重要的是内心感受的分享。

除此之外,妻子也可能要承担家庭内外沟通者的角色,协助家庭与学校、社会及其他人的联系,另外也可能要负责采购家庭必需品等。妻子的角色可能因家庭不同而存在差异。

(三) 女儿、媳妇的角色

女儿的角色,与前面讨论过的儿子的角色差不多,主要是与父母愉快相处及生活上对父母的照料。在这个过程中,一方面尽了为人儿女的责任,另一方面给孩子一个示范,让孩子学习如何与长辈相处。

较大的挑战存在于婆媳关系上,尤其是婆媳同住时。一般家庭,持家的工作都交给女主人,如果婆媳同住,就变成两个女主人,难免会在价值观、生活模式上有不同的看法,双方若各持己见,就可能纷争不断。丈夫若能帮助双方沟通,势必会有很大的帮助。但是为人媳者,也不可完全依赖丈夫的沟通,自己也要尝试去沟通,不要心存成见,要将公婆的经验、意见视为善意的建议,若不赞同,也试着委婉说明不赞同的原因,尽可能减少摩擦。

当孩子出生后,祖父母对待孩子的方式可能与父母有所不同,如果婆媳关系未处理好,势必又开了一个新战场。因此,最好心里有个准备:如果把孩子委托给祖父母照顾,那么就要信任他们的教养方式;如果只是假期短暂的相聚,一般而言,对孩子的影响不会太大,不必太在意。较难处理的情况是三代同堂的情形,一方面要化解日常意见的分歧,另一方面要对养儿育女观念上、行为上的差异进行协调。

一般来说,要处理好婆媳关系,应注意以下几方面。

(1) 在心理上,媳妇要把婆婆看作是自己的母亲,以孝敬自己母亲之心来孝敬婆婆,以爱丈夫之情爱婆婆。

(2) 在角色上,媳妇应努力尽到尊亲、事亲的职责,体贴与照料他们,使他们得到温暖与安慰,享受人生乐趣。

(3) 在生活安排上,媳妇要力求俭朴,不要浪费。有些婆婆节俭成性,她们会以节俭持家作为评价媳妇的标准之一。

(4) 在意见上,媳妇不要以为婆婆一代的思想不合时代潮流,称她们老顽固、老古董,如有意见不合,也不必争辩、理论,因为有些老人的观点很难改变,多说不宜。

(5) 在争执中,媳妇如果发觉婆婆的某些做法确是过火、不恰当,可请丈夫直接进谏,不要正面与婆婆冲突。

(6) 在态度上,媳妇要持尊敬之心,处处想到婆婆是长辈,不得有违于理,决不冒犯她,也不藐视她。一代人有一代人的经历,代际差异不仅是年龄造成的,也是由时代铸就的。

(7) 在相处中,媳妇要了解老年人的心理,她们生怕寂寞孤独,所以要经常和她们说说话,陪伴她们。如果婆媳分住,要经常关心老人家,或买些她喜欢吃的东西送给她,或邀请她一块儿踏青或看电影,或带孩子去看望她。

(8) 在言谈上,媳妇要以谦逊有理的态度,和颜悦色地对婆婆说话。假如婆婆挑毛病,要多忍耐,多以沟通技巧进行交流而不是争吵,因为争吵是不能解决问题的。

婆媳关系的协调确实不易,尤其是三代同堂的家庭。协调的成败,关键在于个人在沟通上的努力、小家庭适当的独立以及对长辈的尊重。

(四) 工作上的角色

工作与家庭的关系是现代妇女常见的冲突来源。虽然多数单位有产假制度,但或时间太短,或职位保证不够,使一些白领女士陷入两难境地:若辞去工作,将来回到就业市场会困难重重;若不辞去工作,就要担心自己是否失职,不能做一个好母亲。

事实上,不论是男性还是女性,都有追求成就的权利。女性若因家庭、孩子辞职,并心生怨怒,觉得家庭、孩子成了她事业发展上的绊脚石,对家庭、夫妻关系和孩子的发展反而不利。所以,妇女如有工作的需要,不论是基于她个人对成就的追求,或家庭经济的需要,都不宜辞职,可找出一个解决方法,尽量兼顾母亲角色及工作角色,促进个人成长。

职业母亲对孩子的发展会有积极、正面的影响。西佛发现,职业妇女养育的孩子通常比全职母亲养育的孩子在社会性发展上表现得更成熟,职业妇女对男女性别角色的看法也更成熟,更有弹性;职业妇女的孩子长大后对自己的教育、工作也有更高的成就期望。

采取托儿方式是解决问题的一种方法。如果母亲能珍视每天与孩子相处的短暂时间，并与孩子建立积极、温暖、有效的亲子关系，入托对孩子发展的影响总体上也是积极的。

以上我们讨论了角色的均衡，以一个人所扮演的各种角色冲突的调和为基础，期望能尽量兼顾各种角色的需要与功能的正常行使。除此之外，家庭是一个整体，不同的人之间的协调、互补也非常重要，尤其是夫妻之间的互相扶持、分享，更能促进各角色功能的发挥。

第十五章　家庭教育指导

第一节　家庭教育指导及其对象、内容与形式

一、关于家庭教育指导

儿童的素质,包括身体素质、心理素质和思想道德素质,均受到家庭教育的影响,而家庭教育的质量则受到家长素质的影响。民族的竞争、综合国力的竞争、人才的竞争,说到底最根本的是父母素质的竞争。家庭教育指导的直接目标是提高家长的素质。

家庭教育指导,是指由家庭外社会机构组织的,以家长为主要对象的,以家庭教育为主要内容的指导活动。家庭教育指导是社会和儿童教养机构根据家庭教育过程中存在的问题、家长的困惑和家长自身的需要,向家长提供帮助的过程。

对家长进行家庭教育指导的主要目的是:①提高家长的教育素质,包括转变家长的教育观念,形成对子女正确的教养态度,培养家长教育子女的能力。②在提高教育素质的基础上,改善家长的教育行为,包括为子女创设良好的家庭环境,正确对待子女的行为表现,对子女实施适当的主动教育。③通过提高家庭教育的质量,促进儿童健康成长,包括身体的发育和心理的发展。①

从家庭教育的性质来看,家庭教育指导是整个国民教育体系中的一个组成部分,它是主要以家长为对象的一种成人教育,同时也是一种终身教育,但又是一种业余教育。因而,作为为家长提供对子女进行有效教育的知识和方法的家庭教育指导又带有师范教育的性质,因为它是教导家长如何

① 李洪曾:家庭教育指导的目的、任务、性质和渠道,幼教园地,2004 年 1 月。

做孩子的老师。

关于家庭教育指导的基本理论，学者们作了较为成熟的研究。上海市教科院普通教育研究所李洪曾在对家庭教育指导的性质、目的、任务、对象、原则等问题进行了大量研究的基础上，提出了"4421"理论框架，即"四类对象、四个过程、两种环境以及由社会大背景"四类要素构成的一个整体——儿童、儿童的家长、直接指导儿童及其家长的指导者以及组织指导者对儿童及其家长进行指导的组织管理者四类对象；儿童的发展、儿童的家庭教育、儿童家庭教育的指导和儿童家庭教育指导工作的组织管理四个过程；影响儿童家庭教育指导的物质条件和心理氛围两种环境因素；社会的政治、经济、文化、科技、教育等宏观环境因素作为社会大背景对上述两种直接环境、四个过程和四种对象都会产生制约作用。

二、家庭教育指导的对象

以上海地区为例，目前家庭教育指导工作的对象包括新婚夫妇、孕妇与她的先生、0—18 岁儿童的家长。0—18 岁儿童的家长可以接受由教育机构组织的对学生家长进行的指导，也可以接受由企事业、机关工会组织的对本单位职工进行的指导，还可以接受由街道、乡镇等组织的对本社区居民进行的指导，此外他们可以从卫生部门接受有关养育子女的指导。对各类对象的指导工作在组织管理上的分工是：卫生部门负责新婚夫妇和孕妇的指导；教育部门和卫生部门共同负责 0—18 岁儿童家长的指导；工会负责在职职工的家庭教育指导；妇联、社区、青保等部门负责社区祖辈家长、外来人口儿童家长、特殊家庭以及监护人等的指导；妇联牵头负责散居在社区的 0—3 岁婴幼儿家长的指导。①

三、家庭教育指导的内容

《上海市小学、幼儿园家庭教育指导大纲》明确规定，家庭教育指导内容包括宣传现代教育观、家庭观、儿童观，介绍家庭教育特点和规律等。目前上海市地区基层指导单位组织的家庭教育指导的内容主要有：①向家长介

① 上海市妇女联合会，上海市教育委员会，上海市总工会，上海市卫生局：《面向新世纪，开创新局面，1999 年上海家庭教育工作要点》，1999 年 3 月 2 日。

绍、提供有关儿童发展、学校教育和家庭教育的基本规律、理论知识和实际情况;②提出儿童在学习、生活和成长中和家长在家庭教育中容易出现的问题,以及供家长参考的处理意见和建议;③围绕社会热点问题和学校重大问题与家长交换意见。① 上海市妇联组织的调查发现,上海市基层家庭教育指导工作的组织管理者和指导者中,39%的人认为普及理论知识最重要,53%的人认为联系家庭教育、帮助家长解决实际问题更重要;同时,也有少数人十分重视社会热点问题。调查还发现,基层指导单位在实际安排内容时,以理论知识为主的占42.6%,以提出常见问题和处理办法为主的占51.6%。指导的实际内容与理想状况相近。

此外,也有研究者(关颖)提出家庭教育指导的主要内容应涉及:①帮助家长进行角色定位,提高认识自身角色的能力;②帮助家长转变教育观念,掌握教育规律;③培养家长的教育兴趣。

四、家庭教育指导的形式

家庭教育指导的常用形式可分为三类:①家庭访问、在校接待、定期咨询等个别指导;②讲座与家长会、家长间的交流与讨论、家长来校听课与参加亲子活动等集体指导活动;③向家长介绍、组织订阅家庭教育报刊、普及读物,出版自编家庭教育小报、墙报、黑板报和观看自摄录像,介绍、组织观看有关家庭教育的电影、电视、录像、广播和录音等。②

第二节 家庭教育指导的一般模式

一、关于家庭教育指导模式

中国社科院语言研究所编纂的《现代汉语词典》中对模式的注释是:"模式,某种事物的标准形式或使人可以照着做的标准样式。"该项解释揭示了模式的可供模仿性。英国人丹尼斯·麦奎尔和瑞典人斯文·温德尔从传播

① 李洪曾:家庭教育指导的对象、目的、内容和形式,家庭教育指导,1995年第4期。
② 上海市教育科学研究院家庭教育研究与指导中心:上海市家庭教育指导形式研讨会论文集,1999年1月。

学角度将“模式”定义为“用图像形式对某一事项或实体进行的一种有意简化的描述。一个模式试图表明任何结构或过程的主要组成部分以及这些部分之间的相互关系”。这一概念揭示了模式的简约性和对现实过程的再现性。可以认为,模式是再现现实的一种理论性的简化形式。

家庭教育指导模式主要指在一定的家庭教育理论指导下,形成的一种在家庭教育指导的目标、对象、内容、形式等有关要素上相对稳定的范型。也可以理解为是有效开展家庭教育指导的一整套方法论体系。

二、以学校为主导的指导模式

(一) 国外家庭与学校合作的几种模式

家庭与学校是两个密切关联的体系,在儿童适应行为的处理与辅导上,家庭与学校需要共同合作、密切配合;在家庭教育与学校教育事项的配合上,也需要两者密切联系。以下将介绍国外家庭教育与学校教育密切配合的三种典型模式,供参考。

1. 吐桑早期教育模式

吐桑早期教育模式(Tucson Early Education Model,简称 TEEM)是一个为了增进儿童语言能力,而将父母参与子女学习列为重要项目的教育实验计划,曾经在美国近二十个州进行实验。

吐桑早期教育模式为 3—11 岁儿童开设了全日制的学习方案。该模式鼓励儿童充分利用环境中的各种事物、材料,与相关人员互动,除了教师的引导学习外,学生也可以自由选择学习内容。这种教育方案假定,每个儿童都是独特的,他们的环境经验也各不相同,如果他们有自信,学习具有目的性,同时能与环境互动,其学习经验也能切合他们的能力与内在需求,学习效果就会提高。

这种学习方案把父母参与儿童学习列为重要项目,希望父母能积极参与子女的学习过程,从而促进他们在学校、社区与家庭经验的交流。该模式中,父母的配合项目有:

(1) 参与决策。设有“家长顾问委员会”,由家长组成,可以对整个教学历程提供各种意见。

(2) 参与课堂教学活动。父母在子女学习时可以进入教室观察子女的学习状况,或者参与子女的学习活动。当然也制定了一些父母参与课堂教学活动的准则。

(3) 家庭与学校沟通。家庭与学校、社区保持密切联系与沟通,父母能充分了解子女在学校中的学习状况。

(4) 父母成长性团体。学校也向父母提供一些有趣的活动,如工作坊、成长团体等。

研究发现,该模式因为有家长的积极参与,加入TEEM的学生在多方面(尤其语文能力)的表现有了极大的提高。

2. HIPPY模式

HIPPY模式最早由以色列耶路撒冷大学于1969年提出,随后陆续推广至美国及其他国家。美国目前有16个州在推广这一方案。HIPPY是一个课程发展方案,将儿童的语言表达、手眼协调、数学概念、逻辑思考、自我概念与创造力作为教育的重点。这种模式的一个最大的亮点是,为父母提供了更多的学习资源,并设有"家庭建筑师"。它由心理治疗学家、社会工作人员、心理学家、医师等组成,与学校、少年法庭及其他社会机构保持密切联系。最重要的是,他们为所有的学生家长服务,通过咨询、示范以及其他必要的支持性活动,协助家长克服各项困难,如生活与工作压力,并且指导父母一些行为管理方法与管教态度。若父母有任何需要,可在任何时间请求"家庭建筑师"的协助。HIPPY模式被证明是极具效果的,相关的实验也颇为成功,其成功的主要原因包括:

(1) 能高度激发家庭参与学生学习的动机。

(2) 咨询等心理协助对于家庭极有帮助。

(3) "家庭建筑师"团队为家庭提供充分的时间,有些甚至超过10个小时,因此家长颇能受益。

(4) 各项家长协助方案大都是家长所需要的,因此有良好的效果。

3. 家庭中心模式

家庭中心模式(Family Center Model)是由美国诺瓦大学设计的方案,目的是为父母与子女同时设计学习班级。具体而言,除了要儿童参与相关的学习活动外,父母也要参加一系列有计划的活动。家庭中心模式对父母的状况有下列假定:

(1) 父母的教养行为并不充足。

(2) 父母在工作上有较高需求。

（3）父母也渴望为子女的发展付出自己的努力。

（4）父母也希望得到支持,增强父母效能。

（5）父母本身也如一般成人有各种需要。

（6）注重家庭固有的优点,而非缺点。

（7）相关方案的制定目的在于强化家庭功能,而非使家庭依赖。

家庭中心模式的学习方案安排8位家长组成团体,进行每期12周、每次约50分钟的聚会。在聚会前父母先将孩子送入游戏室,然后父母参加强化父母角色的课程,包括了解个体的发展、如何掌握儿童的线索与信息、解决教养问题,以及了解父母本身等。而儿童参与的学习活动以社会技巧、语言及动作技巧为主,还有一些创造性活动。同时,在课程设计上也增加亲子共同参与的活动,鼓励亲子密切互动。

值得重视的是,尽管家庭中心学习方案中的教师都是兼任的,流动性较大,增加了训练上的困难,但不断注入新血液,使整个亲子学习具有活力。

家庭中心模式的主要理念在于:如果父母也与子女有同样的学习活动,则父母与子女都能成长,有助于子女在智能、语言、社会能力等各方面的进步。

（二）家长参与学校教育的形式

学校中的家长参与是家长作为参观者来到学校,支持学校事务或者参与学校座谈会或关于家长教育的一些活动。我国这方面起步较晚,研究也不多。以下介绍美国学者的研究以供参考。

根据克莫的有关研究,在开展学校发展项目(School Development Program)的学校中有10%—15%的家长作为志愿者为学校服务,该研究同时表明,在学校中这种参与类型确实行之有效。其他研究也表明,即使家长志愿者人数不多,对学校来说也是十分重要的。贝克尔的研究也表明,在存在积极有效的家长志愿者核心小组的学校的教师更乐于努力使所有的家长参与孩子的家庭学习活动。

1. 作为参观者的家长

家长受邀到学校了解学生的在校表现,包括参与运动会和各种学习活动,以及参观孩子所在的学校和教室,这有利于家校沟通与合作。具体而言,家长可以更充分地理解教师所做的工作以及学校的计划;家长对孩子的教师有更深刻的了解;家长可以更自然地与校方人员进行接触;教师更理解家长。

学校可以组织很多让家长参加的活动，见表 15 - 1。

表 15 - 1　学校可以组织家长参加的活动

活动项目	举例
鼓励家长参观教室	在学校前门设置有欢迎字样的标志牌；在学校入口处设置迎接处或信息台；设置路标，引导参观者找到办公室
建立家长资源中心	开会时使用非正式的座位让家长放松；借用家长的教育资源；获得理解和支持；获得社区资源的信息
设立家长活动领导者	这个职位的人（有偿的或志愿的，并且要对各类家庭的需求有较高的敏感度）作为家长和校方人员之间的联络者来组织活动
建立交流服务中心	建立一个可以借阅的图书馆以鼓励家长和学生的一些交流活动
举办一些特殊的学校活动	家庭晚会、郊游、才艺表演和运动会等
召开一系列的座谈会	可讨论的主题包括：学校制订的计划和目标；交流方式和行为导向；如何去管理学生的家庭作业，监控孩子的学习过程，收集大学以及职业发展的相关信息，强化学生在家庭中的数学和阅读练习

2. 作为志愿者的家长

作为志愿者的家长，能在课堂或其他多种事务，如旅行等中，给学校提供一定的帮助。学校可以安排他们利用工作之余来完成这些协助性工作。社区团体、商业团体以及那些已有的组织也可以帮助学校组织这些志愿者活动。此类活动具有以下作用：

（1）家长以这种方式参与学校教育，对家庭、学校、学生的发展都非常有益。

（2）这种活动使家长可以更自然地与校方人员进行接触。

（3）父母参与这类活动，有助于提高学生的学习能力，使其获得更多的自我认知和自我注意；有助于发展学生与成人交往的能力。

（4）通过这类活动，让教师更明确家长对学校和孩子的兴趣所在，获知家长乐于提供帮助的愿望，并使教师乐于尝试一些使更多家长参与进来的活动方案。

为鼓励家长加入志愿者活动，学校可以开展以下工作：

(1) 制订一个家长(社区)志愿者计划:进行工作描述;招募和培训志愿者;向志愿者致谢,给予一定的奖励。

(2) 对家庭实力和家庭财力进行调查,以评估家长为校方工作的能力;建立一个资源库。

(3) 建立一种程序,家长可以根据在校内或校外做的一些有益于学校的事务而获得一张特别信用卡,这些有积累功能的信用卡可以用来兑换奖金或者某种服务。

(4) 鼓励家长与他人共享技术和经验,这是拓展学校课程的一个很好的办法(如在计算机、手工、故事讲述等方面)。

(5) 为学生组织一些由家长领导的课外活动。

(6) 为家长志愿者创造机会,使其成为学生导师、自助餐厅的服务员、教师的助手、门厅接待员、学生伴护、打字管理员、职业教导员、家长辅导员等。

(7) 利用支持性活动(比如筹集资金、社会事务、庆祝活动等)强化学校的学术核心(比如学校举行庆祝会的时候可以使用一些文学著作中人物的着装;马拉松比赛也可以伴有一些数学活动或朗读节目)。

3. 家长作为学校支持者参与学校管理

家长作为校方支持者参与学校管理是指家长加入家长团体、家长顾问委员会等。同时它也指家长作为学校支持者监督学校行为或为学校发展做一些相应的工作(Epstein,1988)。

(1) 参与管理的家长。

在家长委员会、家长与教师团体、计划团队、预算讨论委员会、个人教育计划设计团队、学校董事会中,家长都可以起到关键性的领导作用。学校有义务为家长提供加强决策和领导能力的培训,以使家长领导者与其代表的所有家庭积极而有效地进行沟通。包括家长进行有意义的决策活动在内的学校基础管理模式,可以提高家长承担孩子学业失败风险的能力。

同时,家长参与学校管理还将产生一系列的积极结果,包括:使家长在对孩子有影响的教育政策的制定上献计献策;让家长感到对孩子的学习环境有所控制;使家长和孩子的权利受到保护;使家长和孩子特定的利益与相关政策相符;使教师和学校员工有机会明确了解家长对学校策略的意见。

此外,一些由学校组织的项目与家长参与学校管理的活动相关,以下是开展此类项目的方法:①在常规的家长与教师会议上,鼓励家长参与学生的目标制定与开发活动;②吸引家长和社区参与制定学校发展的目标和任务;③组织家长委员会(如家长俱乐部、家长—教师组织等),并设立咨询委员会以支持家长委员;④为家长提供强化其协作技能和问题解决能力的培训;⑤鼓励家长委员会讨论监控程序、学生学习过程、课程设置等问题;⑥帮助家长有计划地拓展学习机会;⑦鼓励家长委员会的代表参与地区性的管理团队和所有类型的学校委员会。

(2) 作为学校支持者的家长。

父母可以联系并参加一些国家级组织,比如美国的家长教师协会(National Parent Teacher Association)和家长协会(National Parenting Association)。家长也可以与一些政治团体保持联系,选举这些政治团体的代表,由这些代表设计和发展教育计划、筹措资金并作出预算安排。

学校鼓励家长作为支持者参与管理的方法:①与其他机构组成联盟,扩展家长参与的机会。②培训家长领导人使用电话和书信等形式来组织活动的能力。③鼓励家长委员会的代表参与学校董事会的所有会议,参加对学校具有影响的社区会议。

4. 对家长参与教学的评估

为了改进家长参与活动的表现,定期对其进行评估是必要的。这样的评估可能包括对活动的数量、质量和家长参与活动所得到的结果在内的几个方面的内容进行考察。

家长参与活动的数量报告应该包括以参观者、志愿者、决策者和支持者这几种方式参与的所有家长的数量。具体有如下几个评估条目:

(1) 活动向家长提供参与机会的数量;

(2) 活动向家长提供机会的变化情况;

(3) 参与者的数量;

(4) 参与者的活动时间总量;

(5) 参与形式的变化情况;

(6) 为鼓励家长参与活动所进行的资源描述;

(7) 家长对学校计划和政策的理解和支持所进行的自我描述;

(8) 为鼓励家长参与,学校环境变化的描述。

家长作为参观者、志愿者、决策者和支持者参与学校活动可以被认为是一种家庭支持方式,因为此类活动的目标是强化学生和家庭的机能。达斯特研究制作了一张有关家庭支持原则的表格,可以作为检测此类活动的指标。学校和家长也可以根据这个标准来评价家长参与活动对家庭效能的影响作用。

家长参与活动的结果和指标:

(1)学生在学校的表现:更高的学校等级;更高的考试分数;减少特殊教育和补习班的数量;更高的毕业率;更高的升学率。

(2)学生的行为和态度:对学校的态度更加积极;在学校中的行为更加积极。

(三)学校进行家庭教育指导的主要形式

《教育法》第四十九条明确提出:学校、教师可以对学生家长提供家庭教育指导。实际上,学校在家庭教育指导方面的确具有不可替代的优势。

儿童进入学校以后,教师逐渐取代父母成为儿童生活中的"重要他人",并发挥越来越大的影响。家庭教育的种种缺陷和不足往往会在孩子身上体现出来,通过近距离观察孩子、与家长交谈接触,教师比较容易发现家长在教育观念、教育思想、教育手段方面存在的问题,这为有针对性地开展家庭教育指导提供了便利。

更为重要的是,学校作为专门的教育机构,拥有一支具有教育专业背景的教师队伍。这些富有经验的教育工作者熟悉科学的教育理论和知识,了解不同年龄阶段儿童的身心发展规律,掌握丰富的教育策略和方法,在指导家庭教育方面有着较强的优势。

随着教育的普及,对比较集中的儿童家长进行指导,由学校出面组织比较方便,也易于得到家长的信任,因此,学校和教师必须责无旁贷地承担起指导家庭教育的责任。一般而言,学校进行家庭教育指导可以采用以下三种方式。

1. 个别指导

(1)家庭教育咨询。

每个家庭面临的困境和存在的问题都不相同,如果条件允许,应该针对不同家庭、不同层次家长的不同需要实施个别化指导,这样家庭教育指导才容易取得实效。家庭教育咨询就是近年来适应这种个性化需求的一种新型的指导方式。

家庭教育咨询通常是由家长带着在家庭教育中遇到的实际问题，定时或不定时地到学校、幼儿园向教师咨询。一般由特设的资深教师或特邀的专家给予解答，进行个别指导。根据家长的要求，咨询的形式有多种选择，包括面谈咨询、书信咨询、电话咨询、网上咨询等。

因为每个孩子的问题都不一样，这种一对一的问题指导方式效果显著，因此很受家长欢迎。但是，这种指导对咨询人员有一定的要求。一般来说，咨询者要具有丰富的专业知识和实践经验，解答问题时不仅要条理清晰、深入浅出，而且要有科学性和针对性，不仅要帮助家长分析问题的原因，而且要指导家长如何做。此外，如果不能解答家长提出的问题，或是没有十分的把握，不能勉强应付，可以在请教别人或查阅资料后再解答。

目前家庭教育咨询的内容主要有：家教理论、信息咨询和家教方法咨询。

家教理论、信息咨询。现代家庭教育内容更加丰富，已从原来狭义的只注重孩子的学业成绩、智力水平、知识学习转向重视孩子的个性发展和心理健康，重视孩子德智体全面发展的素质教育理念已经深入人心。但是，传统的教育评估体系并没有完全转变，升学压力仍旧存在，家长在新旧教育观念的冲突中不知所措。到底怎样的教育更有利于孩子的发展？家教咨询能给家长提供正确的理论知识和最新的家教信息，帮助家长端正教育思想，树立科学的家教观念。

家教方法咨询：确立科学的家庭教育观念之后，家长会面临家庭教育方法的选择问题。家教咨询可有效针对孩子学习、生活中出现的种种问题，提出良好的建议，如怎样指导孩子看电视，如何培养孩子的观察力和注意力，怎样对孩子进行消费指导等，帮助家长提高家庭教育的质量，掌握科学的家教方法，促使更多的家庭教育向科学型、民主型、引导型转变。

此外，对个别学习有困难、心理有障碍、缺乏良好行为习惯学生的家长，必须采取一些特殊的方式，其中主要有：设立家长咨询信箱或咨询电话，用书信和电话方式回答一些家长在家庭教育方面的困惑；设立接待家长来访制度。学校家庭教育指导委员会成员可每周轮流值日，负责接待家长来访，帮助家长排忧解难。

（2）家庭访问。

家庭访问简称“家访”，是教师个别开展家庭教育指导的一种常用方式，适用于解决儿童、青少年家庭教育过程中出现的某些个别问题。通常情况下，教师进行家庭访问的主要目的是与家长沟通，共同商讨教育儿童、青少年的方式或方法。家访的内容，除了要解决学生的一些实际问题外，班主任或任课教师还要担负起指导家庭教育的责任和义务，向学生家长宣传新的教育理论、教育观念，介绍成功的家教经验，帮助家长提高认识，树立正确观念，提高自身素质。与其他方法相比，这种指导相对经济、灵活，不需要额外的物质投入，也便于进行，而且家访过程中，教师能够针对某一问题，提供更为具体、更具有针对性的指导，效果明显。

家访是学校教育与家庭教育联系的有效方式，是学校教师与学生家长沟通的桥梁与纽带。家长与教师之间的相互配合、协调，对学生的成长与发展起着重要作用。学校通常会鼓励班主任或任课教师针对学习有困难、心理有障碍、缺乏良好行为习惯的学生，以及个别家教方式方法不当的家庭进行专题或单独家访，指导家长改善家庭教育。

按照访问的具体目的和内容，家庭访问一般可以分为了解性访问、宣传性访问、商讨性访问、通报性访问和警告性访问几种，访问者可以是教师、妇联干部、青少年教育工作者、民警等。

了解性访问：主要是了解儿童的家庭情况及其在家中的表现。

宣传性访问：主要是向家长宣传和传达教育部门、学校、社会对儿童的要求，传授、介绍教育子女的科学知识和新经验、新思想。

商讨性访问：主要是针对儿童的现实表现，和家长共同商讨如何教育他们，以便使家庭教育和学校教育、社会教育配合起来，相互协作，共同教育儿童。

通报性访问：主要是向家长传递家长应该了解的信息，介绍儿童在学校和在社会上的表现，以便使家长能够及时、主动配合学校、社会加强教育。

警告性访问：是儿童在学校或在社会上犯有严重的过失或有犯罪行为，而家长尚未了解或没有引起应有的重视，通过访问向家长讲明情况，指出危害，分析后果，或告诉家长将要采取的措施，以期引起家长的高度重视。

一般来说，在家庭访问时，往往是几种访问同时进行，完成几个任务。对教师来说，其家访主要以了解性访问和商讨性访问为主。

教师要做好家庭访问工作，首先必须尊重家长，坚持平等性原则。也就是说，教师发现问题后，不能只是一味地或粗暴地指责家长失教，也不能简单地把家访当成是向家长"告状",而要耐心细致地和家长一起分析情况,具体地指导家长采用更合理和科学的教育方式或方法。对问题严重的个案,家庭访问要经常进行,以便能够随时交流情况,掌握最新发展动态,调整教育策略。同时,在家访过程中,教师应该将所了解的情况及时记录下来,以备日后查询和进行综合分析。

此外,家庭访问也应遵循科学性原则。过去,班主任或任课教师进行家访,多是凭责任心和经验去做,带有一定的盲目性和随意性。由于责任心强弱、经验多少的不同,家访的质量也有高低。随着教育科学的发展,教育科研的重要性日渐得到广大教师的重视,越来越多的班主任和任课教师开始把家访作为一种科研手段,通过家访这个渠道进行调查研究,搜集珍贵的第一手资料,在此基础上分析讨论、总结经验、探索规律,力图使家访走上科学化轨道。

现代通讯工具的改善与普及也为教师与家长的沟通和联系提供了更为便利的条件,因此,家访形式也在发生重大变化,逐渐由原来的单纯走访型向多种形式的综合运用型转化。也就是除了采用必要的走访形式外,教师还可以兼用其他方式进行家访,其中比较重要的形式有:电话家访、书信家访和网络家访。当然对一些情况特殊的学生,班主任或任课教师还是应该进行重点走访,通过多次重复家访,详细了解其家庭生活环境、家庭成员关系、父母的素质、家庭教育方法等,以加强针对性教育。

2. 团体指导

(1) 家长学校。

作为一种团体指导方式,家长学校已经成为学校向家长有系统、有计划地普及家庭教育理论和方法的最佳途径。开办家长学校,可以直接把家庭教育的科学知识和方法传授给家长,从而提高家长的素质,使家庭教育更见成效。目前,我国家长学校的主要任务包括三个方面:①向家长宣传国家的教育政策,传授教育孩子的科学知识和一般教育理论;②交流探讨教育子女的经验和方法,提高家庭教育水平;③帮助家长了解学校的教育改革情况。相关资料表明,家长学校自创办之后就在全国迅速普及开来,以上海市为例,到20世纪90年代末,已经有90%的中学、小学和幼儿园建立了家长学校。

一般来说,我国的家长学校绝大多数由儿童所在学校举办。学校了解学生情况，又具有办学的经验和能力，同时有大批懂得教育理论、具有丰富教育经验的教师，因此，由学校举办家长学校，对家长进行指导、培训，既能做到有强烈的针对性，又可以保证指导、训练工作系统化，从而避免指导、培训工作一般化和与儿童青少年实际脱节的现象，能收到良好的效果。另外，学校有教学的物质设施，这也是其他部门所不具备的条件。所以，发动中小学、幼儿园、托儿所办家长学校，是指导家庭教育、普及教育科学常识的最重要形式。

苏联的家长大学也是由学校举办的。苏霍姆林斯基所办的巴甫雷什中学的家长大学有三种学习班：第一种是为尚无子女的年轻夫妇举办的；第二种是为学龄前儿童的父母举办的；第三种是为各年级学生的家长举办的。他们把听课学员又按孩子的年龄划分为五个组：①学前组，是 3—7 岁儿童的父母，也包括未来的父母在内；②一、二年级组，是 7—9 岁儿童的父母；③三、四年级组，是 9—11 岁儿童的父母；④五至七年级组，是 11—15 岁少年的父母；⑤八至十年级组，是 15—17 岁男女青年的父母。家长们一般在孩子入学两年前就报名参加家长学校，在那里连续听课，直到他们的孩子从中学毕业为止。学习期间，每月上两次课，每次 1 小时，讲课内容是针对家庭教育中存在的问题提出具体切实的建议，把心理学和教育学的理论知识跟家庭教育的实际紧密联系起来，使家长听课以后能够同孩子的生活联系起来。

目前，我国家长学校的教学内容主要是科普型的，即宣传家教的地位与作用，普及家庭教育的科学知识，传授家教艺术和方法。专家建议，家长学校的教学应从实际出发，讲授一些有针对性、实用性的知识，把教育学、心理学的基本知识与家庭教育中的实际问题结合起来，并主要讲授儿童卫生学、心理学、教育学等内容。如在初一开办家长学校时，就可安排以下内容：①初中生的生理心理特点；②如何适应初中阶段的学业要求，有针对性地指导孩子的学习；③中学生的日常行为规范；④非智力因素的培养等。

为了使讲课内容更具针对性，适合家长的需要，确定课题前最好先做深入的调查研究，通过家长、教师和学生三个渠道了解各年龄阶段孩子的身心发育特点，家庭教育中常常出现哪些问题和矛盾，家长都有哪些带有普遍性的要求和希望，根据实际需要选择讲课内容。教学内容除了一般的家庭教育理论知识外，还要反映时代特点，随时吸取新的科学理论成果，把那些崭新的学术理论思想教给家长。

在开办家长学校期间，除了讲授外，还可以就教育的热点、难点问题，拟定题目供家长讨论和交流，如怎样正确对待孩子的考分，怎样教育好独生子女，家长如何用自己的人格力量影响孩子，怎样和孩子成为亲密的朋友等等。

家长在家长学校里，一方面要系统地学习教育子女的科学知识，另一方面，也要进一步了解子女，这也是一种学习。有条件的中小学、幼儿园，可以举办家长开放日，邀请家长参加孩子们的活动，如班会、队会、校会、文娱汇演、体育运动会、节日庆祝活动，也可以定期让家长听课。通过此类活动，家长不仅可以进一步了解自己的孩子，也可以向学校教师学到教育儿童、青少年的科学方法。

有些家长学校采用一种新兴的教学形式，就是让孩子给家长上课。因为在家庭教育过程中，孩子是实际受教育者，他们有权评论家长的教育工作，而且他们有切身体验，评论可能更为客观。由孩子们讲一讲他们喜欢什么样的家长、不喜欢什么样的家长、愿意接受怎样的教育方式、认为怎样教育效果不好等，不仅可以深深触动家长，对改变家长的不良教育习惯和方法也极有帮助。

（2）家长会。

家长会是学校对家长进行团体指导的一种重要方式，它面向家长集体，解决儿童、青少年教育中普遍性的问题。这种指导方式是中小学、幼儿园、托儿所经常采用的。通过召开家长会，可以加强教师、学校和家长之间的联系，及时交流学生成长的信息，共同商讨合理有效的教育方法和措施，学校可以有针对性地对家庭教育进行正确指导。

中小学和幼儿园、托儿所召开家长会，规模和范围有大有小，可以是全校、全园、全所学生家长会，也可以是年级或班级家长会，也可把两种规模和范围的家长会结合起来开，先全校、全园、全所家长集中，然后分成年级或班级分别组织。

家长会的形式在不断改革。目前家长会已经发展出以下几种方式：咨询型、交流型、展示型和学生参与型。家长会不再单纯是家长的“受训会”，通过教师软化了的批评、善意的提醒，让家长和学生多了几分对老师的感激与敬意，也让这个三角关系中的各方相互间多几分尊重、了解和沟通。新模式的家长会基于新的观念——家长应是教师的合作伙伴。在新的观念下,尊重、平等、合作体现在家长会的全过程:家长会前,老师已经就会议内容、程序征求过家长(有时包括学生)的意见,并通过精心设计的邀请函说明会议的主题;会中,教师有意识地把时间和空间让给家长和学生,让他们成为家长会的主角,这样家长们可以有机会了解孩子的全面情况,转变对孩子的关注角度,有机会倾听其他家长的教子经验与困惑,还可以有机会与孩子面对面地交流,参与对学生的教育,评价班级的教育工作。新型家长会中最重要的是教师角色的转变——由以往当"家长的家长"、一个人口干舌燥却常常徒劳无功地唱"独角戏",到教师、家长有时甚至还有学生共同唱一台戏;开会时不再是教师站台上、家长坐台下,而是围成一圈,相邻而坐。学生也不再被一概排斥在家长会之外,成为永远的"缺席被审判者"。

中国青少年研究中心日前推荐了一些从实践中总结出来的家长会程序:

交流式:就教育中的共性问题进行理论探索,或做个案分析,或开经验交流会;

对话讨论式:就一两个突出的问题进行亲子、师生、教师与家长的对话;

展示式:展示孩子的作业、作品、获奖证书或学生现场表演等,让家长在班级背景中了解自己的孩子;

专家报告式:就学生入学后某个阶段或某个共性问题,请专家作报告并现场答疑,以提高家长的教育素质;

联谊式:教师、家长、学生相聚在一起,用表演等欢快的形式,共同营造和谐的气氛,增进感情和了解;

参观游览式:学生、家长、教师一同外出参观游览,在活动中发现问题,促进沟通。

学校或班级应充分利用学生家长会之机,向家长宣讲政府的教育方针和新的教育观念,宣讲新的育人观、人生观,帮助家长走出家教误区,转变观念,更好地实施家庭教育。

每个学校和班级都有一部分家庭教育做得比较好的家长,学校和班级可以充分挖掘资源,让其总结经验或帮助总结经验,每学期举办一次经验交流会,让家长现身说法。

3. 间接指导

(1) 提供家教资料。

除了以上几种直接指导途径之外，学校还可以通过介绍、推荐和提供家庭教育报刊、读物、视听资料等方式来实施对家庭教育的间接指导。比如，日本文部省每年都要编撰《妇女教育和家庭教育措施现状》，发给各地区。各地区也编辑、发送家庭教育指南，如福岛县教育行政机构从1981年起，根据孩子的不同年龄段，编了《家庭教育指南》：①面向3岁幼儿父母的；②面向4岁、5岁幼儿父母的；③面向小学低年级父母的；④面向小学高年级父母的；⑤面向初中生父母的；⑥面向高中生父母的。大分市于1984年编写《新时代的家庭》学习参考资料，发给全市12万户家庭，要求全家阅读，以便同心协力进行家庭教育。

在我国，学校可面向家长编写《家庭教育信息》、《家教指南》、《家教报》等小报，定期收集整理一些报刊发表的有关家庭教育的成功经验，或组织本校教师和家长撰写有关家庭教育经验的文章，或针对某些热点问题开展讨论，用以指导家庭教育。这对于某些到校有困难，或因其他情况不能参加培训的家长更适用。

（2）建立家长委员会。

学校可结合学校实际，组织有关人员设立相应组织，负责家庭教育指导工作，比如建立家长委员会或家庭教育指导委员会。家长委员会是中小学和幼儿园、托儿所组织的，由家长代表参加的一种群众性的组织，它的任务是密切联系本校、本班的家长，收集并及时反映家长对学校工作的建议和意见，协助并参与学校的教育工作，动员家长教育好自己的子女，对个别家长的子女教育工作进行帮助和指导。这种群众性的组织是家长进行自我教育、自我指导、互相帮助的好形式。

家长委员会这类组织在国外早已出现，如前文所言，它是学校工作的有力助手，是家长共同研讨家庭教育的群众团体。如德国莱茵兰-法尔茨州在各级各类学校设立家长代表、班级家长会议、学校家长顾问委员会，在教育行政部门设立区家长顾问委员会、州家长顾问委员会，参与学校和教育行政部门的工作，协助学校组织指导家庭教育工作。法国也在各级学校建立了家长委员会。

根据我国学校和社会的实际情况，学校中可以分别设立学校家长委员会和班级家长委员会。建立家长委员会的关键是要认真选择成员，目前主要通过民主选举或与学校领导、班主任推荐相结合的方式，推举那些有教育工作能力、组织能力、会教育子女、思想作风正派、富有威信、同时又热心社会工作的家长参加或担任主要负责人。班主任和学校负责人也可参加家长委员会,可以作为正式成员,也可以作为列席代表。家长委员会要定期开会,听取学校负责人、班主任和任课教师介绍学校、班级学生情况和学校每一阶段的工作任务,并同学校负责人、教师一起分析研究学生的思想动态,商讨家庭教育如何配合学校工作,并向其他家长提出教育要求和建议,指导家庭教育工作。此外,家长委员会也要经常组织家长总结和交流教育子女的经验,组织学生走出校门参加社会活动、公益劳动,协助学校改善物质条件,发动有专长的家长辅导学生的课外科技、文体活动。

三、以社区为主导的指导模式

目前,我国家庭教育指导的对象主要包括新婚夫妇、孕妇和其丈夫、0—18 岁儿童的家长。一般,在较大的城市,对各类对象的指导工作往往有着较为明确的分工。

在这些指导中,由街道、乡镇等社区组织的对本区居民的家庭教育指导日渐受到重视。未来的社会将是一个开放、合作的社会,通过社区,可以加强不同家庭之间的交流与沟通,优势互补,资源共享,可以预期,社区在家庭教育指导中将发挥更大的作用。街道可以利用现有物质和文化资源,建设家长指导中心和亲子活动园地,为指导活动提供场所。一般的做法是:以街道、乡镇内的社区文化站、托儿所和幼儿园作为开设讲座、召开交流会、组织讨论的场所,以儿保所、居委会作为咨询中心的服务场所,以托儿所、幼儿园的场地,添置婴幼儿活动设备后作为社区开展亲子活动的场所,定期向社区婴幼儿和父母开放,并有指导人员进行现场指导。

在有些国家,法律规定某些人群必须接受相应的家庭教育指导,如,巴西的法律规定:要登记结婚的年轻人,一定要首先到政府专门组织的婚前教育机构接受训练,主要学习如何处理婚后生活和子女教育等方面的知识,集训结束时参加考试,及格者发给证书,准许登记结婚。考试不及格者,必须继续学习,直到及格为止。

社区开展家庭教育指导的具体形式有以下几种。

(一) 知识讲座

家庭教育知识讲座是以往各级指导部门在开展家教指导时最常选用的

方式,也是社区指导家庭教育普遍采用的方法。街道或乡镇应该利用社会上的人力资源优势,有计划地定期邀请一些儿童保健专家或心理专家、家庭教育专家等,来社区举办一些科学讲座或报告,系统介绍有关儿童发展及教育方面的知识、方法和技术;也可以发挥社区优势,聘请本区内的有经验的教师或家长,开设与家庭教育相关的系列讲座。

据了解,目前我国家庭教育方面的公益性讲座举办得并不多,可是从家长们的积极反馈来看,他们十分需要家庭教育方面的专业指导。在一些欧美国家,大部分社区有类似于社区学校的指导中心。每个周末,指导中心会开展许多种类的讲座,而家庭教育是其中重要的内容。

日本的家庭教育讲座通常有以下三种形式:家庭教育学习班与讲座、幼儿父母学习班与讲座、未来父母学习班与讲座。其中未来父母学习班与讲座面向新婚夫妇和妊娠夫妇,它于1981年设立,发展迅速,仅一年内就开办了1432个,学员达5.7万人。这些学习班与讲座的学习内容既有广度,又有深度,对家庭教育有很好的指导作用。

社区组织的家教知识讲座最好利用晚上或周末等非工作时间进行,以保证有更多的家长能够参加。这种短期内集中培训的方式,能够有效的使家长了解到最新的家庭教育观念和方法,意识到自己教育中的问题,找到解决与改善的途径,提高家长的家庭教育水平。

【专栏15.1】 知心家庭教育——如何与孩子沟通

上海青年文化活动中心举办“知心家庭教育——如何与孩子沟通”的讲座,来参加的人员之多,让主办方也大吃一惊。一周前,青年文化交流活动中心通过社区,将讲座通知发放到周边居民家中,原本预计听众在100名左右,可当天的实际人数超过了200名。在讲座上,家长们问得最多的是如何指出孩子的缺点、如何引导孩子度过青春期以及孩子不愿和家长讲话怎么办等问题。来自北京的教育专家卢勤一一仔细作答。整个讲座从下午2点一直到6点,许多家长在整个过程中都认真地记着笔记。

为了听讲座特地从徐汇区赶到闸北区的鲁先生说:“这样的讲座对家长有指导意义,只是办得太少。如果能够利用社区资源,把讲座定期开到社区来,让更多的父母都能来听一下就更好了。”

（二）亲子活动

社区建立“亲子学苑”，开展亲子活动，增进亲子关系，使家长在与儿童的共同活动中了解孩子；同时，指导人员可以通过观察亲子互动的过程，有针对性地进行指导。

亲子活动主要包括以下几种：

（1）运动游戏。适合于婴幼儿及其家长。这类活动使孩子在身体活动和动作训练中得到锻炼，同时增进亲子间的情感。例如，举着1岁的孩子“开飞机”，和2岁儿童一起学“小乌龟爬行”等。很多幼儿园为0—3岁的儿童开设“亲子班”，组织一些运动游戏。

（2）角色游戏。通过扮演生活中的某种角色，来发展儿童的想象力和模仿能力。这是3—6岁儿童最典型的游戏，家长可以和这个年龄段的孩子一起玩，如“医生和病人”、“营业员和顾客”等。

（3）规则游戏。父母和年龄较大的儿童可以进行这类游戏，在游戏中形成并遵守共同规则，如下象棋。

（三）媒体宣传

社区可以利用舞台、电影、电视、广播、书籍、刊物、报纸等宣传工具，向家长传授教育子女的科学知识，以及正确的教育思想和科学的教育方式方法来武装家长的头脑。这种指导方式的优点非常明显，不仅受教育的对象相当广泛，而且宣传内容具有具体、形象、生动的特点，更容易吸引家长，为家长所理解、接受。近年来，我国各级文化、宣传部门也越来越关注家庭教育，并且做了许多富有成效的工作。

此外，社区还可以组织家庭教育经验交流、专题讨论，或者邀请学前教育工作者、卫生保健人员、营养师或医务人员，在节假日举办有关家庭教育方面的现场义务咨询活动。

四、以研究机构为主导的指导模式

目前我国有许多研究机构开展家庭教育方面的研究，比如家政、儿童福利、社会工作、心理学和教育学等专业研究机构，都在试图从不同角度和层面探索家庭教育的普遍规律，寻找更科学的家庭教育理论和方法，这些研究为家庭教育指导提供了丰富的材料，指明了方向，也为减少盲目性、提高家庭教育水平作出了重要贡献。

（一）开展家庭教育科学指导研究

科研机构除了探究科学的教育理论和方法之外，还针对家庭教育指导的具体方式进行研究。1987 年 12 月举行的亚太地区家长教育研讨会上，正式界定了家庭教育的内涵。专家指出，家庭教育是传授父母养育子女的艺术和科学知识，帮助家长在家庭成员间建立起和谐、健康的关系，创造全体家庭成员都能够得到发展的有利环境。家庭教育的目的是使父母认识到他们在育儿艺术和科学上的个人作用及伙伴作用，帮助他们掌握有关儿童全面发展的知识，形成科学育儿的技能和态度，帮助他们不断充实教育子女的方法和手段，帮助他们认识到不断变化的家长角色以及如何担当起这些角色。

各级各类科研机构还可以依托自身的科研优势，在各区县内建立相应的家庭教育指导网络，将科研与指导统一起来。通过对当地家庭教育指导形式进行调查取样，分析研究现有家庭教育和指导中存在的不足和缺憾、试验推广新的教育理念和指导方法，将在很大程度上提高家庭教育的整体质量。

（二）组织家庭教育指导人员培训

家庭教育作为一门科学，指导家庭教育的人员必须具有一定的理论深度和讲学经验。普及家庭教育指导，首先要有一支充足、稳定的指导队伍。同时，教育在不断发展，指导者的自身素质和指导水平也需要不断提高，因此，教育科研机构应积极发挥优势，对家庭教育指导人员进行长期培训或系统培训。比如，上海市家庭教育与指导中心和中国学前教育研究会就联合举办了多期培训班，培养了许多幼儿家庭教育指导的骨干教师，提高了家庭教育指导的成效。同时，上海市教委把“幼儿家庭教育”列入幼儿园教师在职学历进修的必修课程中，从师资上保证了家庭教育指导工作的开展。

五、以市场为主导的指导模式

20 世纪 90 年代，在教育产业化的热烈讨论中，有关专家提出了家庭教育产业化的设想，随后各地陆续出现了家庭教育指导的市场化行为。中国有重视家庭教育的传统，家长群体有接受家庭教育指导的强烈需要，形成了巨大的家庭教育指导市场。随着对教育产业、教育市场认识的逐渐提高，家庭教育理论研究的不断深入，人们对家庭教育指导内容和规律的认识也逐渐清晰。为弥补其他指导模式的不足,满足家长的迫切需要,以市场为主导的家庭教育指导模式应运而生。

目前,以市场化为主导的家庭教育指导模式有以下几种形态。

(一) 专业化的教育咨询服务公司

20 世纪 90 年代,各大中城市陆续出现了众多私营的教育咨询服务公司,向家长提供的教育服务主要有:留学中介服务、组织亲子活动、课后托管服务、提供家庭教师、开展心理咨询、各种业余培训等。教育公司的家庭教育指导更多的是让家长与专家或家庭教育成功人士面对面地交流、沟通,用专家的现身说法去影响家长的观念和行为。

(二) 专业化的家庭教育服务公司

由于家庭教育指导的巨大市场需求,专门从事家庭教育服务的公司开始从众多的教育咨询服务公司中分化出来。这些公司除提供留学中介服务、学习辅导等服务之外,重点是向家长提供先进的教育理念、实用的教育方法。请专家或家庭教育成功人士举办大型专题讲座是这些公司通用的方法。例如,广州赏识教育研究所的周弘,在学校、社区组织大型的赏识教育演讲,现场签名推销有关书籍,其影响力不仅辐射全国,还波及东南亚地区。近几年,通过一些公司的牵线搭桥,除倡导赏识教育的周弘外,孙云晓、知心姐姐卢勤、研究高考状元的王极盛、香港基督教青年会的伍健新等专家学者都活跃在家庭教育指导的演讲现场,他们全新的教育观念和方法指导,确实让许多家长获益匪浅。

(三) 专业化教育机构的市场化运作

20 世纪 90 年代中期,红太阳家长学校在深圳创办。该校针对家庭教育现状向学校推荐精心准备的几十场家庭教育讲座。各个学校根据家庭教育指导工作以及学生、家长的实际情况选择专题,同时向红太阳家长学校支付讲座费用。这种运作模式很快被许多地方的家长学校采用。20 世纪 90 年代中后期,这种运作模式空前活跃起来。与此同时,一些专业的教育研究机构也在家庭教育指导方面开始市场化的尝试,他们提供的指导或服务活动主要有专题讲座、心理咨询、感觉统合训练、全脑开发、团体康乐活动等。

六、基于网络的指导模式

前面所介绍的几种模式侧重于不同的家庭教育指导途径及形式。下面我们介绍的是在以上五个主导途径中都可加以运用的一种家庭教育指导的先进技术，可以认为是一种适用于所有途径的新形式，即基于网络的家庭教育指导模式。

信息技术与网络通信技术的发展为新的家庭教育指导模式的产生提供了条件，以网络为主导的家庭教育指导模式应运而生。通过网络进行家庭教育指导有其自身的优势：一是针对性强，能切实解决家长的问题；二是交互性好，能实现家长与教师、教育专家之间以及家长之间的充分互动，使家长积极主动地参与到活动当中来。

有人（如郭欣，2007）将 Moodle（Modular Object-Oriented Dynamic Learning Environment ）系统应用于家庭教育指导中。Moodle 是“面向对象的模块化动态学习环境 ”的首字母缩写，是基于社会建构主义开发的一种新型的、面向对象的、模块化的、动态的信息化学习管理系统。在该模式中，教师与家长、学生与学生之间借助 Moodle 展开广泛的互动交流；教师借助 Moodle 引导学生学习，并接受其反馈，因材施教；家长借助 Moodle 了解孩子的学习情况，并与其交流，消除代沟。Moodle 模式通过使用先进的信息化平台，促进学校教育的实施者与家庭成员之间的互动交往、信息反馈，达到家庭教育与学校教育间的相互协调，形成学生成长过程中的最佳辅助环境。Moodle 模式应用于家庭教育领域，其内容可以包括：家教理论、家教讲堂、教师答疑、家教资源、专家在线、家教讲堂、我的博客等，其功能都是借助 Moodle 来实现的。家长登陆后可进入家长界面。

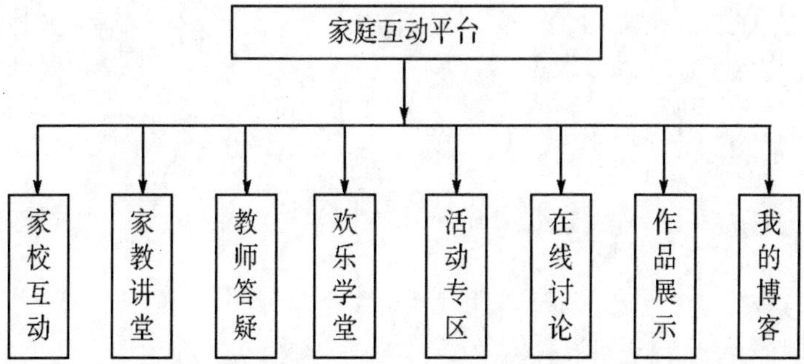

图 15－1　Moodle 模式的内容结构图

平台真正有效地发挥它的功能，必须开展家庭教育指导活动。相关平台负责教师要做好各栏目活动的组织工作，使之有效开展。还要活跃讨论交流气氛，加强教师、专家、家长间的互动，及时地解决家庭教育中遇到的问题。教育活动有其特殊性,它是不可重复的,错过了教育时机之后就很难达到应有的教育效果,所以教师、专家一定要及时解决家长的问题。作为家长,也要第一时间通过平台向教师、专家求助,不可错失教育良机。

通过 Moodle 的问卷调查、投票模块,可以及时了解到家长对该平台的反映,各栏目活动开展的情况及效果,以便对不足的地方进行改进,对没有的栏目进行添加,使家庭教育指导平台越来越完善,充分发挥出其家庭教育指导的功能。

主要参考文献

中文文献

1. B. H. 阿瓦涅索娃:《学龄前儿童教育》,教育科学出版社,2004 年。

2. 班杜拉著,缪小春等译:《自我效能:控制的实施》,华东师范大学出版社,2003 年。

3. 邓佐君:《家庭教育学》,福建教育出版社,1995 年。

4. 方富熹,方格:《儿童发展心理学》,人民教育出版社,2005 年。

5. 郭静晃:《儿童发展与保育》,威仕曼文化事业股份有限公司,2005 年。

6. 国立嘉义大学家庭教育研究所:《家庭教育学》,涛石文化事业股份有限公司,2003 年。

7. 金一虹:《再婚与再婚家庭研究》,学海出版社,2002 年。

8. 劳拉 · E. 贝克著,吴颖等译:《儿童发展》,江苏教育出版社,2002 年。

9. 李丹:《儿童亲社会行为的发展》,上海科学普及出版社,2002 年。

10. 李生兰:《学前儿童家庭教育》,华东师范大学出版社,2005 年。

11. 李天燕:《家庭教育学》,复旦大学出版社,2007 年。

12. 李燕:《学前儿童发展心理学》,华东师范大学出版社,2008 年。

13. 李燕:《游戏与儿童发展》,浙江教育出版社,2008 年。

14. 李银河:《管窥中国当代亲子关系》,百科知识出版社,2005 年。

15. 李幼穗:《儿童社会性发展及其培养》,华东师范大学出版社,2004 年。

16. 刘明德,林大巧:《儿童发展与辅导》,扬智文化事业股份有限公司,2003 年。

17. 罗伯特 · 布鲁克斯、萨姆 · 戈尔茨坦著,邱敏东、杨淑英译:《现代父母的 10 项修炼》,浙江教育出版社,2005 年。

18. 罗文红:《儿童家庭生活中的虐待、惩罚、忽视行为探源》,南京师范大学硕士学位论文,2005 年。

19. 孟迁:《上帝也是单亲》,江西美术出版社,2008 年。

20. 缪建东:《家庭教育社会学》,南京师范大学出版社,1999 年。

21. 莫里森著,王全志等译:《当今美国儿童早期教育》,北京大学出版社,2004 年。

22. 申继亮等:《当代儿童青少年心理学的进展》,浙江教育出版社,1993 年。

23. 施欣欣等:《亲职教育 ABC》,中国纺织出版社,1998 年。

24. 吴奇程,袁元:《家庭教育学》,广东高等教育出版社,2006 年。

25. 俞国良,辛自强:《社会性发展心理学》,安徽教育出版社,2004 年。

26. 曾仕强,刘君政:《亲子关系》,清华大学出版社,2005 年。

27. 张亮,徐安琪:《父亲参与研究:态度、贡献与效用》,上海社会科学院出版社,2008 年。

28. 张文新:《儿童社会性发展》,北京师范大学出版社,1999 年。

29. 赵忠心:《家庭教育学》,人民教育出版社,1994 年。

30. 郑世仁:《教育社会学导论》,五南图书出版公司,2000 年。

31. 钟思嘉:《开明父母大学堂》,商务印书馆,2006 年。

32. 周新富:《家庭教育学》,五南图书出版股份有限公司,2006 年。

33. 周艳:《教育社会学与教师研究》,华中科技大学出版社,2008 年。

34. 朱智贤:《儿童心理学》,人民教育出版社,2003 年。

英文文献

1. Ann C. Crouter & Melissa R. Head. (2002). Parental Monitoring and Knowledge of Children. In Marc H. Bornstein (Ed.). Handbook of Parenting, Vol. 3. Lawrence Erlbaum Associates, Inc.

2. Baumrind, D. (1991). The Influence of Parenting Style on Adolescent Competence and Substance Use. Journal of Early Adolescence, 11(1).

3. Berk, L. E. (2005). Infants, Children, and Adolescents. 5th Edition. Boston: Allyn & Bacon Publishers.

4. Blenchman, G. A., Rothbaum, F. (2005). Self-regulation and Attachment Relationships. In Kitayama, S., Cohen, D. (Eds). Handbook of Cultural Psychology.

New York, NY: Guildford Press.

5. Camille Smith, Ruth Perou, and Catherine Lesesne. (2002). Parent Education. In Marc H. Bornstein (Ed.). Handbook of Parenting, Vol. 4. Lawrence Erlbaum Associates, Inc.

6. Christoph M. Heinicke. (2002). The Transition to Parenting. In Marc H. Bornstein (Ed.). Handbook of Parenting, Vol. 3. Lawrence Erlbaum Associates, Inc.

7. Collins, W. A., Madsen, S. D., Susman-Stillman, A. (2002). Parenting During Middle Childhood. In Bornstein, M. H (Ed.). Handbook of Parenting, Vol. 1. NJ: Lawrence Erlbaum Associates, Inc.

8. Crnic, K. A., Greenberg, M. T. (1990). Minor Parenting Stresses with Young Children. Child Development, 61(5).

9. Daphne Blunt Bugental & Keith Happaney. (2002). Parental Attributions. In Marc H. Bornstein (Ed.). Handbook of Parenting, Vol. 3. Lawrence Erlbaum Associates, Inc.

10. Eccles, J. S. (1993). School and Family Effects on the Ontogeny of Children's Interests, Self-perceptions, and Activity Choice. In Jacobs, J. E. & Dienstbier, R. (Eds.). Developmental Perspectives on Motivation, Vol. 40. University of Nebraska Press.

11. Elkind, D. (2003). The Overbooked Child: Are We Pushing Our Kids too Hard? Psychology Today, 36.

12. Gustafson, G. E. & K. L. (1990). Harris, Women's Responses to Young Infants' Cries. Developmental Psychology, 26.

13. George, W. Holden and Jeanell Buck, M. (2002). Parental Attitudes Toward Childrearing. In Marc H. Bornstein (Ed.). Handbook of Parenting, Vol. 3. Lawrence Erlbaum Associates, Inc.

14. Gjerdingen, D. K. & Chaloner, K. (1994). The Relationship of Women's Postpartum Mental Health to Employment, Childbirth and Social Support. Journal of Family Practice, 38.

15. Greer, T. L. (1991). The Application of Behavioral Procedures to Childhood Asthma: Current and Future Perspective. Patient and Counseling, 17.

16. Health, P. (2005). Parent-child Relations: History, Theory, Research, and Context (1st ed.). Upper Saddle Rive, NJ: Pearson Merrill Prentice Hall.

17. Hetherington, E. M. & Stanley-Hagan, M. M. (1997). The Effects of Divorce on Fathers and Their Children. In. Lamb, E. E. (Ed.). The Role of the Father in Child Development, 3rd ed. New York: Wiley.

18. Hetherington, E. M. & Kelly, J. (2002). For Better or for Worse. New York: Norton.

19. Irving, E. Sigel and Ann, V. McGillicuddy-De Lisi. (2002). Parent Beliefs Are Cognitions: The Dynamic Belief Systems Model. In Marc H. Bornstein (Ed.). Handbook of Parenting, Vol. 3. Lawrence Erlbaum Associates, Inc.

20. Jack Demick. (2002). Stages of Parental Development. In Marc, H. Bornstein(Ed.). Handbook of Parenting, Vol. 3. Lawrence Erlbaum Associates, Inc.

21. Jacqueline, J. Goodnow. (2002). Parents' Knowledge and Expectations: Using What We Know. In Marc H. Bornstein (Ed.). Handbook of Parenting, Vol. 3. Lawrence Erlbaum Associates, Inc.

22. Jay Belsky and Naomi Barends. (2002). Personality and Parenting. In Marc H. Bornstein (Ed.). Handbook of Parenting, Vol. 3. Lawrence Erlbaum Associates, Inc.

23. Lamb, M. E. (2000). The History of Research on Father Involvement: An Overview. Marriage and Family Review, 29(2 – 3).

24. Lerner, J. V. (1993). The Influence of Child Temperamental Characteristics on Parent Behaviors. In Luster, T. & Okagaki, L. (Eds.). Parenting: An Ecological Perspective. New Jersey: Lawrence Erlbaum Associates, Inc., Pub.

25. Maccoby, E. E & Martin, J. A. (1983). Socialization in the Context of the Family: Parent-child Interaction. In P. H. Mussen(Eds.). Handbook of Child Psychology(Vol. 4): Socialization, Personality, and Social Development. New York: Willey.

26. Maccoby, E. E. (1992). The Role of Parents in the Socialization of Children: An Historical Overview. Developmental Psychology, 28.

27. Marc, H. Bornstein. (2002). Handbook of Parenting, 2nd. ed. Lawrence Erlbaum Associates, Inc.

28. Michael, L. Jaffe. (1997). Understanding Parenting. Allyn & Bacon Press.

29. Nancy Eisenberg. (2002). Social, Emotional, and Personality Development.

In W. Damon (Ed.). Handbook of Child Psychology. New York: Wiley & Sons, Inc.

30. Reid, M. J., Walter, A. L. & O'Leary, S. G. (1999). Treatment of Young Children's Bedtime Refusal and Nighttime Wakings: A Comparison of "Standard" and Graduated Ignoring Procedures. Journal of Abnormal Child Psychology, 27.

31. Rothbaum, F., Weisz, J., Pott, M. & Miyake, K. (2000). Attachment and Culture: Security in the United States and Japan. American Psychologist, 55 (10).

32. Rubin, K., Bukowasi, W. & Parker, J. G. (1998). Peer Interactions, Relationships, and Groups. In Damon, W. (Ed.). Handbook of Child Psychology. New York: Wiley & Sons, Inc.

33. Shaffer, D. (2002). Developmental Psychology. Wadsworth/Thomson Learning.

34. Sheppard, F., Pott & M., Liu, Y. (2000). Themes of Family Closeness: Immigrant-Chinese and Euro-American Parents' Physical Closeness with Young Children. Journal Family Psychology, 14(3).

35. Silberman & Wheelan. (1980). How to Discipline without Feeling Guilty: Assertive Relationships with Children. Champaign, Research Press.

36. Silverman, I. W. & Dubow, E. F. (1991). Looking Ahead to Parenthood: Nonparents' Expectations of Themselves and Their Future Children. Merrill-Palmer Quarterly, 37.

37. Thompson, R. A. (1998). Early Social Personality Development. In Damon, W. (Ed.). Handbook of Child Psychology. New York: Wiley & Sons, Inc.

38. Weiner, B. (1992). Human Motivation. London: Sage Publications, Inc.

39. William Damon, Irving E. Sigel, K. Ann Renninge. (2002). Child Psychology in Practice. In W. Damon (Ed.). Handbook of Child Psychology. New York: Wiley & Sons, Inc.

40. Wood, D., Bruner, J. & Ross, G. (1976). The Role of Tutoring in Problem Solving. Journal of Child Psychology and Psychiatry, 17.

图书在版编目(CIP)数据

家庭教育学/李燕,吴维屏主编.—杭州:浙江教育出版社,2009.4(2024.8重印)
ISBN 978-7-5338-7940-2

Ⅰ.家… Ⅱ.①李…②吴… Ⅲ.家庭教育 Ⅳ.G78

中国版本图书馆CIP数据核字(2009)第057649号

责任编辑 王凤珠 责任校对 王晨儿
封面设计 曾国兴 责任印务 陆 江

高等院校学前教育专业系列教材

家庭教育学

主 编 李 燕 吴维屏
副主编 夏燕勤 赵 燕

● 出 版:浙江教育出版社
(杭州市环城北路177号 电话:0571-88909724)
● 发 行:浙江省新华书店集团有限公司
● 图文制作:杭州万方图书有限公司
● 印 刷:杭州杭新印务有限公司
● 开 本:710mm×1000mm 1/16
● 印 张:23
● 插 页:1
● 字 数:365 000
● 版 次:2009年4月第1版
● 印 次:2024年8月第11次印刷
● 标准书号:ISBN 978-7-5338-7940-2
● 定 价:40.00元

如发现印、装质量问题,请与承印厂联系。
电话:0571-87640154